Culinária brasileira, *muito prazer*

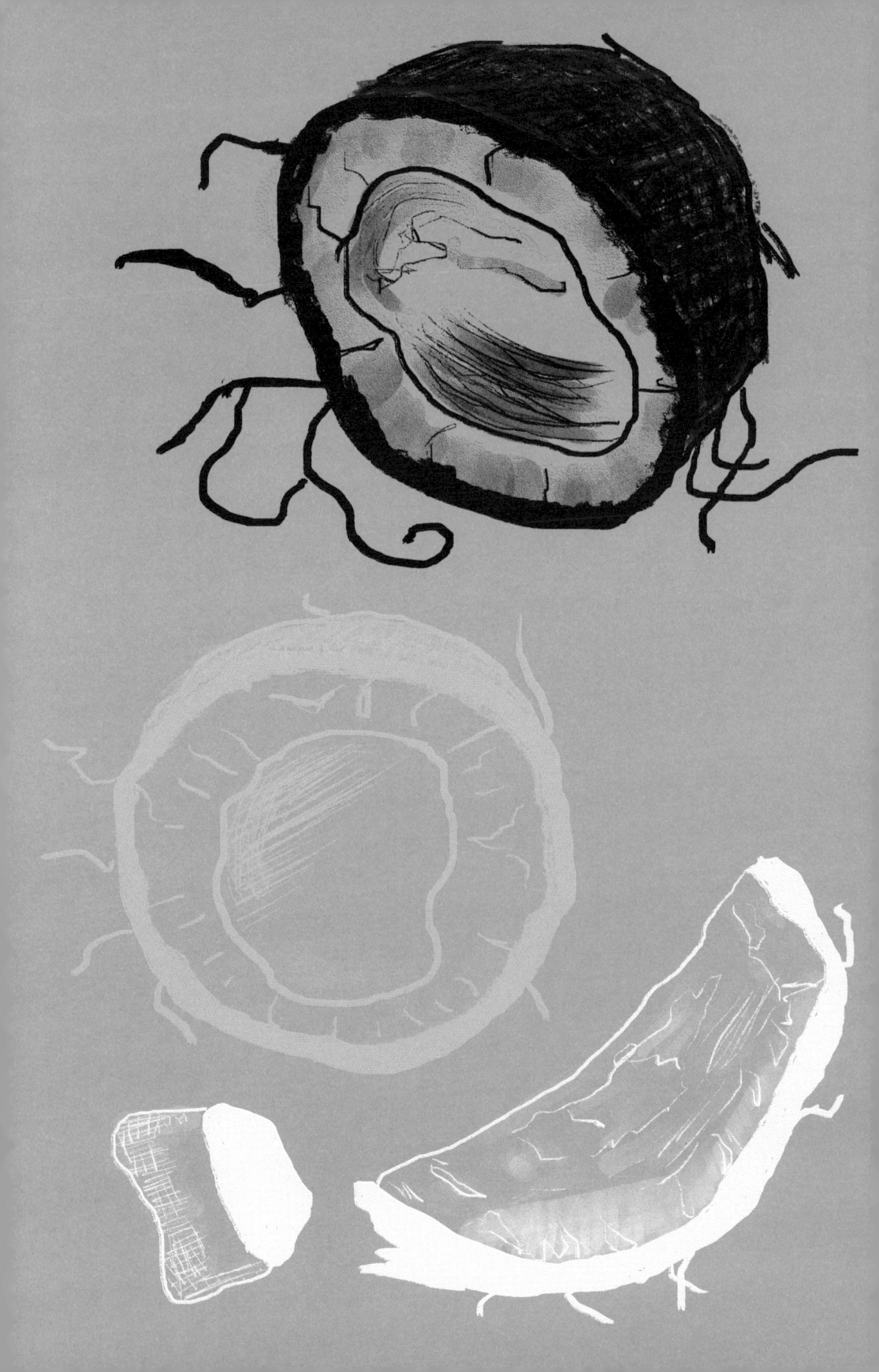

ROBERTA MALTA SALDANHA

Culinária brasileira,
muito prazer

TRADIÇÕES, INGREDIENTES E 200 RECEITAS
DE GRANDES PROFISSIONAIS DO PAÍS

2ª edição revista e ampliada

Editora Senac Rio – Rio de Janeiro – 2023

Senac RJ

Presidente do Conselho Regional
Antonio Florencio de Queiroz Junior

Diretor Regional
Sergio Arthur Ribeiro da Silva

Diretor de Operações Compartilhadas
Pedro Paulo Vieira de Mello Teixeira

Assessor de Inovação e Produtos
Claudio Tangari

Editora Senac Rio
Rua Pompeu Loureiro, 45/11ª andar
Copacabana – Rio de Janeiro
CEP: 22061-000 – RJ
comercial.editora@rj.senac.br
editora@rj.senac.br
www.rj.senac.br/editora

Gerente/Publisher
Daniele Paraiso

Coordenação editorial
Cláudia Amorim

Prospecção
Manuela Soares

Coordenação administrativa
Alessandra Almeida

Coordenação comercial
Alexandre Martins

Preparação de texto/copidesque/revisão de texto
Jacqueline Gutierrez

Projeto gráfico de capa e miolo/ diagramação/ilustração
Priscila Barboza

Curadoria dos chefs e profissionais
Roberta Malta Saldanha

Coordenação de receitas
Denise Rohnelt Araujo e André Vasconcelos

Impressão
Imos Gráfica e Editora Ltda.

2ª edição revista e ampliada: outubro de 2023

CIP-BRASIL. CATALOGAÇÃO NA PUBLICAÇÃO
SINDICATO NACIONAL DOS EDITORES DE LIVROS, RJ

S154c
2. ed.

Saldanha, Roberta Malta
  Culinária brasileira, muito prazer : tradições, ingredientes e 200 receitas de grandes profissionais do país / Roberta Malta Saldanha. - 2. ed., rev., e ampl. - Rio de Janeiro : Ed. SENAC Rio, 2023.
  608 p. ; 23 cm.

  Inclui bibliografia e índice
  ISBN 978-85-7756-495-8

  1. Culinária brasileira. 2. Culinária - Receitas. I. Título.

23-86502   CDD: 641.5
                            CDU: 641.5

Gabriela Faray Ferreira Lopes - Bibliotecária - CRB-7/6643

Para você, Nina, nossa inesquecível Fulô, que me ensinou o bê-á-bá da cozinha, as primeiras receitas e sempre esteve por perto, com um largo sorriso e uma paciência infinita, apoiando minhas investidas e invencionices culinárias. Ainda sinto sua presença em nossa cozinha. Que seja assim para sempre.

"De todos os atos naturais, o alimentar-se foi o único que o homem cercou de cerimonial e transformou lentamente em expressão de sociabilidade, ritual político, aparato de alta etiqueta. Compreendeu-lhe a significação vitalizadora e fê-la uma função simbólica de fraternidade, um rito de iniciação para a convivência, para a confiança na continuidade dos contatos."

Luís da Câmara Cascudo

"Certamente, depois do idioma, a comida é o mais importante elo entre o homem e a cultura."

Raul Lody

Sumário

Prefácio à 2ª edição

NAS ÚLTIMAS DÉCADAS, a culinária brasileira passou por uma evolução notável e testemunhou o surgimento de talentosos chefs e profissionais de cozinha em todo o país; todos ansiosos para destacar as delícias de nossa gastronomia.

Entre esses apaixonados, há um grupo formado por jornalistas e entusiastas da culinária que não apenas registram esse movimento mas também se dedicam a pesquisar e promover nossos melhores produtores e produtos. Eu os chamo de "fazedores da gastronomia brasileira" – pessoas que investem suas energias para preservar nossas maravilhas culinárias.

Sem dúvida, um dos nomes que brilham nesse seleto time é o de Roberta Malta Saldanha, uma escritora talentosa que se destaca por sua habilidade cativante de contar histórias sobre a culinária brasileira.

Mais que uma simples pesquisadora, Roberta abraça a jornada desafiadora da pesquisa intensa, e seus esforços resultam em um tesouro de conhecimento saboroso. A cada trecho de seus livros, percebemos o cuidado meticuloso com que ela conduz suas investigações, embasando-se em fontes confiáveis como Gilberto Freyre e Câmara Cascudo – duas das maiores referências para compreender nossa sociedade.

Nesta obra, os leitores encontrarão uma coletânea diversificada de receitas, cuidadosamente selecionadas para contar a história do Brasil e ajudar-nos a compreender as nuances culinárias de cada região. Cada prato é mais que uma simples receita; é uma narrativa que revela nossa história e identidade. Durante a leitura, você descobrirá receitas de chefs e profissionais de cozinha renomados, como Wanderson Medeiros, do restaurante Picuí, em Alagoas; Cafira Foz, do Fitó, em São Paulo; Edvaldo Caribé, o assador do Pará que conquistou o mundo; Odete Bettú da Serra Gaúcha, com sua Osteria Della Colombina, no Rio Grande do Sul; Tássia Magalhães, do Nelita, em São Paulo; e muitos outros magos da cozinha, todos verdadeiros mestres de suas artes.

No entanto, vale ressaltar que o principal destaque não está nas receitas em si, mas, sobretudo, na riqueza dos ingredientes regionais, muitos deles com raízes nos ensinamentos indígenas. Assim, com informações detalhadas sobre sua origem e seus diversos usos culinários, dá gosto de ver como cada alimento é cuidadosamente explorado ao longo do texto.

É incrível observar como, mesmo com minhas quase quatro décadas de experiência profissional, este livro conseguiu cativar minha atenção de maneira única. À medida que se exploram os ingredientes e os costumes locais, é difícil interromper sua leitura. A cada página virada, você se vê viajando pelo Brasil em sua mente, sonhando com cada iguaria apresentada, imaginando os sabores e até mesmo salivando.

Uma das descobertas mais enriquecedoras foi aprender sobre a tradição doceira do Sul e sua ligação surpreendente com os estados do Nordeste. É contado que o Rio Grande do Sul era conhecido por vender charque e, em uma transação comercial, comprava açúcar de volta, transformando-o em doces artesanais inspirados pela doçaria portuguesa. Isso é um lembrete fascinante de como as trocas comerciais moldaram nossa culinária e cultura ao longo do tempo.

Em resumo, a obra de Roberta Malta Saldanha é mais que um mero livro de receitas: é uma jornada emocionante pelo rico mosaico da culinária brasileira, repleta de histórias, sabores e tradições que merecem ser celebrados e compartilhados. *Culinária brasileira, muito prazer*, uma leitura obrigatória para todos os amantes da comida e da cultura brasileira.

Ricardo Castilho

Jornalista

Prefácio à 1ª edição

HÁ 50 ANOS, LUÍS DA CÂMARA CASCUDO nos brindou com a sua monumental História da alimentação no Brasil, em que apresentou as origens da culinária brasileira (indígena, africana e portuguesa) e nos mostrou como elas se fundiram para formar a nossa tão rica e diversificada cozinha. A obra, que permanece como importante fonte de pesquisa, foi um marco no estudo e na pesquisa do que o brasileiro come e bebe, representando, nas palavras do autor, "uma tentativa sociológica da alimentação na base histórica e etnográfica, correndo quase quinhentos anos funcionais". Hoje, Roberta Malta Saldanha nos presenteia com uma verdadeira geografia da alimentação no Brasil, percorrendo, em uma saborosa viagem, todos os recantos do nosso gigantesco país com este livro.

Neste itinerário gastronômico, a obra de referência ímpar é resultado de anos de pesquisa da autora, reunindo, em um único e consistente volume, informações sobre os ingredientes típicos de cada região do Brasil, além da descrição pormenorizada do preparo das receitas mais tradicionais. Não apenas os matizes culinários dos nossos povos formadores foram abordados como também a imensa gama dos diversos imigrantes que vieram para o Brasil, trazendo com eles sua rica cultura e seus hábitos alimentares característicos.

O povo brasileiro ainda mantém, apesar de todas as influências modernizadoras e globalizantes, a sua mais autêntica "comida da terra", índice de pertencimento a uma região ou espaço geográfico de "nascença" ou de eleição para habitar. Essa comida aparece retratada, em sua plenitude, na obra que ora apresento, estando mais visível no interior do país, representante de uma identidade regional que transparece na alimentação diária e atinge o seu apogeu nas celebrações familiares, comunitárias, religiosas e tradicionais. Todas as regiões e recantos do Brasil têm, valorizada e preservada com orgulho, a sua "comida de raiz", opondo uma resistência serena e constante às comidas industrializadas.

A verdadeira comida tem que ter "substância", "sustança", termo que, na fala sertaneja, significa que deve sustentar, nutrir, fornecer a energia necessária para atividades mais práticas e pesadas do dia a dia. Para Cascudo, não existe agente mais poderoso, milenar e condicionador na eleição dos sabores preferidos do que o paladar. A comida tem que "encher o estômago" e não simplesmente atender às campanhas nutricionais. Com toda sua sabedoria, ele nos afirma que "a prestigiosa aura que envolve nossos velhos pratos usuais independe de qualquer valimento intrínseco nutritivo, alimentamo-nos pela maquinal confiança que manteve nossos antepassados". Em outras palavras, o povo é que sabe o que gosta de comer e o que elege como sua alimentação habitual. E é exatamente essa cozinha que a autora nos apresenta aqui.

Roberta é uma apaixonada por gastronomia e sua trajetória profissional mostra os diversos caminhos pelos quais isto se deu. Aborda o tema alimentação como um "cerimonial festivo e íntimo", mas também como "um patrimônio que orgulha o homem", cujo "ato orgânico a inteligência tornou social", como diria Cascudo.

Terminamos plenamente saciados de tanta comida boa, e nossa refeição foi completa, composta de bebidas, petiscos, pratos principais, acompanhamentos, doces e outras iguarias, tudo preparado com carinho, esmero e talento pelos chefs e cozinheiros que fazem este Brasil tão saboroso. Provamos e nos deliciamos com o churrasco gaúcho, acompanhado pelo indispensável chimarrão, com o frango com pequi da região Centro-Oeste, com a caldeirada de tucunaré da região Norte, com a carne de sol com feijão verde e macaxeira da região Nordeste e com o virado paulista da região Sudeste, entre outras delícias.

Roberta é a grande alquimista culinária, que mistura, com arte, erudição e muito amor, o melhor da gastronomia brasileira e nos oferece, com esta obra, um banquete de sabores, aromas, cores e texturas, mas principalmente repleto de cultura e brasilidade, através da qual nos identificamos e nos reconhecemos.

Daliana Cascudo Roberti Leite

Presidente do Ludovicus – Instituto Câmara Cascudo

Agradecimentos

AS RECEITAS DESTE TIME ESTELAR de profissionais corroboraram minha pesquisa e tornaram meu trabalho mais rico e "apetitoso". Minha gratidão a cada um deles, por terem acolhido meu convite com tanto entusiasmo.

Adriana Lucena; Alexandre Nascimento; Amanda Vasconcelos; Ana Rita Dantas Suassuna; André Barros; André Generoso; André Saburó; André Vasconcelos; Andrea Panzacchi; Andrey Alves; Andreza Machado; Anouk Migatto; Ariani Malouf; Barbara Verzola; Batista; Bel Coelho; Bernardo Arthuzo Mendes; Beth Beltrão; Bettina Orrico (*in memoriam*); Bianca Mirabili; Brenda Freitas; Caetano Sobrinho; Cafira Foz; Caio Bonneau; Caio Soter; Carlos Eduardo Gavioli; Carlos Kristensen; Carole Crema; Celeste Paytxayeb Suruí; César Santos; Chris Carijó; Ciça Roxo; Clarinda Maria Ramos; Claude Troisgros; Claudia Krauspenhar; Conde Aquino; Cumpade João; Dan Duart; Dani Martins; Dani Padalino; Danilo Dias; Danilo Fernandes; Danilo Parah; Dante Bassi; Dário Costa; Debora Shornik; Denise Rohnelt Araujo; Deocleciano Brito; Derivan Ferreira de Souza (*in memoriam*); Dianna Macedo; Diego Badra; Diego Lozano; Diogo Sabião; Dona Brazi; Dona Célia Pinheiro; Duca Lapenda; Edinho Engel; Edvaldo Caribé; Elisangela Valle; Ellen Gonzales; Emerson Donadon; Emmanuel Bassoleil; Enio Valli; Eudes Assis; Eugenio Mariotto, Eva dos Santos; Fabianni Ciraudo; Fabiano Gregório; Fabio Espinoza; Fabio Sicilia; Fábio Vieira; Fabrício Lemos; Felipe Caran; Felipe Oliveira; Felipe Rodrigues; Fellipe Zanuto; Fernando Goldenstein; Francisco Ansiliero; Frédéric de Maeyer; Gabriel Coelho; Gabriel Trillo; Gabriela Guedes; Geane Nunes; Geovane Carneiro; Gerônimo Athuel; Gil Guimarães; Giordano Tarso; Giovanna Grossi; Giuliana Cupini; Guga Rocha; Gustavo Guterman; Gustavo Rodrigues;

Helena Rizzo; Henrique Fogaça; Hiroya Takano; Humberto Marra; Ieda de Matos; Igor Rocha; Isadora Fornari; Isaias Neries; Isis Rangel; Ivan Lopes; Jaime Barcellos; Janaina Torres Rueda; Janete Borges; Jefferson Rueda; Jimmy Ogro; Joca Pontes; Jonatas Moreira; José Guerra Netto; Ju Duarte; Juarez Campos; Júlia Faria; Julia Tricate; Kafe Bassi; Katia Barbosa; Larissa Januário; Leo Gonçalves; Léo Mello; Leo Modesto; Leo Paixão; Leonardo Andrade; Letícia Kalymaracayá; Letícia Macêdo; Lia Quinderè; Lídia Raposo; Lisiane Arouca; Luana de Sousa Oliveira; Lucas Caslu; Lucas Corazza; Ludmila Soeiro; Lui Veronese; Magda Moraes; Manu Buffara; Mara Alcamim; Mara Salles; Marana Figlioulo; Marcelo Cotrim; Marcelo Pereira; Marcelo Schambeck; Marcelo Serrano; Marcia Nunes; Márcio Ávila; Marcos Livi; Mayara Kuhl; Mestre Ofir; Moacir Sobral; Morena Leite; Naim Santos; Neurilene Cruz da Silva; Odete Bettú Lazzari; Onildo Rocha; Paulo Machado; Paulo Martins (*in memoriam*); Pedro Roxo; Pedro Soares; Rafa Bocaina; Rafa Gomes; Rafael Aoki; Rafael Bruno; Rafael Protti; Raphael Vieira; Raquel Novais; Reinaldo Mendes; Renato Farias; Ricardo Branches; Ricardo Lapeyre; Rita Medeiros; Ro Gouvêa; Roberta Ciasca; Roberto Merlin; Rodrigo Aguiar; Rodrigo Bellora; Rodrigo Debossan; Rodrigo Freire; Rodrigo Levino; Rodrigo Oliveira; Rodrigo Ribeiro; Rogério Shimura; Rubens Salfer Catarina; Sandra Mendes; Saulo Jennings; Saulo Rocha; Serginho Jucá; Simon Lau; Solange Sussuarana; Talita Avelino; Tanea Romão; Tássia Magalhães; Tati Lund; Tereza Paim; Thiago Castanho; Thiago Ceccotti; Thomas Troisgros; Toninho Momo; Tuca Mezzomo; Vanessa Rocha; Victor Dimitrow; Vitor Generoso; Viviane Gonçalves; Vovó Palmirinha (*in memoriam*); Wanderson Medeiros; Willian Vieira; Yuri Machado; e Yvens Penna.

Aos familiares de Bettina Orrico, de Derivan Ferreira de Souza, de Palmira Nery da Silva Onofre e de Paulo Martins.

A Ricardo Castilho, gratidão pelo reconhecimento.

A Daliana Cascudo, por suas entusiásticas e generosas palavras.

A Auxi Paschoal e Sadako Sigematu, pela colaboração.

Às queridas Rosa Moraes, Ciça Roxo e Ro Gouvêa, por me apresentarem novos talentos, e, também, a Marcos Livi, Roberto Merlin, Thiago Castanho e Wanderson Medeiros.

À equipe da Editora Senac Rio – Cláudia Amorim, Jacqueline Gutierrez, Priscila Barboza e, em especial, Manuela Soares –, juntas fizemos um excelente trabalho.

A Denise Rohnelt Araujo, Monica Prota e André Vasconcelos, irmãos que a vida me deu. É uma honra e uma imensa alegria ter a amizade de vocês e ainda usufruir seus talentos. Sem a ajuda inestimável de vocês, o caminho teria sido muito mais árduo e nem um pouco divertido.

Ao Spoleta, meu companheirinho, fonte inesgotável de ternura e afeto.

A Eugenio Mariotto, por estar sempre por perto, mesmo estando longe. *Love you.*

Apresentação

O MUNDO GASTRONÔMICO EXIGE cada vez mais que os profissionais pesquisem, busquem estar sempre em contato com o campo e retornem às tradições culinárias locais perdidas no tempo.

Ao ouvirmos a recorrente expressão "do campo à mesa", pensamos nas comidas feitas por nossos antepassados e em como o nosso país é gigante, repleto de ingredientes que não conhecemos, de pratos que nunca saboreamos e outros que não são mais encontrados.

Mais uma vez, pude acompanhar a jornalista Roberta Malta Saldanha na aventura de trabalhar as receitas brasileiras neste seu novo livro, que traz muitos ingredientes inusitados e receitas novas de profissionais renomados da gastronomia regional. É muito importante estar sempre se reciclando e pesquisando, para poder trazer ao mundo editorial uma publicação que fale sobre ingredientes e tradições culinárias do Caburaí ao Chuí, por meio de uma conversa entre as regiões brasileiras, que é imensamente enriquecida por suas diversidades.

Culinária brasileira, muito prazer: tradições, ingredientes e 200 receitas de grandes profissionais do país, além de valorizar pesquisas sobre novos ingredientes e tradições de nossa cozinha brasileira, mostra o trabalho de 205 grandes profissionais de diferentes áreas gastronômicas. Todo esse empenho fez com que, depois de *História da alimentação no Brasil*, do historiador Luís da Câmara Cascudo, este seja um marco nas publicações sobre a alimentação brasileira.

Vamos, assim, conhecer as delícias do Norte ao Sul de nosso país, descobrir ingredientes, falar sobre as tradições culinárias desde a cultura alimentar indígena, passando pelas influências africana, portuguesa, alemã, francesa, italiana, árabe, japonesa e tantas outras que compõem a gastronomia de nosso Brasil continental.

O livro traz receitas de profissionais que, além de atuarem na cozinha, também pesquisam e mantêm suas tradições, seguindo e preservando os ensinamentos de seus pais, suas mães, avós e bisavós.

Outro grande diferencial é a valiosa coletânea de receitas tradicionais da cultura indígena representativas de vários povos e de seus ingredientes, atualmente em destaque no mercado nacional.

É importante evidenciar nossas raízes culinárias e mostrar para as futuras gerações o quanto nosso país é rico. Mesmo sendo uma jovem nação de 523 anos, são muitas histórias para contar e muitos ingredientes para conhecer e pesquisar neste imenso Brasil.

Acredito que esta obra será de grande valia para estudantes de gastronomia, gourmets, curiosos e profissionais, por conter bastante material para a criação de novos pratos e para o renascimento da cultura

alimentar já esquecida por meio dos clássicos da cozinha brasileira que estão resguardados neste livro.

Quero agradecer à autora, minha amiga Roberta, pelo convite para colaborar nesta obra maravilhosa e ter o privilégio de apresentá-la ao público.

Meus parabéns a Roberta, pela excepcional contribuição à cozinha brasileira com mais esta publicação, que, com certeza, eternizará nossa gastronomia.

Denise Rohnelt Araujo

Jornalista, pesquisadora e cozinheira

Região NORTE

MAIS DE 5,5 MILHÕES DE QUILÔMETROS quadrados de Floresta Amazônica – cerca de 60% do território nacional – abraçam açaís, guaranazeiros, taperebás, muricis, cupuaçus, miritis, camapus, biribás – 180 espécies de frutas comestíveis, 2.500 tipos de árvores e 30 mil espécies de plantas. Em 23 mil quilômetros de rios, navegam mais de cem variedades de peixes: pirarucus (um gigante das águas do rio Amazonas), tucunarés, tambaquis, filhotes, curimatãs, matrinxãs, pescadas-amarelas, aratãs, camurins, paripitingas, jatuaranas, xaréus. Testemunho da cultura indígena, a mais genuína de nossas cozinhas regionais vive de sua flora e fauna, sob as bênçãos alegres da mandioca, o "pão da terra", como Pero Vaz de Caminha a chamou, da influência deixada pelos portugueses – na época da colonização, desinteressados, referiam-se a Manaus como o fim do mundo –, e pelas levas e mais levas de imigrantes europeus, asiáticos, libaneses e migrantes nordestinos que foram atraídos pelo ciclo da exploração da borracha, entre os anos de 1879 e 1912.

Autêntica, a culinária do Pará tem forte influência indígena e matrizes portuguesa e africana. O mercado Ver-o-Peso, uma imensa feira ao ar livre às margens da baía do Guajará, reúne, preserva e revela toda a riqueza do paladar nortista em suas barracas lotadas de cores, sabores, cheiros e nomes tão diferentes quanto maniçoba, jambu, tucupi, tacacá, em uma tradição de mais de trezentos anos. Seu nome foi herdado da "Casa de Haver o Peso", posto de aferição de mercadorias e arrecadação de impostos no antigo porto do Piri, que, em 1625, tributava os produtos pelo peso. Preparos tradicionais, como a maniçoba, o pato no tucupi, o vatapá paraense e o tacacá, aguçam as papilas gustativas de centenas de milhares de turistas que por lá transitam. Por sua vez, as pimentas da terra –

são tantas – incendeiam os paladares. Da ilha de Marajó, pratos à base de carne de búfalo, como o frito do vaqueiro e o filé marajoara, fazem sucesso, uma vez que é lá que se encontra o maior rebanho de búfalos do Brasil.

O Acre, tão conhecido por suas farinhas artesanais – a de Cruzeiro do Sul conquistou o selo da certificação de Indicação Geográfica (IG) em 2017 – e, mais recentemente, pelos feijões crioulos produzidos no Vale do Juruá, tem sua culinária marcada por indígenas, portugueses e, desde o início do século passado, pelos imigrantes sírio-libaneses. O quibe com arroz ou macaxeira e o charutinho, que, na falta da folha de uva, incorporou a de couve, são bons exemplos. O Amapá, terra de pitus (camarões de água doce) enormes, que chegam a medir 40 centímetros, também é o berço da bacaba. Roraima tem forte tempero de pimentas, muito apreciadas pelas etnias macuxi, waiwai, yanomami e uapixana – o estado tem o maior percentual de indígenas entre seus habitantes e a maior reserva indígena em área contínua do mundo, a Raposa Serra do Sol –, e consagradas no preparo da damorida, alçada à condição de Patrimônio Cultural Imaterial de Boa Vista. Seus garimpos de ouro e diamantes atraíram baianos, mineiros, mato-grossenses e gaúchos, que enriqueceram o cardápio roraimense com suas iguarias. As áreas de várzea de Rondônia, com seus criadouros de peixes, jacarés e tartarugas, são a base de uma culinária que demonstra forte influência indígena. Por fim, a culinária de Tocantins, resultante das culturas indígena, portuguesa, paulista e mineira – forasteiros que vieram para Palmas movidos pela utopia de construir uma nova Brasília – e muito semelhante à culinária goiana, que utiliza muitos produtos do Cerrado, como o baru, a guariroba e o pequi.

A culinária amazônica extrapolou os limites do Norte, conquistou paladares mais exigentes e conquistou seu lugar no cenário gastronômico brasileiro. Foi um árduo caminho até aqui, capitaneado pelo falecido e querido chef paraense Paulo Martins, que, nos idos de 1990, movido pela paixão pela cozinha paraense, ajudou a difundir ingredientes, receitas e técnicas tipicamente amazônicas para o Brasil e o mundo.

BEBIDAS

Caapi Inebriante, amarga, extraída do cipó caapi, preparada por alguns povos indígenas do Alto do Rio Negro.

Caiçuma De acordo com historiador Luís Câmara Cascudo, trata-se de uma bebida fermentada de frutos, geralmente pupunhas, ou de milho-cozido mascado, também conhecida como "caisuma".

Çapó Consumida pelos indígenas da etnia sateré-maué, é preparada somente com água e pó do guaraná ralado em língua de pirarucu.

Caribé De origem indígena, é feita com água, na qual foi espremido um fruto qualquer ou foram desmanchados ovos crus de tracajá (também chamado de "tartaruga-da-amazônia") ou de tartaruga, misturada com farinha de mandioca. Também é conhecida como "carimé" ou "carimbé".

Carimbá Os indígenas elaboram com água, farinha de mandioca e mel de abelhas.

Catimpuera Espécie de bebida fermentada dos povos indígenas, feita com milho ou mandioca cozida, ou amassada, peneirada e misturada com água e mel de abelha.

Cauim Espécie de bebida fermentada dos povos indígenas, feita com a mandioca cozida e mastigada. A saliva humana é ingrediente essencial para sua fermentação. Originariamente, era preparada com caju e diversas outras frutas.

Caxiri Feita com a massa da mandioca ralada e cozida de 24 a 48 horas, até que se dê a fermentação. Depois disso, a massa é peneirada, coada e diluída na água. Conforme a tradição indígena, entre o povo macuxi, em Roraima, somente as mulheres podem preparar o caxiri. A receita tem variações.

Coaba Fermentada da raiz da mandioca cozida, é de baixo teor alcoólico e típica dos tupiniquins.

Chibé Entre as tribos indígenas, é uma das mais tradicionais bebidas da Amazônia. Trata-se de uma mistura de farinha de mandioca e água – sua receita original –, que pode ser consumida como entrada, acompanhamento ou sobremesa. Bebida levemente ácida, "comuníssima, chamam-na "cimé", "cimbé", "cibé", "xibé". Divulgou-se em todas as populações do território nacional sob o nome de "jacuba", esclarece Câmara Cascudo. Pode ser acrescida de vinho (sumo) de frutas (açaí, bacaba, buriti, umari, pupunha) e de temperos como coentro, salsinha, chicória-do-pará e pimenta. Bastante popular entre os tropeiros, a jacuba era preparada com água, farinha de mandioca, açúcar ou mel. Às vezes acrescentava-se leite, cachaça ou sumo de limão. Entre os bandeirantes, a farinha era diluída em água fervente ou em cachaça, e adoçada com rapadura. Nas lavouras de café, a água foi substituída pelo café. No Maranhão, chamam--na de "tiquara" ou "gonguinha". Em Pernambuco e Alagoas, "sereba".

Garrafada Mistura de ervas, frutos, flores, cascas e sementes, é comum nos mercados e nas feiras livres da região Norte e do Maranhão.

Jurema Bebida sagrada dos cultos afro-indígenas, preparada com cascas de jurema-branca, canela, mel e gengibre. É considerada afrodisíaca.

Mani-oara Vinho de mandioca elaborado pelas mulheres do território tupinambá, na reserva extrativista Tapajós-Arapiuns, no Pará. De cor vermelho-alaranjada, com 8% de teor alcoólico, utiliza, em sua fermentação, fungos de uma outra bebida consumida pelos indígenas da região, chamada de "tarubá", também à base de mandioca.

Mucura Feita de cachaça com ovo batido, casquinhas de limão e açúcar, é uma bebida comum no Amapá e no Pará.

Paiauaru Bebida fermentada, feita com abacaxi e garapa de cana, é consumida no Alto do Rio Negro pelos indígenas da etnia baré.

Pajiroba Na região do Baixo Amazonas, no Pará, é uma espécie de bebida feita pela fermentação da massa da mandioca, com coloração rosa por causa da presença da batata-doce.

Pajuaru Entre os ticunas, do Alto Solimões, trata-se da massa de mandioca fermentada elaborada com beijus assados, umedecidos e descansados em folha de mandioca ou de bananeira, até que ganhe doçura e fique bem mole. Quando deixada para fermentar por mais tempo, torna-se uma bebida inebriante, com leve teor alcoólico e consistência de mingau. É consumida nas festividades.

Sapó Guaraná em pó ralado em língua de pirarucu acrescido de água de coco e mel de abelha, é bebida típica dos indígenas da etnia sateré-maué.

Sembereba Espécie de suco grosso elaborado com buriti e farinha puba.

Tapicuri Vinho extraído da mandioca.

Tarubá Muito apreciada entre os indígenas da região amazônica, é feita com mandioca descascada e ralada, que forma beijus que são cozidos, enrolados em folhas da planta curumi e postos para fermentar por um período de três a cinco dias. Depois de pronta, essa massa é batida com água e açúcar.

Tumbansa Suco fresco de caju e farinha de castanha-de-caju.

Viúva-alegre Suco de bacaba e açaí, popular na Amazônia.

CHICÓCKTAIL

★ De Yvens Penna, AM

INGREDIENTES

Xarope de chicória

8 ramos de **chicória-do-pará**
Água
500 ml de xarope simples (à base de água e açúcar em partes iguais)

Coquetel

60 ml de tequila prata
25 ml de sumo de limão-taiti
20 ml de xarope de chicória-do-pará
10 ml de Cointreau®
Água com gás
1 folha de chicória-do-pará, para decorar

COMO FAZER

Xarope de chicória

1. Mergulhe os ramos de chicória-do-pará na água fervente por 15 minutos. 2. Retire e imediatamente mergulhe na água gelada, por 1 minuto. 3. Retire e deixe secar no papel-toalha. 4. Retire as folhas dos ramos e bata com o xarope simples no liquidificador, em potência média, por 1 minuto. 5. Faça uma coagem muito fina e reserve.

Coquetel

1. Coloque todos os ingredientes em uma coqueteleira, exceto a água gaseificada e a folha de chicória. 2. Bata tudo na coqueteleira por 10 minutos. 3. Faça uma dupla coagem em um copo longo. 4. Complete com a água com gás. 5. Finalize com a folha de chicória de guarnição.

Planta de folhas compridas com bordas serrilhadas e com espinhos na ponta, a **chicória-do-pará** é empregada como tempero em pratos típicos da culinária paraense, como o tucupi, e em receitas de peixes. No Norte, junto com a salsinha, a cebolinha, o coentro e a pimenta-de-cheiro, forma o cheiro-verde. Recebe outros nomes, como "chicória-do-norte", "chicória-da-amazônia", "coentro-de-caboclo", "coentro-do-maranhão", "coentro-de-pasto" e "coentro-da-colônia". Na Bahia, é "coentro-da-índia". Nas regiões Sudeste e Centro-Oeste, é chamada de "coentrão", "nhambi" ou "coentro-selvagem". Da mesma família do coentro, considerada uma planta alimentícia não convencional (Panc), pode ser empregada para aromatizar sopas, molhos, ensopados e carnes, com parcimônia. Seu nome científico, *Eryngium foetidum*, denuncia o cheiro intenso e fétido que exala.

MOSCOW MULE DE FORMIGA-SAÚVA

★ **De Elisangela Valle *e* Gabriela Guedes, AM**

INGREDIENTES

Xarope de formiga-saúva
400 g de formiga-saúva
300 g de açúcar
500 ml de água

Espuma de formiga-saúva
100 ml de sumo de limão
50 ml de xarope de açúcar

100 ml de xarope de formiga-saúva
100 mg de clara pasteurizada
125 ml de tônica citrus ou refrigerante sabor limão
24 g de emulsificante
2 cargas de gás

Base do Moscow Mule

50 ml de vodca
25 ml de xarope de açúcar
25 ml de sumo de limão

Finalização

Espuma de formiga-saúva
2 dashes de Angostura®
2 folhas de hortelã
1 formiga-saúva

COMO FAZER

Xarope de formiga-saúva

1. Macere as formigas até formar uma pasta. 2. Em uma panela, coloque a pasta da formiga, o açúcar e a água. 3. Cozinhe em fogo baixo por 15 minutos. 4. Coloque duas toucas de cozinha em uma peneira e coe o xarope.

Espuma de formiga-saúva

1. Misture todos os ingredientes em um sifão, encaixe uma carga de gás e leve à geladeira para resfriar. 2. Antes de usar, acrescente a segunda carga de gás e balance o sifão.

Base do Moscow Mule

1. Em uma coqueteleira com gelo, coloque a vodca, o xarope de açúcar e o sumo de limão, e bata bem. 2. Coe para uma caneca de cobre com gelo e reserve.

Finalização

1. Na caneca de Moscow Mule reservada com o conteúdo da coqueteleira, acrescente a espuma da formiga-saúva e a Angostura®.
2. Decore com as folhas de hortelã e uma formiga-saúva.

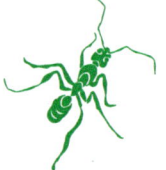

Para coletar a **saúva**, os indígenas da etnia baniwa colocam um galho no fundo do formigueiro. Quando as formigas começam a subir pelo galho, jogam-nas rapidamente em um recipiente com água para evitar as ferroadas. Alimento altamente proteico – têm 47% de proteína em sua composição biológica – e rico em gordura poli-insaturada, em preparos culinários conferem um sabor cítrico e levemente apimentado e um aroma que lembra gengibre e hortelã. Na Amazônia, é ingrediente fundamental da quinhapira, tempera o tucupi-preto, são consumidas torradas ou assadas junto com beiju, piladas com farinha. "Formiga vai bem com tudo", garante dona Brazi, cozinheira de mão cheia, representante da culinária baniwa. "Içá" é outro dos nomes dados à fêmea da formiga-saúva, cuja parte mais consumida é a bundinha, cheia de ovos. Iguaria vendida em tabuleiros no centro paulista até o século XX, apreciada frita como tira-gosto ou na forma de farofa, é um prato tradicional no Vale do Paraíba, em São Paulo. O escritor Monteiro Lobato dizia que a içá, ou tanajura, era o caviar da gente taubateana. "É o que no Olimpo grego tinha o nome de ambrosia."

YUKISÉ-PIRANGA (SUCO OU CALDO VERMELHO DE FRUTA, NA LÍNGUA NHEENGATU)

★ De Conde Aquino, AM

INGREDIENTES

Geleia de cucura

2 xícaras (chá) de cucura (mapati) cortadas ao meio e sem sementes
1 xícara (chá) de açúcar cristal
1/2 xícara (chá) de água
1/2 pimenta murupi sem semente, picada

Coquetel

2 colheres (sopa) de geleia de cucura
75 ml de cachaça
Água com gás
1 rodela fina de laranja madura
1 rodela de limão-cravo
1 estrela de carambola

COMO FAZER

Geleia de cucura

1. Misture todos os ingredientes em uma panela e leve ao fogo baixo. 2. Passe por uma peneira grossa com ajuda de uma colher, para dissolver o máximo possível do bagaço das cascas da fruta. 3. Armazene a geleia em potes herméticos.

Coquetel

1. Dissolva uma colher da geleia com a cachaça e coloque em um copo longo com gelo até a metade. 2. Adicione o restante da geleia

sobre o gelo e complete com a água gasosa. **3.** Decore com as rodelas de laranja e de limão-cravo e a estrela de carambola.

Mapati é fruta nativa da região amazônica, muito cultivada nas aldeias indígenas da etnia ticuna, na região do Alto Solimões. Fa-cilmente confundida com a uva, pela cor e por crescer em cachos, daí ser conhecida também como uva-da-amazônia. De coloração violeta-escura, polpa suculenta e levemente adocicada que abriga uma única semente. Por causa da casca ligeiramente áspera, re-comenda-se retirar a película antes de consumi-la. Pode ser em-pregada em doces, compotas, sorvetes, refrescos sucos e bebidas fermentadas, como o "vinho de cucura" produzido pelos indíge-nas baniwa, em São Gabriel da Cachoeira. Suas sementes torra-das e moídas são usadas como substitutivo do café. Recebe outros nomes populares, como "cucura", "umbaúba-de-vinho", "sucuba", "uva-da-mata" e "pão-de-paca".

PETISCOS, ENTRADAS E SANDUÍCHES

Bicho-de-coco Larvas comestíveis de besouros que crescem nos frutos de várias palmeiras e são consumidas fritas. Na Amazônia, no Maranhão e no Piauí, aparecem nos bagos do coco babaçu. Ganha nomes diferentes conforme a região, como "gongo", "fofo" ou "morotó".

Bolinho de tapioca Receita paraense, simples e deliciosa, é uma mistura à base de farinha de tapioca, manteiga, ovo, leite, fermento e sal, moldada na forma de bolinhos, depois assados no forno.

Casquinha de muçuã Um dos pratos mais famosos na capital paraense, Belém, é um mexido de carne de muçuã – pequena tartaruga de água doce típica da região amazônica, presente também no Maranhão, onde é conhecida como "jurará" – servido em sua própria carcaça.

Charutinho Petisco delicioso encontrado nas praias fluviais de Santarém. De acordo com a jornalista Denise Rohnelt Araujo: "É um peixe pequeno que é ticado (cortes no peixe para quebrar as espinhas) e servido frito inteiro, que pode ser comparado com a manjubinha."

Ixó Larva que se alimenta do caule apodrecido da palmeira juçara. Entre os guaranis, é costume comê-la bem assada ou frita. A gordura do ixó é empregada para fritar o xipá.

Kikão Nome pelo qual o cachorro-quente, sanduíche de salsicha do tipo Frankfurt cozida em água, é conhecido em Manaus. A guloseima foi introduzida nos anos 1970 pelo gaúcho Alceu Pereira. Em Roraima, ganhou a alcunha de "marukão".

Pastel de ovo ou **ovo coberto** Salgado muito popular em Cruzeiro do Sul, no interior do Acre.

Quibe de arroz Receita muito apreciada no Acre e em Roraima. Na falta do triguilho, os imigrantes árabes e sírios o substituíram por arroz ou mandioca.

Sopa de caranguejo É elaborada com camarão seco, goma de tapioca, chicória-do-pará e carne de caranguejo.

Tacacá Câmara Cascudo conta, em seu livro *História da alimentação no Brasil*, que o tacacá vem da sopa indígena *mani poi*, feita com o sumo da mandioca, eliminado o ácido prússico, misturado à farinha de milho, beiju e frutos chamados de "bacuri". Servido quente, em cuia, de preferência a conhecida "cuia-pitinga", e sem colher, é tradição da região Norte. Em Belém do Pará, a receita leva tucupi, goma de mandioca e camarão seco. O caldo é temperado com jambu, alho, sal e pimenta-de-cheiro. O preparo e a venda do quitute costumam ser feitos pelas tacacazeiras, que trabalham em barracas espalhadas pelas ruas de

Manaus e Belém. É famoso o tacacá do município litorâneo de Marapanim (PA), feito com caranguejo.

Unha de caranguejo Aperitivo delicioso, que é uma espécie de bolinho frito feito com massa de batata, recheado com carne do caranguejo desfiada temperada com alho, limão, cheiro-verde amazônico e cebola. A massa é refogada e envolve as patinhas do caranguejo.

X-caboquinho Sanduíche feito com pão francês, recheado com lascas finas de tucumã e fatias de queijo de coalho derretido e de banana frita. É vendido em bares e barraquinhas no meio das ruas em Manaus.

Xipá Receita guarani, que é um tipo de pão de milho frito na gordura da larva ixó.

BIATÜ (QUINHAMPIRA)

★ **De Clarinda Maria Ramos, do povo indígena sataré-mawé, AM**

4 porções

INGREDIENTES

Peixe

1 L de água
1 colher (sopa) de tucupi preto
Pimenta murupi defumada, a gosto
Sal, a gosto
1 tambaqui médio cortado em pedaços pequenos

Beiju

700 g de goma de tapioca
150 g de farinha de mandioca

Finalização

Formigas torradas, a gosto

COMO FAZER

Peixe

1. Coloque a água para ferver em fogo baixo. 2. Adicione o tucupi preto, o sal e a pimenta. 3. Deixe ferver por 5 minutos. 4. Após a fervura, acrescente o peixe. 5. O prato estará pronto quando o peixe estiver totalmente cozido.

Beiju

1. Misture todos os ingredientes. 2. Em frigideira bem quente, prepare a tapioca.

Finalização

1. Disponha as formigas torradas ao lado do beiju para acompanhar o peixe.

DICA DA CHEF: caso a farinha de mandioca escolhida esteja muito seca, hidrate um pouco antes de misturar.

Biatü, também chamado de "quinhapira", é considerado comida dos deuses, consumido diariamente pelos povos indígenas do Alto do Rio Negro. Trata-se de um caldo muito apimentado de peixe moqueado (assado na brasa até secar), cozido com diversas pimentas, tucupi preto e formiga, no qual se umedece o beiju de tapioca. É considerado o prato nacional do Alto do Rio Negro. As formas de preparar são as mais variadas, com muitas combinações: quinhapira de peixe com tucupi e caruru; de piraíba com tucupi doce e amarelo; de aracu com pimenta murupi, tucupi preto e chibé de açaí; de jacaré com taioba, manicuera, saúva e pimenta torrada. Do tupi *quinha* (pimenta) e *pirá* (peixe), é um prato servido como forma de expressar a união e a receptividade dos povos da aldeia, segundo Natalina Martins, artesã da etnia baré que vive na comunidade Parque das Tribos, em Manaus (AM).

BOLINHO DE MACAXEIRA COM PIRARUCU

★ **De Amanda Vasconcelos, SP**

20 bolinhos de 50 gramas

INGREDIENTES

Recheio

200 g de **pirarucu** fresco cortado em cubinhos
Sal, pimenta-do-reino, pimenta-síria e cominho, a gosto
1 cebola pequena picada
4 dentes de alho picados

Fio de azeite de oliva
Cheiro-verde, a gosto
80 g de azeitona picada

Massa

2 copos americanos de leite
2 colheres (sopa) de manteiga
Sal, a gosto
1 1/2 copo americano de farinha de trigo
500 g de macaxeira cozida e amassada

COMO FAZER

Recheio

1. Tempere o pirarucu com o sal e as pimentas. Reserve. 2. Refogue a cebola e o alho no azeite até dourar. 3. Adicione o cheiro-verde e, em seguida, o peixe. 4. Finalize com a azeitona. 5. É importante que o recheio fique sequinho. Reserve.

Massa

1. Em uma panela, adicione o leite, a manteiga e o sal, e leve ao fogo. 2. Quando essa mistura estiver bem quente, adicione a farinha de trigo sempre mexendo até a massa ficar homogênea. 3. Sove a massa acrescida da macaxeira. 4. Molde os bolinhos, recheie com o pirarucu e frite em óleo quente. 5. Sirva os bolinhos acompanhado de pimenta ou geleia de pimenta.

Um dos maiores peixes de escamas de água doce do mundo, quando adulto, o **pirarucu** pode chegar a pesar de 100 a 200 quilos e a medir de 2 a 3 metros. De carne muito saborosa, quase sem espinhas, é encontrado fresco, seco ou salgado. Conhecido como "bacalhau da Amazônia", em razão das técnicas tradicionais de secagem, salga e comercialização em mantas, pode ser grelhado na chapa e acompanhar açaí, pode ser servido no leite de coco, em caldeirada e na casaca – sendo esta uma da receita símbolo da culinária amazonense. Em razão da pesca predatória na Amazônia, pescadores de Silves criaram uma das primeiras áreas de manejo sustentável de pirarucu no país, para tentar salvá-lo da extinção. Seu nome vem do tupi *pirá* (peixe) e *uru'ku* (vermelho), por causa da cor de sua cauda. Suas escamas são usadas como lixas de unha, sua língua, depois de seca, é empregada para ralar o bastão de guaraná. Quando ainda pequeno, o pirarucu é chamado de "bodeco", escreveu Câmara Cascudo.

BOLINHO DE PIRACUÍ COM GELEIA DE ABACAXI APIMENTADA

★ **De Saulo Jennings, PA**

4 porções

INGREDIENTES

Bolinho de piracuí

1/2 cebola picada
2 dentes de alho picados
1/3 xícara (chá) de azeite de oliva

4 xícaras (chá) de piracuí sem osso

1 maço de mistura de ervas de Santarém (cebolinha, coentro, chicória-do-norte e manjericão) picado finamente

3 xícaras (chá) de mandioca cortada em cubos

Sal, a gosto

1/2 xícara (chá) de farinha de trigo

Óleo, para fritar

Geleia de abacaxi

1 abacaxi

200 ml de água

200 g de açúcar

1 pimenta murupi

COMO FAZER

Bolinho de piracuí

1. Refogue a cebola e o alho no azeite. 2. Adicione o piracuí e refogue por 5 minutos. 3. Acrescente as ervas, mexa bem e tampe. 4. Cozinhe a mandioca na água com sal. 5. Após cozida, amasse bem e misture com o piracuí refogado. 6. Molde os bolinhos. 7. Passe-os na farinha de trigo e frite-os em óleo bem quente. 8. Escorra os bolinhos em papel-toalha.

Geleia de abacaxi

1. Descasque o abacaxi e coloque as cascas para ferver com a água por 20 minutos. 2. Retire as cascas e reserve a água. 3. Corte o abacaxi em cubos, coloque em uma panela, adicione o açúcar e a água reservada. 4. Leve ao fogo médio até engrossar e ficar em ponto de doce. 5. Deixe esfriar. 6. Bata o doce com a pimenta murupi em um liquidificador até virar geleia. 7. Sirva com os bolinhos.

Fruta originária da Amazônia, cítrica, de polpa doce e perfumada, refrescante e digestiva, o **abacaxi** já era apreciado pelos povos indígenas com o nome de *ibacati*, que significa fruta *(i'bá)* cheirosa *(ka'ti)*. Todos os viajantes, cronistas e pesquisadores que por aqui passaram, logo após o descobrimento, relataram seu encanto com esta fruta. "Não há fruta neste reino que no gosto lhe faça vantagem", escreveu Gandavo. "É muito doce e o reputo o fruto mais saboroso da América", elegeu o francês Jean de Léry, em sua Viagem à terra do Brasil. *Ananas comosus* é da família das bromeliáceas. Grelhado ou assado, pode acompanhar frutos do mar, presunto, frango, porco e peru. Por conter bromelina – enzima que digere proteínas –, o abacaxi pode ser usado para amaciar carnes. Sua casca pode ser usada no preparo de chás, sucos e de uma espécie de bebida fermentada chamada dc "aluá", típica do Nordeste. No Brasil, as variedades mais populares são: o pérola (mais doce) e o havaí (maior, mais arredondado e mais ácido), que pesam de 1 a 3 quilos. Na cidade de Tarauacá (AC), há abacaxis que podem pesar até 12 quilos, o que rendeu à cidade a alcunha de "terra do abacaxi grande". Por sua vez, o Pará tem destaque nacional como maior produtor de abacaxi do país. Na hora de comprar, para saber se ele está maduro, dê um puxão brusco nas folhas da coroa. Se estiverem firmes, é sinal de que está ainda verde. Quando a fruta está madura, essas folhas se soltam do talo com facilidade. A coroa lhe rendeu a denominação de "rainha das frutas".

CARPACCIO DE PIRARUCU DEFUMADO

★ **De Ricardo Branches, PA**

5 porções

INGREDIENTES

Peixe

50 g de sal fino
25 g de açúcar refinado
10 ml de suco de limão
1 kg de pirarucu fresco
Serragem para defumar, q.b.
Ervas secas (alecrim, tomilho, louro, orégano, coentro)

Molho

2 ovos cozidos
10 ml de suco de limão
50 ml de azeite de oliva
10 g de alho
10 g de sal
5 g de pimenta-de-cheiro
1 pitada de **assîsî**

Beiju de tapioca

Sal, a gosto
100 g de tapioca

Finalização

Fio de azeite de oliva

COMO FAZER

Peixe

1. Misture o sal, o açúcar e o suco de limão. 2. Passe essa mistura no peixe e reserve em um saco plástico ou vasilha tampada por 24 horas. 3. Após esse tempo, retire da embalagem e deixe escorrer na geladeira por mais 24 horas. 4. Em uma panela alta, coloque a serragem e as ervas secas embaladas em uma folha de papel-alumínio. Fure levemente a embalagem. 5. Aqueça a panela em fogo baixo. 6. Em uma grelha ou um escorredor, coloque o peixe e cubra com uma tampa. Tome cuidado para o peixe não cozinhar demais. 7. Defume controlando a temperatura para não passar de 85 °C até alcançar o ponto desejado. 8. Resfrie e corte o peixe em lâminas.

Molho

1. Em um liquidificador, coloque todos os ingredientes e bata-os até que emulsifique. 2. Mantenha o molho refrigerado.

Beiju

1. Misture o sal na tapioca. 2. Molde tapiocas finas e pequenas, de maneira que fiquem bem firmes, secas e crocantes.

Finalização

1. Cubra os beijus com o carpaccio de pirarucu. 2. Coloque um pouco do molho e finalize com um fio de azeite.

 DICA DO CHEF: se necessário, leve os beijus ao forno para secarem e ficarem parecendo torradas.

Assîsî é uma pimenta em pó produzida pelos indígenas da etnia waiwai, que habitam as cabeceiras do rio Mapuera, no extremo norte do Pará. Utilizada como tempero para peixes e carnes de caça, e, ainda, para ressaltar o sabor de alguns quitutes feitos com diferentes tipos de bananas misturadas à goma de mandioca ou assadas em fogo de brasa, embrulhadas em folhas de bananeira. É obtida da livre combinação de dezenas de variedades de pimentas de coloração, formato e sabores distintos, piladas com sal. Seu plantio, cultivo, beneficiamento e sua comercialização são responsabilidades das mulheres indígenas, quase sempre das senhoras mais velhas, que também se encarregam de passar esse conhecimento de geração em geração.

CASTANHADA COM BACURI E BACON

★ **De Dani Martins, PA**

2 porções

INGREDIENTES

500 g de **castanha-do-pará** fresca ralada
200 ml de água
1 colher (sopa) de manteiga
1/2 xícara (chá) de açúcar cristal
3 ovos
200 ml de suco de bacuri
150 g de bacon frito triturado

COMO FAZER

1. Bata 100 gramas de castanha-do-pará com a água e coe em um pano fino para retirar o leite da castanha. 2. Em uma tigela, misture a manteiga, o açúcar, os ovos, o leite da castanha, o suco de bacuri e o restante das castanhas, até que fique homogêneo. 3. Leve a mistura ao fogo para cozinhar por aproximadamente 15 minutos ou até começar a soltar do fundo da panela. 4. Coloque a castanhada em uma tigelinha e polvilhe com o bacon frito.

A **castanha-do-pará** é nativa da região amazônica, fruto da castanheira, árvore frondosa, que chega a alcançar mais de 60 metros de altura, com um tronco de mais de 3 centímetros de diâmetro; motivo pelo qual é conhecida como "teto da floresta". Fresca e sem casca, é privilégio apenas dos nortistas. Muito perecível, uma vez rompido o ouriço que abriga a amêndoa ou castanha, resiste por cerca de cinco dias, desde que guardada em um recipiente com água, na geladeira. Seca, é ingrediente de bolos, tortas, recheios, doces, bombons e sorvetes. Quando salgada, é servida como aperitivo. Coberta com chocolate fica uma delícia. Na forma de óleo, substitui a gordura animal, e na de leite, é usada em uma grande variedade de receitas. Seus outros nomes populares são: "castanha-da-amazônia", "castanha-do-maranhão", "castanheiro" e "amêndoa-da-américa"; entre os ribeirinhos, "ouriço"; na Amazônia, "tocari" e "tucá"; entre os povos indígenas, "anhaúba", palavra que vem de "nhá-iba" (árvore da fruta); e no exterior, principalmente no Reino Unido e na América do Norte, *Brazil nut* (castanha-do-brasil), o que levou o Governo brasileiro a estabelecer o uso obrigatório do nome "castanha-do-brasil", para efeito de comércio exterior.

FANI (PEIXE COM MASSA, NA LÍNGUA CAMBEBA)

★ **De Neurilene Cruz da Silva, do povo indígena cambeba, AM**

6 porções

INGREDIENTES

Azeite de oliva, q.b.
500 g de pasta de alho
1 cebola ralada
100 g de pimenta-de-cheiro sem sementes e picada
Colorau, a gosto
2 kg de macaxeira ralada
Sal e pimenta **murupi**, a gosto
1 folha grande de bananeira dividida em seis partes
2 kg de pirarucu fresco ou defumado

COMO FAZER

1. Em uma frigideira, coloque o azeite, a pasta de alho, a cebola, a pimenta-de-cheiro e o colorau. 2. Deixe refogar um pouco e, em seguida, coloque a macaxeira e um pouco mais de azeite. 3. Mexa, acrescente o sal e a pimenta murupi, e continue mexendo. 4. Quando começar a grudar no fundo da frigideira, retire do fogo. 5. Divida a massa em seis porções. 6. Em cada folhinha de bananeira, coloque um pouco do creme de mandioca, um pedaço do peixe por cima e mais uma camada de macaxeira. 7. Embrulhe e amarre com barbante, como se estivesse fazendo uma pamonha. 8. Agora coloque na água fervente por 15 minutos. 9. Depois desse tempo, retire e sirva.

A maior diversidade de tipos das pimentas *Capsicum* spp. vem da espécie *C. Chinensi*, da qual fazem parte a pimenta-de-bode, a cumari-do-pará, a pimenta-de-cheiro e a pimenta **murupi**. Tradicionalmente cultivada no Norte do Brasil, a murupi tem frutos alongados, de cor verde-clara quando imaturos, que adquirem coloração amarela que se intensifica até ficarem vermelhos à medida que amadurecem. De sabor marcante, aroma forte e alta pungência, é considerada uma das pimentas brasileiras mais fortes. Encontrada fresca, desidratada e moída, é muito usada em molhos, marinadas, vai bem com peixes, frutos do mar, carne de porco e carnes vermelhas, e não pode faltar no pato com tucupi e no tacacá, clássicos da culinária paraense. "És a única pimenta assim te quis a floresta, que primeiro viras brasa e queimas quem te abraçou, de curimatã na boca, mas logo o fogo se apaga, e afagas com o candor de tuas suaves virtudes: teu sabor e teu perfume", enalteceu o poeta amazonense Thiago de Mello.

KUPAKUBU

★ **De Luana de Sousa Oliveira, TO**

2 porções

INGREDIENTES

1 kg de mandioca
300 g de carne bovina (patinho ou coxão mole)
Sal e alho, a gosto
Folhas de bananeira ou de helicônia

COMO FAZER

1. Descasque e rale a mandioca, acrescentando sal, a gosto, à massa de mandioca. 2. Corte a carne em tiras finas, tempere-as com

sal e alho a gosto. 3. Forre a assadeira com folha de bananeira. 4. Coloque uma camada da massa de mandioca, uma camada de carne e, por fim, mais uma camada de massa de mandioca. 5. Cubra com a folha de bananeira e leve ao forno para assar por 30 minutos. 6. Sirva quente.

O **kupakubu** é o prato mais emblemático do povo xerente, que são os indígenas que habitam o Cerrado do estado do Tocantins, a 70 quilômetros ao norte da capital, Palmas, e pertencem ao grupo Macro-Jê. Tradicionalmente, a receita é feita com mandioca ralada e prensada no tipiti, e carne de caça ou de peixe, sem nenhum tempero, envolta em folha de bananeira e assada por uma complexa técnica de moqueio com pedras de ninho de cupim, palha e lenha. No passado, era um prato do cotidiano, hoje tornou-se uma iguaria de festa, presente nas cerimônias de casamento. "A comida para o povo xerente é de suma importância, além da questão da necessidade nutricional, tem muitos valores simbólicos e faz parte de todos os rituais e cerimônias do nascimento a morte", esclarece a chef Luana de Sousa Oliveira.

SUNOMONO DE VITÓRIA-RÉGIA COM LICHIA

★ **De Hiroya Takano, AM**

Porção individual

INGREDIENTES

Conserva de vitória-régia

200 g do pecíolo da **vitória-régia**

75 ml de vinagre

30 g de açúcar

2 g de sal
20 ml de água

Sunomono

20 g de conserva de vitória-régia
2 lichias em calda
1 colher (sopa) da calda da lichia
Flores de caruru, para decorar

COMO FAZER

Conserva de vitória-régia

1. Descasque o pecíolo da vitória-régia. **2.** Corte em rodelas de aproximadamente 3 milímetros. **3.** Misture o vinagre, o açúcar, o sal e água. **4.** Coloque as rodelas da vitória-régia nessa mistura. **5.** Conserve na geladeira.

Sunomono

1. Em um prato, coloque as rodelas da vitória-régia em conserva. **2.** Corte as lichias e disponha no centro. **3.** Coloque a calda da lichia. **4.** Decore com as flores.

Um dos maiores símbolos da Amazônia, a **vitória-régia** é uma planta aquática, que vive em lagos e lagoas de água parada, cujas folhas flutuantes podem alcançar até 2,5 metros de diâmetro e suportar até 40 quilos. A planta é comestível e dela tudo se aproveita: das sementes dos frutos maduros, se faz pipoca; o pecíolo descascado faz as vezes de aspargo ou palmito; depois de cozidos e descascados, os rizomas (batatas) podem ser consumidos com sal (chamados popularmente de "cará-d'água" ou "cará-do-rio"), embora sejam menos usados porque sua retirada implica a morte da planta; suas pétalas podem ser apreciadas cruas ou cozidas , além de substituírem a endívia em inúmeros preparos, o que lhe rendeu o apelido de "endívia do rio"; e de sua flor enorme, que dura apenas 48 horas, são feitas saladas e geleias. Aliada à paixão pela vitória-régia que começou na infância – no Japão, quando viu em um mangá o desenho da planta – e ao seu conhecimento sobre planta comestível não convencional (Panc), o chef Hiroya Takano também criou o sushi de vitória-régia (um sushi de tucunaré com uma calda doce elaborada com o pecíolo da planta e açúcar) e o ankaki de pirarucu com vitória-régia (pirarucu empanado, servido com o pecíolo da planta cozido com legumes).

PRATOS PRINCIPAIS E ACOMPANHAMENTOS

Abunã Pirão feito com ovos de tartaruga, acrescidos de farinha-d'água e, eventualmente, açúcar. É um costume amazonense.

Anguzada Mistura de angu com carne de peixe.

Arabu De modo semelhante ao abunã, é preparado com ovos de tracajá, misturados com farinha e açúcar, bem mexido até ficar cremoso.

Aracu de barriga cheia Prato típico da ilha de Marajó, que consiste no peixe aracu recheado com farofa, envolto em folhas de bananeira e assado no moquém.

Arroz de marisco Prato paraense preparado com camarão, sururu, ostra, caranguejo e camarão seco, acrescidos de jambu, cúrcuma e tucupi.

Arroz de navegantes É preparado com frutos do mar, carne de frango e de porco, tucupi e jambu. Trata-se de uma receita dos primeiros navegadores que chegaram à Amazônia.

Arroz de peneira Temperado apenas com sal, depois de cozido, o arroz é escorrido em uma peneira. É um bom acompanhamento para a maniçoba paraense.

Baixaria Prato preparado com cuscuz de milho esmigalhado, carne moída bem temperada e molhadinha, e, por cima de tudo, gema mole de ovo estrelado e cebolinha. Essa receita típica do Acre, como explica a chef Mara Salles, "é um prato apetitoso, que mata a fome e se come com gula, sem modos. Daí o nome 'baixaria'".

Berarubu Receita indígena, que é uma iguaria celebrada em Tocantínia, a 70 quilômetros de Palmas (TO), na Festa do Berarubu. Depois de retirados os chifres, o couro e os órgãos – só permanece a língua, a parte mais apreciada –, a cabeça do boi é lavada, embrulhada em papel-alumínio e folhas de bananeira. Em seguida, essa cabeça somente com a língua é colocada em um latão de alumínio e levada para assar por 12 horas em um buraco aquecido com lenhas em brasa.

Bife de tartaruga Elaborado com a carne do peito da tartaruga cortada em bifes, temperada com limão, alho e sal, e frita na própria gordura do animal.

Caiçuma Molho de tucupi engrossado com goma de mandioca, cará, fécula de batata etc.

Caldeirada paraense Herança indígena que se faz com pedaços de peixes da região cozidos com vinho de buriti, tucumã e pimenta, ou com tucupi e folhas de jambu.

Camarão no bafo Camarão-rosa passado em uma mistura de cachaça, pimenta vermelha picada, tomate e temperos, e cozido em uma panela a vapor.

Canhapira Prato típico da ilha de Marajó, tradicionalmente era carne de caça moqueada e depois cozida no "vinho" (suco concentrado) de tucumã. Atualmente, a carne de caça dá lugar à carne de porco.

Caruru paraense Receita que leva quiabo picadinho, camarões secos, farinha de mandioca, chicória-do--pará, alfavaca, tomate, cebola, alho, azeite de dendê, pimenta-de-cheiro e cheiro-verde.

Chambari Corte transversal da canela do boi, tirado com o osso, o chambari também empresta seu nome a um cozido considerado um dos símbolos de Tocantins, onde é preparado com temperos e servido com arroz branco e cheiro-verde. Em Pernambuco e na Paraíba, onde é conhecido como "chambaril", a receita tem características diferentes. A carne é elaborada com legumes, verduras e temperos, acompanhada de pirão de farinha de mandioca.

Costela de tambaqui Temperada com alho, limão e sal, preparada na grelha, é prato muito apreciado acompanhado de farofa de farinha de mandioca e tucupi.

Cozidão Prato típico de Rio Branco, preparado com carne com osso, mandioca, banana-da-terra, batata, cenoura, ervas e maxixe.

Curuba Raspas de mandioca acrescidas de castanha-do-pará ou sapucaia, cozidas em fogo brando. Compõe o cardápio dos indígenas.

Espetadas de carne-de-vento à moda do Norte Carne-de-sol lavada e escorrida, cortada em tiras grandes enfiadas em espetos e assada na brasa.

Farofa de casco Farofa feita com a gordura da carapaça da tartaruga, acrescida de farinha-d'água torrada.

Farofa molhada Feita com farinha--d'água, cebola, azeite, leite de coco, sal e pimenta.

Feijão ao leite de castanha-do-pará Receita elaborada com feijão cozido batido no liquidificador até adquirir consistência cremosa, que, em seguida, é peneirado e acrescido de açúcar e leite de castanha-do-pará.

Filé marajoara Prato elaborado com queijo de búfala derretido por cima da carne, que também é de búfalo.

Filhote pai-d'égua Preparado com peixe filhote no espeto, arroz com jambu e molho vinagrete.

Frango tostado Frango temperado com alho, sal e pimenta-do-reino que recebe uma calda de toucinho derretido com açúcar e cebola enquanto é assado. É receita de Tocantins.

Frito de vaqueiro Fraldinha de búfalo picada, temperada com sal e cozida em forno a lenha. O prato fica pronto quando a água seca e somente resta na panela o óleo que se solta da carne, que serve para dourá-la. Herança dos vaqueiros da ilha de Marajó, é servido com farinha no café da manhã, quando é chamada de "frito marajoara".

Galinha marajoara Depois de marinar por 24 horas, a ave é frita e refogada com camarão seco, leite de coco e azeite de dendê. É servida com arroz.

Goca Fritura elaborada com fígado e ovas de peixe, comum em Rondônia.

Haddock paraense Nada mais é que a gurijuba – peixe comum e abundante do Pará, muito consumido pela população em condições de pobreza –, levemente salmonada, colorida com urucum e defumada em fumeiro caseiro. Uma vez valorizada pelas mãos criativas do saudoso chef Paulo Martins, passou a protagonizar dezenas de receitas.

Jacaré afogadinho Bifes de cauda de jacaré refogados com cebolas, alhos, tomates, salsa, cebolinha e pimenta-de-cheiro. Para acompanhar o prato, farinha-d'água, arroz branco e molho de pimenta.

Mal-assada Fritada feita com claras em neve, mais farinha de milho, coentro e sal. Pode levar carne de sol, queijo de coalho ou qualquer outro recheio.

Mandioca com entrecosto Mandioca picadinha, refogada com carne frita, cebola, alho, tomate e pimenta.

Mani de urutá Elaborado com chouriço, bucho de boi, mocotó, linguiça, paio, bacon, costelas defumadas e lombo de porco, é um prato de Bragança do Pará.

Mixira Significa "conserva" em tupi. É uma posta de carne de tartaruga, peixe-boi, tambaqui ou porco frita e conservada na própria gordura do animal. Normalmente, é servida com farinha e molho de pimenta-de-cheiro. A iguaria amazônica tem uma similar na região Centro-Oeste: a "carne de lata".

Moquém de maniwara Abdome da formiga maniwara moqueado, preparado com molho de tucupi. Maniwara significa "comedora de mandioca", segundo o antropólogo Manuel Nunes Pereira. Entre as comunidades do Alto do Rio Negro, também é costume con-

sumir apenas a cabeça em forma de farofa com pimentas.

Mujanguê Massa à base de ovos crus de tartaruga, de tracajá ou de gaivota, misturados com farinha-d'água e açúcar e diluídos em água, para ser bebida.

Pato no tucupi Uma das raras ocasiões em que a ave ganha destaque em nossa culinária. O pato é cortado em pedaços, dourado, cozido no molho de tucupi e servido com farinha de mandioca, folhas de jambu e arroz branco. Junto com a maniçoba, é prato imprescindível à festa do Círio de Nazaré, procissão religiosa realizada em outubro, que reúne cerca de 2 milhões de pessoas nas ruas de Belém.

Paxicá Carne e miúdos de tartaruga temperados com chicória, pimenta murupi, limão e sal, servidos no próprio casco e fritos com a gordura nele contida. Também chamada de "pacicá".

Peixada Em Tocantins, faz-se com o peixe em postas temperado com alho, cebola e cheiro-verde, acrescido de cenoura e leite de coco. Para acompanhar, arroz e farofa de manteiga.

Peixe à capitoa Filé de peixe na chapa com molho de arubé e frutos do mar.

Peixe moqueado Peixe temperado, embrulhado em folhas de bananeira e colocado em uma grelha feita de varas (moquém), que vai sobre o fogo. Ali, o alimento recebe calor e fumaça para ser cozido e levemente defumado.

Pirarucu com açaí e tapioca Filés do peixe temperados, empanados e fritos, servidos com creme de açaí e cobertos com tapioca.

Pirarucu de casaca Iguaria amazonense preparada com o lombo do pirarucu dessalgado, frito em pedaços, desfiado e refogado no azeite com cebola, tomates, pimentões e cheiro-verde, cozido no leite de coco com batatas e disposto em uma travessa envolto por uma farinha bem "molhada", ovos cozidos, batata palha, ervilhas, azeitonas e bananas-pacovás. O termo "casaca" refere-se à fartura de ingredientes que acompanham o peixe neste prato.

Pirarucu Rondon A receita oficial de Porto Velho leva pirarucu, jambu, macaxeira, batata-doce e tucupi.

Poqueca Do tupi *popeka*, é peixe temperado e embrulhado em folha de caetê, bananeira ou bacaba, feito no moquém.

Puquecado Filé ou costela de peixe embrulhado na folha de cacau acompanhado de beiju e farinha.

Quererê Preparado pelos caboclos amazônicos, leva a tripa grossa e as vértebras dorsais do pirarucu.

Rabada no tucupi Rabo de boi cozido no caldo de tucupi acompanhado de jambu.

Retumbão É uma dança típica da Marujada de Bragança, que é uma festa em homenagem a São Benedito, no Pará. O nome é creditado aos portugueses, que, quando ouviam o ritmo tocado pelos tambores, diziam que o som retumbava. A receita homônima homenageia essa tradição. Trata-se de um refogado de peixe e frutos do mar.

Tambaqui de cacete O peixe é moqueado utilizando-se uma vara que atravessa o tambaqui para suspendê-lo sobre o braseiro.

Torta de carne de sol Massa recheada com a carne de sol cozida, batida e temperada, recoberta com claras em neve e assada no forno.

Vatapá paraense Preparado com camarão seco, leite de coco, chicória-do-pará, alfavaca, azeite de dendê, pimenta-de-cheiro, tomate, cebola, alho, cheiro-verde e pão dormido, é servido com farinha de mandioca, camarão cozido no tucupi, jambu e pimenta-de-cheiro.

Zorô Prato preparado com camarão, maxixe, jiló ou quiabo e temperos.

ARUBÉ

★ **De Mestre Ofir, PA**

Rende 300 gramas

INGREDIENTES

1 L de tucupi amarelo
Alfavaca, a gosto
Chicória, a gosto
Alho, a gosto
Pimenta cumari, a gosto
300 g de mandioca cozida

COMO FAZER

1. Ferva o tucupi com a alfavaca, a chicória, o alho e a pimenta cumari. Reserve. 2. No liquidificador, bata a mandioca cozida com água até que fique bem cremosa. 3. Despeje no tucupi reservado e misture até que fique homogêneo. 4. Guarde em recipiente de vidro.

Tradição indígena da Amazônia, o **arubé** é um concentrado de tucupi utilizado originalmente pelos indígenas para a conservação de caças. Com sabor semelhante ao da mostarda, motivo pelo qual é também conhecido como "mostarda indígena", confere sabor a carnes vermelhas, brancas e peixes. Esse nome também designa um molho de pimentas de vários tipos, cozidas, amassadas e misturadas na massa de mandioca mole. Quando contém tanajuras torradas e em pó, é conhecido como "arubé de sauvataia". Existe, ainda, uma variação do molho arubé, feito com pimentas vermelhas socadas no pilão e misturadas na massa de mandioca mole, que é chamada de "jacuriputi". Para Câmara Cascudo, dois molhos merecem destaque no extremo-norte brasileiro: o arubé e o tucupi.

CARRÉ DE PIRAPITINGA COM ARROZ DE CARANGUEJO

★ **De Geane Nunes, AP**

2 porções

INGREDIENTES

Carré de pirapitinga

1 pirapitinga de 3 kg
500 ml de óleo
1 limão-taiti pequeno
2 dentes de alho amassados
Sal e pimenta-do-reino branca, a gosto
1 xícara (chá) de farinha de trigo (140 g)
1 ovo
1 xícara (chá) de farinha panko
1 xícara (chá) de castanha-do-pará ralada

Arroz de caranguejo

100 g de massa de **caranguejo**
100 g de patinhas de caranguejo
3 pimentas-de-cheiro
10 g de coentro
1 maço de cebolinha picado
1 limão-taiti pequeno
Sal e pimenta-do-reino branca, a gosto
2 dentes de alho amassados
100 g de cebola picada
Azeite de oliva, para dourar
200 g de arroz bomba ou arroz parboilizado
50 ml de vinho branco seco
20 g de jambu branqueado
Caldo de legumes, q.b.

COMO FAZER

Carré de pirapitinga

1. Corte as espinhas individualmente e retire a pele do peixe para fazer o carré. Use um palito para sustentar. 2. Frite em óleo quente a 190 °C. 3. Tempere com o limão, o alho, sal e pimenta-do-reino branca. 4. Em seguida, passe o carré na farinha de trigo e no ovo, e depois empane com a farinha panko e a castanha-do-pará ralada. 5. Frite em óleo quente a 190 °C.

Arroz de caranguejo

1. Tempere a massa e as patinhas do caranguejo com a pimenta-de-cheiro, o sal, a pimenta-do-reino branca, o coentro, a cebolinha e o limão. 2. Em uma frigideira, doure o alho e a cebola no azeite. 3. Acrescente o arroz e refogue rapidamente. 4. Adicione o vinho e deixe evaporar. 5. Cozinhe o arroz com o caldo de legumes. 6. Quando estiver quase no ponto, adicione a massa do caranguejo temperada e o jambu. 7. Decore com as patinhas de caranguejo.

Distribuídos em toda a costa brasileira, sobretudo no Espírito Santo, em Sergipe e na Bahia, alguns caranguejos vivem no mar, alguns moram em rios, outros em terra, perto de lugares úmidos. As partes comestíveis do **caranguejo** são, sobretudo, as patas. A carne é branca, com fibras macias, e se desfaz em lascas depois de cozida. Encontrada fresca, congelada e enlatada, é usada em saladas e suflês. Empanada e frita, é um aperitivo delicioso. São muitos os crustáceos similares ao caranguejo, sendo os mais conhecidos e comestíveis o guaiamum, ou guaiamu (de grande porte, chega a alcançar 10 centímetros de comprimento e pode pesar até 500 gramas, ameaçado de extinção, vive em buracos nos mangues e nas praias, e tem a casca azul, e sua carne branca é muito saborosa); o aratu, ou marinheiro (pequeno, de casca escura e patas avermelhadas, típico dos manguezais baianos e sergipanos, sua carne cozida é servida em casquinha ou preparada na forma de ensopados, moquecas e pirão); o uçá (com patas avermelhadas e peludas, faz sua toca entre as raízes das árvores no interior do mangue, e sua carne é saborosa e nutritiva); e o goiá, ou guaiá (de coloração vermelha, encontrado no Sul do Brasil, a carne de suas pinças é muito apreciada).

COALHADA DE CAMUSQUIM

★ De Paulo Martins (*in memoriam*), PA

4 porções

INGREDIENTES

800 g de linguine cozido
1 kg de camarão regional sem casca
20 colheres (sopa) de azeite de oliva
150 g de cebola picada
30 g de cebolinha picada
100 g de tomate picado
2 dentes de alho picados
Temperos verdes (alfavaca, chicória, cheiro-verde) picados
500 ml de coalhada de leite de búfala batido e sem soro
500 ml de creme de leite
150 g de **queijo do Marajó** cortado em cubinhos, para finalizar

COMO FAZER

1. Prepare o linguine conforme as instruções do fabricante. **2.** Refogue o camarão em uma panela com o azeite de oliva bem quente, a cebola, a cebolinha, o tomate, o alho e os temperos verdes. **3.** Quando estiver bem refogado, acrescente a coalhada de leite de búfala, o creme de leite e o linguine cozido. **4.** Misture bem, finalize com o queijo do Marajó e sirva em seguida.

Tradição de mais de dois séculos, o **queijo do Marajó** é feito de forma artesanal na ilha de Marajó, com leite de búfala (animal que virou símbolo do lugar) não pasteurizado e fermentado naturalmente, sem adição de coalho. De coloração branca, gosto suave e levemente adocicado – lembra um requeijão cremoso, porém mais firme–, é gorduroso, tem textura pastosa e baixa acidez. Consumido puro ou acompanhado, é empregado em receitas de doces ou salgados, e comercializado nas versões manteiga e creme (ou nata). O Instituto Nacional de Propriedade Industrial (INPI) reconheceu, em 2012, a certificação de Indicação Geográfica (IG) do produto. A delimitação da área de IG abrange os municípios paraenses de Cachoeira do Arari, Chaves, Muaná, Ponta de Pedras, Santa Cruz do Arari e Soure.

MANIÇOBA COM ARACU

★ **De Dona Brazi, do povo indígena baré, AM**

10 porções

INGREDIENTES

1 kg de folha de macaxeira
2 kg de aracu (tipo de peixe)
3 colheres (sopa) de óleo de soja
1 cebola grande picada
6 pimentas-de-cheiro
3 pimentas murupi
2 L de água
1/2 xícara (chá) de tucupi reduzido
1 colher (sopa) de sal

COMO FAZER

1. Ferva as folhas de macaxeira por 30 minutos. **2.** Em seguida, faça bolas com as folhas e passe-as no ralinho para se transformarem em massa. **3.** Lave bem na peneirinha para retirar o caldo verde. **4.** Ponha em uma panela o aracu com o óleo, a cebola e as pimentas amassadas. **5.** Junte a água, o tucupi reduzido e o sal. **6.** Acrescente a massa de folha de macaxeira, deixe ferver por 30 minutos e estará pronta a maniçoba.

 DICA DA CHEF: para preparar o tucupi reduzido, deve-se fervê-lo até que ele fique cremoso e escuro. Para fazer 1 litro de tucupi reduzido, são necessários 5 litros de tucupi verde fresco.

Originária da culinária indígena, a **maniçoba** do tupi *mani soua*, que significa "folha de mandioca cortada" é elaborada com folhas de mandioca-brava (maniva) moídas e cozidas até eliminarem todo o venenoso ácido cianídrico, toucinho, linguiça, pé, rabo, orelha, costelas e lombo de porco, bucho, charque, paio e temperos. Essa "feijoada sem feijão", como saudosamente costumava dizer dona Anna Maria de Araújo Martins, mãe e parceira do falecido chef Paulo Martins, demanda paciência e tempo para executá-la – são necessários sete dias para finalizar a receita. Patrimônio Cultural do Pará, é tradição no domingo do Círio de Nazaré, uma das maiores celebrações religiosas do mundo, que acontece em Belém, e na Festa de São João de Cachoeira, denominada Feira do Porto, no Recôncavo Baiano. O prato, também conhecido como "feijoada verde", costuma ser servido acompanhado de arroz branco, farinha-d'água e pimenta-de-cheiro.

MOLHO BARBECUE DE JAMBO

★ **De Edvaldo Caribé, PA**

Rende 350 gramas

INGREDIENTES

300 g de **jambo** maduro e sem caroço, picado
1 xícara (chá) de água
105 g de açúcar demerara
200 g de ketchup
70 g de mostarda amarela
100 ml de vinagre de maçã
2 colheres (sopa) de molho inglês
1 colher (chá) de alho em pó (ou em grãos)
1 colher (chá) de cebola em pó (ou em grãos)
1 colher (chá) de pimenta-calabresa
2 colheres (sopa) de açúcar mascavo

COMO FAZER

1. Em uma panela, leve o jambo ao fogo baixo, com a água e o açúcar demerara. 2. Deixe ferver, até o fruto ficar translúcido. 3. Bata a mistura com um mixer, até que o fruto esteja bem processado. 4. Continue fervendo, em fogo baixo, por cerca de 50 minutos até ficar em ponto de geleia (bem brilhoso e soltando do fundo da panela). 5. Desligue o fogo e reserve. 6. Na mesma panela, acrescente os demais ingredientes e deixe em fogo baixo, por aproximadamente 20 minutos. 7. Se quiser dar um toque defumado, em vez de usar o fogão, leve ao smoker, por 15 a 20 minutos, com lenha frutífera, em temperatura alta (150 °C). 8. Rotule e armazene em um recipiente hermético, na geladeira.

Fruta tropical em forma de pera e de casca lisa, de origem indiana, trazida pelos portugueses, o **jambo** ocorre em três espécies no Brasil: o branco (pequeno, pouco conhecido); o rosa ou o amarelo (polpa pouco suculenta e ácida); e o vermelho ou encarnado (de polpa branca e esponjosa, é o mais cultivado e impera no Nordeste). Fruta um tanto insossa para ser consumida *in natura*, com aroma que lembra o de rosas, geralmente é empregada na forma de sucos, geleias, compotas, doces em calda ou cristalizados, picles, chutneys, sorvetes e licor. Encontrado nas regiões Norte, Nordeste e Sudeste, e no litoral sul da Bahia, Câmara Cascudo dizia que os jambos "[...] não aparecem em mesa de gente fina e nem são saboreados por criatura eminente. Pertencem às predileções populares".

MOQUÉM DE PORCO COM BEIJU DE MACAXEIRA

★ **De Leo Modesto, PA**

2 porções

INGREDIENTES

Moquém de porco
500 g de paleta de porco desossada
50 ml de tucupi preto
Folhas de bananeira

Beiju de macaxeira
150 g de macaxeira ralada e espremida

Molho de cubiu
30 ml de óleo de coco

200 g de cubiu sem pele
50 ml de tucupi defumado
Alfavaca, cipó d'alho e chicória-do-norte, a gosto

COMO FAZER

Moquém de porco

1. Em um recipiente, tempere o porco com o tucupi preto e deixe marinando. 2. Envolva o porco em folhas de bananeira e leve-o para assar em uma churrasqueira ou forno convencional por 12 horas.

Beiju de macaxeira

1. Em uma frigideira preaquecida, espalhe a massa de macaxeira para preparar o beiju. 2. Deixe tostar de ambos os lados, virando com o auxílio de uma espátula.

Molho de cubiu

1. Em uma frigideira preaquecida, adicione todos os ingredientes. 2. Deixe refogando até amolecer o cubiu e reserve.

MONTAGEM

Corte o porco em fatias. Em uma frigideira preaquecida, grelhe as fatias no óleo de coco. Finalize com o tucupi defumado. Corrija o sal, se necessário. Sirva o porco com o molho de cubiu e o beiju de macaxeira.

O **beiju** é feito com a goma – resultante da sedimentação do suco da mandioca – seca (polvilho azedo), cozida no forno. Para o jornalista e escritor Caloca Fernandes: "Esse subproduto (goma, ou polvilho da mandioca) permitiu vários preparos básicos, do qual o mais antigo e conhecido é o beiju, apreciado de diversas maneiras em todo o Brasil. Trata-se de uma espécie de panqueca que pode ser torrada ou mole, redonda, pequena, grande, retangular, flocada, preparada pura ou com ingredientes como coco, castanha-de-caju, castanha-do-pará etc., recebendo uma variedade tão grande de nomes quanto as suas diversas formas: cica, membeca, biju, enrodilhado, assu, malampansa, sarapó, caruba etc. Parece ter sido o alimento indígena mais assimilado pela cultura gastronômica nacional."

PAELLA ACREANA

★ **De Deocleciano Brito, AC**

8 porções

INGREDIENTES

50 ml de azeite de oliva
100 g de cebola de cabeça picada
500 g de arroz agulhinha
1 L de tucupi temperado
1 L do caldo de cozimento da carne de sol
300 g de carne de sol desfiada
300 g de jambu cozido picado
1 1/2 unidade de **banana-da-terra** frita em cubinhos
300 g de queijo de coalho cortado em cubinhos
300 g de castanha-do-brasil
Cheiro-verde picado, a gosto

COMO FAZER

1. Em uma paellera, coloque o azeite e a cebola e refogue bem.
2. Junte o arroz e mexa bem. 3. Acrescente o tucupi e o caldo da carne de sol, aos poucos. 4. No meio do cozimento, adicione uma parte da carne de sol desfiada e uma parte do jambu. 5. Mexa bem e continue acrescentando os líquidos. 6. Coloque o restante do jambu e da carne de sol, misture bem. 7. Sempre mexendo, adicione as bananas fritas. 8. Aguarde o ponto do arroz.

MONTAGEM

Finalize com o queijo de coalho. Decore com as castanhas e o cheiro-verde. Sirva em seguida.

A **banana-da-terra** já era utilizada pelos indígenas muito antes do descobrimento e foi mencionada, embora de forma equivocada, na carta em que Pero Vaz de Caminha, escrivão da armada cabralina, narrava as novidades da terra recém-descoberta ao rei D. Manuel. Escreveu Caminha: "[...] há muitas palmas, não mui altas, em que há bons palmitos. Colhemos e comemos deles muitos". Sabemos hoje que ele se referia as bananas, mais tarde conhecidas como bananas-da-terra. Fruta alongada, de casca dura com grandes manchas pretas quando madura, polpa adstringente, é maior e mais pesada das bananas. Versátil na cozinha, é consumida frita, assada ou à milanesa, como recheio de tapiocas e sanduíches ou na forma de farofas. Produz purês saborosos e cozidas são ótimas em pratos de peixes, carnes e como acompanhamento de feijoada. Em Manaus, são famosos os chips de banana: fruta fatiada, frita, vendida em saquinhos plásticos pelas ruas da cidade. É também ingrediente da moqueca de garoupa salgada com abóbora, um clássico capixaba. Conhecida como "banana-pacová", "banana-comprida" ou "pacovão", a fruta não é própria para ser consumida crua, dado o excesso de tanino e amido, que deixa seu sabor adstringente.

PIRACUÍ RIBEIRINHO

★ **De Solange Sussuarana, AP**

Porção individual

INGREDIENTES

200 g de **farinha de piracuí** catada
Azeite de oliva, q.b.
50 g de cebola cortada em cubinhos
50 g de pimentões vermelho e amarelo cortados em cubinhos
50 g de tomates cortados em cubinhos
50 g de chicória picada
50 g de cheiro-verde picado
100 g de farinha de macaxeira

COMO FAZER

1. Aqueça a farinha de piracuí no forno por cerca de 5 minutos. **2.** Em uma panela, refogue no azeite, a cebola, os pimentões, os tomates, a chicória e o cheiro-verde. **3.** Acrescente a farinha de piracuí e a farinha de macaxeira. **4.** Misture bem. É importante que a farofa fique bem molhadinha. **5.** Sirva como entrada ou acompanhamento.

Muito conhecida e consumida na Amazônia, a **farinha de piracuí** comumente resulta do beneficiamento de duas espécies de peixe, o acari e o tamuatá, embora outras espécies, como a cujuba e o tambaqui, também possam ser utilizadas. Os peixes, ainda frescos, são cozidos ou assados, e passam por um processo de separação da carne, carcaça, espinhas, restos de sangue e gordura. A carne assim obtida é torrada, triturada e peneirada, resultando em uma farinha, que, bem armazenada, dura meses a fio. Pode ser consumida pura ou utilizada no preparo de sopas, mojicas, farofas, tortas e no famoso e muito consumido bolinho de piracuí. É também conhecida como farinha de peixe – do tupi *pirá* (peixe) e *cuí* (farinha).

DOCES, SOBREMESAS E OUTRAS IGUARIAS

Amor-perfeito O biscoito mais famoso de Tocantins tem formato de coroa, feito com leite de coco, polvilho, manteiga e açúcar. É produzido há mais de cem anos, no município de Natividade, no sudeste deste estado.

Beijo de moça Preparado com goma de tapioca, ovos, manteiga, açúcar, coco e fermento.

Beiju-curadá De formato achatado, é feito de goma e castanha-do-pará pilada, e servido no café da manhã do Pará.

Beijuquira Beiju enriquecido com frutas.

Beiju de água Beiju feito com tapioca misturada com água e coco, no formato de bolos.

Beléu Bolo feito com massa de mandioca, ovos, leite de coco, gramixó, manteiga e leite.

Biscoito de castanha Elaborado com castanha-do-pará triturada, amido de milho, açúcar, manteiga e farinha de trigo, é apreciado por amazonenses.

Bolo de mãe Feito à base de polvilho, ovos, óleo quente e fermento de arroz, seu preparo é um segredo bem guardado pelas boleiras do Tocantins, que costumam prepará-lo para a Festa do Divino Espírito Santo.

Bolo moca Tradição dos porto-velhenses, é produzido do mesmo modo, há décadas, pelas confeiteiras do Bar do Canto, inaugurado em 1959. O bolo consiste em massa de pão de ló recheada e coberta com creme de manteiga e açúcar aromatizado com café solúvel e castanhas-do-brasil trituradas.

Bolo podre Elaborado com farinha de tapioca, manteiga, leite integral, leite condensado, leite de coco e sal. A mistura vai à geladeira para endurecer. O bolo podre é presença obrigatória nas festas juninas. É uma especialidade paraense.

Caridade Bolo elaborado com farinha de trigo, açúcar, ovos e manteiga.

Chocolate yanomami O cacau de casca fina, polpa generosa e baixa acidez, nativo dos municípios de Amajarí e Barcelos, respectivamente, em Roraima e no Amazonas, é beneficiado na comunidade da região de Waikás. Os frutos são colhidos, selecionados, quebrados e fermentados por até nove dias, depois expostos ao sol. A produção indígena é processada na cidade de Santa Bárbara, no Pará. O chocolate leva 69% de cacau, 21% de rapadura orgânica e 2% de manteiga-de-cacau. Muito saboroso, lembra nozes e frutas secas.

Cocada de castanha Feita com castanha-do-pará triturada e coada para separar o leite, acrescida de açúcar, água e cravo-da-índia, é levada ao fogo até alcançar uma cor avermelhada. Depois de fria, corta-se em quadradinhos.

Língua-de-morena Pão de ló de castanha-do-pará, que, depois de assado, é cortado e passado em uma mistura de açúcar cristal e canela em pó.

Marapatá Bolo elaborado com mandioca mole espremida no tipiti, castanha-do-pará e banha de tartaruga. Assado em folhas de bananeira, trata-se de uma receita típica dos povos indígenas da Amazônia.

Monteiro Lopes Docinho de duas cores, preparado com massa feita de farinha de trigo e manteiga, que recebe uma cobertura de chocolate apenas de um lado, e depois, é passado no açúcar. Muito apreciado em Belém, também se faz presente no Maranhão, com ingredientes e preparo semelhantes ao paraense.

Mundico e zefinha Doce de cupuaçu e queijo marajoara gratinado.

Pudim de abóbora com guaraná A receita leva abóbora cozida, sem a casca e sem sementes, amassada com manteiga e acrescida de farinha de trigo, guaraná em pó, gemas e claras em neve.

Quiné Pão seco feito de massa de mandioca pilada e reduzida a farinha, que é preparada como beiju.

Teica Tapioca ensopada, acrescida de leite de coco, servida sob folha de bananeira.

Ticuanga Bolo feito com castanha-do-pará ralada, coco, farinha de mandioca e açúcar.

Torta de cupuaçu Massa de torta recheada com doce de cupuaçu e creme de castanha-do-pará, coberta com claras em neve.

Torta de castanha-do-pará Elaborada com manteiga, açúcar, farinha de trigo e castanha-do-pará ralada, que, depois de assada, recebe uma cobertura de doce de cupuaçu.

BOLO DE CAFÉ ROBUSTA AMAZÔNICO

★ De Celeste Paytxayeb Suruí, do povo indígena paiter suruí, RO

10 porções

INGREDIENTES

Bolo de café

4 ovos
2 xícaras (chá) de açúcar
3 xícaras (chá) de farinha de trigo peneirada
1 colher (sopa) de cacau
1 colher (sopa) de fermento
1 xícara (chá) de café **Robusta Amazônico**, bem forte, coado
1/2 xícara (chá) de óleo
Óleo e farinha de trigo, para untar a forma

Cobertura

8 colheres (sopa) de açúcar de confeiteiro peneirado
2 colheres (sopa) de café elaborado com Robusta Amazônico, coado

COMO FAZER

Bolo de café

1. Misture os ovos e o açúcar, e bata (manualmente) até esbranquiçar. 2. Acrescente a farinha de trigo, o cacau, o fermento, o café e o óleo, mexendo a cada adição. A massa deve ficar lisa sem grumos. 3. Asse em uma forma bem untada e enfarinhada em forno preaquecido por 30 a 40 minutos ou até que o palito saia limpo.

Cobertura

1. Misture o açúcar de confeiteiro aos poucos ao café coado. 2. Desenforme o bolo e, ainda, morno, coloque a cobertura.

DICA DA CHEF: essa receita é para bater manualmente.

De acordo com o pesquisador Enrique Alves, os cafés do tipo **Robusta Amazônico**, obtidos do cruzamento dos cafés Robusta e Conilon, têm sabores e aromas agradáveis, apresentam doçura e acidez suaves, corpo aveludado e retrogosto marcante. Em 2021, a região das Matas de Rondônia, incrustada no interior do estado, considerada o berço e a origem dos cafés Robusta Amazônico, foi reconhecida como a primeira certificação de Indicação Geográfica (IG), na categoria Denominação de Origem (DO), de café Canéfora (Robusta e Conilon) sustentável do mundo, o que consolida a qualidade dos cafés da espécie *Coffea canephora*. Localizada na terra indígena Raposa Serra do Sol, em Roraima, a comunidade indígena Kauwê vem ganhando destaque no cultivo de duas espécies: Imeru (Arábica) e Younpa (Robusta Amazônico). "A produção ainda é pequena, mas já coleciona apreciadores no Brasil e no mundo", como nos conta Ana Karoliny Siqueira Calleri, produtora de café tipo Arábica (o Imeru).

CUBIU EM CALDA

★ **De Debora Shornik, AM**

Rende 500 gramas

INGREDIENTES

500 g de **cubiu** sem casca e sem sementes
1,2 ml de água
500 ml de açúcar cristal
Cumaru, a gosto
Puxuri, a gosto
Canela, a gosto
Pimenta-do-reino em grão, a gosto

COMO FAZER

1. Escalde o cubiu por 5 minutos em água fervente e, em seguida, mergulhe em água gelada. Escorra e reserve. **2.** Em uma panela, coloque a água com o açúcar e leve ao fogo, mexendo até o açúcar dissolver por completo. **3.** Acrescente as especiarias e deixe cozinhar por mais 10 minutos. **4.** Somente então, adicione o cubiu escaldado. **5.** Deixe cozinhar até alcançar o ponto de calda. **6.** Guarde em recipiente de vidro.

Fruto amazônico, primo do jiló, do tomate e da berinjela, o **cubiu** tem sabor ligeiramente ácido, polpa suculenta de coloração amarelo-clara com sementinhas e casca fina. Comum nos estados do Amazonas, do Pará e do Amapá, pode ser saboreado *in natura*, em sucos, geleias e doces, e também como tempero de cozidos de carne, peixe e frango. É utilizado pelos indígenas, com diferentes propósitos: as raízes e as folhas maceradas são empregadas como medicamento; os frutos, como alimento; e o suco, como cosmético. No interior de São Paulo, onde começou a ser cultivado, é conhecido pelo nome de "maná-cubiu". No Nordeste, é chamado de "tomate-de-índio".

EXCELÊNCIA PARAENSE

★ **De Fabio Sicilia, AM**

20 a 30 unidades

INGREDIENTES

350 g de açúcar
240 ml de água
500 g de castanha-do-pará picadas
100 g de manteiga sem sal (se preferir um sabor mais intenso, pode usar com sal)

395 g de leite condensado

500 g de chocolate ao leite (53% de **cacau**)

COMO FAZER

1. Em uma panela grande, misture o açúcar e a água, e leve ao fogo médio, mexendo até o açúcar dissolver completamente. **2.** Adicione as castanhas-do-pará e misture bem. **3.** Cozinhe em fogo médio, mexendo constantemente, até que a mistura comece a desgrudar do fundo da panela e alcance uma consistência cremosa. **4.** Adicione a manteiga e o leite condensado e misture bem. **5.** Continue cozinhando em fogo médio, mexendo constantemente, até obter uma consistência bem firme. **6.** Despeje a mistura em uma assadeira untada e deixe esfriar completamente. **7.** Corte em quadrados ou losangos. **8.** Derreta o chocolate em banho-maria ou no micro-ondas e misture bem. **9.** Mergulhe cada pedaço no chocolate derretido, cobrindo completamente. **10.** Transfira para uma assadeira forrada com papel-manteiga e deixe esfriar e endurecer.

Mudas de **cacau** desembarcaram no Brasil pelo estado do Pará, em 1746, trazidas pelo colono francês Louis Frederic Warneaux. No mesmo ano, surgiram as primeiras plantações desse fruto no sul da Bahia, na Fazenda Cubículo— hoje município de Canavieiras. Decorridos seis anos, foram plantadas as primeiras sementes em Ilhéus. Na metade do século XIX, o Brasil já era o maior exportador de cacau do mundo, chegando a mandar para o exterior, em 1880, mais de 70 mil toneladas. A expressão popular "ele é cheio de cacau" foi cunhada para definir quem tinha muito dinheiro, em razão da importância socioeconômica que os cacaueiros representavam na Bahia. De acordo com o escritor Jorge Amado, "a melhor terra do mundo para o plantio". As sementes de seus frutos são a matéria-prima da indústria chocolateira, e, secas e torradas, produzem manteiga e óleo. Sua polpa branca é consumida ao natural e na forma de sucos, refrescos, licores, vinhos, geleias, doces e bolos. O cacau em pó, obtido da amêndoa de cacau moída, da qual se extraiu a gordura por meio de prensagem, tem textura fina e não leva açúcar em sua composição. Os melhores pós de cacau contêm de 20 a 22% de manteiga de cacau. Muito empregado em confeitaria, sua produção concentra-se nos estados da Bahia e do Pará. Em Belém, em uma ilha às margens do rio Guamá, ganha destaque a produção artesanal de chocolates orgânicos de alta qualidade. O cacau produzido no sul da Bahia, originário de áreas de Cacau Cabruca ou Sistemas Agroflorestais tradicionais, é detentor do selo da certificação de Indicação Geográfica (IG) desde 2018. No nordeste paraense, o cacau de Tomé-Açu é o único com selo de IG, desde 2019.

PUDIM DE FRUTA-PÃO

★ **De Thiago Castanho, PA**

12 porções

INGREDIENTES

250 g de caroços de **fruta-pão**
300 ml de leite
4 ovos
395 g de leite condensado
200 g de açúcar
1 colher (chá) de extrato de baunilha
Sementes de fruta-pão sem pele, para decorar (opcional)
Fios de açúcar, para decorar (opcional)

COMO FAZER

1. Cozinhe os caroços de fruta-pão por 20 minutos em uma panela com água fervente. 2. Retire os caroços da panela e mergulhe em água gelada. 3. Deixe de molho por 30 minutos, para a pele sair com mais facilidade. 4. Descarte as peles. 5. Preaqueça o forno a 180 °C. 6. Bata as sementes com o leite, os ovos, o leite condensado, 40 gramas do açúcar e o extrato de baunilha no liquidificador por, aproximadamente, 2 minutos ou até obter um creme homogêneo. Reserve. 7. Aqueça o açúcar restante em uma panela, em fogo baixo, até obter um caramelo dourado. 8. Retire do fogo e distribua entre seis forminhas de pudim; cerca de 2 colheres (sopa) para cada uma. 9. Despeje a mistura do liquidificador, com cuidado, nas forminhas e cubra-as com papel-alumínio. 10. Asse em banho-maria por 40 minutos, colocando água quente até, mais ou menos, metade da altura das forminhas. 11. Retire do forno, deixe esfriar e leve à geladeira por, no mínimo, 2 horas antes de desenformar e servir os pudins, decorados com os caroços de fruta-pão e os fios de açúcar, se desejar.

A polpa da **fruta-pão** pode ser cozida, assada, transformada em purê ou cortada em fatias que são consumidas fritas (como a batatinha), com manteiga, mel ou melaço. Também pode ser transformada em farinha e utilizada em panificação e confeitaria. As sementes são comestíveis e podem ser preparadas assadas ou cozidas, como outras castanhas. Existem duas variedades de fruta-pão: sem sementes, conhecida como fruta-pão massa; e com sementes, a fruta-pão de caroço, que pode chegar a pesar até 4 quilos. Faz parte do café da manhã de muitos nortistas e nordestinos, em substituição ao pão. As primeiras mudas da planta chegaram ao Brasil em 1801, trazidas da Guiana Francesa.

TIRAMISÙ COM CUMARU

★ **De Diogo Sabião, RO**

4 porções

INGREDIENTES

Biscoitos

6 gemas
135 g de açúcar
6 claras
180 g de farinha de trigo peneirada
300 ml de café puro e forte frio

Creme

90 g de açúcar
40 g de água
Cumaru ralado, a gosto
3 gemas

160 g de queijo mascarpone

80 g de creme de leite

Finalização

Cacau em pó 100%, a gosto

COMO FAZER

Biscoitos

1. Bata as gemas com 60 gramas do açúcar. 2. Monte as claras em neve, incorpore o restante do açúcar e siga batendo até formar um merengue firme. 3. Misture suavemente as gemas com o merengue e incorpore a farinha de trigo e, por último, o café. 4. Molde biscoitinhos redondos, coloque em uma forma untada com manteiga e leve para assar no forno a 170 °C, por 8 minutos. Reserve.

Creme

1. Cozinhe o açúcar com a água a 118 °C, mais o cumaru. 2. Enquanto isso, bata as gemas na batedeira. 3. Quando estiver na temperatura certa, 119 °C, adicione a calda sobre as gemas batidas pelos cantos da batedeira, ligada na velocidade máxima, para não queimar a preparação. 4. Bata em velocidade mais baixa até esfriar, adicione o mascarpone e, por último, o creme de leite de forma suave e envolvente. 5. Leve ao congelador por 6 horas e, a cada 60 minutos, misture bem o creme para que fique firme.

Finalização

1. Faça uma bola de sorvete com o creme. 2. Coloque os biscoitinhos em volta. 3. Finalize com o cacau em pó.

Árvore nativa da Amazônia e do norte do Cerrado e do Pantanal, as sementes extraídas de dentro do **cumaru**, uma noz de casca ver-de-amarelada, são empregadas em sorvetes, bolos, tortas e do-ces, chocolates e cervejas. São muito aromáticas e têm um cheiro adocicado que lembra o da baunilha, sendo por isso chamadas de "baunilha brasileira". Devem ser empregadas com moderação, uma vez que têm alta concentração de cumarina, substância que pode ser tóxica se consumida em altas quantidades. É também co-nhecido por estes outros nomes: "cumaru-do-amazonas", "cuma-ru-de-cheiro", "cumari", "cumaru-verdadeiro" e "muima-pagé".

TORTA DE CHOCOLATE COM CARAMELO TOFFEE DE GUARANÁ

★ **De Andrey Alves, do povo indígena maués, AM**

10 porções

INGREDIENTES

Base da torta

200 g de biscoito maisena triturado
100 g de manteiga derretida
50 g de castanha-do-brasil ralada

Recheio

400 g de chocolate meio amargo picado
80 g de manteiga sem sal
400 g de creme de leite
100 g de chocolate em pó

Caramelo toffee de guaraná

250 g de açúcar
90 g de manteiga
200 g de creme de leite
2 colheres (sopa) de **guaraná** em pó
2 colheres (sopa) de xarope de guaraná

COMO FAZER

Base da torta

1. Misture tudo em um recipiente até formar uma massa homogênea. 2. Em seguida, disponha a massa em uma forma de fundo removível de 27 centímetros de diâmetro. 3. Leve à geladeira por 30 minutos.

Recheio

1. Derreta o chocolate em banho-maria com a manteiga. 2. Retire do fogo, adicione o creme de leite e o chocolate em pó e misture bem. 3. Despeje o recheio na forma e leve à geladeira por 4 horas.

Caramelo toffee de guaraná

1. Em uma panela média, coloque o açúcar e leve ao fogo médio. 2. Deixe derreter até formar um caramelo dourado e liso. Mexa de vez em quando com uma espátula para não queimar. 3. Desligue o fogo e adicione a manteiga. 4. Mexa bem até derreter. 5. Acrescente o creme de leite mexendo sempre, até formar uma calda. 6. Por fim, adicione o guaraná em pó e o xarope de guaraná, e mexa até engrossar. 7. Espere o caramelo esfriar e depois despeje por cima da torta. 8. Se preferir, transfira o caramelo para uma molheira e sirva à parte.

"Uma frutinha, a qual os índios estimam como os brancos seu ouro. Com ela fabricam uma bebida, capaz de prodígios tais que, indo à caça, um dia até outro, não têm fome [...]", palavras do padre João Felippe Bettendorff. Fruto do guaranazeiro, arbusto originário da Amazônia que se aglomera em cachos, o **guaraná** apresenta coloração avermelhada e sementes negras com um arilo branco ao seu redor, lembrando um olho humano, que são processadas em forma de pós, xaropes, refrigerantes, suplementos alimentares, barras e bastões. É cultivado de maneira artesanal na região próxima aos rios Tapajós e Madeira, que corresponde à terra ancestral os indígenas da etnia sateré-mawé, que costumam ralar os bastões de guaraná em línguas de pirarucu e diluí-los em água, que assim ficam prontos para o consumo. Rico em cafeína, o guaraná é associado a efeitos energéticos e afrodisíacos. Em 2020, o waraná (guaraná nativo) e o pão do *waraná* (bastão de guaraná) conquistaram a primeira certificação de Indicação Geográfica (IG), na categoria Denominação de Origem (DO), concedida a um povo indígena.

TRONCO AMAZÔNICO

★ **De Talita Avelino, AM**

20 porções

INGREDIENTES

Massa

4 ovos
270 g de açúcar refinado
160 g de óleo
1 copo de iogurte natural
216 g de farinha de trigo

54 g de castanha-do-pará triturada

15 g de fermento

Manteiga e farinha de trigo, para untar a forma

Recheio

300 g de creme de leite (pode ser UHT)

500 g de chocolate meio amargo (40%) picado

Geleia de cupuaçu

1 kg de polpa de **cupuaçu**

500 g de açúcar (refinado ou cristal)

Trufa de chocolate

600 g de creme de leite (25% de gordura)

1 kg de chocolate meio amargo (40%) picado

COMO FAZER

Massa

1. Bata os ovos com o açúcar até formar um creme esbranquiçado. 2. Adicione o óleo e o iogurte. 3. Misture a farinha de trigo, a castanha-do-pará e, por fim, o fermento. 4. Despeje em forma retangular untada e enfarinhada, e leve ao forno preaquecido a 180 °C por cerca de 20 minutos ou até dourar levemente.

Recheio

1. Esquente o creme de leite a cada 30 segundos no micro-ondas. 2. Despeje sobre o chocolate picado e aguarde 5 minutos para homogeneizar com o auxílio de um fouet.

Geleia de cupuaçu

1. Ferva a polpa de cupuaçu por 10 minutos para tirar a acidez da fruta. 2. Coe em uma panela e adicione o açúcar. 3. Leve ao fogo mexendo sem parar até que geleia desgrude do fundo da panela e adquira uma coloração âmbar.

Trufa de chocolate

1. Aqueça o creme de leite e despeje sobre o chocolate. **2.** Aguarde 5 minutos e misture bem. **3.** Reserve uma parte da mistura para a cobertura. **4.** Acrescente a geleia de cupuaçu ao chocolate e reserve.

MONTAGEM

Umedeça um pano de prato limpo, estique sobre uma superfície de trabalho. Retire o bolo do forno e vire sobre o pano. Espalhe o chocolate em uma camada uniforme. Vá erguendo o pano e enrolando o bolo. Cubra com a trufa de chocolate e faça ranhuras com um garfo para imitar a casca de um tronco.

Fruto da Amazônia, o **cupuaçu** é parente do cacau – daí seu nome em tupi (*kupu*, que parece com cacau, e *uasu*, grande) –, tem casca marrom, dura e lenhosa que pode alcançar até 25 centímetros de comprimento, com diâmetro entre 10 e 13 centímetros e 1,5 quilo de peso. Suas sementes são envoltas em uma polpa branca, aromática e suculenta, que é empregada no preparo de refrescos, sorvetes, geleias, cremes, iogurtes, compotas, mousses, recheios de bombons, sucos e licores, e é encontrada congelada em boa parte do país. Suas sementes, pelo alto teor de gordura, também produzem brigadeiro e um chocolate delicioso, já comercializado na cidade, sob o nome de "cupulate". No Maranhão, o cupuaçu é conhecido como "pupu" ou "pupuaçu"; na Bahia, "cacau-cupuaçu".

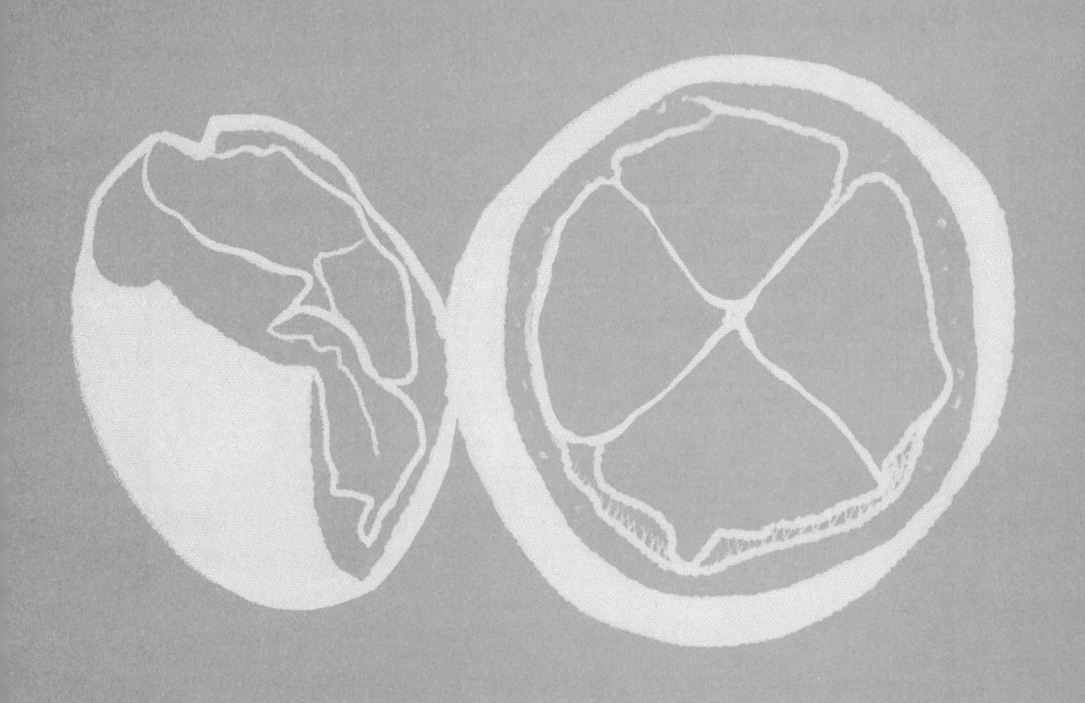

INGREDIENTES

Abiu Fruto da família das sapotáceas encontrado em toda a Amazônia e cultivado em quase todo o Brasil. A casca é lisa, e as bagas, amarelas e doces, podem conter de uma a quatro sementes pretas. O abiu deve ser consumido *in natura*, mas sempre com o auxílio de uma colher, dada a presença de um leite branco e viscoso (látex) que cola nos lábios. É empregado no preparo de refrescos, geleias, compotas e sorvetes. Também é conhecido como "caimito", "abiurana" e "guapeva", entre outros nomes.

Abricó-do-pará Fruta ovalada de mais de 2 quilos, de casca dura, encontrada na região amazônica e em alguns estados do Nordeste. Doce e aromática quando madura, é consumida *in natura* ou na forma de geleias, compotas, doces em pasta, sorvetes – muito apreciados pelos amazonenses –, sucos e licores.

Ajuru Fruta de casca mole, polpa carnuda, doce e saborosa, de cor diversificada entre branca, rosa e preta, ainda encontrada nas praias e dunas do litoral do Norte e do Nordeste. É consumida *in natura* ou na forma de doces em calda e conservas. A semente do ajuru também pode ser usada como alimento, crua ou torrada. Também conhecido como "abajiru", "guajuru", "guajeru", "guajiru" (no Ceará) e "icaco", entre outros nomes.

Apapá Peixe de água doce, que pode alcançar mais de 60 centímetros e pesar até 3 quilos, motivo pelo qual também é conhecido como "sardinhão". É encontrado nas bacias Amazônica e do Tocantins-Araguaia. Há dois tipos desse peixe: o apapá-amarelo, o mais comum; e o apapá-branco. Pode ser assado na brasa ou no forno.

Ariá Planta de raiz tuberosa, semelhante ao rabanete. Conhecida e consumida pelos indígenas e caboclos da região amazônica, que a cultivam em substituição à batata, pode ser empregada em saladas, maioneses, purês, ou apenas cozida com sal. Chamada de "batatinha da Amazônia", recebe ainda outros nomes, como "cauaçu", "lerén" e "batata-de-índio".

Aviú ou **avium** Minúsculo camarão de água doce encontrado na foz dos rios Tapajós e Tocantins, na bacia Amazônica, onde é capturado entre os meses de janeiro e fevereiro. Ingrediente de sopas engrossadas com farinha de tapioca, como é hábito em Tocantins, caldos e receitas tradicionais, como a mojica do Pará, é comercializado congelado. Apenas na época de captura, é encontrado seco e salgado ou fresco.

Bacaba Palmeira nativa da Amazônia, da mesma família do açaí, produz um fruto pequeno, arredondado e de casca roxa. A polpa amarelada, muito saborosa, pode ser consumida *in natura* – conhecida como "vinho de bacaba" –, com farinha de tapioca ou na forma de suco (bacabada), geleias, doces e sorvetes. Das suas sementes, obtém-se um óleo muito utilizado em frituras pela população local. Do tronco da bacabeira, pode ser extraído um palmito que recebe o mesmo nome. Também popularmente conhecida como "macaba", "bacabão" e "bacaba-açu".

Bacupari Fruto de casca lisa e amarela, que lembra uma laranja, o bacupari tem polpa branca, adocicada e refrescante, própria para consumo *in natura*. Parente próximo do bacuri, presente no Cerrado e na Mata Atlântica, pode ser empregado na elaboração de doces, geleias, sucos, sorvetes, frisantes e licores. Suas sementes salgadas e torradas são um gostoso aperitivo. O bacupari sofre sério risco de extinção.

Biribá Fruta da Amazônia, de casca escamosa, tem polpa esbranquiçada, suculenta e doce, envolvendo múltiplas sementes, como a fruta-do-conde. Muito apreciada *in natura*, pode ser utilizada em sucos e sorvetes. No Rio de Janeiro, é chamada de "fruta-da-condessa".

Bodó Peixe de carne escura, de poucas espinhas e sabor forte, muito popular em Parintins, no Amazonas, onde é servido com molho de tucupi.

Cacauí Árvore nativa em toda região amazônica e parte da região Centro-Oeste, seus frutos têm polpa esbranquiçada e saborosa, podendo ser consumida *in natura* e da forma de sucos, mousses e sorvetes. As sementes são oleosas, amargas e com estas se produzem chocolate e, também, geleias e doces. As flores podem ser empregadas em saladas. "Caca-da-mata" e "cacau-jacaré" são outros de seus nomes.

Cachara Peixe de couro de água doce encontrado nas bacias Amazônica, Araguaia-Tocantins e Prata, pertence à mesma família do pintado e do surubim. A carne branca, gordurosa e muito saborosa, pode ser preparada assada na brasa ou no forno, ensopada ou frita.

Cajarana Pequena fruta encontrada especialmente nas regiões Norte e Nordeste e no Rio de Janeiro, de cor alaranjada e casca lisa e dura. A polpa, um pouco ácida, é muito empregada em refrescos, geleias, compotas e sorvetes. Recebe outros nomes, como "cajá-manga" e "taperebá-do-sertão".

Camu-camu Frutinha vermelha, arredondada e ácida da região amazônica, empregada no preparo de refrescos, sorvetes, geleias, doces e licores. Riquíssima em vitamina C e compostos antioxidantes, sua polpa desidratada já é utilizada como suplemento nutricional em outros países. Também é conhecida como "crista-de-galo", "caçari" ou "araçá-d'água".

Camutim Fruto redondo, de casca alaranjada, encontrado na Amazônia, muito comum na ilha de Marajó. Conhecido também como "miraúba" ou "apiranga", sua polpa é esbranquiçada e adocicada.

Canaimé Pimenta vermelha considerada a mais ardida da Amazônia, entra no preparo da damorida, prato ancestral da cultura indígena, incorporado à culinária de Roraima. "Canaimé", para os povos indígenas, significa "espírito do mal".

Carimã Também chamada de "mandioca mole", segundo Câmara Cascudo, ou "massa puba", é o produto obtido por fermentação espontânea das raízes frescas de mandioca, inteiras ou partidas. As raízes são colocadas na água por vários dias até que amoleçam e comecem a soltar a casca, processo conhecido pelo nome de "puba". A carimã "fornece prestigiosa 'farinha-d'água'", nas palavras de Câmara Cascudo. Na cozinha nordestina, a carimã se presta ao preparo de bolos, biscoitos, mingaus, cuscuz etc.

Cariru Hortaliça que cresce em hortas, cafezais, pomares e sítios, muito empregada na culinária amazonense. Bastante versátil, de sabor que lembra o do espinafre, entra no preparo de saladas e do feijão, em refogados, como recheio de pastéis e massas, e ainda pode ser empregada para fazer pão. "Maria-gorda", "beldroega-miúda", "erva-gorda", "lustrosa-grande" são alguns de seus nomes populares. *Talinum triangulare* é seu nome científico.

Castanha wará Fruto de uma árvore robusta típica das áreas alagadiças, sempre fez parte da dieta dos povos indígenas do Alto e Médio Rio Negro. Faz parte do Sistema Agrícola Tradicional da região, tombado pelo Instituto do Patrimônio Histórico e Artístico Nacional (Iphan) como Patrimônio Cultural do Rio Negro.

Cheiro-verde Combinação de ervas aromáticas verdes, geralmente cebolinha com salsinha ou coentro, usada para temperar alimentos, o cheiro-verde é muito empregado na culinária brasileira. No Norte, a cebolinha e o coentro podem vir acompanhados de pimenta-de-cheiro e chicória-do-pará. No Sul e no Sudeste, a cebolinha e a salsinha podem se somar uma pimenta-dedo-de-moça e algumas folhinhas de louro. Em Portugal, a palavra "cheiros" significa "plantas aromáticas para tempero culinário". Talvez o termo "cheiro-verde" venha daí.

Chuchu-de-vento Tanto o fruto quanto seus brotos podem ser consumidos como alimento. De sabor ligeiramente amargo, os frutos podem ser consumidos crus em saladas, cozidos, recheados e fritos. Também conhecido como "maxixe-peruano", "maxixe-do-reino", "pepino-de-comer" e "pepino-do-ar"; no Acre, recebe o nome de "cayo".

Cipó d'alho É uma trepadeira nativa das regiões tropicais do Brasil. Comum na Amazônia, suas folhas, de coloração escura e textura fibrosa, e suas flores com forte aroma de alho são empregadas como tempero e podem substituir o alho em algumas preparações, com a vantagem de ter um sabor mais suave. O "alho-da-mata", como também é conhecido, ajuda a combater doenças respiratórias e reumatismos, serve como repelente e ainda ajuda a espantar maus espíritos, segundo a crença popular.

Coajerucu Árvore nativa da Amazônia, as sementes aromáticas de seus frutos são empregadas como condimento em substituição à pimenta-do-reino. Recebe inúmeros nomes populares: "pimenta-do-sertão", "pimenta-do-gentio", "pau-de-embira", "bejerecum" etc. Na Bahia, é conhecida como "pejerucu"; em São Paulo, "pindaíba".

Colorau ou **colorífico** É um condimento de cor vermelha, muito popular no Norte e no Nordeste, resultante da mistura das sementes moídas de urucum ao fubá ou à farinha de mandioca.

Usado para colorir os alimentos, não deve ser confundido com o colorau dos portugueses, o mesmo que chamamos por aqui de "páprica doce". O colorau vai bem com carnes, peixes e molhos.

Crueira No fabrico da farinha, são os resíduos da mandioca (fibras e pavios) que ficam na peneira quando nela se passa a massa crua, para depois ser levada ao forno de torrefação. Essas sobras na peneira, depois de colocadas ao sol para secar, são socadas em um pilão de modo a virar uma espécie de farinha, que pode ser empregada na elaboração de mingau (mingau de crueira), biscoitos, bolos e beiju (beiju de crueira) ou frita no óleo (frito de crueira).

Cumaxi Pasta de pimentas cozidas misturadas ao tucupi usada como condimento pelos povos indígenas macuxi e taurepang. Entre os tupinambás, é chamada de "tucupi pixuna".

Cupuí Fruta da Amazônia, encontrada nas margens dos igarapés, é parente do cupuaçu. Tem casca dura e polpa suculenta e adocicada, muito utilizada na preparação de sucos, sorvetes, bolos e sobremesas. Também é conhecida como "cupuaí", "cacau-cupu", "cupuaçu-da-mata" e "cupuarana".

Curera Restos de farinha-d'água que, por serem muito grossos e duros, não passaram através da urupema (peneira). Na Amazônia, é empregada para fazer mingaus.

Cutitirubá Fruto de casca e polpa amarela, adocicada e perfumada. Nativo da Amazônia, pode ser consumido *in natura* ou empregado em doces.

Dão ou **jujuba** Difundiu-se pela Amazônia, especialmente em Rorai-ma. A fruta tem polpa cremosa, branca e doce, com sabor e textura parecidos com os de uma maçã. Sua casca fina começa verde e fica vermelha ao amadurecer. Conhecida popularmente como "maçã de pobre", pode ser consumida *in natura*.

Embiriba Também chamada de "iquiriba" e "imbiriba", é uma semente amazônica de gosto apimentado e cheiro que lembra o da canela. Pode ser empregada para perfumar caldas e pudins. É bastante utilizada no Pará em garrafadas, xaropes e afrodisíacos.

Espinafre-d'água Suas folhas podem ser empregadas cruas em saladas e, também, podem ser refogadas e cozidas. Também chamado de "espinafre-japonês", é muito cultivado na Amazônia, onde é conhecido como "ensai".

Farinha de batata-doce krahô Produzida pelos indígenas krahô, no nordeste do estado de Tocantins, as batatas são envoltas em folhas de bananeira e levadas para cozinhar na brasa. Após o cozimento, são socadas com as mãos e postas para secar sobre palhas de palmeira por três dias. Tradicionalmente, a farinha é conservada em bolsas de palha chamadas de "pocotu".

Farinha-d'água É elaborada da mandioca descascada, fermentada, pubada, tostada e peneirada. De sabor ligeiramente ácido, seus grãos duros precisam ser hidratados antes de serem empregados. Ótimo acompanhamento para carnes, cozidos, moquecas, com a farinha-d'água se faz cuscuz, pirão e bolos.

Farinha-d'água de Bragança Tradicional farinha-d'água feita com a mandioca fermentada por cerca de quatro dias em água corrente de igarapé ou tanque. Depois, é descascada e levada para a casa de farinha, onde é triturada, prensada, peneirada e torrada ainda úmida. É produzida artesanalmente, por pequenos produtores da agricultura familiar, no município de Bragança, no Pará, onde é consumida em todas as refeições. Tradicionalmente, a farinha vem embalada em paneiro de guarimã (folhagem local) que conserva a farinha por até 12 meses.

Farinha-d'água de Uarini Típica do distrito de Uarini (AM), é obtida da mandioca pubada, espremida, peneirada e depois enrolada à mão até formar bolinhas. A farinha que dela se origina é apelidada de "ova" ou "ovinha", dependendo do seu tamanho, devido à semelhança com ovas de peixe. Seus grãos são duros e precisam ser hidratados. É usada para fazer pirões e farofas ou para acompanhar moquecas, peixadas e cozidos. O reconhecimento da certificação de Indicação Geográfica (IG) na categoria Indicação de Procedência (IP) para a farinha de mandioca de Uarini ocorreu em 2019. A delimitação geográfica da IG Uarini inclui os municípios de Alvarães, Tefé, Maraã e Uarini.

Feijão-de-asa Também chamado de "feijão-alado", é uma hortaliça de paladar agradável, encontrada na Amazônia. Sua vagem, ainda verde, é a parte mais consumida. Deve ser previamente cozida e pode ser adicionada a saladas, cremes e outros pratos.

Feijão-manteiguinha Variedade de feijão-caupi de grãos miúdos e clarinhos, muito saboroso, não produz caldo. Encontrado em Santarém, vai bem em saladas e cozidos.

Filhote Peixe de água doce da região amazônica, de carne branca e firme, muito saborosa. Chega a pesar 200 quilos e medir cerca de 3,5 metros. Vai bem frito, grelhado, assado ou em moquecas e caldeiradas. Os peixes maiores são conhecidos como "piraíba".

Fisális Popular nos quintais das casas do Norte e Nordeste, é uma fruta amarela, pequena, redonda e azedinha, cuja parte comestível é protegida por delicadas folhas secas e translúcidas. Empregada em geleias, compotas e sorvetes, na confeitaria faz sucesso envolta em calda de chocolate quente ou brigadeiro, caramelizada ou cristalizada. A fisális recebe vários nomes no interior do Brasil: "joá-de-capote", "bucho-de-rã", "bombom-da-roça", "balãozinho". "Camapu" é seu nome genérico.

Gramixó Na divisa do Amazonas com o Acre, a cana transformada em açúcar mascavo provê o sustento e a economia de centenas de comunidades ribeirinhas. O "gramixó", como é chamado pelos caboclos, é bastante úmido e escuro, e contém mais impurezas que qualquer outro tipo de açúcar. Entra na fórmula do lendário xarope do refrigerante mais tomado em todo o mundo.

Inajá Palmeira nativa do Brasil, tem ótimos palmitos, frutos consumidos *in natura* com farinha e amêndoas, de onde se extrai o óleo de sabor picante que pode ser utilizado na indústria alimentícia. A palmeira também é conhecida por outros nomes, como "anaiá", "anajá", "coqueiro-indaiá", "palmito-de-chão" etc.

Ingá Fruto em forma de vagem, originário da Amazônia, cujas sementes são cobertas por uma polpa branca levemente adocicada, que contém 85% de água. Consumido *in natura*, em doces, geleias, sucos e sorvetes, é conhecido popularmente por vários outros nomes, como "ingá-macarrão" e "ingá-cipó".

Iurará-ecaua Óleo extraído dos ovos da tartaruga iurará, empregado como gordura de cozinha pelos povos indígenas da Amazônia.

Jacatupé Planta com raízes tuberosas, semelhantes à batata-doce, de casca marrom e polpa branca, doces, suculentas e crocantes, que podem ser consumidas cruas, temperadas com sal e pimenta, em saladas, cozidas, em sopas ou defumadas. Em forma de farinha ou polvilho, entra no preparo de bolos, biscoitos e pães. O jacatupé, muito consumido por populações indígenas e ribeirinhas, é pouco conhecido nas cidades e tem muitos nomes: "feijão-batata", "feijão-macuco", "feijão-de-batata" e "jicama". Apenas suas raízes são comestíveis, as demais partes da planta são tóxicas.

Jaraqui Peixe pequeno de muitas espinhas, bastante comum nos rios da região amazônica, é um dos mais consumidos pela população local. No interior do estado e em alguns locais da cidade, o costume de comê-lo frito no café da manhã ainda existe. De carne saborosa, também pode ser grelhado, cozido ou assado. É famoso na região, o jaraqui frito com farinha de Uarini, servido com baião de dois.

Jatuarana Peixe amazônico mede cerca de 25 centímetros. De coloração cinzenta, sua carne é firme, levemente rosada e tem sabor suave, semelhante ao do salmão. A carne do peixe, defumada na folha de bananeira com pimentão verde, cebola, gengibre, castanhas e azeite é prato tradicional de Rondônia.

Jiquitaia Também conhecida como "juquitaia", "giquitaia", "jiquitaya" e "jektaia", é uma palavra em tupi que se refere a uma mistura de várias pimentas frescas (*Capsicum* spp.) — secas ao sol ou no forno, e depois piladas e moídas —, à qual é acrescida uma pequena dose de sal (cerca de 10% do peso). Também dá nome a uma formiga cuja mordida é bastante ardente. A jiquitaia tem alta picância e costuma ser saboreada com beiju de tapioca e peixe. Tradicionalmente produzida pelas mulheres do povo baniwa nas margens do rio Aiari, na bacia do rio Negro, faz parte do Sistema Agrícola Tradicional (SAT) do rio Negro, reconhecido em 2010 como Patrimônio Cultural pelo Instituto do Patrimônio Histórico Artístico Nacional (Iphan). Hoje a jiquitaia é elaborada nas casas da pimenta, responsáveis pelo processamento, envase e estocagem, tem selo de origem controlada e é comercializada em potinhos de 35 mililitros. Cada pote leva em média 12 variedades de plantas, de um universo de 74 tipos de pimenta (todas do gênero *Capsicum*).

Leite de castanha Obtido da castanha-do-pará ralada e misturada com água, é muito empregado no preparo de caças na região Norte.

Mandi Peixe de couro encontrado na Amazônia e em todas as bacias hidrográficas brasileiras. Primo menor dos grandes bagres, o mandi pode alcançar até 40 centímetros e pesar até 3 quilos. Sua carne de sabor suave pode ser ensopada ou assada.

Mandiocaba Mandioca-mansa e naturalmente adocicada que não se presta à produção de farinha, mas é utilizada para fazer mingau e melaço. Cultivada em regiões amazônicas, é o resultado de uma variação genética natural sofrida por outras mandiocas.

Manipueira É o líquido de cor amarelo-clara resultante da prensagem da raiz da mandioca-brava moída ou ralada. Esse líquido contém ácido cianídrico, venenoso e nocivo à alimentação humana, que, posto em repouso, dá origem ao polvilho (goma), amido que se deposita no fundo, após a decantação. Quando fermentado, produz a tiquira e entra no preparo do tucupi. "Os índios do rio Negro identificam como tucupi apenas o sumo venenoso extraído da mandioca-brava; depois de fervido, é a manicuera", esclarece a pesquisadora Rosa Belluzzo.

Maniva Nome dado à folha da mandioca-brava, é ingrediente indispensável da maniçoba, prato emblemático do Pará. Após fervidas e moídas, as folhas oxidam e viram uma pasta de cor verde-musgo. Essa pasta é encontrada pronta, à venda nos mercados da cidade, assim como as folhas em seu estado natural.

Maniwara Comer a "saúva que ferra" é tradição em São Gabriel da Cachoeira, onde essa espécie de formiga, na verdade, um cupim, é coletada pelos indígenas da aldeia baniwa, famosos pela habilidade em capturá-las. De sabor suave – tem gostinho de terra – e levemente apimentado, vira almoço

socada no pilão com farinha-d'água, sal e pimenta, e assada no forno. Quando misturada ao tucupi escuro, dá um molho saboroso para acompanhar pratos de peixe.

Mapará Peixe de couro, típico dos rios da Amazônia, parente do filhote e da dourada, apresenta carne clara, saborosa, quase sem espinhas. É muito apreciado nas ilhas do Baixo Tocantins.

Marajá Fruto comestível da palmeira de mesmo nome, pequeno e arredondado, de casca dura e coloração negra, com polpa agridoce envolta em uma única semente. Comum na ilha de Marajó, é consumido *in natura* e dele também se produz licor.

Mastruz Também conhecido como "erva-de-santa-maria", tem folhas de sabor forte e picante, que podem ser empregadas em saladas, refogados, sopas e nas receitas de feijão. Em Manaus, o suco feito com as folhas trituradas, acrescidas de leite, água e açúcar, é vendido nas feiras. No Nordeste, é chamado de "mastruço".

Moela-de-mutum Fruta silvestre e nativa da Amazônia de casca dura e polpa mole com sementes, seu sabor é adocicado. O consumo é basicamente *in natura*.

Monguba Fruto ovoide, de coloração ferrugem, contém várias sementes (amêndoas), que costumam ser consumidas assadas ou cozidas, e, na forma de farinha, são usadas no preparo de bolos, pães, farofas. Nativo da Amazônia, de sabor semelhante ao do cacau, também é conhecido como "castanheira-da-água", "cacau-do-maranhão", "mamorana" e "cacau-selvagem", entre outros nomes.

Murici ou **muruci** Frutinho redondo e amarelo, retirado de uma pequena árvore de mesmo nome, encontrado no Norte e no Nordeste do Brasil. Sua polpa, também amarela, tem sabor acidulado. Pode ser consumido *in natura*, com farinha de mandioca ou em forma de sucos, licores, sorvetes, doces, geleias, bolos e conservas. Na Amazônia, é costume amassar os frutos e misturar sua polpa com açúcar; hábito herdado dos indígenas, que, no lugar do açúcar, utilizavam o mel de abelhas silvestres.

Óleo de patauá Produzido artesanalmente a partir do fruto do patauá, palmeira amazônica parente do açaí. Tem sabor de amêndoas e pode ser usado em frituras e como tempero de saladas.

Pajurá Fruto de uma planta nativa da Amazônia, de formato arredondado, tem aroma agradável, polpa amarela, doce e espessa, que envolve grandes caroços. Muito consumido *in natura*, pode ser empregado para fazer bolos e pudins; triturado, faz um suco muito saboroso.

Peixe-boi Há duas espécies no Brasil: o peixe-boi marinho, que pode alcançar o peso de 800 quilos; e o amazônico, um pouco menor. Ambos estão ameaçados de extinção, motivo pelo qual sua pesca está proibida. Mesmo assim, a carne saborosa e muito gorda do peixe-boi continua sendo consumida cozida, assada ou na forma de mojicas. Com sua ventrecha temperada com sal, limão, cravo-da-índia e pimenta, também se faz linguiça, considerada uma iguaria no Amazonas. Em carta escrita em 1560, o padre José de Anchieta afirma que "é muito bom para comer e mal se pode distinguir se é carne ou se antes se deve considerar peixe", referindo-se à dúvida vigente entre os fiéis católicos quanto a comer a carne do animal, que embora aquático é mamífero, nos dias de jejum e abstinência. A fêmea é chamada de "peixe-mulher".

Pescada Há mais de trinta espécies em toda a faixa litorânea do Brasil, sendo as mais frequentes a branca (pescadinha), a cambucu, a comum (abundante nas regiões Sudeste e Sul), e a amarela (frequente na região Norte, chega a medir 1 metro). Sua carne branca ou rosada, magra, delicada e quase sem espinhas é vendida fresca ou congelada nos mercados. Pode ser preparada grelhada, frita, empanada, em postas ou filés, e empregada em ensopados, sopas e caldeiradas. A pescada-amarela, cortada em postas, constitui um dos principais ingredientes da famosa caldeirada paraense.

Piau Muito consumido assado na brasa ou frito, na região do Alto do Rio Negro, onde é conhecido como "aracu". Costuma ser comparado ao matrinxã em tamanho e quantidade de espinhos, o que demanda alguns cuidados durante o seu consumo, como dar vários cortes ao longo do seu corpo, para reduzir o tamanho de suas espinhas.

Pimenta-cumari-do-pará Aromática e muito picante, bastante comum na região amazônica, é empregada em várias preparações típicas da região. Também conhecida como "pimenta-de-cheiro" e "cumari-amarela", pode ser consumida fresca ou na forma de conservas.

Pimenta-de-cheiro-do-norte Multicolorida, aromática e pouco picante, apresenta grande variedade de formatos e tamanhos. Vai bem em moquecas, caldeiradas, bobós e peixadas. Também conhecida como "pimenta-de-cheiro-do-pará", é cultivada nas regiões Centro-Oeste, Nordeste e Norte, onde apresenta pungência ora suave, ora altamente picante.

Pinaúma Nome dado ao ouriço-do-mar no Norte, onde é saboreado cru, com limão, ou cozido.

Piquiá Fruto de cheiro e sabor forte, com formato redondo e achatado, e polpa amarelinha. Bastante apreciado pela população tradicional da Amazônia, é consumido após cozido, acompanhado de farinha de mandioca. O óleo, retirado das amêndoas, serve para cozinhar, sendo muito bom para fritar peixe. Pode ainda ser transformado em farinha para empregos diversos. Também chamado de "piqui", dele se faz, ainda, licor.

Piramutaba Peixe de couro, de grande porte e coloração cinza-escura, muito comum nos rios amazônicos. Na mesa cabocla, é servido cozido ou frito, com tucupi e jambu ou acompanhado de açaí.

Pirapitinga Segundo maior peixe de escama depois do tambaqui, pode alcançar 80 centímetros e pesar até 20 quilos. Nativo do Brasil, é encontrado na região amazônica e, também, na bacia Araguaia-Tocantins. Sua carne saborosa, suculenta, com bastante gordura e poucas espinhas rende ótimos filés.

Priprioca Planta aromática natural da Amazônia. De suas raízes tuberosas de casca marrom cheia de fiapos e interior branco, extrai-se um tipo de óleo com propriedades parecidas com

as da baunilha. Pode ser empregada em receitas doces e salgadas.

Quiabo-de-metro Da família das cucurbitáceas, a mesma das abóboras, dos pepinos e do melão. Seus frutos longos e curvos podem ser fritos, cozidos, refogados, recheados e assados. Quando maduros, passados na peneira, rendem um molho avermelhado próprio para massas. Também é chamado de "cabaça-serpente".

Sapota Fruto oval, de casca grossa e marrom-esverdeada, sua polpa suculenta, de sabor doce e delicado, é muito apreciada na Amazônia, *in natura* ou na forma de sucos e geleias. Entre outros nomes, também é conhecida como "sapota-do-solimões" e "sapoteiro".

Sorva Fruta bastante comum em toda a região amazônica, redonda, de sabor adocicado, consumida *in natura* ou em refrescos e sorvetes. Do tronco das sorveiras, é extraído um látex comestível e de sabor adocicado, que pode ser ingerido diluído em água, como bebida, em substituição ao leite de vaca, ou misturado com farinha de mandioca.

Surubim Peixe de água doce de porte avantajado, encontrado nas bacias hidrográficas do rio Amazonas, do rio da Prata e, cada vez menos, no rio São Francisco. Sua carne branca, de sabor bastante semelhante ao do bacalhau, tem menos de 1% de gordura e quase não tem espinhas. Inteiro, é excelente quando assado na churrasqueira. Em filés ou postas, pode ser grelhado ou cozido no vapor, assado ou frito à milanesa. É chamado de "pintado", em algumas regiões do Brasil.

Tamuatá Peixe consumido pelas populações ribeirinhas do Norte do Brasil, sua carne amarela, tenra, saborosa, costuma ser cozida em caldo de tucupi. Em períodos de seca, costuma migrar em busca de água, arrastando-se pelo mato, aos pulos. O tamuatá pode respirar fora d'água graças a sua bexiga natatória revestida de rede respiratória. Vários são os nomes pelos quais é conhecido: "tamboatá", "camboatá", "soldado", "peixe-do-mato", "cascudo", entre outros.

Tartaruga É um réptil da ordem dos quelônios e pode ser marinha ou de água doce. Sua carne rosada, saborosa, rica em proteínas e de baixo valor calórico é muito consumida pelos povos ribeirinhos do Amazonas, assim como seus ovos. Chamada de "boi de caboclo", aparece nas mais variadas apresentações: como guisado, sopa, sarapatel, farofa de casco, paxicá. Apenas criadouros autorizados pelo Instituto Brasileiro do Meio Ambiente e dos Recursos Naturais Renováveis (Ibama) podem comercializar o animal para abate. Na região Norte, o termo "tartaruga" é usado apenas para a tartaruga-do-amazonas – na verdade, um cágado. Em tupi-guarani, seus machos são conhecidos como "capitari" ou "capitolé"; as fêmeas, como "jurará-açu" ou "araú"; os jovens, como "aiuçá".

Tucumã Fruto de uma palmeira amazônica, encontrado em grandes cachos, de formato ovoide, casca amarelo-esverdeada e polpa pegajosa, fibrosa e oleosa. É usado em sorvetes, picolés, geleias, doces, sucos e licores, em saladas ou como recheio de tapioca e de sanduíches. Do tucumã também se fazem diferentes tipos de óleos comestíveis. Os frutos são comercializados *in natura* ou na forma de polpa processada. Os antigos acreditavam que, se a pessoa comesse a castanha dura do tucumã, perderia a inteligência, daí a expressão manauara "parece que comeu caroço de tucumã", quando alguém não entende determinado assunto.

Tucupi branco Extraído da raiz da mandioca-mansa ou doce descascada, ralada e espremida no tipiti. Após extraído, o molho descansa para que o amido (goma) se separe do líquido (tucupi). Uma vez sedimentado, o líquido é fermentado por dois dias e fervido por 30 minutos a 1 hora ou deixado no sol por alguns dias.

Tucupi negro É o tucupi apurado, escurecido pela demorada cocção. Os indígenas da etnia wapixana o elaboram do sumo amarelo extraído da mandioca-brava, reduzido durante 8 horas, até escurecer. O molho, que eles chamam de *kanyzy*, adquire consistência densa, espessa como caramelo. Já a etnia macuxi, elabora o *kumasi* de duas formas: (i) do sumo da mandioca-brava, já extraído o amido, cozido no fogo de lenha até escurecer – cujo resultado é um molho mais líquido e com sabor mais defumado; e (ii) do sumo da mandioca-mansa, que utilizam quando querem um molho com consistência bem densa e mais doce.

Tucupi preto É elaborado do tucupi temperado, que é reduzido por mais de 6 horas, utilizando-se sal como conservante. Originário do Pará, é encontrado de dois modos: (i) líquido (substitui o molho inglês e o shoyu); e (ii) pastoso (pode ser diluído com água, caldos ou mel, ou consumido puro). "Para obter 1 litro de tucupi preto concentrado, é necessária a condensação de até 40 litros de tucupi tradicional", explica Joanna Martins, diretora-executiva do Instituto Paulo Martins.

Turu Espécie de molusco branco, de consistência gelatinosa, encontrado em troncos de árvores nos mangues da ilha de Marajó. É consumido em um caldo elaborado com alho, cheiro-verde, sal e limão ou imerso em leite de coco. Considerado afrodisíaco, conhecido também como "bicho do pau" e "cupim-do-mar", o costume é tirá-lo do interior de troncos de árvores e comê-lo imediatamente, sem a cabeça e os intestinos, com sal e limão. Dependendo da idade, seu tamanho varia de 10 centímetros a mais de 1 metro.

Umari Também chamado de "mari", é fruto amazônico de aroma forte, ovalado e polpa amarela, que pode ser utilizado na preparação de biscoitos, bolos, brigadeiros, doces, manteigas, mousses, patês, pudins, sorvetes caseiros e tortas, ou *in natura*, com farinha de mandioca ou cozido com peixe ou carne.

Uru Galináceo encontrado no sul da Amazônia, muito apreciado por sua carne branca e seus ovos, é também conhecido como "corcovado".

Urtiga É uma planta cujas folhas – ricas em ácido fórmico, uma substância urticante que está na origem de seu nome – causam queimação e coceira em contato com a pele. As folhas novas, previamente fervidas, podem ser empregadas em saladas, tempuras, sopas ou sucos. Empanadas e fritas, ficam deliciosas, com um ligeiro sabor de peixe.

Uxi Fruta típica da região amazônica, de polpa amarelo-clara, farinácea e oleosa, é consumida *in natura* ou com farinha de mandioca, e também processada na forma de sucos, picolés, sorvetes, doces em pasta, pudins e licores. O óleo é usado na culinária e para fazer sabão.

Yühür Sal vegetal produzido da folha do aguapé, planta aquática nativa da Amazônia, pelos povos indígenas do Alto Xingu. Depois de secas ao sol, as folhas são queimadas, e as cinzas resultantes são misturadas na água. A decantação resultante é o sal vegetal.

RECEITAS CLÁSSICAS

DAMORIDA MACUXI

★ **De Lídia Raposo, do povo indígena macuxi, RR**

4 porções

INGREDIENTES

500 g de dourado ou filhote cortado em cubos grandes, ou tambaqui sem espinhas
Limão, q.b.
Sal, a gosto
2 L de água
50 g de pimentas variadas (murupi, malagueta, olho-de-peixe, canaimé e pimenta-de-cheiro) cortadas
150 g de folhas de pimenteira ou cariru, ou folhas de batata-doce
2 colheres (sopa) de tucupi preto (*kumasi'* ou *cumaaji* na língua macuxi)

COMO FAZER

1. Lave o peixe em água corrente, passe limão e tempere com um pouco de sal. Reserve. 2. Em uma panela de barro, aqueça a água e a metade das pimentas e das folhas de pimenteira. 3. Quando ferver, junte o peixe temperado e o restante das pimentas e das folhas de pimenteira (ou de cariru, ou folhas de batata-doce). 4. Deixe cozinhar por 15 minutos. 5. Desligue o fogo, acrescente o tucupi preto, tampe a panela e deixe por alguns minutos. 6. Sirva em cumbucas, com beiju de mandioca.

 DICAS DA CHEF: se preferir um caldo menos picante, coloque as pimentas inteiras. Uma sugestão de acompanhamento é o beiju de mandioca.

Patrimônio Cultural Imaterial de Boa Vista, **damorida** ou **damurida** é um prato tradicional da cultura dos indígenas macuxi, de Roraima. É feito à base de peixe ou carne de caça, servida com beiju de tapioca acompanhada de caxiri. O segredo da receita está no tucupi reduzido – obtido depois que o tucupi convencional, ralo e amarelado, apura no fogo por algumas horas, resultando num líquido escuro e encorpado que era chamado de "*shoyu* da Amazônia" pelo falecido chef Paulo Martins – e nas pimentas (canaimé, olho-de-peixe, murupi e malagueta). Sem pimentas, não é damorida. Segundo a tradição indígena, a receita deve ser preparada em um recipiente de barro.

TAMBAQUI NA CUIA

★ **De Denise Rohnelt Araujo, RR**

6 porções

INGREDIENTES

500 g de picadinho de **tambaqui**
Suco de 1 limão
Sal, a gosto
2 colheres (sopa) de azeite de oliva
1 cebola média cortada em cubinhos
5 pimentas-de-cheiro sem sementes e cortadas em cubinhos, a gosto (opcional)
2 colheres (sopa) de extrato de tomate
2 colheres (sopa) de tucupi negro
2 tomates sem sementes e cortados em cubinhos
1 maço de cheiro-verde bem picado (coentro e cebolinha)
Pimenta vermelha (ou pimenta murupi) sem sementes e cortada em cubinhos a gosto (opcional)

COMO FAZER

1. Lave em água corrente o picadinho de tambaqui e tempere com o limão e o sal. Reserve. **2.** Em uma frigideira, aqueça o azeite em fogo baixo e doure a cebola, as pimentas-de-cheiro e a pimenta vermelha, mexendo bem. **3.** Junte o peixe e coloque o extrato de tomate. Prove o sal, tampe um pouco a frigideira para apurar os sabores. **4.** Quando o peixe estiver pronto, adicione o tucupi negro e mexa bem. **5.** Acrescente os tomates e o cheiro-verde.

 DICA DA CHEF: sirva com farofa de banana ou com farinha de Iracema, ou outra de sua preferência.

Tambaqui é um peixe de piracema da bacia do rio Amazonas, de torso esverdeado com barriga e caudas pretas. Muito apreciado por sua carne tenra, branca e saborosa, suas grossas espinhas, chamadas de "costelas", são temperadas e assadas como churrasco. Também conhecido como "pacu-vermelho", durante a época de cheia entra na mata inundada, onde se alimenta de frutos silvestres, folhas, sementes e até coquinhos, que ele quebra facilmente com seus dentes fortes. Na época da desova, não se alimenta, vivendo da gordura que acumulou durante a cheia. Do tambaqui tudo se aproveita: seus ossos secos e triturados dão uma nutritiva farinha; de sua bexiga natatória, extrai-se goma; de suas ovas, faz-se uma espécie de caviar brasileiro; e suas escamas são utilizadas em artesanatos. Do cruzamento com o pacu, surgiu o peixe híbrido que se chama "tambacu". Os produtores de tambaqui, *in natura* e processado, do Vale do Jamari, em Rondônia, conquistaram em agosto de 2023, o reconhecimento da certificação de Indicação Geográfica (IG), na categoria Indicação de Procedência (IP).

Região

NORDESTE

O NORDESTE VIVE DE SUA CULINÁRIA à beira-mar, da cozinha de sustança sertaneja, onde não costumam faltar a carne de sol, o charque, a manteiga de garrafa, a farinha de mandioca, as carnes de cabrito e de bode. São característicos de toda a região, a macaxeira, o jerimum, o jiló, o feijão-de-corda, o maxixe, o quiabo, o cará e as frutas – muitas frutas: mais de cem espécies nativas. Afinal, a região se estende por estes quatro biomas brasileiros: Amazônia, Caatinga, Cerrado e Mata Atlântica.

Por sua posição geográfica, o Maranhão absorveu costumes culinários da região amazônica e do Nordeste. A mais emblemática especialidade maranhense, o cuxá atesta as influências indígena, portuguesa, árabe e negra, na culinária local. É elaborado com a vinagreira de origem africana – popularmente chamada de "quiabo-roxo" –, a farinha de mandioca e o joão-gomes (também conhecido como "quiabo-de-angola", "caruru-da-guiné" ou "bredo"), presentes na alimentação indígena. Dos portugueses, a receita traz o modo de preparo que consiste em macerar as folhas – comum nos esparregados é feita à faca pelos portugueses no pilão –, e cozinhar a mistura que leva ainda camarão seco e salgado, gergelim torrado (uma influência sírio-libanesa), cebola, alho, coentro, sal e pimenta-de-cheiro. Pode ser apreciado isoladamente ou misturado com arroz, outra receita tipicamente maranhense. Entre as bebidas, a tiquira, aguardente feita da destilação da mandioca, e o Guaraná Jesus, com sua cor-de-rosa indefectível, ganham destaque.

"Tampouco turva-se a lágrima nordestina / Apenas a matéria viva era tão fina / E éramos olharmo-nos intacta retina / A cajuína cristalina em Teresina". A cajuína, imortalizada na voz de

Caetano Veloso na música de mesmo nome, é orgulho cultural da capital piauiense.

Por sua vez, conhecida por "capote", a galinha-d'angola goza grande prestígio na culinária local. É ingrediente principal de receitas como o frito de capote, o capote ao molho pardo e o arroz à capote, quase sempre preparadas em panelas de barro. A cozinha tradicional também é marcada pela larga utilização do cheiro--verde, da pimenta-de-cheiro e do urucum, imprescindíveis na maioria das preparações.

Terra do baião-de-dois, no litoral do Ceará reinam as receitas com lagostas – o estado é o maior produtor dessa iguaria –, a peixada, o pargo no sal grosso assado na brasa, a caranguejada. Do Agreste, a rapadura, o cabrito, a cachaça de alambique; do sertão, a carne de sol; e caju, muito caju.

"Potiguar" de *poti'war* em tupi, que significa "comedor de camarão" e "papa-jerimum" – reza a lenda que com esse fruto pagavam--se os funcionários da capitania, entre 1802 e 1806 – são os nomes dados aos norte-rio-grandenses. Não é à toa. O Rio Grande do Norte continua a ser um dos maiores criadores do crustáceo que lhe rendeu o apelido, e com ele preparam bobós, moquecas e várias outras iguarias. Mas não é tudo. Tem o queijo coalho de Seridó, o mel da abelha jandaíra, a castanha-de-caju de Serra do Mel, o pastel de Tangará, a carne de sol de Caicó, a ginga com tapioca.

Na Paraíba, o arroz vermelho ou o arroz da terra cultivado no Semiárido entra no preparo do famoso rubacão. A pequena cidade de Picuí, conhecida como a "terra da carne de sol", preserva uma tradição de mais de cem anos na elaboração dessa iguaria. O bode brilha no Cariri, não somente como protagonista da Festa do Bode Rei, mas também na mesa com uma amostra do melhor da gastronomia "bodística": tem buchada, bodioca (tapioca recheada com bode), paella, McBode, pizza, carpaccio, e por aí vai. Em Campina Grande, no Agreste paraibano, ocorre o "maior São João do mundo", com mesas repletas de quitutes à base de milho (pamonha, cuscuz, xerém, canjica, mungunzá) e pratos típicos, em um evento que dura mais de trinta dias.

Falar da culinária pernambucana é falar das "frigideiras" (como são chamadas as fritadas no Nordeste), da macaxeira, dos senhores de engenho, da cultura da cana-de-açúcar, de uma doçaria rica, com muitas receitas de família passadas de mãe para filha e conservadas a sete chaves, com destaque para o bolo Souza Leão, e quitutes como o bolo de rolo, a cartola e o nego-bom, um dos doces mais populares no estado. Dos holandeses, ficou apenas um tipo de biscoito, o "brote" (*brood*, em holandês). Na cidade de Petrolina, às margens do São Francisco, tal qual acontece na vizinha Paraíba, o bode ganhou um espaço gastronômico, o "Bodódromo", para chamar de seu.

Alagoas, por ter sido comarca da capitania de Pernambuco até 1817, traz muito do receituário pernambucano para sua mesa, mas tem lá seus atrativos, como o sururu, extraído das lagoas de Manguaba e Mundaú; o maçunim, a tarioba e o caranguejo-uçá catados nos mangues; o mingau pitinga, pirão feito de massa puba e coco; a peixada de serigado, cioba, arabaiana, cavala, robalo, cozida em panela de barro; os bolinhos de goma de Maragogi, as cocadas da Massagueira e o pudim de tapioca. E, ainda, o malungo (amendoim cozido com charque, carne de sol e linguiça), a galinhada e a moqueca de ovo, alguns dos pratos da culinária quilombola consagrados por Mãe Neide Oyá d'Oxum, expoente da cultura e gastronomia do povo dos quilombos.

Das águas do "Velho Chico", como é carinhosamente chamado o rio São Francisco pelos locais, os sergipanos saboreiam deliciosos peixes, guaiamuns e pitus, e se orgulham do amendoim cozido verde, do manauê, do saroio e do doce de pimenta-do-reino declarados Patrimônio Cultural Imaterial do estado. O coco, presença generosa na orla sergipana, entra na elaboração de ensopados, caranguejadas, peixadas e moquecas. A carne de sol, a macaxeira, o mungunzá e as comidas de milho também não podem faltar.

Uma região, duas culinárias: a baiana e a nordestina. A culinária baiana é nitidamente africana com algumas influências portuguesas. A Bahia absorveu, mais que qualquer outra região do Nordeste, as crenças e os costumes africanos, que se traduzem em uma culinária própria, com grande diversidade de pratos. O coco, o quiabo, o inhame, o gengibre, o amendoim, a pimenta-malagueta e o dendê trazidos da África estão presentes nas comidas de sal. Pelas mãos hábeis das escravizadas, as receitas das comidas de santo – oferendas para os orixás do candomblé – foram adaptadas ao gosto da casa-grande e aos ingredientes locais, como o ipetê de Oxum (à base de inhame, camarões ralados, cebola, pimenta e azeite de dendê), que virou o bobó de camarão. Já os doces (cocadas, pamonhas, canjicas) são de origem portuguesa ou ameríndia.

A comida de rua, por sua vez, tem no acarajé sua expressão maior. "Quente ou frio?", pergunta a baiana, honrando a máxima da folclorista Hildegardes Vianna que afirmou que "em casa de baiana legítima a pimenta arde até nos olhos e de tal maneira que só se come de lenço na mão". Ir a Salvador e não provar esse quitute, comercializado pelas baianas de saias rodadas e turbante na cabeça, pode ser considerado uma heresia. Caminhando para o sertão, o cardápio muda. Saem os pratos típicos à base de dendê e entram em cena a carne de sol, a carne-seca, as carnes de bode, o feijão, a farinha de mandioca, a rapadura, a macaxeira, o jerimum, o maxixe, o jiló, o cará e o milho. Esses ingredientes, somados à manteiga de garrafa, ao queijo de coalho e ao feijão-verde, compõem a comida sertaneja, que também está presente no interior dos demais estados nordestinos. Essa culinária ainda apresenta referências portuguesas e indígenas.

BEBIDAS

Afurá Servido como bebida refrescante, é elaborado com bolinhos de farinha de arroz fermentados e moídos, diluídos em água e adoçados.

Aluá Também chamado de "aruá", tem origem indígena e é preparado com milho ou casca de abacaxi, água, raiz de gengibre (esmagada ou ralada) e açúcar. A mistura é posta para fermentar em pote de barro por, no mínimo, três dias. A receita apresenta variações regionais: na Paraíba, é feita com milho, água e mel de furo; no Ceará, leva farinha de milho e água; em Belém do Pará e no litoral sul-fluminense, onde é denominado "gengibirra", é elaborado com cascas de abacaxi e açúcar ou caldo de cana. Em Pernambuco, o aluá é conhecido como "bembé"; em São Paulo, "caramburu". Existe uma espécie de aluá preparado com milho branco fermentado chamada de "quimbembê".

Arriba-saia Famosa bebida composta de vinte ingredientes estimulantes (guaraná, catuaba, ginseng, boldo e alecrim, dentre outros).

Axé Bebida artesanal, de origem africana, faz sucesso no carnaval de Olinda. Mistura cachaça, mel, canela e várias ervas. Tem teor alcoólico alto.

Bate-bate Bebida tradicional do carnaval pernambucano, elaborada com aguardente, açúcar e maracujá, colocada em um recipiente de barro.

Cachimbo Feito com mel de abelha e aguardente, acrescidos ou não de polpa de fruta – umbu, maracujá, limão, coco, goiaba e manga são as mais comuns. No sertão pernambucano, é costume servir cachimbo por ocasião do nascimento de um filho.

Cajuada É preparada com o suco puro do caju adoçado com açúcar ou batido com leite, acompanhada de farinha de mandioca ou de castanha-de-caju.

Cajuína é uma bebida não alcoólica produzida artesanalmente com o sumo do caju filtrado, clarificado e esterilizado. Símbolo Cultural de Teresina, no Piauí, tem a certificação de Indicação Geográfica (IG), concedida pelo Instituto Nacional da Propriedade Industrial (INPI), e é Patrimônio Cultural Imaterial brasileiro desde 2015.

Cambica Elaborada com a polpa macerada de frutas (juçara, bacaba, murici, cupuaçu, buriti, caju, bacuri, cajá, cajazinho), leite, água e açúcar, é comum também na Amazônia.

Capeta Bebida oficial de Porto Seguro (BA), mistura mel, guaraná em pó, limão-taiti espremido e uma dose de bebida alcoólica (gim, rum, uísque, cachaça, conhaque ou tequila).

Cu de jegue No interior de Alagoas, é cachaça servida com limão e sal.

Denguê Também chamado de "dengué", é um mingau de "beber" baiano elaborado com farinha de arroz ou de milho branco, misturado com água e açúcar, e polvilhado com canela.

Gabriela Na Bahia, é uma mistura de cachaça com cravo-da-índia e canela.

Gronga Bebida de santo em rituais afro-brasileiros, feita de gengibre e raízes.

Guaraná Jesus Bebida doce feita com 17 ingredientes básicos (extrato de guaraná, cravo-da-índia, canela etc.), criada em 1920 pelo farmacêutico Jesus Norberto Gomes. Popularmente conhecido como "sonho cor-de-rosa", por causa de sua cor peculiar, é símbolo cultural do Maranhão, e foi adquirido recentemente por uma grande empresa do setor de refrigerantes.

Laco-paco Em Alagoas, é bebida elaborada com cachaça, maracujá e açúcar.

Leite batizado No sertão, é o leite misturado com água para render.

Licor amor de mãe Bebida popular em Pernambuco, é feita à base de cachaça misturada com raízes, cascas, frutas cítricas, gengibre, anis, pau de canela, cravo-da-índia, vinho e mel.

Maracuchaça Mistura de mamão, murici, goiaba e cachaça servida dentro de um maracujá orgânico. Essa invenção foi elaborada em Ubajara, no Ceará.

Meladinha No interior da Bahia, é cachaça misturada com ervas.

Mijo de padre Café fraco, servido frio.

Mocororó Bebida do sumo de caju fermentado ao ar livre, no Ceará. No Maranhão, é bebida feita com arroz ou mandioca.

Mulata Bebida resultante da infusão de aguardente, canela, cravo-da-índia e gengibre, que permanece em repouso por trinta dias em garrafa bem vedada. Transcorrido esse tempo, a bebida é coada em pano e acrescida de mel de abelhas nativas (rajada, jandaíra, jataí, uruçu).

Netuno De coloração escura e sabor picante, feita de caju e gengibre, a bebida refrescante é servida gelada nas cidades baianas de Cumuruxatiba, Troncoso e Ilhéus.

Pau do índio Bebida criada pelos povos indígenas de Águas Belas (PE), feita de aguardente de cana, açúcar, mel, corante e 32 ervas aromáticas.

Pega-pinto Chá diurético feita com a planta medicinal homônima, vendido como refresco gelado, no Rio Grande do Norte e Ceará.

Perobina No Piauí, mistura de maracujá com aguardente.

Raspadinha Refresco preparado com gelo raspado misturado a essências coloridas de vários sabores, vendido principalmente por ambulantes nas praias do Nordeste. Também chamado de "raspa-raspa".

Roska Na Bahia, trata-se de caipirinha ou caipirosca elaborada com seriguela.

Samboca Água de coco misturada com açúcar, muito comum no Nordeste, principalmente, no Rio Grande do Norte.

Tiquira Aguardente maranhense feita através da destilação da mandioca e da adição de folhas ou cascas de tangerina, que lhe conferem coloração azul-arroxeada. Costuma ter graduação alcoólica muito alta, entre 36 e 54 graus.

Tumbança Elaborada com sumo de caju, farinha de mandioca e castanha-de-caju, adoçada com rapadura, é também chamada de "tubança".

Uca Mistura baiana de cachaça com conhaque, casca de laranja, gengibre e erva-doce.

Vira-vira Bebida feita com cachaça e leite de coco espremido sem água. É também conhecida como "leite de camelo" em terras baianas.

Xequetê Bebida artesanal de festa e própria do Xangô pernambucano, preparada com cravo-da-índia, canela, erva-doce, amendoim e castanha-de-caju, acrescida de cachaça, açúcar, limão e pitanga. A mistura fica maturando por três dias. "Aí, está pronta a bebida de festa que é servida em pequenas doses, pois tem a fama de ser uma bebida forte e quente, e justamente por isso é também chamada com o nome sugestivo de 'levanta a saia'", afirma Raul Lody.

Xixi de anjo Batida tradicionalmente feita com cachaça, leite condensado, suco de limão, gim, menta, água e açúcar.

JECA TATU

★ **De Sandra Mendes, RJ**

INGREDIENTES

Infusão de cachaça com café, aroeira e pimenta doce

150 ml de cachaça envelhecida em umburana
150 ml de cachaça envelhecida em carvalho
15 grãos de café
10 grãos de pimenta doce
10 grãos de aroeira

Xarope artesanal de jenipapo

2 **jenipapos** maduros picados
350 g de açúcar
400 ml de água filtrada

Coquetel

50 ml de cachaça infusionada com café, aroeira e pimenta doce
25 ml de xarope artesanal de jenipapo
15 ml de sumo de limão-taiti
15 ml de Cynar®
1 ml de Angostura®

Finalização

1/2 limão-taiti cortado em duas rodelas de meia-lua
1 folha de aroeira
3 grãos de pimenta-do-reino
1 cigarrinho de palha do tipo Souza Paiol®

COMO FAZER

Infusão de cachaça com café, aroeira e pimenta doce

1. Em um saco hermético, coloque a mistura de cachaças com os grãos de café e das pimentas. 2. Aqueça a 62 °C por 15 minutos. 3. Espere esfriar e coe na sequência.

Xarope artesanal de jenipapo

1. Em uma panela, coloque os jenipapos, o açúcar e a água. 2. Deixe ferver, abaixe o fogo, tampe por 20 minutos, mexendo ocasionalmente. 3. Espere esfriar e coe.

Coquetel

1. Em uma coqueteleira com gelo, bata todos os ingredientes. 2. Coe para um copo americano pequeno com gelo.

Finalização

1. Finalize com as meias-luas de limão, a folha de aroeira, os grãos de aroeira e um cigarrinho de palha à parte.

> **Jenipapo** é um fruto arredondado e de cheiro forte, extremamente perecível. Sua casca é marrom, fina e enrugada. A polpa, suculenta e com sementes, tem sabor agridoce agradável. Nativo da Amazônia e da Mata Atlântica, o jenipapo pode ser consumido *in natura* e se presta ao preparo de sucos, licores (uma de suas preparações mais conhecidas), vinhos, balas (tidas como afrodisíacas), doces (a jenipapada, muito conhecida no Nordeste), compotas e sorvetes. Suas sementes secas, quando maceradas, transformam-se em uma tinta usada por algumas etnias indígenas para pintar o corpo e tingir cerâmicas – seu nome em guarani significa "fruta que serve para pintar" –, daí ser conhecido entre os indígenas como "fruta de esfregar". Quando verde, tem sabor amargo e confere uma coloração azul obtida por uma substância incolor, chamada de "genipina", presente na polpa e casca do fruto, em pratos doces e salgados.

LAGOA ENCANTADA

★ De Letícia Macêdo, PB

INGREDIENTES

Geleia de mangaba

400 g de mangaba madura
190 ml de água
200 g de açúcar

Cachaça macerada

10 oliveiras
500 ml de cachaça

Coquetel

3 colheres (chá) de geleia de **mangaba**
50 ml de cachaça macerada em oliveiras
15 ml de sumo de limão
100 ml de club soda ou água com gás
Alecrim de caboclo ou uma planta alimentícia não
convencional (Panc) de sua preferência

COMO FAZER

Geleia de mangaba

1. Em uma panela com tampa, leve todos os ingredientes ao fogo baixo, até reduzir. 2. Quando ferver, amasse as mangabas. 3. Mexa bem até desmancharem. 4. Deixe esfriar e peneire.

Cachaça macerada

1. Com o auxílio de um garfo, perfure as oliveiras. 2. Em um pote hermético, coloque a cachaça e as oliveiras. 3. Chacoalhe a mistura diariamente por sete dias. 4. Guarde na geladeira.

Coquetel

1. Em uma taça *baloon*, adicione a geleia de mangaba e o gelo. 2. Acrescente a cachaça, o limão e a club soda. 3. Finalize com alecrim-de-caboclo.

 DICA DA CHEF: o prazo de validade da cachaça macerada é de seis meses.

Fruta arredondada, amarela, de polpa branca, suculenta e doce, extremamente perecível, a **mangaba** é encontrada em regiões da Caatinga e do Cerrado e no litoral nordestino. Fruta símbolo de Sergipe, pode ser consumida *in natura* ou na forma de sucos, sorvetes, doces, geleias, refrescos, licores, batidas, coquetéis e vinagres, mas somente depois de totalmente madura, por causa de seu látex. "Coisa boa de comer", como significa em tupi-guarani, a mangaba é brasileiríssima, "[...] é de tão bom cheiro, mas mais esperto; a fruta é de tamanho de abricós, amarela, e salpicada de algumas pintas pretas, dentro de algumas pevides, mas tudo se come, ou sorve como sorvas de Portugal; são de muito bom gosto, sadias e tão leves que por mais que comam, parecem que não comem frutas; [...] delas fazem os índios vinhos", descreveu o padre jesuíta Fernão Cardim em suas narrativas.

SUCO DE CONFUSÃO

★ **De Isadora Fornari, RJ**

INGREDIENTES

Xarope de gengibre

200 g de gengibre descascado, lavado e picado grosseiramente
500 g de açúcar
500 ml de água

Suco

50 ml de cachaça branca artesanal
50 ml de polpa de **graviola**
20 ml de água de coco
30 ml de xarope de gengibre
10 ml de vinagre de maçã (se preferir, use sumo de limão)
Casca de limão, para decorar

COMO FAZER

Xarope de gengibre

1. Bata no liquidificador todos os ingredientes por, aproximadamente, 5 minutos. 2. Coe com uma peneira fina para um pote hermético. 3. Armazene na geladeira.

Suco

1. Em um copo alto, coloque todos os ingredientes. 2. Preencha o copo com gelo. 3. Mexa levemente de baixo para cima com a bailarina, para os ingredientes se misturarem. 4. Sirva sem canudo e decorado com a casca de limão.

> Fruta tropical de casca verde-escura, escamosa e espinhenta, a **graviola** tem forma ovalada, polpa branca de sabor delicado, semelhante ao da fruta-do-conde. É consumida *in natura* e empregada no preparo de mousses, sorvetes, refrescos, sucos e batidas. Suas folhas fazem um chá muito saboroso. É muito popular na região amazônica e no Nordeste, onde é preparada à maneira dos legumes. No Brasil, a graviola tem muitos nomes: "jaca-de-pobre", "jaca-do-pará", "araticum-manso", "araticum-de-comer" e "coração-de-rainha".

PETISCOS, ENTRADAS E SANDUÍCHES

Abará Bolinho afro-baiano feito com feijão-fradinho sem pele, ralado na pedra com cebola e sal, acrescido de camarão seco, frito no azeite de dendê, envolvido em folha de bananeira e cozido no vapor. Também conhecido como "abalá".

Aberém Bolinho afro-baiano feito com milho branco (aberém salgado) ou vermelho (aberém doce), demolhado, moído, cozido em banho-maria e envolvido em folha de bananeira. O "abarém", como também é conhecido, pode ser usado como acompanhamento de pratos salgados ou como sobremesa. Neste caso, adiciona-se açúcar ou mel de abelha e, se quiser, um pouco de leite de coco.

Abrazô Também chamado de "ambrozô", é um bolinho elaborado com farinha de mandioca ou de milho, pimenta e temperos, frito no azeite de dendê.

Acarajé Bolinho de feijão-fradinho frito pilado à mão com cebola e sal, molhado e frito no azeite de dendê. É servido cortado ao meio, recheado com vatapá, caruru e camarão seco, acompanhado de molho ardente de pimenta. Típico da culinária baiana, o acarajé, que em iorubá significa "comer bola de fogo", deriva do *àkarà* da África Ocidental, que, por sua vez, deriva do *faláfel* árabe, levado para o continente africano no século VII. O mais famoso bolinho da culinária baiana foi tombado pelo Instituto do Patrimônio Histórico e Artístico Nacional (Iphan) em 2005. O ofício das baianas do acarajé também foi reconhecido e regulamentado como profissão.

Amiga Em Pernambuco, é um caldo de feijão engrossado com farinha de mandioca peneirada, temperado com pimenta, geralmente tomado no início das refeições. É também conhecido como "apito".

Aratuzada Prato comum na região de Mangue Seco (BA), elaborado com aratu – uma espécie de caranguejo que vive nos mangues, em buracos na areia – cozido no leite de coco, acrescido de legumes, temperos verdes e azeite.

Bola de porco Quitute típico do sertão pernambucano, elaborado com carne de porco moída, temperada com cominho, alho, sal e pimenta-do-reino, moldado em forma de bolinhas que são fervidas, escorridas, empanadas e fritas.

Caldo de mocotó Feito com a carne extraída da pata do boi, bem temperado, engrossado com um pouquinho de farinha, servido quente com coentro picadinho, como tira-gosto.

Caranguejo toque-toque Caranguejo fervido em água e sal, servido inteiro e degustado com a ajuda de um martelinho para quebrar a casca – daí o toque-toque.

Casquinha de siri Refogado cremoso feito com carne de siri cozida e desfiada, leite de coco, azeite e cheiro-verde, coberto com farinha de mandioca torrada, servido na própria casca, encontrada em todo o litoral do Brasil.

Ele e ela Em Pernambuco, é assim chamado o caldinho de feijão que leva um ovo de codorna dentro e é acompanhado de um gole de cachaça.

Ginga com tapioca A ginga é um peixe bem pequeno de água salgada, também chamado de "manteiga" ou "azul" em Natal. A iguaria nasceu na praia da Redinha, nos anos 1950, aproveitando os peixes pequenos que vêm na rede de arrasto dos pescadores, geralmente descartados. Após salgado e frito no azeite de dendê ou no óleo de soja, o peixe é espetado em um palitinho de palha de coqueiro. A tapioca, feita de goma de mandioca peneirada e coco fresco, depois de pronta é recheada com o espetinho de ginga.

Guaiamunzada Consiste em guaiamuns temperados com azeite e limão, cozidos com legumes, leite de coco, cebola e alho. É uma entrada muito apreciada na região Nordeste.

Moquequinha Petisco comum nos mangues, é feito com carne do caranguejo aratu bem temperada com coentro, cominho, cebola e pimentão verde, envolvida em folhas de palmeira licuri.

Queijo arupiara É produzido na cidade paraibana de Taperoá com leite puro de cabra. Há três tipos: (i) o branco, de massa firme, chamado de "aru-

piara"; (ii) o "cariri", temperado com ervas e vegetais locais (aroeira, marmeleiro, alfazema e cumaru); e (iii) o "borborema", uma espécie de pasta temperada com alho e cebola.

Queijo de coalho Branco, semiduro, elaborado com leite cru não resfriado, coagulado através da adição de um coalho vegetal (mocó) ou de um pedaço de estômago de cabra ou novilho. Apresenta casca rígida e textura interna firme, com sabor ligeiramente ácido e salgado. Pode ser fresco ou curado (mais raro de encontrar). Muito apreciado levemente derretido na chapa ou na brasa, o queijo de coalho é vendido por todo o país embalado a vácuo, em espetinhos. No sertão de São Francisco, na Bahia, é produzido artesanalmente com queijo de cabra e coalho animal, e é conhecido como queijo de coalho da Caatinga.

Quibe do sertão Feito com aipim e carne de sol.

Siri catado Iguaria alagoana elaborada com carne de siri, cebola, tomate, leite de coco, azeite e cheiro-verde.

Tubalhau Petisco feito com a carne salgada de tubarão, em um processo semelhante ao do bacalhau, comum no arquipélago de Fernando de Noronha.

Ximango Versão baiana do pão de queijo elaborado com goma de mandioca, em formato de bastão.

CABEÇA DE GALO

★ **De Ana Rita Dantas Suassuna, PE**

5 porções

INGREDIENTES

Água, q.b. (mais ou menos 2 L)
2 ramos de coentro inteiros
2 ramos de cebolinha-verde inteiros
1 colher (chá) de colorau
1 pitada de cominho
1 dente de alho amassado
1 cebola da terra (roxa) cortada em rodelas finas
1/2 pimentão cortado em tiras
2 tomatinhos cortados em 4 partes
Sal e pimenta-do-reino, a gosto
2 colheres (sopa) de manteiga
1/2 xícara (chá), ou mais, de farinha de roça
5 ovos

COMO FAZER

1. Leve a água ao fogo para cozinhar os temperos verdes e os secos com a manteiga. 2. Quando estiverem cozidos, retire os temperos da água e reserve. 3. Com o fogo baixo e o caldo fervendo, coloque a farinha de roça lentamente, e aos poucos, mexendo sem parar, até que o caldo engrosse e fique no ponto desejado. 4. Quebre os ovos, um a um, no caldo fervendo, com cuidado para cozinharem inteiros. 5. Na hora de servir, colocar um ovo em cada prato.

 DICAS DA CHEF: com o caldo da cabeça de galo, prepare um molho de pimenta suave ou, se preferir, de azeite doce e vinagre. Os temperos cozidos, assim como um pouco de coentro e cebolinha-verde, vão separados para serem usados a gosto. Para os que nada podem, em época de seca o preparo é feito com alguns temperos verdes cozidos em muita água e sal, um ovo quebrado e esfarelado (é a multiplicação do ovo, como a dos pães no texto bíblico) na fervura e um punhado de farinha de roça para misturar e fazer um pirão ralo, independentemente de quantos sejam os que vão comer.

Cabeça de galo, na gastronomia sertaneja, é uma espécie de pirão de ovos, no qual se misturam temperos verdes e manteiga em água fervente, quebrando-se um ovo para cada pessoa. No meio popular, é considerado um revigorante, principalmente após embriaguez ou convalescença. Popularmente é chamado de "levanta-defunto" ou "crista de galo". A receita "tem características singulares, se preparada em tempos de fartura ou na seca. Para os mais aquinhoados nada se altera, enquanto para os muito pobres, na seca, diferentemente da época de fartura, essa comida recebe apelidos do tipo 'caldo da fome', 'mingau de cachorro', de tão precário que se torna o seu preparo", explica a chef Ana Rita Dantas Suassuna.

CAPITÃO

★ **De Cafira Foz, SP**

6 unidades

INGREDIENTES

15 g de cebola branca picada
50 g de manteiga de garrafa
60 g de **feijão-de-corda** cozido
400 ml de caldo de legumes
100 g de arroz branco cozido
30 g de pasta de pimenta-de-cheiro
80 g de queijo coalho ralado
50 g de farinha de trigo

15 g de coentro
1 ovo caipira
15 g de sal marinho

COMO FAZER

1. Em uma frigideira grande, refogue a cebola na manteiga de garrafa. 2. Acrescente o feijão-de-corda e misture. 3. Adicione 200 mililitros do caldo de legumes e cozinhe o feijão até que fique macio. 4. Coloque o arroz e misture. 5. Adicione os 200 mililitros restantes do caldo e deixe em fogo baixo até secar. 6. Acrescente a pasta de pimenta-de-cheiro e o queijo coalho. Misture bem. 7. Transfira a massa para uma forma e deixe esfriar. 8. Acrescente a farinha de trigo, o coentro, o ovo e o sal, e misture bem. Prove a massa para verificar o sal. 9. Faça bolinhas de 50 gramas, molde no formato de croquete e sirva em seguida.

De origem africana, o **feijão-de-corda** chegou ao Brasil pelas mãos dos colonizadores portugueses e espanhóis, no século XVI. Pode ser preparado quando ainda está verde ou seco. Entra como ingrediente de saladas, refogados e farofas de mandioca. Temperado ao vinagrete, acompanha muito bem a carne de sol. Muito utilizado na culinária do Nordeste, na Bahia, é com ele que se prepara o famoso acarajé. É também conhecido como "feijão-macássar" ou "macassa" e "feijão-caupi", na região Nordeste; como "feijão--de-praia" e "feijão-de-estrada", na região Norte; "feijão-miúdo", na região Sul; "feijão-catador" e "feijão-gurutuba", em algumas regiões da Bahia e norte de Minas Gerais; e "feijão-fradinho" nos estados da Bahia e do Rio de Janeiro, segundo a Empresa Brasileira de Pesquisa Agropecuária (Embrapa). Já o "feijão-de-corda-verde" ou simplesmente, "feijão-verde", colhido antes de amadurecer, é considerado uma verdadeira iguaria. Na culinária nordestina, entra como acompanhamento ou no preparo de saladas, de farofas e de receitas típicas, como baião de dois, rubacão e arrumadinho.

COXINHA DE ARATU

★ **De Danilo Fernandes, BA**

25 unidades

INGREDIENTES

Recheio

500 g de aratu bem catado
Sal, a gosto
150 g de cebola picada
50 g de pimenta doce (sem ardor)
50 ml de suco de limão
30 ml de azeite de oliva
25 g de alho picado
100 g de pimentão vermelho picado
100 g de tomate picado
250 ml de leite de coco
20 g de coentro picado
20 g de cebolinha picada
250 ml de água de coco fresco

Massa

500 g de aipim bem cozido e descascado
250 ml de caldo de aratu
100 g de manteiga
150 g de farinha de trigo

Empanamento

300 g de farinha de trigo
6 ovos
300 g de farinha panko (ou farinha de rosca)
900 ml de óleo, para fritar

COMO FAZER

Recheio

1. Em uma tigela, tempere o aratu com sal e a metade dos temperos picados menos o alho. 2. Adicione o suco de limão e deixe descansar como marinada. 3. Aqueça o azeite em uma frigideira e doure o alho. 4. Acrescente o restante da cebola picada e mexa até dourar. 5. Coloque os pimentões e o tomate e refogue até estar quase seco. 6. Cubra com o leite de coco e adicione o coentro e a cebolinha. 7. Deixe cozinhar em fogo baixo por 20 minutos. 8. Resfrie e bata no liquidificador para obter um creme liso e alaranjado. 9. Retorne para a panela, junte o aratu e leve ao fogo. 10. Misture um pouco, adicione a água de coco, tampe a panela e cozinhe em fogo baixo por 15 minutos. 11. Retire do fogo e peneire separando o aratu do caldo. Reserve ambos.

Massa

1. Amasse o aipim até obter um purê liso. O aipim deve estar bem seco. Se necessário, leve-o ao fogo para secar. Reserve. 2. Em uma panela, coloque o caldo do aratu, adicione a manteiga e aguarde derreter. 3. Adicione, então, a farinha de trigo e envolva energicamente para não formar grumos, pois a massa tende a ficar bem pesada. Quando a massa desgrudar do fundo da panela, estará pronta. 4. Com a massa ainda quente, adicione o aipim processado e o sal, e misture. 5. Resfrie a massa.

Empanamento

1. Para enformar as coxinhas, faça bolinhas de 35 gramas e achate-as na palma da mão. 2. Pressione o centro com o polegar, recheie com o aratu peneirado e feche unindo as bordas e formando um "bico". 3. Empane as coxinhas na farinha de trigo, depois nos ovos e, por fim, na farinha panko (ou farinha de rosca). 4. Frite em óleo bem quente até que as coxinhas estejam douradas e crocantes. 5. Escorra em papel-toalha. 6. Sirva com o molho de sua preferência.

DICA DO CHEF: sirva as coxinhas acompanhadas de um vinagrete apimentado.

Espalha-se a versão de que a **coxinha** teria sido inventada no fim do século XIX, na Fazenda Morro Azul, no município paulista de Limeira, pelas mãos da cozinheira da fazenda, para satisfazer os desejos de um dos filhos da princesa Isabel, que era fissurado por coxas de galinha fritas. Certo dia, ao perceber que não havia mais coxas suficientes para o almoço, a cozinheira resolveu desfiar as demais partes da galinha, dividiu em porções, empanou, moldou no formato de pera e fritou. O garotinho adorou a novidade. Essa versão tomou fôlego após ser publicada em um livro editado pela Sociedade Pró-Memória de Limeira. No entanto, não passa de uma lenda! O francês Lucas Rigaud, cozinheiro da trisavó da princesa, dona Maria I, já havia publicado no livro *Cozinheiro moderno: ou nova arte de cozinha (1826)*, de 1780, uma receita de "coxas de frangas ou galinhas novas empanadas e fritas". Os portugueses, portanto, já se deliciavam com a coxinha. Mais adiante, em 1844, o cozinheiro parisiense Antonin Carême chegou ainda mais perto da versão atual da coxinha no livro *L'art de la cuisine française au XIXème sièle*. Seu *croquette de poulet* (croquete de frango) deveria ser moldado em forma de pera. Presente nas padarias, nos bares, nas lanchonetes e confeitarias, a coxinha é o salgadinho mais amado de São Paulo, famoso em todo Brasil, mas tem passaporte francês.

CROQUETAS DE CODORNA

★ De Wanderson Medeiros, AL

18 unidades

INGREDIENTES

Codorna

12 **codornas** inteiras limpas
100 ml de água
60 g de coentro picado
60 g de alho picado
250 g de tomate verde picado
200 g de pimentão verde picado
400 g de cebola picada
40 g de colorau
Cominho, a gosto
120 ml de molho inglês
60 ml de vinagre
Sal e pimenta-do-reino, a gosto

Croqueta

Carne de codorna desfiada
300 g de farinha de trigo
6 ovos
300 g de farinha panko
Óleo, para fritar

COMO FAZER

Codorna

1. Em uma tigela, tempere as codornas com todos os ingredientes e deixe marinando na geladeira por 12 horas. 2. Transfira para uma panela de fundo grosso e cozinhe, adicionando água aos poucos, até que a carne se desprenda dos ossos com facilidade. 3. Depois

de cozida e fria, desfie a carne e descarte os ossos. 4. Volte a carne para a panela e mexa bem para incorporar o molho. Se necessário, ajuste o tempero.

Croquetas

1. Molde a carne desfiada em forma de croquete, coloque em formas de silicone e leve para congelar no freezer. 2. Desenforme para empanar as croquetas. 3. Empane-as passando na farinha de trigo, em seguida nos ovos e, por fim, na farinha panko. 4. Frite as croquetas em óleo por imersão até dourar e deixe escorrer o excesso de gordura no papel-toalha. 5. Sirva em seguida.

Da mesma família de perus, pavões e galinhas, a **codorna** tem carne branca, magra, bastante nutritiva e de fácil digestão. A ave foi trazida para o Brasil pelos imigrantes japoneses. Criada em cativeiros, pode ser preparada recheada, empanada, grelhada, assada ou refogada. Geralmente, é servida inteira – é uma ave pequena, pesa menos de 1 quilo –, recheada ou com molho. Seus ovos são excelentes quando cozidos e têm fama – apenas fama –, de serem afrodisíacos, por obra e graça de uma música interpretada por Luiz Gonzaga, "Ovo de codorna", nos idos de 1960. Também é conhecida como "codorniz".

MINI-HAMBÚRGUER SOL TRIUNFAL

★ De César Santos, PE

6 porções

INGREDIENTES

Hambúrguer

500 g de **carne de sol** dessalgada e moída
300 g de queijo coalho
3 dentes de alho picados
2 ramos de cebolinha picados
2 cebolas pequenas raladas
2 ramos de coentro picados
1 pimenta-de-cheiro picada
1 ovo inteiro
Sal, a gosto

Tapioca

500 g de goma de tapioca peneirada

Finalização

300 g de queijo coalho
Fios de batata-doce fritos, para decorar

COMO FAZER

Hambúrguer

1. Em uma tigela, coloque todos os ingredientes e mexa bem para a massa ficar homogênea. 2. Molde os mini-hambúrgueres, deixando-os com a espessura de um dedo. Reserve.

Tapioca

1. Leve uma frigideira antiaderente ao fogo e deixe esquentar.
2. Com a ajuda de uma peneira, salpique a goma de tapioca até

formar um disco no fundo da frigideira. **3.** Deixe cozinhar de um lado, vire e cozinhe o outro lado. Reserve. **4.** Repita esse procedimento até acabar a goma. **5.** Depois de todas as tapiocas prontas, pegue um aro pequeno e corte-as, para formar pequenos discos. Reserve.

Finalização

1. Lamine o queijo coalho em fatias grossas e corte cada uma destas com o mesmo aro utilizado para cortar os discos de tapioca. **2.** Aqueça uma chapa e grelhe os hambúrgueres e o queijo. **3.** Monte os hambúrgueres, substituindo o pão pelos discos de tapioca. **4.** Decore com fios de batata-doce fritos e sirva quente.

A **carne de sol** é preparada com cortes do traseiro do boi, que no início recebiam salga seca e iam direto para a exposição ao sol – daí seu nome –, ou ficavam pendurados durante a noite, quando a temperatura é mais amena. Hoje as carnes são salgadas e empilhadas umas sobre as outras, em ambientes climatizados, por 24 horas. É também conhecida como "carne do sertão" – por ser um dos pratos típicos do Nordeste rural, segundo Mário Souto Maior –, "carne de vento", "carne do rio grande" e "carne-do-ceará". Pode ser servida frita ou assada na brasa, como aperitivo ou acompanhada de queijo de coalho, feijão-verde ou fava, farofa, macaxeira, batata-doce e manteiga de garrafa. Fica ótima no escondidinho ou como recheio de pastel. Picuí, localizada a 234 quilômetros de João Pessoa (PA), é a capital mundial da carne de sol. Anacleto, bisavô do chef Wanderson Medeiros, começou a produzir a iguaria em 1889. "Naquela época, ainda nem era vendida no mercado, ele colocava em malas de couro e saia vendendo numa carroça", conta o chef.

PIABA FRITA COM CREME DE PIPOCA

★ **De Leo Gonçalves, CE**

Porção individual

INGREDIENTES

Piaba frita

500 g de **piaba** eviscerada (ou sardinha)
5 g de sal
Limão, q.b.
300 g de amido de milho
450 ml de óleo de soja, para fritar

Creme de pipoca

500 g de milho de pipoca
5 g de sal
1 L de leite
100 g de manteiga

COMO FAZER

Piaba frita

1. Tempere as piabinhas com sal e limão. 2. Empane no amido e depois leve para fritar em óleo quente a 180 °C. 3. Acomode o peixe em papel-toalha para tirar o excesso de óleo.

Creme de pipoca

1. Faça a pipoca do modo como preferir. 2. Quando estiver pronta, coloque o sal, acrescente metade do leite e tampe a panela para a pipoca murchar. 3. Passe tudo para um liquidificador, adicione o restante do leite e a manteiga, e bata até obter uma pasta homogênea. Peneire e reserve.

MONTAGEM

Sirva as piabas fritas, com gotas de limão em uma travessa e o creme de pipoca em uma cumbuquinha à parte.

A **piaba** e o lambari são muito parecidos, pertencem à mesma grande família que conta com centenas de espécies e centenas de nomes diferentes e aí começa a confusão. Uns afirmam que piaba é o nome popular pelo qual o lambari é conhecido. Outros se resumem a dizer: lambari é no Sul, piaba é no Nordeste. Seja lá como for, é um peixe de água doce, abundante nos rios de todo Brasil, com escamas prateadas, corpo alongado e comprido, tradicional tira-gosto que se come de cabo a rabo, empanado e frito.

SALADA MAGURO TATAKI

★ **De André Saburó, PE**

2 porções

INGREDIENTES

Salada

640 g de jerimum cortado em cubos
100 g de abobrinha fatiada
60 g de rabanete cortado em lâminas
200 g de vagem
200 g de lombo de **atum**
Sal, q.b.
Açúcar, q.b.
Vinagre, q.b.
Shoyu, a gosto

Finalização

260 g de cebola roxa cortada em lâminas
80 g de quiabo cortado em rodelas
5 g de cebolinha picada
1/5 de 1 buquê de coentro picado
1 colher (sopa) de azeite de oliva

COMO FAZER

Salada

1. Leve o jerimum ao fogo até que fique caramelizado. 2. Sobre uma grelha, coloque a abobrinha e deixe por 4 minutos. 3. Em seguida, polvilhe o rabanete com sal para desidratar. 4. Em seguida, transfira para uma vasilha com açúcar e vinagre. Reserve por, no mínimo, 1 hora. 5. Toste a vagem ao forno por 10 minutos. 6. À parte, tempere o lombo de atum com um pouco de shoyu e leve à frigideira bem quente. 7. Frite cada lado por 30 segundos, até que o peixe esteja selado.

Finalização

1. Transfira o atum para uma travessa, arrume a cebola roxa sobre este e disponha o quiabo cru. 2. Ao lado, distribua os demais legumes. 3. Tempere a cebolinha e o coentro com azeite. 4. Regue a salada com essa mistura e sirva em seguida.

Peixe de sangue quente, de carne vermelho-escura, saborosíssima, ligeiramente gordurosa, o **atum** pertence a uma família de pescados com dezenas de espécies. Os mais valorizados são: (i) o bluefin, considerado o mais nobre dos atuns – chega a valer milhares de dólares –, é um dos maiores peixes do planeta, com mais de 4 metros e 700 quilos, e é o mais indicado para fazer sashimi; (ii) o yellowfin, que raramente é vendido fresco, sendo amplamente comercializado enlatado; e (iii) a albacora, cuja carne branca, levemente rosada, é muito saborosa. Versátil, o atum proporciona diversos preparos: fresco – pode ser consumido cru, em fatias, em sushis, sashimis, carpaccio e ceviche –, cozido ou grelhado. Enlatado, enriquece saladas e pastas. Pelas mãos do chef André Saburó, ganhou criações ousadas com toques nordestinos, como o "sarapatum" e o "atum de sol". "A gente aproveita tudo do boi. Não é possível que eu não consiga aproveitar tudo do atum", disse ele, e assim foi.

TACO DE CARNE DE SOL DE BODE

★ **De Igor Rocha, PI**

6 porções

INGREDIENTES

Taco

35 g de farinha de mandioca fina
35 g de farinha de coco **babaçu**
10 g de açúcar demerara
40 g de água mineral morna
100 g de banana madura

Carne de sol de bode

500 g de carne de sol de bode cortada em cubos
20 ml de azeite de oliva
150 g de cebola branca picada
4 dentes de alho picado
10 g de pimenta-de-cheiro picada
80 g de pimentão verde picado
200 ml de leite de coco
500 ml de água mineral

Finalização

Folhas de coentro, para decorar

COMO FAZER

Taco

1. Em um processador, adicione todos os ingredientes e processe até a massa ficar homogênea. 2. Abra a massa com o auxílio de um rolo até obter uma espessura fina. Corte com moldes redondos de 8 centímetros e leve para assar em forno preaquecido a 180 °C por 5 minutos, ou até dourar.

Carne de sol de bode

1. Em uma panela de pressão em fogo médio, sele a carne de bode com um fio de azeite e reserve. 2. Na mesma panela, refogue em um fio de azeite, a cebola, alho, pimenta-de-cheiro e o pimentão por aproximadamente 10 minutos, em fogo baixo. 3. Adicione a carne, em seguida, o leite de coco e a água. 4. Tampe e deixe cozinhar por 30 minutos na pressão. 5. Assim que ficar pronto, separe a carne do caldo. 6. Desfie a carne e reduza o caldo em fogo baixo até engrossar. 7. Misture a redução do caldo com a carne.

Finalização

1. Recheie o taco com a carne de sol, dobre-o ao meio levemente.
2. Decore com folhas de coentro e sirva em seguida.

Babaçu é uma palmeira encontrada no Maranhão, Piauí, Mato Grosso e Tocantins. Seu nome deriva de *uá* (fruta) e *uaçu* (grande). Suas amêndoas verdes raladas e espremidas com um pouco de água fornecem um leite muito nutritivo que substitui o leite de vaca e é muito usado na culinária local como tempero de carnes de caça e peixes. As amêndoas também são matéria-prima para a produção do óleo de coco babaçu (azeite de babaçu), que pode ser utilizado no cozimento e na fritura de alimentos. Com o mesocarpo, a massa do babaçu, diversos pratos são elaborados (frango, lasanha, bolo, mingau). O palmito da palmeira de babaçu, suculento e saboroso, conhecido como olho-de-palmeira, pode ser consumido *in natura*, sendo também muito apreciado em receitas culinárias.

PRATOS PRINCIPAIS E ACOMPANHAMENTOS

Abobrada Espécie de purê elaborado com abóbora, leite, açúcar, ovos e canela.

Acaçá Bolinho afro-baiano, originariamente feito de arroz ou milho branco, ou amarelo, triturado na pedra e passado na peneira de urupema. Essa massa é deixada de molho por 24 horas e depois cozida em água até se obter um mingau grosso, sendo disposto em pequenas porções em folhas de bananeira. Acompanha o vatapá e o caruru. O acaçá vermelho, por sua vez, é feito com milho-vermelho ou fubá de milho fino. O acaçá dissolvido na água gelada é recomendado para quem está amamentando. Dizem que faz "descer o leite".

Adabô Feito de milho branco temperado com camarões e azeite de dendê, é prato dedicado a Iemanjá.

Adalu Prato de ritual do orixá Ogum, é uma mistura feita com feijão e milho cozido.

Ado Elaborado com milho torrado e temperado com azeite de cheiro, adoçado com mel, é um prato oferecido principalmente ao orixá Oxum. Também é conhecido como "adum".

Agbé Caruru feito com folhas, que é um prato empregado em rituais de santo no candomblé.

Alambriga Jerimum cozido e amassado com leite e açúcar, é uma receita sertaneja consumida a qualquer hora do dia.

Amalá Feito com pirão de farinha de mandioca ao qual se juntam rabada de boi cozida com folhas de mostarda, azeite de dendê e pimenta. Também pode ser preparado com camarão ou galinha, substituindo-se a mostarda por quiabo.

Amori Prato da culinária afro-baiana elaborado com folhas inteiras de mostarda temperadas, fervidas e depois fritas no azeite de dendê. Conhecido também como "latipá".

Anduzada Prato típico do Recôncavo Baiano, é uma espécie de feijoada preparada com andu verde acrescido de charque, toucinho, costela suína, linguiça defumada, pimentão verde, cebola, alho e temperos. É servido com farinha de mandioca.

Angu à baiana Prato elaborado com miúdos de boi (fígado, coração, bofe e rins), fubá, cebola, alho e temperos, muito presente nas festas juninas.

Angu de negra mina Guisado maranhense de caruru e outras ervas, com ou sem carne, muito apimentado, engrossado com farinha de milho, de mandioca ou de arroz. Conhecido também como "angu de quitandeira", é iguaria semelhante ao caruru da Bahia.

Anguzô Cozido de ervas do mesmo tipo que o caruru, servido com angu de arroz ou de milho.

Aritica Feijão com rapadura. É conhecido como "granfanja" no Rio Grande do Norte.

Arroz de capote Arroz com galinha-d'angola refogada no urucum.

Arroz de cuxá Um dos mais antigos pratos da culinária do Maranhão, leva camarões secos, folhas de vinagreira e de joão-gomes, gergelim torrado, pimenta e farinha de mandioca pilados até formar um creme, que é acrescido de arroz branco preparado sem tempero e com pouca água. É servido com peixe frito.

Arroz de garimpeiro Da culinária diamantina, é arroz vermelho cozido com legumes, acrescido de carne de sol, açafrão, charque e toucinho fritos.

Arroz de hauçá Prato afro-brasileiro de arroz branco bem cozido, com pedacinhos de carne-seca desfiada e frita, e molho de camarões secos, temperados com cebola, azeite de dendê e pimenta-malagueta. Para o jurista Rui Barbosa, a expressão "arroz de hauçá" é uma corruptela de "arroz com água e sal": "Os pretos, na sua mania de engolir letras, diziam 'arroz de água e sá'." Era o prato predileto do jurista.

Arroz de jaçanã Mais um prato do imenso cardápio à base de arroz da culinária maranhense, feito com a jaçanã, uma ave comum em brejos e margens de rios e lagos, e temperos.

Arroz de leite Receita salgada da culinária baiana elaborada com natas, arroz e leite.

Arroz de proença Da culinária do Maranhão, é elaborado com camarões refogados com tomate, cebola e pimentões, acrescidos de arroz cozido.

Arroz de toucinho Arroz branco frito com alho, cebola, toucinho picadinho e temperos como pimenta-de-cheiro e coentro. No Maranhão, acompanha peixe e camarão frito.

Arroz de viúva É como é chamado o arroz cozido no leite de coco na Bahia. É um ótimo acompanhamento para peixes e frutos do mar. Nas demais regiões nordestinas, é conhecido como "arroz de coco".

Arroz escoteiro Entre os sertanejos, nomeia o arroz simples, cozido em água e sal, saboreado sem acompanhamento.

Arroz mexido Em Pernambuco, é arroz cozido no caldo em que a galinha ou o bode foram guisados.

Arroz vermelho Grão integral de sabor amendoado, o arroz vermelho virou ingrediente essencial da dieta sertaneja na Paraíba e em algumas comunidades rurais do Rio Grande do Norte, onde é costume cozinhá-lo com leite e servi-lo com feijão-de-corda; e em Pernambuco, onde é servido com carne de bode, ou de galinha, e feijão-verde. Foi introduzido pelos açorianos na Bahia no século XVI e depois no Maranhão. No século XVIII, os portugueses resolveram substituí-lo pelo arroz carolina, mais produtivo e rentável, que era importado dos Estados Unidos. Para tanto, o governador da capitania de Maranhão, Joaquim de Melo e Póvoas, baixou um decreto, em 1772, que proibia o cultivo de outra variedade que não o arroz branco. As penas pela reincidência eram severas: um ano de cadeia e 100 mil-réis de multa para os homens livres; para os escravizados, "dois anos de calceta (argola de ferro presa ao tornozelo) com surras interpoladas nesse espaço de tempo". A proibição durou 120 anos.

Arrumadinho Prato que combina feijão-verde cozido e temperado com manteiga de garrafa, servido com charque ou carne de sol cortados em pedacinhos, ou desfiados e fritos na cebola, acompanhado de farofa e molho vinagrete.

Atolado de bode Iguaria elaborada com carne de bode ou cabrito marinada, refogada e depois cozida, acompanhada de pedaços de mandioca cozidas e servidas atoladas sob a carne ou na forma de purê.

Axoxó Prato de ritual elaborado com cebola refogada no azeite de dendê, acrescida de camarão seco e milho cozido em água e sal, acompanhado de lascas de coco.

Badofe Prato da culinária afro-baiana, preparado com taioba ou língua-de-vaca, carne de cabeça de boi aferventada e picada, temperado com sal, alho, cebola, gengibre e camarão.

Baião de dois É tradicionalmente preparado em panela de barro, com feijão-de-corda e arroz cozidos juntos, acrescidos de toucinho, carne de sol já assada e pedacinhos de queijo de coalho. O termo "baião", que originou o nome do prato, designa uma dança típica do Nordeste. Ganhou popularidade com a música "Baião de dois", consagrada por Luiz Gonzaga. Cada cearense é dono da sua própria receita de baião de dois, o qual pode levar pequi, leite de coco, creme de leite, pimentão. Na Paraíba, o prato é conhecido como "rubacão".

Batido de carne Os piauienses preparam a receita com carne fresca picadinha com macaxeira, maxixe, jerimum e quiabo, regada com manteiga de garrafa e salpicada com cheiro-verde.

Besouro Carne de porco ou de boi temperada com sal e torrada com toucinho.

Bobó Prato de origem africana. A base pode ser de mandioca, de feijão, de inhame, ou de fruta-pão bem cozida, batida e acrescida de leite de coco. Prato cremoso, o bobó clássico é o de camarão refogado com coentro, cebola, azeite de dendê, feito à base de inhame. No Maranhão, é famoso o bobó de vinagreira, feito com vinagreira pilada e macerada com camarões secos e farinha de mandioca.

Bodó Receita baiana, é um cozido de carne acrescido de banana.

Bredo no coco Prato obrigatório durante a Semana Santa no estado de Pernambuco, elaborado com as folhas de bredo refogadas e cozidas no leite de coco.

Bró Comida típica do sertão, feita geralmente com tubérculos do umbuzeiro.

Cafofa No sertão, prato elaborado com carne assada misturada com farinha de mandioca. No Ceará e na Amazônia, é chamado de "comboeiro".

Cairi Prato afro-brasileiro, é um guisado de galinha com pimenta, sementes de abóbora e azeite de dendê.

Caldeirada maranhense Um dos pratos mais tradicionais da cidade, tem consistência cremosa e é feito com camarão, creme de leite, leite de coco, azeite doce e uma pimentinha verde típica da região.

Caldeirada nordestina É preparada com peixe e frutos do mar (lagosta, sururu, polvo, ostra, camarão e mariscos) cozidos com leite de coco e temperos.

Caldo da caridade Variação da receita de cabeça de galo, tida como revigorante, é um pirão ralo, resultado do cozimento de farinha com água, alho, sal e pimenta-do-reino.

Camarão alagoano do Bar das Ostras Patrimônio Cultural Imaterial de Alagoas, a receita de dona Oscarlina e seu Pedro, proprietários do extinto bar, foi passada para os filhos e mantida em segredo até 2013. Sobre seu preparo, Marta Silva, uma das filhas do casal, declarou: "Ingredientes de primeira qualidade e cozinhar com manteiga boa", referindo-se ao prato produzido nos municípios alagoanos de Major Izidoro e Batalha, insubstituíveis na execução da receita. Os camarões são cozidos em um molho elaborado com tomate, cebola, pimentão, coentro, vinagre e extrato de tomate, batidos no liquidificador, e servidos acompanhados de farofa.

Camarão de cueca Nos restaurantes alagoanos, é servido refogado na manteiga e no leite de coco, acompanhado de um pirão cremoso. O nome vem de seu preparo: quando o camarão é descascado, preserva-se o último anel para segurar a cauda, daí a "cueca".

Cambexe Pirão de leite preparado do leite de vaca recém-tirado, ainda quente, durante a ordenha, e de farinha de mandioca. É servido no café da manhã dos tiradores de leite, nas fazendas da Caatinga, segundo o antropólogo Raul Lody.

Capão cheio Prato elaborado com galo capado, recheado com seus miúdos e assado no forno.

Capiau Picadinho de carne-seca e macaxeira, no Piauí.

Capote ao molho No Piauí, é galinha-d'angola com molho pardo, leite de coco ou molho comum com urucum, frita e misturada com arroz e pimenta-de-cheiro.

Carcará de macaxeira Bolinho feito com purê de macaxeira misturado com carne de charque desfiada, refogado com azeite e cebola.

Carne de porco em aribé Carne de porco temperada com cebola, tomate, alho, cebolinha, coentro, hortelã, cravo-da-índia, cominho, noz-moscada e sal, assada em uma frigideira de barro, o aribé. Depois da carne pronta e retirada, faz-se uma farofa com farinha de mandioca, sal e a gordura que sobrou no aribé, para acompanhar o prato.

Carne de sol com pirão de leite Pedaços de carne de sol fritos, servidos com pirão de farinha de mandioca.

Carne torrada Prato típico da culinária sertaneja, elaborado com carne de porco, de galinha ou de caça temperada com colorau e levada ao fogo para torrar. O modo de cozimento dá nome ao prato.

Carneiro guisado Prato popular no interior do Nordeste, é o carneiro cozido até a carne ficar macia e temperado com cebola, tomate, pimentão verde, louro, sal e pimenta-do-reino.

Chiclete de camarão Mais uma receita nascida de improviso de um mineiro, em uma praia alagoana – a Praia do Francês. Wilson Caliari, inspirado, resolveu juntar camarão, molho de tomate e algumas fatias de queijo prato, que haviam sobrado do café da manhã. Deu no que deu.

Chouriça gorda Feita com tripa de boi e recheada com aparas de mantinha temperadas com alho, cominho e sal, a chouriça gorda é típica do Recôncavo Baiano. Existe a variedade magra, com teor de gordura menor. Ambas são ótimas na churrasqueira.

Comboeiro Prato da região de Pombal, na Paraíba, elaborado com lascas de toucinho torrado, cebola roxa picada e farinha de mandioca, segundo o escritor e folclorista Mário Souto Maior.

Coronel Sopa feita com legumes, arroz e carne picada.

Cortado de palma Na Chapada Diamantina, é receita preparada com a palma cortada em cubinhos e refogada em azeite, alho e cebola. Acompanha pratos típicos, como o godó de banana.

Cozido Receita de origem judaica, chamada de *adafina*, é o principal alimento do *shabbath*, dia destinado ao louvor de Deus, de descanso religioso, quando qualquer forma de trabalho é proibida. Não se pode abater ou salgar animais, amassar farinha, acender fogo. Era preparado na véspera com carnes, grão-de-bico, ovos cozidos, couve e legumes. O prato se disseminou, bem antes da Idade Média, pela península Ibérica. De lá, pelas mãos dos portugueses, chegou ao Brasil. Em Pernambuco, é um prato de sustança.

"Não é prato para se comer sozinho", afirma a escritora Lectícia Cavalcanti. A receita, além de nomes diferentes, ganha ingredientes distintos em cada região. Na Bahia, é famoso o cozido de peru elaborado com a ave assada, linguiça, legumes e verduras. Em Mato Grosso e Mato Grosso do Sul, vira pucherada e é feito com espinhaço de boi ou costela de porco. O cozido carioca é muito parecido com o cozido português, embora não leve feijão. No Rio Grande do Sul, o prato é chamado de "fervido" ou *puchero*.

Curu Prato elaborado com pedacinhos de carne do sertão escaldados em água com limão e cozidos com alho, cebola, leite de coco, coentro e sal. É servido com um ovo batido e frito com toucinho.

Cutu Carne de sol guisada com ovos mexidos.

Cuxá da roça Refogado elaborado com vinagreira, tomates, cebola e pimentão verde, costuma vir acompanhado de bife grelhado ou bife enrolado.

Dandá de camarão Da culinária baiana, a receita leva camarão fresco e seco, palmito, mandioca, maturi, castanha-de-caju, leite de coco, cebola, tomate, salsinha e azeite de dendê.

Desejo de Catirina O nome do prato, "desejo de Catirina", é uma homenagem à lenda do bumba meu boi, símbolo dos festejos juninos do Maranhão, que conta a história de Pai Francisco (Nego Chico) e de Catirina: Chico era vaqueiro e cuidava de um boi de propriedade de um certo fazendeiro. Era casado com Catirina, que, grávida, sente o desejo de comer a língua do boi. Chico mata o animal, corta-lhe a língua, satisfaz o desejo de Catirina e ambos fogem da fazenda. Inconformado com a morte do animal, o fazendeiro convoca pajés e curandeiros para ressuscitá-lo. O boi volta à vida e todos festejam.

Dovró Feito com massa de feijão-fradinho temperada com azeite de dendê e embrulhada em folhas de guarimã.

Ebé-xiri Caruru de mostarda, comida usada em rituais de santo no candomblé.

Ebó Comida de origem africana à base de farinha de milho branco, sem sal, cozida no azeite de dendê, mas que também pode ser preparada misturando-se o milho com feijão-fradinho torrado.

Ecuru Receita da culinária afro-baiana. É uma espécie de bolinho cuja massa é preparada com feijão-fradinho ou milho-verde, depois embrulhada em folha de bananeira e cozida em banho-maria. Depois de pronto, o ecuru é diluído em mel de abelha ou em um pouco de azeite de cheiro com sal.

Efó Prato típico da culinária afro-baiana, é preparado com camarões secos, descascados e moídos, cebola ralada, coentro, sal, pimenta, folhas aferventadas de língua-de-vaca, taioba, mostarda e azeite de dendê, tudo cozido abafado para suar. O efó leva ainda pedaços de peixe fresco ou salgado (bacalhau).

Efun-oguedê Farinha elaborada com banana-de-são-tomé descascada, fatiada ainda verde, seca ao sol, pilada e peneirada.

Ensopado de caranguejo Elaborado com tomate, cebola, batata, cheiro-verde e leite de coco.

Ensopado de lagosta Receita popular no Festival da Lagosta da cidade cearense de Icapuí, esse ensopado é feito com o crustáceo cortado em cubos ou desfiado, leite de coco e temperos, servido com arroz, farofa e pirão de lagosta.

Eô-fundum Inhame esfarelado e cozido.

Equedê Prato feito com banana-da-terra e azeite de dendê, de origem africana.

Eran-paterê Miúdos de vaca cozidos com cebola e camarão, e fritos no azeite de dendê. É prato oferecido ao orixá Oxóssi nas religiões afro-brasileiras, mas já incorporado a nossa culinária.

Escaldado Nas regiões Norte e Nordeste, é prato elaborado com carne ou ave, peixe ou crustáceos, cozida em um molho especial com verduras (tomate, jiló, quiabo, maxixe, cebola), ovos, azeite e sal. Serve-se acompanhado de pirão preparado com o caldo do cozimento. São famosos também os escaldados de peru e o de carne do sertão, o popular "sobe e desce". Na culinária vale-paraibana, é receita modesta, que leva farinha de milho, banha, água e sal, podendo ser acrescida de queijo de minas, couve e ovos.

Escondidinho Prato popular do cardápio nordestino, é preparado com charque ou carne-seca cozida e desfiada, coberta com purê de macaxeira salpicado com queijo de coalho ralado, e levado ao forno para gratinar. A receita também pode ser feita com frango, camarão, carne moída ou peru. A montagem dá nome à receita: o purê esconde o recheio.

Esparregado Batido de folhas de vinagreira, taioba e joão-gomes, é servido com ovo frito e arroz branco. É muito popular no Maranhão.

Espeto de bode torrado Uma das formas mais populares de consumir a carne de bode em Pernambuco. A carne é picada em cubos e assada na brasa.

Farofa carioca Entre os baianos, é a farofa preparada com farinha dourada na manteiga, acrescida de azeitonas, linguiça e lombo fritos, além de rodelas de ovo cozido.

Farofa d'água Feita com farinha seca, água morna, sal e coentro.

Farofa da vovó Na Bahia, mistura de farinha de mandioca com rapadura ou açúcar mascavo e coco ralado fino.

Farofa de bolão Acompanhamento feito com farinha, cebola roxa e sal misturados com água fervente e temperados com manteiga de garrafa. A massa é moldada com as mãos em formato de bolões. Também conhecida como "farofa d'água" ou "pirão de pedreiro".

Farofa de bolo Feita na água em que se escaldou a carne-seca, acrescida de farinha de mandioca, coentro e cebolinha.

Farofa de coco Prato da culinária afro-baiana, feito com coco desidratado, manteiga, sal e coentro picado.

Farofa de cuscuz Preparada com cuscuz de milho esfarelado, caldo de galinha de capoeira ou bode guisado e refogada com temperos verdes.

Farofa de dendê Feita com muito azeite de dendê e farinha de mandioca. Receita que acompanha diversas preparações, também chamada de "farofa amarela", "farofa de baiana" ou "farofa de azeite".

Farofa de feijão "Refeição matinal de sustança, na Bahia", segundo Raul Lody, é feita com feijão cozido em água e sal, toucinho, rodelas de cebola fritas e farinha de mandioca.

Farofa de jerimum De sabor ligeiramente adocicado, acompanha a carne de sol. É feita com água quente, temperos verdes e jerimum amassado.

Farofa de sabiá Receita do sertão, é um refogado de carne-seca desfiada, acrescido de pimentão verde, pimenta-malagueta, cebola, farinha de mandioca e leite morno.

Farófia de azeite Farinha de guerra posta para dourar em frigideira, no azeite de dendê.

Fatada Típica do sertão sergipano, é preparada com as vísceras da ovelha.

Feijão com mocotó Prato elaborado com unha de boi, bofe, toucinho, linguiça e feijão-branco.

Feijão de andu Temperado com camarão fresco ou seco, cebola, alho, coentro e azeite, é servido apenas com arroz. Se acrescido de azeite de dendê, o prato é chamado de "andu de Angola".

Feijão de arroz Cozido com torresmo, pimentão verde, tomate, cebola, alho, hortelã, cominho, louro e coentro. Depois de pronto, é misturado ao feijão-de-corda.

Feijão de azeite Prato da culinária afro-baiana, que consiste em feijão-fradinho cozido em água e sal, temperado com azeite de dendê, camarão seco e cebola ralados em pedra e sal. Pode ser servido puro, com farinha ou como acompanhamento para outros pratos.

Feijão de coco Prato geralmente preparado na Semana Santa, é composto de feijão-mulatinho cozido com louro, tomate, cebola, alho, coentro, leite de coco e azeite. Ótima guarnição para peixes, principalmente para o bacalhau.

Feijão de fato Feijão-mulatinho cozido com bucho de porco, coração, fígado e bofe. É servido com farinha e molho de limão.

Feijão-de-leite Acompanhamento para peixes, o prato é preparado com feijão-mulatinho ou feijão-preto pisado ou moído no pilão para tirar a casca do grão e depois acrescido de leite de coco, sal e açúcar. É uma especialidade da cozinha afro-baiana.

Feijão de vaqueiro Preparado com feijão-verde cozido com abóbora, quiabo e temperos, servido com linguiça, carne de sol e farinha.

Feijão doce Preparado na Semana Santa, é feijão temperado com leite de coco e açúcar, servido com verduras.

Feijão escoteiro No sertão, é o feijão puro, sem mistura.

Feijão sergipano Feito com feijão-mulatinho, linguiça, carne-seca, carne fresca, batata-doce, inhame, maxixe, quiabo, jiló e abóbora temperados com coentro, cominho, colorau, pimenta-do-reino e hortelã.

Feijoada bordada ou **feijoada à baiana** Elaborada com embutidos, carne-seca, toucinho, carne fresca de boi, pedaços de porco salgados, limão, azeite e pimentas.

Feijoada de peru A receita surgiu para aproveitar as sobras da ceia de Natal, sendo enriquecidas com feijão-de-corda, linguiça, paio e toucinho.

Feijoada do sertão É preparada com carne de charque, feijão-verde, manteiga do sertão, queijo de coalho, cebola, alho e cheiro-verde, no Rio Grande do Norte.

Frigideira Prato que pode ter como base bacalhau, sururu, camarão, carne, coco, caju, mamão verde, maxixe, maturi, aratu e inúmeros outros ingredientes. O recheio é recoberto com ovos batidos e assado no forno.

Frissura Cozido de miúdos, coração, fígado e bofe muito consumido por ocasião do Sábado de Aleluia.

Frito Mistura de farinha de mandioca crua com carne frita bem picadinha. Pode ser carne de porco, carne de sol, de capote – a mais famosa –, ou de caças variadas. Prato muito popular no Piauí.

Fufu Herança africana, na Bahia leva fubá feito com casca de coco seco torrada e pilada, misturado com açúcar. É servido com café.

Galinha de cabidela Também chamada de "galinha ao molho pardo", por conta da cor escura do molho. Prato de origem portuguesa, preparado com a ave temperada e guisada no sangue colhido no momento do abate, misturado a vinagre para não coagular. No Brasil, é servida com arroz branco e angu de milho. O termo "cabidela" nomeia o guisado de galinha ou de qualquer outra ave, cuja preparação é feita com o sangue fresco e avinagrado do próprio animal. No Alto do

Jequitinhonha, na região do garimpo, é conhecida como "xinxim da Chica".

Galinha de parida Galinha caipira gorda ou frango capão ensopados.

Galopeado Guisado de carne picada acompanhado de pirão de farinha de mandioca cozido no próprio caldo do cozimento.

Godó de banana-verde Ensopado de carne de sol refogada com toucinho, cebola, coentro e banana-verde, presente na cozinha dos garimpeiros da Chapada Diamantina.

Ibeguiri Elaborado com quiabo e peixe seco com camarão e azeite, é prato oferecido ao orixá Xangô nas religiões afro-brasileiras, já incorporado a nossa culinária.

Ipeté Papa de origem africana, à base de inhame cozido, camarões defumados, temperada com pimenta e azeite de dendê. Também conhecido como "apeté".

Jabá com jerimum Um dos pratos mais antigos do sertão, é composto de carne-seca (jabá) cortada em cubos e refogada com manteiga de garrafa, cebola, coentro e temperos diversos. É servido com jerimum cortado em pedaços.

Jacicou Bolinhos baianos fritos feitos com massa à base de camarão fresco, coentro, tomate, pimentão verde, cebola, azeite de dendê e sal, cozidos e misturados ao arroz branco e à farinha de mesa, ensina Raul Lody. Também conhecido como "jaticom".

Jacuba de vaqueiro Farinha-d'água com cebola roxa.

Judeu Nome dado a uma variedade de bolo de milho ou a um prato de feijão.

Macaxeira metida a besta Prato paraibano preparado com macaxeira cortada em tiras, cozida, envolta em farinha de mandioca e frita. É servida com uma camada de carne-seca desfiada e queijo de coalho ralado grosso por cima.

Mal-assada Da culinária sertaneja, é uma fritada preparada com claras batidas em neve, gema, farinha de mandioca e temperos, assada com banha, na frigideira.

Mal-assada de ferrugem Carne temperada com sal e frita em frigideira de ferro com temperos, acompanhada de farofa e arroz branco.

McBode Inusitado hambúrguer de carne de bode servido na pequena cidade de Cabaceiras, no sertão do Cariri, famosa por abrigar o maior rebanho caprino do Piauí.

Malamba Receita da Chapada Diamantina, é um ensopado de frango engrossado com fubá de milho.

Malassada Prato de origem portuguesa, na Bahia é elaborado com carne, pimentão verde ou vermelho, tomates, alho e sal. Na gíria antiga, "malassada" significava "mulher de virtude duvidosa".

Mão de vaca Na culinária paraibana, é um cozido preparado com as patas dianteiras da vaca refogadas com temperos, servido com farinha de mandioca. De modo semelhante ao chambari, no Ceará, é uma receita que cura a ressaca do Carnaval. A receita original leva também bucho e tripa.

Mariscada de siri Ensopado feito com uma mistura de carne desfiada de siri e caranguejo mais qualquer outro fruto do mar, temperado e acrescido de leite de coco e azeite de dendê. Aparece com frequência nos cardápios sergipanos.

Massapê Pirão escaldado, feito com farinha de mandioca e água fervente, temperado com pimenta-malagueta.

Matetê Caldo grosso bem temperado, misturado com farinha de mandioca fina peneirada.

Maxixada Mais uma receita que sofre variações. Em Pernambuco, é feita com maxixe cortado em rodelas e carne verde; na Bahia, é elaborada com carne desfiada ou camarão seco; e no Ceará, com carne-seca. Leite de coco, cebola e coentro são comuns a todas as receitas. "Ótimo acompanhamento para carnes, aves, fígado, linguiça; na Semana Santa, faz parte do cardápio tradicional para servir com peixes", conta Ana Rita Dantas Suassuna.

Mindim Arroz com costela de porco, é um prato popular no Piauí.

Mingau de Santo Antônio Receita tradicional da culinária da Bahia – onde também é conhecido como mingau de cachorro –, preparado com água, farinha de mandioca, alho, pimenta-do-reino e sal, adicionado de água de flor de laranjeira ou águas de rosas.

Mingau pitinga Espécie de pirão preparado com puba, leite de coco, cebola e leite, servido como acompanhamento para a caldeirada.

Mocotó nordestino Prato de sustança elaborado com mocotó, tripa, bucho, bofe, beiço, carne de sol, toucinho, linguiça de porco, cebola, tomate e temperos. Trabalhoso, é feito de véspera.

Molho babão Preparado com pimentão, cebola, coentro, pimentas malagueta e de cheiro, azeite e sal. Ótimo acompanhamento para carnes, aves, peixes, ostras, moluscos.

Mungunzá Em Sergipe, é uma espécie de feijoada preparada com milho, feijão, toucinho, pé e orelha de porco, servida com costelinha de porco. Também conhecido como "mugunzá" ou "mucunzá".

Olubó Espécie de pirão afro-brasileiro feito com fatias de mandioca secas ao sol, piladas, trituradas e peneiradas.

Omolocum Feijão-fradinho cozido, refogado com cebola ralada, camarão seco, sal e azeite de dendê, enfeitado com camarões inteiros e ovos cozidos inteiros sem casca.

Ostras de coco Ostras preparadas com leite de coco, azeite e temperos verdes. Muito comuns nos bares e restaurantes do litoral, são servidas com arroz branco. Quando a receita tem camarão, é chamada "camarão de coco"; quando tem mariscos, mariscos de coco; quando tem lagosta, lagosta de coco.

Ouriçada Preparada com ouriços na brasa, servidos na própria casca, é o prato principal de um evento organizado pela comunidade pesqueira de Cabo de Santo Agostinho, na baía de Suape (PE), em homenagem à Santa Luzia, conhecida como a protetora dos olhos. A Festa da Ouriçada acontece no dia desta santa: 13 de dezembro.

Oxinxin Iguaria afro-baiana feita com carne fresca, camarão e azeite de dendê.

Oxoxó Iguaria afro-baiana feita com milho, camarão seco, coco e azeite de dendê.

Pamonã Revirado sertanejo feito com farinha de mandioca ou de milho, feijão, carne de boi ou peixe.

Panelada Comida de sustança, é um cozido elaborado com intestinos, pés e miúdos de boi, cozidos com toucinho, linguiça e temperos, acompanhado de pirão escaldado, feito do próprio caldo do cozimento e farinha de mandioca. Tanto a receita quanto o acompanhamento sofrem variações. Em Imperatriz (MA), a panelada é servida com feijão, arroz e macarrão ao molho de tomate.

Passarinha Nome popular, na Bahia, para o baço de boi, que costuma ser cozido em água e sal e, depois, frito em azeite de dendê.

Paticuru Prato da cozinha maranhense feito com quiabo e camarão.

Pedra e cal Picadinho baiano de carne-seca, temperos e arroz.

Peixada cearense Postas de pargo ou beijupirá temperadas com limão e alho, acrescidas de batata, tomate, cebola, ovos inteiros e leite de coco.

Peixe delícia Prato típico de Fortaleza, é elaborado com pescado, banana e molho branco.

Picadinho à baiana Prato afro-brasileiro elaborado com carne de primeira picada, refogada com abóbora, quiabo, azeite de dendê e pimenta-malagueta.

Picado de carneiro Preparado com miúdos e sangue coagulado do animal, é temperado com limão, vinagre, cebola, pimentão verde, coentro, cebolinha, louro, pimenta-do-reino, cominho e colorífico.

Pimentão recheado com carne moída Potiguar, marido de Dáhlia, pai de Fernando Luís e Anna Maria, advogado, escritor, etnógrafo, folclorista, historiador, professor, jornalista. "Ao longo da vida, recebeu as mais diversas distinções e títulos. Entretanto, o título de que mais se orgulhava era o de `professor', como gostava de ser chamado", revela Daliana, filha de Câmara Cascudo. "Se não ligava para o dinheiro, valorizava a fartura e a boa qualidade na mesa. Seus pratos favoritos eram bem simples: pimentão recheado com carne moída, acompanhado de arroz, branco e soltinho; cozido com pirão, legumes, arroz e mangabas bem geladas. Tudo legitimamente nosso."

Pirão de azeite Feito com farinha de mandioca, azeite de dendê, cebola e sal.

Pirão de camadas Alternadas de farinha de mandioca crua e caldo fervente, montadas em um refratário.

Pirão de leite Tradicional acompanhamento da carne de sol, a receita leva farinha de mandioca, leite e caldo de carne.

Pituzada Preparada com pitu ao leite de coco, é servida com arroz e pirão.

Preto no branco Baião de dois elaborado com feijão-preto.

Quarenta Espécie de angu de fubá de milho temperado com manteiga de garrafa, é consumido no sertão, no café da manhã.

Quenga No sertão baiano, é um guisado de carne de galinha com quiabo.

Quiabada Prato preparado com quiabo, carne bovina, camarão seco, cominho e coentro, é acompanhado de molho de pimenta e farinha de mandioca ou farinha seca.

Quibabá Prato afro-brasileiro elaborado com milho-vermelho e feijão-verde cozidos com torresmo, cebola, cominho e pimenta-malagueta.

Quibebe Purê de abóbora cuja receita sofre variações de uma região para outra: no Piauí, leva folhas de vinagreira; no Rio de Janeiro, manjericão; e em Pernambuco, leite. No Paraná, é acompanhamento de carne de porco; no Rio Grande do Sul, do arroz de carreteiro; e no Nordeste, é servido com carne-seca desfiada e farinha de mandioca. Em Goiás, o nome corresponde à mandioca cozida, picadinha e refogada; no Rio Grande do Norte, a um caldo de carne engrossado com jerimum e farinha de mandioca; e no Maranhão, a uma espécie de bobó de jerimum, acrescido de quiabo, maxixe e vinagreira.

Quiçamã ou **quissamã** Mingau de polvilho ou goma de mandioca, que é uma herança africana.

Quimana Mistura salgada elaborada com gergelim pilado e farinha de mandioca.

Quitandê Feijão-verde afervento na água e sal. Costuma ser preparado sem a casca, com coentro, cominho, pimenta-do-reino, cebola, alho e torresmo.

Quizibu Iguaria africana popular em terras baianas, é feito à base de milho-verde debulhado, misturado com quiabos, tudo temperado com bastante torresmo e cozido até se tornar uma papa. Serve-se acompanhado de carne de sol.

Quizuqui Cuscuz feito com milho seco, sem temperos.

Rabada com agrião O hábito de comer rabo de boi no Brasil "surgiu primeiro nas áreas de criação de gado, notadamente Bahia, Ceará, Rio Grande do Norte e Piauí", afirma o historiador Ivan Alves Filho. Hoje, o ensopado é preparado com o rabo do boi em pedaços, sem pele nem pelos, acompanhado de agrião e polenta. É um prato apreciado em todas as regiões do país. No Acre, é famosa a receita da rabada ao tucupi, servida com jambu.

Ração de cabra Receita de Pernambuco, que é preparada com carne de cabra cozida com bastante repolho e outras verduras.

Reboco paraibano Prato de sustança à base de galinha cozida inteira com arroz vermelho, tomate e temperos.

Remate Pirão ralo de farinha de mandioca feito, no Rio Grande do Norte, com caldo de galinha caipira ou carne de gado.

Rubacão A receita, de origem árabe, similar ao baião de dois, é muito apreciada no interior da Paraíba, onde era preparada com a arribaçã, também conhecida como "arrubação" ou "arubação", uma ave migratória que se reproduz no Semiárido brasileiro e que hoje é protegida por causa da caça predatória. Embora a ave tenha sido substituída pela carne de sol, foram mantidos os demais ingredientes (arroz vermelho, feijão-verde, queijo de coalho, manteiga de garrafa, toucinho e nata).

Sarapatel Herança portuguesa, principalmente em Pernambuco, é um ensopado bem temperado feito com sangue e miúdos (fígado, coração, rins, língua) de porco, bode ou carneiro. É servido com arroz branco, farinha de mandioca e molho de pimenta. Na Amazônia, é famoso o sarapatel de tartaruga.

Soló Receita da culinária afro-baiana, é um caldo de feijão bem apimentado, engrossado com farinha.

Sopa de cavalo cansado Sopa do norte de Portugal, feita com vinho tinto e pão torrado, polvilhada com canela, ficou conhecida em alguns estados do Nordeste.

Sopa de mocotó Apreciada em todo o estado sergipano, é preparada com mocotós limpos, cozidos, fervidos na água de seu cozimento com pimenta-do-reino e colorau, deixados para marinar de um dia para o outro. Após essa etapa, junta-se massa própria para sopa, verduras e suco de limão ao preparo.

Sovaco de cobra Prato elaborado com carne de sol moída, milho-verde, palmito, queijo de coalho, ovos de codorna, tomate, cebola e temperos.

Sururu de capote Receita típica de Alagoas, feita com sururu cozido em sua própria casca com pimentão verde, tomate, cebola, alho, cheiro-verde, azeite e leite de coco. É servido com pirão de mandioca.

Te-conheço De modo semelhante à receita de roupa-velha, na culinária da Bahia, é elaborado com sobras de carne de porco.

Tomé com bebé Carne de sol desfiada, frita na manteiga de garrafa, recoberta com creme feito com queijo de coalho, leite e farinha de mandioca, levada ao forno para dourar.

Torta de camarão à moda de São Luís Torta recheada com camarão fresco ou seco, pimentão verde, batata e tomate, coberta com ovos batidos.

Tripas à sergipana Tripas marinadas em suco de laranja-da-terra por 24 horas, depois colocadas para cozinhar na água com cebola e salsa picadinhas, sal e pimenta-do-reino, em panela tampada por 3 horas. Findo o cozimento, as tripas são envoltas em ovos batidos e levadas para cozinhar em fogo brando.

Vatapá Prato de consistência cremosa, cuja receita tem algumas variações. A mais comum é feita com farinha de mandioca, de arroz ou de pão amanhecido, leite de coco, castanha-de--caju, amendoim torrado, gengibre, camarão seco e pimenta, tudo refogado no azeite de dendê. Criado por influência da culinária africana, trazida, pelos africanos escravizados iorubas, com o nome de *ehba-tápa*, o vatapá também entra no recheio do acarajé. "O mais famoso e nacional dos pratos afro-brasileiros", segundo o historiador Câmara Cascudo, também pode ser preparado com galinha, porco ou peixe fresco.

Xerém 1. É o milho pilado grosso. 2. Conhecido popularmente como "arroz de pobre", é um prato elaborado com grãos de milho quebrados, cozidos em água e sal. "Costuma ser misturado com leite, nata, manteiga, queijo, ovo, carne de qualquer tipo, linguiça, costela, galinha, sarapatel, peixe, caça, feijão, miúdos, tripa", ensina Ana Rita Dantas Suassuna.

AGUACHILE DE TAIOBA COM TEMPURÁ DE JACA E CRUDO DE TILÁPIA

★ **De Serginho Jucá, AL**

Porção individual

INGREDIENTES

Aguachile de taioba

150 g de taioba
50 g de cebolinha
Suco de 3 limões
2 g de pimenta-do-reino
2 g de gengibre
2 dentes de alho

Tempurá de jaca

50 g de farinha de trigo
2 g de fermento
20 ml de água com gás gelada
150 g de jaca sem caroço
Óleo, para fritar

Tilápia

100 g de **tilápia**
Sal, a gosto
Cebolinha picada, a gosto
Raspas de limão, a gosto

Finalização

Maxixe cortado em lâminas temperado com sal e azeite de oliva, a gosto
Cebola roxa cortada em rodelas finas

COMO FAZER

Aguachile de taioba

1. Branqueie a taioba e triture com a cebolinha, o suco de limão, a pimenta-do-reino, o gengibre e o alho. 2. Coe a mistura.

Tempurá de jaca

1. Misture a farinha de trigo com o fermento e a água com gás, até ficar uma mistura homogênea. 2. Passe a jaca pela massa e frite, imediatamente, em óleo quente.

Tilápia

1. Cure o peixe com o sal. 2. Lave e cubra com a cebolinha e as raspas de limão.

Finalização

1. Disponha o peixe curado sobre o prato e, ao seu lado, o tempurá de jaca. 2. Coloque as lâminas de maxixe e as rodelas de cebola roxa sobre o peixe. 3. Finalize regando todos os preparos com a aguachile de taioba.

Peixe de água doce, de carne branca saborosa, com pouca espinha e baixo teor de gordura, é a espécie mais cultivada nos criadouros brasileiros. Muito versátil, na forma de filés, postas ou inteira, a **tilápia** pode ser grelhada, assada, frita, marinada, refogada. Está presente nos cardápios de restaurantes japoneses (sashimis), havaianos (pokes) e peruanos (ceviches). Em supermercados e restaurantes, é mais fácil encontrar o peixe com o nome de "Saint Peter" ou "Saint Pierre"; na verdade, uma variação da tilápia comum, de origem israelense e de pele vermelha. O sabor e os nutrientes do Saint Peter e da tilápia comum são exatamente os mesmos.

ARROZ BATIPURU

★ **De Danilo Dias, MA**

4 porções

INGREDIENTES

1 maço de vinagreira lavado e batido
1 maço de joão-gomes
1/4 xícara (chá) de azeite de oliva
3 dentes de alho amassados
1/4 xícara (chá) de pimentão verde picado
1/4 xícara (chá) de cebola picada
1/4 xícara (chá) de tomate sem pele cortado em cubos
1 pimenta-de-cheiro picada
1 xícara (chá) de quiabo cortado em cubos
1 xícara (chá) de maxixe cortado em cubos
500 g de camarões secos e salgados sem cabeça
1/2 colher (chá) de pimenta-do-reino
4 xícaras (chá) de arroz cozido
Sal, a gosto
100 ml de leite de coco

COMO FAZER

1. Em uma panela, ferva a vinagreira e o joão-gomes por 5 minutos. **2.** Escorra, pique estas folhas cozidas e reserve. **3.** Aqueça o azeite e doure o alho, em uma panela. **4.** Acrescente os pimentões, a cebola, o tomate e a pimenta-de-cheiro. **5.** Mexa e refogue por 4 minutos. **6.** Adicione o quiabo, o maxixe e os camarões já lavados. **7.** Mexa e refogue por mais 4 minutos. **8.** Junte a pimenta-do-reino e as folhas reservadas. **9.** Acrescente o arroz cozido e misture. **10.** Acerte o sal e junte o leite de coco. **11.** Tampe a panela e deixe cozinhar em fogo brando por mais 8 minutos.

O **arroz de batipuru** é uma variação do arroz de cuxá, típico do Maranhão. O prato é preparado com quiabo, tomate, cebola, pimentão verde, pimentas variadas, folhas de vinagreira, camarão seco, arroz e temperos. Há quem prefira saborear o batipuru como aperitivo, puro ou passado no pão, sem o acréscimo do arroz. O nome foi criado por uma família de São Luís do Maranhão, dona de restaurante, que misturou a palavra "batidinha" (a vinagreira utilizada no preparo do arroz deve ser bem batidinha) com "irapuru" (outra forma de uirapuru), daí "batipuru". Sem o arroz, acrescido de quiabo, para ser comido puro ou com pão, é simplesmente chamado de "batipuru".

CARURU COM CAMARÕES E LAGOSTA

★ **De Jonatas Moreira, AL**

6 porções

INGREDIENTES

100 ml de leite de coco
100 g de camarão, seco e defumado
50 g de pó de amendoim, sem casca torrado
50 g de pó de castanha-de-caju
50 g de cebola
20 g de gengibre
500 g de quiabo
50 ml de água
Gotas de vinagre
100 g de camarão, grande e limpo
Sal, a gosto

50 ml de azeite de dendê
250 g de **lagosta**
50 ml de azeite de oliva
Manteiga, a gosto

COMO FAZER

1. Triture o leite de coco com a metade do camarão defumado, o amendoim, a castanha, a cebola e o gengibre, por alguns minutos, para obter um creme. **2.** Pique os quiabos em pedaços bem pequenos; cozinhe com um pouco de água e as gotas de vinagre, sempre mexendo, por 25 minutos. **3.** Acrescente esse creme para temperar o caruru; continue mexendo e cozinhe por mais 20 minutos. **4.** Coloque os camarões frescos e a outra metade dos defumados. **5.** Verifique o sal, tempere com azeite de dendê e deixe cozinhar por mais 5 minutos. **6.** Grelhe as lagostas em azeite de oliva e manteiga e sirva-as imediatamente sobre o caruru.

Crustáceo de carne branca e delicada, levemente rosada, de textura firme, muito apreciado por seu sabor suave, a **lagosta** é empregada em pratos quentes e frios. As espécies mais comuns no Brasil são a lagosta-vermelha e a lagosta-verde, encontradas no Rio Grande do Norte, no Ceará e em Pernambuco. Embora a lagosta fêmea possa colocar até 300 mil ovos de cada vez, apenas 1% alcança a idade de reprodução. Para fins de proteção foi estabelecido pelo Instituto Brasileiro do Meio Ambiente e dos Recursos Naturais Renováveis (Ibama) o defeso da lagosta, período que vai de dezembro a maio em todo o litoral brasileiro, no qual a pesca é proibida. A pesca da lagosta provocou uma das maiores crises diplomáticas da história entre Brasil e França, durante o governo João Goulart, que ficou conhecida como a Guerra da Lagosta. Navios franceses foram perseguidos pela frota brasileira e embarcações da nação europeia chegaram a ser apreendidas no litoral do Nordeste brasileiro.

CARURU PIAUIENSE (UMA RELEITURA)

★ **De Naim Santos, PI**

4 porções

INGREDIENTES

1 maço de folhas de quiabo
1/2 kg de macaxeira (ou de batata-inglesa) descascada
1/2 kg de abóbora (de preferência, de leite) descascada
1/2 kg de maxixe (ou de chuchu) descascado
400 g de camarão
2 cebolas médias picadas
3 dentes de alho picado
1 pimentão médio picado
Pimenta-do-reino, a gosto
Pimenta-de-cheiro, a gosto
Azeite de oliva, a gosto
200 ml de leite de coco
Cheiro-verde picado, a gosto
Sal, a gosto

COMO FAZER

1. Ferva as folhas de quiabo e leve-as para cozinhar na panela de pressão. 2. Preserve o caldo do cozimento. 3. Em uma panela grande, cozinhe a macaxeira, a abóbora e o maxixe. 4. Deixe esfriar. 5. Bata a macaxeira, o maxixe e as folhas de quiabo cozidas no liquidificador, até obter uma consistência de purê. 6. Repita o mesmo processo com a abóbora. 7. Refogue o camarão e os temperos no azeite. 8. Acrescente os purês, o leite de coco e o cheiro-verde. 9. Tempere com sal, adicione o caldo do cozimento das folhas de quiabo e deixe ferver. 10. Sirva em seguida.

Especialidade da cozinha afro-baiana, o **caruru** é elaborado com quiabos bem lavados e enxutos, cortados em rodelinhas, camarões frescos, secos, sem casca e moídos, peixe em postas (em geral, garoupa), castanhas-de-caju e amendoins sem pele torrados, folhas verdes (taioba, mostarda, vinagreira, bredo), alhos amassados, cebolas picadas, ramos de coentro, pimenta, sal, tudo cozido em azeite de dendê, até se transformarem em uma pasta, sendo servido com acaçá. Nossos indígenas já consumiam uma receita similar, o "caruru de folhas", um ensopado feito com taioba ou bredo, também conhecido como "caruru", acrescido de camarões secos, peixes e pimenta. No candomblé, é prato do orixá Xangô, tradicionalmente servido na Festa de São Cosme e Damião, em 27 de setembro. "Toda vez que Xangô ia comer, Exu vinha e roubava a comida dele. Eis que os gêmeos, os ibêjis, tiveram uma ideia. Um deles propôs um desafio para Exu: uma disputa de dança na qual quem primeiro se cansasse perderia. E a prenda, no caso de Exu, seria nunca mais comer da comida de Xangô. A dança começou e, sempre que um dos gêmeos começava a cansar, o outro o substituía imediatamente. Exu perdeu o desafio e nunca mais se engraçou pros lados da comida de Xangô", conta a chef Tereza Paim. O prato, que ficou sendo chamado de "caruru dos meninos" ou "caruru dos ibêjis", deve ser acompanhado por outras comidas de azeite, como acarajé, xinxim de galinha, vatapá, feijão de azeite, farofa de dendê, abará, efó, inhame, rolete de cana, pipoca, rapadura, banana-da-terra frita, queimados (balas), além do aluá, consumido como um refresco. A tradição manda, ainda, que seja servido primeiramente para sete meninos.

CUPIM SERENADO, ALIGOT DE PUBA E VINAGRETE DE FEIJÃO--FRADINHO

★ **De Andreza Machado, SE**

Porção individual

INGREDIENTES

Cupim serenado

200 g de cupim
Sal, a gosto

Aligot de puba

100 g de puba
500 ml de leite integral
50 g de manteiga
50 g de parmesão ralado
Sal, a gosto

Vinagrete de feijão-fradinho

100 g de feijão-fradinho
50 g de cebola cortada em cubinho
50 g de tomate cortado em cubinho
10 g de pimenta-de-cheiro picada
10 g de coentro picado
Sal, a gosto
1 limão

Finalização

50 g de broto de coentro

COMO FAZER

Cupim serenado

1. Tempere o cupim com sal. **2.** Armazene em um saco plástico, retire o ar e deixe descansar 24 horas. **3.** No dia seguinte, grelhe o cupim.

Aligot de puba

1. Dissolva a puba no leite em fogo baixo até obter uma consistência cremosa. **2.** Acrescente a manteiga e o parmesão. **3.** Ajuste o sal.

Vinagrete de feijão-fradinho

1. Cozinhe o feijão-fradinho até ficar al dente. **2.** Deixe esfriar. **3.** Em uma tigela, misture o feijão, a cebola, o tomate, a pimenta-de-cheiro e o coentro. **4.** Tempere com sal e limão.

Finalização

1. Coloque o cupim por cima do aligot de puba. **2.** Ao lado, disponha o vinagrete de feijão-fradinho. **3.** Finalize com os brotos de coentro.

Carne serenada geralmente é uma peça de alcatra, picanha, lagarto, contrafilé ou cupim aberta em mantas, coberta com sal grosso e posta para dormir no sereno (durante a noite), quando perde líquido e concentra sabor, protegida por uma cobertura de tela nas laterais e um telhado – o serenador. O excesso de sal é retirado no dia seguinte. Também chamada de "carne de sereno", essa técnica de salga ainda é empregada no Cerrado.

ESPAGUETE COM SURURU

★ **De André Generoso** *e* **Vitor Generoso, AL**

Porção individual

INGREDIENTES

80 g de espaguete
1 cebola roxa picada
20 g de alho picado
2 pimentas-de-cheiro sem sementes e picadas
40 ml de azeite de oliva
20 unidades de sururu na concha, bem lavados
300 ml de vinho branco seco
150 g de **sururu** catado
50 g de manteiga
Coentro e salsinha picados, a gosto
Suco de 1 limão-galego
Sal e pimenta-do-reino, a gosto

COMO FAZER

1. Em uma panela, ferva a água. **2.** Junte o espaguete de uma só vez e cozinhe até ficar al dente. **3.** Escorra e não despreze a água do cozimento. **4.** Reserve. **5.** Refogue metade da cebola, do alho e da pimenta-de-cheiro no azeite. **6.** Acrescente o sururu na concha, com 100 ml do vinho branco, e cozinhe até que as conchas se abram. **7.** Retire do fogo e reserve. **8.** Faça outro refogado com o restante da cebola, do alho e da pimenta-de-cheiro, e adicione o sururu catado. **9.** Coloque o restante do vinho e refogue um pouco mais para tirar a acidez. **10.** Acrescente o espaguete e um pouco da água do cozimento para espessar o molho. **11.** Cozinhe por 1 minuto. **12.** Junte a manteiga e mexa para incorporar bem. **13.** Adicione o coentro, a salsinha, o limão, o sal e a pimenta-do-reino. **14.** Sirva imediatamente.

Sururu é um molusco bivalve – seu corpo mole fica protegido por duas conchas que se fecham – parecido com um mexilhão. Existem duas espécies: a das pedras (sururus maiores, de coloração rosada, que ficam agarrados às pedras do mar) ou a dos manguezais (sururus menores e mais escuros). Conhecido nos estados do Nordeste do Brasil, é muito empregado na culinária de Maceió (AL), onde foi declarado Patrimônio Cultural Imaterial do estado, em 2014. Também chamado de "siriri", pode ser consumido cru com limão ou em forma de caldos, fritadas, ensopados, risotos, tortas e saladas. No Espírito Santo, é utilizado em moquecas.

GNOCCHI DE AIPIM + MOQUECA DE VÔNGOLES + FAROFA DE CASTANHA COM LIMÃO

★ **De Fabrício Lemos, BA**

4 porções

INGREDIENTES

Nhoque de aipim

600 g de aipim cozido e amassado
100 g de parmesão ralado
50 g de manteiga
100 g de farinha de trigo
Sal, a gosto
Azeite de oliva, para saltear

Molho de moqueca

100 g de cebola
50 g de tomate

50 g de pimentão

Coentro, a gosto

Cebolinha, a gosto

2 dentes de alho

50 g de camarão seco

Fio de azeite de oliva

300 ml de caldo de camarão

300 ml de leite de coco

Sal, a gosto

Azeite de dendê, a gosto

Suco de limão, a gosto

300 g de vôngoles na casca

Farofa de castanha com limão

20 g de cebola picada

20 g de manteiga

50 g de castanha-de-caju picada

100 g de farinha panko

Raspas de limão, a gosto

Sal, a gosto

Finalização

Brotos de coentro, a gosto

Picles de cebola roxa, a gosto

COMO FAZER

Nhoque de aipim

1. Misture todos os ingredientes até obter uma mistura homogênea. 2. Ajuste o sal. 3. Faça bolinhas de 15 gramas. 4. Em uma frigideira antiaderente com um fio de azeite de oliva, salteie o nhoque até dourar. Reserve.

Molho de moqueca

1. Bata todos os vegetais com o camarão seco, no liquidificador. 2. Em uma panela média, leve essa mistura ao fogo com um fio de

azeite de oliva. **3.** Refogue por cerca de 5 minutos. **4.** Adicione o caldo de camarão e o leite de coco. **5.** Deixe reduzir até a metade, até o caldo ficar cremoso. **6.** Ajuste o sal e acrescente o azeite de dendê e o suco de limão. **7.** Adicione os vôngoles e deixe cozinhar no molho da moqueca até abrirem. Reserve.

Farofa de castanha com limão

1. Em uma frigideira antiaderente, puxe a cebola na manteiga com as castanhas-de-caju até dourar. **2.** Adicione a farinha panko e puxe na frigideira até dourar. **3.** Finalize a farofa com as raspas de limão e o sal.

Finalização

1. Coloque o molho da moqueca em uma travessa ou em um prato e adicione os nhoques. **2.** Ao lado, disponha a farofa. **3.** Decore com os brotos de coentro e os picles de cebola roxa.

Em meados do século XVII, as naus portuguesas transportavam mercadorias entre a coroa e as colônias das Américas e da África para o Brasil. Da costa africana, veio uma planta que se adaptou rapidamente ao nosso ambiente e se espalhou por todo o Nordeste brasileiro: o dendezeiro ou coqueiro do dendê. A planta já era antiga conhecida dos negros africanos, que, da seiva da palmeira, faziam o vinho de palma, e da amêndoa, o xoxô, óleo para amaciar o cabelo. Na culinária, as mucamas que trabalhavam na cozinha dos senhores de engenho não dispensavam o **azeite de dendê** em suas iguarias. Tiveram apenas de adaptar, ao paladar dos senhores, as preparações com pitadas africanas. O óleo de alta qualidade, refinado, transparente e livre de impurezas, é conhecido por "flor de dendê", "azeite de flor" ou "dendê de flor". De sabor doce e cheiro forte, é primordial no preparo dos chamados pratos de azeite da culinária baiana: vatapá, acarajé, moqueca, farofa de dendê, bobó de camarão, xinxim de galinha, abará, caruru, peixadas e caldeiradas. É ainda ingrediente utilizado na fabricação de pães, bolos, biscoitos, margarina, achocolatado, e pode substituir a manteiga ou o óleo em pratos doces. O "azeite de cheiro", como também é conhecido entre os baianos, deve ser guardado na geladeira, em um vidro de boca larga – ele se solidifica com o frio –, para não ficar rançoso.

MAFÊ GRIÔ

★ **De Guga Rocha, AL**

10 porções

INGREDIENTES

1 kg de cordeiro
Sal e pimenta-do-reino, a gosto
50 ml de óleo de coco

2 cebolas picadas

5 dentes de alho amassados

4 tomates cortados em pedaços

100 g de mandioca cortada em pedaços grandes

100 g de abóbora cortada em pedaços grandes

100 g de batata-doce cortada em pedaços grandes

100 g de cenoura cortada em pedaços grandes

100 g de quiabo

4 colheres (sopa) de pasta de amendoim ou manteiga de amendoim

Ervas frescas, a gosto

COMO FAZER

1. Tempere a carne com sal e pimenta-do-reino e leve para dourar no óleo de coco. 2. Junte a cebola e o alho e refogue mais um pouco. 3. Adicione o tomate e refogue até que ele comece a se desfazer. 4. Coloque a mandioca, a abóbora, batata-doce, a cenoura e o quiabo, cubra com água e deixe cozinhar lentamente por 40 minutos ou até que a carne fique macia. 5. Coe o molho, misture a pasta de amendoim e volte ao fogo para engrossar um pouco. 6. Sirva o mafê com arroz branco e o molho por cima. 7. Decore com ervas frescas.

"A cozinha quilombola é a célula-máter da cozinha brasileira, suas receitas, entre tantas, o **mafê**, falam de uma comida rústica, de sobrevivência, de um povo guerreiro que precisava de calorias para lutar", explica o chef Guga Rocha. "A miscigenação da cultura brasileira se originou no quilombo, democraticamente e em liberdade, porque nada se cria aprisionado. Do encontro entre indígenas, africanos e europeus, juntos, livres, sentados ao redor de uma fogueira com tudo que esse país rico tinha para oferecer, uniram suas técnicas e seu modo de fazer e criaram uma das cozinhas mais ricas do mundo", conclui o chef.

MUNGUNZÁ SALGADO

★ **De Onildo Rocha, PB**

2 porções

INGREDIENTES

Água para hidratação/cozimento
250 g de milho amarelo
2 folhas de louro
100 g de cebola picada
100 g de linguiça paio
100 g de linguiça calabresa
100 g de bacon
100 g de carne de charque
20 g de tomate em cubinhos, sem pele e sem sementes
10 g de pimenta-de-cheiro
Sal, a gosto
Cebolinha picada, a gosto
Coentro picado, a gosto
10 g de manteiga da terra

COMO FAZER

1. Em um recipiente com água, deixe o milho amarelo hidratar na geladeira por 24 horas. 2. Em uma panela, adicione o milho com a água da hidratação, as folhas de louro e a cebola. 3. Deixe cozinhar até o milho ficar al dente. 4. Adicione a linguiça paio, a linguiça calabresa, o bacon e a carne de charque. 5. Cozinhe por mais uns 40 minutos. 6. Com uma escumadeira, retire os embutidos da panela, espere esfriar e corte-os. 7. Adicione o tomate e metade da pimenta-de-cheiro à panela. 8. Misture e corrija o sal, se for necessário. 9. Volte os embutidos cortados para a panela e finalize com o restante da pimenta-de-cheiro, a cebolinha, o coentro e a manteiga da terra.

Em sua versão doce, o **mungunzá** é preparado com grãos de milho branco ou amarelo cozidos com leite de vaca, leite de coco, cravo--da-índia e açúcar, e polvilhado com canela. Quando essa mistura é engrossada com fubá de arroz, vira mungunzá de colher; se for ainda mais encorpada, mungunzá de cortar. Em sua versão salga-da, costuma ser elaborado com grãos de milho cozidos, feijão-de--corda ou fava, charque, carnes de porco e temperos. São receitas muito apreciadas por ocasião das festas de São João. De origem africana, seu nome é derivado da locução *mu'kunza* (milho cozi-do). É um costume alimentar que herdamos das senzalas.

PAÇOCA DE CARNE DE SOL, FEIJÃO-DE-CORDA E MACAXEIRA COZIDA E FRITA

★ **De Rodrigo Levino, SP**

4 porções

INGREDIENTES

Paçoca de carne de sol

300 g de carne de sol
50 g de manteiga de garrafa
100 g de cebola roxa picada
40 g de farinha de mandioca

Macaxeira cozida e frita

2 L de água
10 g de sal

400 g de macaxeira descascada
Óleo, para fritar

Feijão-de-corda

200 g de feijão-de-corda
1,5 L de água
50 g de cebola roxa picada
30 g de manteiga de garrafa
Sal, a gosto
Farinha de mandioca, a gosto, para finalizar

COMO FAZER

Paçoca de carne de sol

1. Pique a carne de sol em cubos pequenos. 2. Em uma frigideira, adicione metade da manteiga de garrafa e frite a carne até ficar crocante. 3. Espere a carne amornar e passe-a no moedor. Refogue a cebola com o restante de manteiga de garrafa, acrescente a carne moída. 4. Adicione a farinha de mandioca e misture bem.

Macaxeira cozida e frita

1. Ferva a água com o sal e adicione a macaxeira. 2. Cozinhe por 30 minutos até ficar macia. 3. Escorra e sirva quente. 4. Se preferir fritar, espere a macaxeira esfriar. 5. Corte metade da macaxeira cozida em toletes. 6. Aqueça no óleo a 180 °C e frite até dourar. 7. Escorra em papel-toalha.

Feijão-de-corda

1. Deixe o feijão de molho em 500 mililitros de água de um dia para o outro. 2. Escorra e leve para cozinhar na água restante por 30 a 40 minutos. 3. Escorra o feijão cozido e reserve. 4. Refogue a cebola na manteiga de garrafa e adicione o feijão cozido escorrido. 5. Tempere com sal. 6. Finalize com a farinha de mandioca.

Paçoca "é o mantimento histórico no movimento bandeirante no Sul", afirma o historiador Câmara Cascudo, "a composição da paçoca não possui unidade, bem como seu preparo". Originariamente preparada com carne de caça e farinha de mandioca, com o passar dos anos, outros ingredientes vieram a se somar à receita, que muda conforme a região. Na maior parte da região Nordeste, é carne-seca pilada com farinha de mandioca que pode vir acompanhada de queijo de coalho e pirão de leite. No Rio Grande do Norte e na Paraíba, é feita com carne de sol frita, triturada e misturada com cebola, manteiga de garrafa e farinha de mandioca. Na região Norte, é castanha assada e socada no pilão, com farinha-d'água e açúcar, acompanhada de banana. Em Roraima, a carne bovina bem seca, ou charque, é pilada junto com a farinha de mandioca. Na serra catarinense, leva pinhão cozido, moído e misturado com tomate, pimentão verde e pedaços de bacon e linguiça. No Vale do Jequitinhonha, é famosa a paçoca de pilão feita com carne-seca frita em banha de porco, acrescida de alho picado, farinha de mandioca e torresmo. No litoral brasileiro, é comum a paçoca de peixe. Em sua versão doce, a paçoquinha, como é conhecida, é típica da cozinha caipira do Vale do Paraíba, no estado de São Paulo. É feita com amendoim torrado, farinha de mandioca e açúcar. É tradicionalmente preparada por ocasião das festividades da Semana Santa e das festas juninas em todo o Brasil.

PEIXE FRITO, OURIÇO, PEPINO E OVAS

★ **De Dante Bassi, BA**

4 porções

INGREDIENTES

Peixe

Óleo de canola, para fritar
100 g de farinha de trigo
100 g de farinha de arroz
1/2 colher (chá) de sal fino
1/2 colher (sopa) de mel
150 g de cachaça branca
150 g de cerveja clara
4 tiras de peixe branco (vermelho, robalo etc.) de, aproximadamente, 10 cm de comprimento, 3 cm de largura e 3 cm de altura
Sal e pimenta-do-reino, a gosto

Ouriço

100 g de ouriço cru
15 g de suco de **limão-cravo**
Raspas de 1/2 limão-cravo
1/2 colher (sopa) de molho de ostra
250 g óleo de canola
Sal, a gosto

Pepino

3 pepinos japoneses descascados e cortados em cubinhos
1/2 colher (chá) de sal
1/2 colher (sopa) de açúcar
2 colheres (sopa) de ovas de peixe-voador (tubico)

Finalização

1 cabeça de alface roxa

COMO FAZER

Peixe

1. Aqueça o óleo em uma panela até alcançar 180 °C. **2.** Coloque um prato com papel ou uma grade para apoiar o peixe depois de frito. **3.** Em uma tigela, misture a farinha de trigo, a farinha de arroz e o sal. **4.** Adicione o mel, a cachaça e a cerveja e mexa até formar uma mistura homogênea. **5.** Tempere o peixe com o sal e a pimenta-do-reino. **6.** Mergulhe as tiras de peixe na massa de cerveja. **7.** Usando uma pinça ou hashi, retire as tiras de peixe, deixe escorrer o excesso de massa e leve para fritar até obter um tom dourado. **8.** Escorra em papel-toalha. **9.** Sirva imediatamente.

Ouriço

1. Coloque o ouriço cru, o suco e as raspas de limão-cravo e o molho de ostra em um liquidificador. **2.** Bata até triturar totalmente o ouriço, formando uma mistura pastosa homogênea. **3.** Abra a tampa do liquidificador e, batendo na velocidade mínima, adicione aos poucos o óleo de canola em um fio contínuo para montar a maionese. **4.** Após incluir todo o óleo, a maionese deve ficar cremosa. **5.** Caso a mistura pareça muito líquida, acrescente mais óleo de canola até alcançar a textura desejada. **6.** Ajuste o sal da maionese e reserve na geladeira.

Pepino

1. Tempere os pepinos com sal e açúcar. Reserve na geladeira por 10 minutos. **2.** Nesse tempo, o pepino deve soltar bastante líquido. **3.** Usando uma peneira, remova o excesso de líquido. **4.** Coloque o pepino em uma tigela e adicione as ovas. **5.** Misture e reserve na geladeira até servir.

Finalização

1. Separe as folhas de alface mantendo-as inteira e lave-as.
2. Sirva cada elemento do prato separado. 3. Instrua os comensais a montarem seus próprios "tacos" usando a folha de alface como base para o peixe e os condimentos.

O **limão-cravo** apresenta vários nomes, dependendo da região: rosa, cavalo, china, vinagre, bravo, francês, capeta, limpa-tacho, galego, bode, cravinho, ufa! Asiático, de naturalidade brasileira, o limão-cravo é encontrado em quintais, beiras de rios, terrenos baldios e pastagens de todas as regiões do Brasil. A fruta, um híbrido do limão verdadeiro com a mexerica, tem polpa alaranjada, suco abundante e ácido. O caipira – mais um de seus nomes – deu a volta por cima e hoje, valorizado pelas mãos dos chefes e cozinheiros, é empregado em pratos doces e salgados. Com este, também se faz uma deliciosa caipirinha.

PESCADA DA ESTAÇÃO COM BÉARNAISE DE PINHA

★ **De Yuri Machado, PE**

4 porções

INGREDIENTES

Pescada

500 g de pescada-amarela (ou outro peixe de sua escolha)
Sal, a gosto
Azeite de oliva, para fritar

Calda de cajá

300 g de cajá
1 colher (chá) de açúcar
30 ml de vinagre de vinho branco
30 g de gengibre
90 ml de óleo de coco

Béarnaise de pinha

1 pinha
80 ml de leite
1 gema de ovo
10 g de manteiga

Finalização

1/2 cenoura cortada em tiras de 1 mm
1/2 pepino sem as sementes e cortado em tiras de 1 mm
1/2 melão sem casca e sem sementes, cortado em tiras de 1 mm
1/2 mamão verde sem casca e sem sementes, cortado em tiras de 1 mm

COMO FAZER

Pescada

1. Salgue o peixe e leve para fritar no azeite em uma frigideira antiaderente. 2. O tempo de cocção vai variar conforme a espessura da posta.

Calda de cajá

1. Bata os cajás com um pouco d'água e peneire. 2. Despeje o suco em uma panela, acrescente o açúcar e leve ao fogo brando para reduzir, até virar um xarope. 3. Leve à geladeira para esfriar. 4. Em um liquidificador, bata o xarope, o vinagre e o gengibre e adicione, aos poucos, o óleo de coco até emulsionar. 5. Peneire e reserve na geladeira.

Béarnaise de pinha

1. Bata a pinha e o leite, no liquidificador e peneire. 2. Coloque a mistura em uma panela e leve ao fogo baixo mexendo até esquentar, sem ferver. 3. Acrescente a gema de ovo e continue mexendo

até obter uma consistência cremosa. 4. Desligue o fogo, adicione a manteiga e continue mexendo até esta derreter completamente.

Finalização

1. Em um prato, sobre o molho béarnaise, disponha o peixe. 2. Coloque sobre este as tirinhas cortadas dos vegetais e das frutas, e regue com a calda de cajá.

A fruta-do-conde, também chamada de "**pinha**", "ata" e "anona", ficou assim conhecida por ter sido introduzida no Brasil pelo governador Diogo Luís de Oliveira, o conde de Miranda. Ele plantou a primeira árvore dessa variedade na Bahia, em 1629. Ainda que muito parecida com o araticum, – são da mesma família –, têm texturas, cheiros e aromas distintos. Fruta muito perecível, de coloração verde-escura, tem polpa branca, muito doce, aderente aos caroços e textura granulosa. É consumida principalmente *in natura*, mas sua polpa serve como ingrediente para sucos, refrescos, batidas, mousses, cremes e molhos.

PIRÃO DE INHAME COM CARNE DE FUMEIRO E CONSERVA DE MAXIXE

★ **De Ieda de Matos, SP**

4 porções

INGREDIENTES

Conserva

1/2 copo americano de vinagre de álcool
2 colheres (sopa) de azeite de oliva
4 colheres (sopa) de açúcar refinado

3 colheres (chá) de sal
1 copo americano de água
8 maxixes cortados em 4 partes
6 grãos de pimenta-do-reino
1 dente de alho picado
10 sementes de coentro
1 ramo de alecrim

Pirão de inhame

2 xícaras (chá) de leite
1 xícara (chá) de inhame em purê
3 colheres (sopa) de manteiga
Sal, a gosto
1 copo americano de farinha de mandioca fina

Finalização

120 g de **carne de fumeiro** cortada em cubos

COMO FAZER

Conserva

1. Em uma panela, adicione a água, o vinagre, o azeite, o açúcar e o sal. 2. Leve ao fogo médio até levantar fervura. 3. Acrescente os demais ingredientes, misture e desligue o fogo. 4. Espere esfriar completamente em temperatura ambiente e armazene na geladeira em um pote esterilizado com tampa.

Pirão de inhame

1. Em uma panela, leve ao fogo baixo o leite, o purê de inhame, a manteiga e sal, e mexa. 2. Antes que comece a borbulhar, acrescente a farinha aos poucos, mexendo sempre para não empelotar. 3. O pirão deve ficar liso e consistente.

Finalização

1. Em uma frigideira antiaderente, leve os cubos de carne de fumeiro ao fogo médio até dourar bem. 2. Sirva o pirão com um pouco da conserva e os cubos de carne.

DICA DA CHEF: guarde o restante da conserva para usar em outros preparos.

Carne de fumeiro ou fumeiro é uma tradição gastronômica brasileira ameaçada de extinção, típica de Maragogipe, no Recôncavo Baiano. O procedimento 100% artesanal consiste na defumação de cortes de porco salgados, preferencialmente do landrasto, espécie reconhecida pela pelagem branca, em moquéns colocados nos girais (câmara de combustão). A fumaça proveniente da queima da madeira é a responsável por introduzir o sabor e o aroma característicos da carne defumada. São consideradas iguarias a mantinha (feita com o coxão mole, ótima para grelhar ou assar) e a linguiça de cabeça (feita com a carne da cabeça do porco e gordura).

POLVO GRELHADO COM SALTEADO DE FAVAS, GRÃO-DE-BICO E FEIJÃO-DE-CORDA COM AZEITE DE HORTELÃ E ARROZ-NEGRO

★ **De Edinho Engel, BA**

4 porções

INGREDIENTES

150 g de grão-de-bico
150 g de edamame
80 g de **fava**
100 g de feijão-de-corda

350 g de arroz-negro

Sal, a gosto

1 cebola inteira

2 tomates cortados em cubos

1 colher (sopa) de cebolinha picada

Azeite de oliva, a gosto

2 kg de polvo limpo

Salsinha picada, a gosto

5 dentes de alho cortados em lâminas

Páprica picante, a gosto

Azeite de hortelã, a gosto

COMO FAZER

1. Cozinhe os grãos separadamente até ficarem macios e al dente. Reserve. **2.** Cozinhe o arroz-negro com água, sal e metade da cebola. **3.** Refogue rapidamente em uma panela o tomate e a cebolinha picada com o azeite. **4.** Acrescente o arroz, misture e corrija o sal. **5.** Cozinhe o polvo somente em água por, aproximadamente, 40 minutos. Reserve. **6.** Salteie os grãos com o azeite, o restante da cebola e a salsinha, e acrescente sal a gosto. **7.** Em uma panela antiaderente e quente, grelhe os tentáculos do polvo no azeite, com as lâminas de alho e a páprica picante. **8.** Sirva o polvo com o arroz-negro e os grãos, e finalize com o azeite de hortelã.

Nossos descobridores, ao toparem com alguns tipos de feijão, batizaram-nos de favas. Ora pois, pareciam primos-irmãos na aparência! Foi o bastante para se estabelecer uma confusão que nos acompanha até os dias de hoje. Em comum, a **fava** e o feijão só têm o parentesco. São da família das fabáceas. Aqui no Brasil, as favas, que deveriam ser chamadas de feijões, são cultivadas principalmente nos estados do Nordeste. "São quatro tipos: a amarela, a melhor de todas por sua cremosidade e sabor; a branca, mais delicada, é empregada em cozidos de legumes e purês; a rajada, com estrias pretas ou vermelhas, é mais amarga; a mel, rende bons caldos; e a coquinho, a menor, é ótima para cozidos", ensina o chef Rodrigo Oliveira.

RISOTTO AMOQUEADO DE CAMARÕES

★ **De Duca Lapenda, PE**

4 porções

INGREDIENTES

Camarões

3 L de caldo de camarão (ou de legumes)
20 ml de azeite de dendê
20 g de alho picado
100 g de cebolas cortadas em cubinhos
50 g de pimentões cortados em cubinhos
10 **pimentas-de-cheiro** sem sementes e picadas
1 pimenta-dedo-de-moça sem sementes e picada
500 g de camarões frescos, pequenos e tratados
Sal e pimenta-do-reino, a gosto
250 g de arroz arbóreo
20 ml de leite de coco
100 g de tomates maduros cortados em cubinhos
20 g de cebolinha picada
20 g de coentro picado
100 g de manteiga
Folhas de coentro, a gosto, para decorar
Pimenta biquinho, a gosto, para decorar

Risoto

100 ml de azeite de oliva
100 g de cebola cortada em cubinhos
1 dente de alho picado
250 g de arroz arbóreo branco
100 ml de vinho branco
Sal e pimenta-do-reino, a gosto

COMO FAZER

Camarões

1. Esquente o caldo de camarão e deixe em fogo brando. **2.** Preaqueça uma panela, coloque o azeite de dendê e salteie o alho, as cebolas, os pimentões e as pimentas. **3.** Adicione os camarões, um pouquinho do sal e da pimenta-do-reino, e salteie até que mudem de cor. **4.** Retire os camarões e reserve. **5.** Acrescente o arroz arbóreo e salteie por 30 segundos. **6.** Junte o leite de coco, os tomates, a cebolinha e o coentro. **7.** Tampe a panela e deixe no fogo brando por 2 minutos, para criar umidade. **8.** Adicione o caldo de camarão, aos poucos, até o ponto desejado de textura e umidade. **9.** Desligue o fogo, acrescente a manteiga e os camarões reservados, e misture bem. **10.** Acerte o sal. **11.** Sirva em um prato decorado com folhinhas de coentro e pimenta biquinho.

Risoto

1. Em uma frigideira funda, aqueça o azeite e refogue a cebola até ficar transparente. **2.** Acrescente o alho e mexa por 1 minuto. **3.** Junte o arroz e frite por 3 minutos. **4.** Adicione o vinho branco e deixe evaporar o álcool. **5.** Tempere com o sal e a pimenta-do-reino. Reserve.

Nossos indígenas "desprezavam" o sal, mas usavam e abusavam das pimentas em sua alimentação, empregadas em cozidos de carne ou de peixe ou misturadas com farinha. As pimentas da espécie *Capsicum* são muitas: vermelha, murupi, dedo-de-moça, malagueta, cumari, **pimenta-de-cheiro**, com variedades de formas e folhagens, e com nomes populares que mudam de uma região para outra. A pimenta-de-cheiro, uma das mais conhecidas e populares, é muito usada nas regiões Norte e Nordeste. Extremamente aromática, entra no preparo de saladas e como tempero de carnes, peixes, molhos e conservas. Segundo o especialista em ervas e especiarias Nelusko Linguanotto: "muitas pimentas levam esse nome, o que cria ainda mais confusões no já impreciso mundo das *Capsicum*".

DOCES, SOBREMESAS E OUTRAS IGUARIAS

Acaçá de leite Bolinho afro-baiano, feito de fubá de arroz, leite de coco e açúcar, envolvido em folha de bananeira e cozido em banho-maria.

Alcamonia de rapadura Doce de tacho elaborado com rapadura ou açúcar mascavo, gengibre, farinha de mandioca cessada, levado ao fogo para engrossar. Depois de frio, é cortado em quadradinhos.

Amarra-marido Bolo de batata-doce, tradicionalmente assado em forma de ágata.

Amigueiro Docinho assado em forminhas, feito com farinha de trigo, manteiga, açúcar, coco ralado, gemas e leite de coco.

Anéis de bispo Biscoitinhos salgados na forma de um anel, feitos à base de fécula de mandioca, azeite de coco, leite em pó, óleo de milho, ovos caipiras e sal, cozidos na água e, por fim, assados no forno. Fazem parte da culinária do sul do estado do Maranhão.

Aponom Espécie de cocada feita com coco verde, cravo-da-índia e açúcar. Após fria, adiciona-se farinha do reino à massa, formando-se pequenas pirâmides que são assadas no forno em tabuleiros.

Apressada Docinho feito com farinha de araruta, ovos e açúcar, assado no forno.

Aranha-de-coco Tipo de cocada em tiras de coco verde.

Arroz de coco Arroz cozido ao leite de coco até ficar cremoso, bem temperado, acrescido com lâminas de coco seco na hora de servir. Receita tradicional da Semana Santa.

Beijinho Docinho preparado e servido como o brigadeiro, feito com leite condensado, manteiga e leite de coco, coberto com açúcar cristal ou coco ralado. Para finalizar, um único cravo-da-índia é espetado na guloseima. Conhecido, no Rio Grande do Sul, como "branquinho", o docinho de origem portuguesa se adaptou aos ingredientes locais pelas mãos das sinhás, nos engenhos do Nordeste.

Beijo de freira Uma das muitas receitas de doces conventuais portugueses, surgiu no Convento de Santa Clara do Porto. É um biscoito amanteigado, que pode ou não ser recheado com goiabada. É tradição que não se perdeu em Pernambuco.

Beijo de moça É feito com coco ralado, farinha de trigo, açúcar e amido de milho.

Beijos de cabocla Doce elaborado com leite de coco ralado fresco, açúcar, ovos e farinha de trigo, é assado no forno.

Beijos de dondon Preparado com açúcar, ovos e castanha-de-caju assada e pisada.

Beiju De acordo com o sociólogo Gilberto Freyre, bolo de massa fresca, ainda úmida, ou de polvilho (de tapioca), passada pela urupema, formando grumos que ficam ligados pela ação do calor.

Beiju de folha É feito da massa ou polvilho da mandioca puba ralada (mandioca azeda fermentada) ou de massa de mandioca fresca misturada com bagaço de coco e leite de coco. A massa é embrulhada em folha de bananeira e cozida. Também conhecido como "beiju molhado".

Beiju saroio ou **saroio** Típico de Sergipe, é um bolinho assado, feito com tapioca, coco ralado e sal.

Beijuaçu Redondo, feito de massa de mandioca mole e seca ao sol, cozido ao forno.

Beijucica Feito de massa de macaxeira em grumos bem finos; o de tapioca, feito de tapioca umedecida, passada na urupema em grumos pequeninihos, depois enrolada em si mesma, servida muitas vezes com manteiga.

Beiju-ticanga Feito da massa de mandioca mole e seca ao sol.

Beira-seca Tipo de pastel doce, preparado com farinha de mandioca e de trigo, recheado com rapadura, gengibre, cravo-da-índia e canela.

Bichinha Pequeno bolo feito de farinha de trigo, ovos e açúcar.

Biscoito nicolau Receita italiana presente na região de Triunfo (PE), é um biscoito de formas e tamanhos variados, feito com farinha de trigo, mel de açúcar, mel de engenho, mel de abelha, amoníaco dissolvido em um pouco de leite, ovos, manteiga, erva-doce, canela e cravo-da-índia moídos.

Bola Docinho de açúcar refinado em ponto vítreo, envolto em papel.

Bolacha cocão Bolacha tradicional em Pernambuco, feita com farinha de trigo e coco, é também conhecida como "bolacha praieira".

Bolinho de estudante Popularmente chamado de "punhetinha" pelos baianos, é feito de massa de farinha de tapioca, açúcar e coco seco, frito em gordura e polvilhado com açúcar e canela.

Bolinho de goma Assado no forno, é feito com goma de mandioca, leite de coco, manteiga, gemas e açúcar. É decorado com os dentes de um garfo ou moldado em forma de conchinhas, de rosquinhas ou bolachinhas. É famoso o bolinho de goma da cidade de Maragogi, em Alagoas.

Bolinho de Iaiá Docinho pernambucano feito com farinha de trigo, açúcar, ovos, manteiga e leite de coco.

Bolinhos maranhenses Conhecidos popularmente como "orelha de macaco", são doces feitos com o grão de arroz cru, açúcar, cravo-da-índia, farinha de trigo e fermento, fritos no azeite de coco babaçu.

Bolo 13 de maio Bolo pernambucano, elaborado com farinha de trigo manteiga, ovos e coco ralado, criado para celebrar a assinatura da Lei Áurea.

Bolo baeta De consistência semelhante à de um pudim, leva farinha de trigo, ovos, manteiga e leite. Conhecido também como bolo de leite ou bolo mole. É típico do Ceará.

Bolo barra branca Elaborado com massa de mandioca, açúcar, ovos, gordura hidrogenada, leite, fermento em pó e sal. Surgiu na cidade de Bezerros, agreste de Pernambuco, nos anos 1940, durante a Segunda Guerra Mundial, pelas mãos de um vendedor de bolo. Conta a história que houve escassez de produtos, e faltou farinha de trigo no interior do Estado. Sem o ingrediente, o comerciante teria substituído a farinha de trigo pela massa de mandioca, obtendo um bolo amarelada por fora, com uma barra branca por dentro.

Bolo boliviano Bolinho frito feito com massa de coxinha, recheado com carne moída e uvas-passas e polvilhado com uma deliciosa combinação de açúcar com canela. É uma receita tradicional de Salvador.

Bolo de bacia É feito com grande quantidade de gemas, açúcar, manteiga, massa de mandioca e coco.

Bolo de borralho Pão de massa de milho assado sobre brasas, é servido no café da manhã dos pernambucanos. A receita leva rapadura e erva-doce.

Bolo de carimã Elaborado com carimã, manteiga, açúcar, ovos e água de flor de laranjeira – os ingredientes variam muito –, tem aspecto solado. Muito apreciado no café da manhã.

Bolo de caroço No Nordeste, é feito com tapioca granulada, leite, ovos, manteiga podendo ou não ser acrescido de queijo meia cura.

Bolo de jerimum Leva leite de coco, farinha de trigo, ovos, açúcar e jerimum cozido, e é assado em tabuleiros.

Bolo de noiva É tão famoso no estado de Pernambuco que são inúmeras as receitas de família guardadas a sete chaves, repassadas de geração em geração. Trazida para o estado pelos colonizadores ingleses, a receita original sofreu algumas adaptações pelas mãos dos pernambucanos, que substituíram o conhaque pelo vinho do Porto, a cereja pela ameixa-preta, e, também, incluíram a cobertura de glacê à base de açúcar, claras e suco de limão.

Bolo de quarenta Típico do sertão, pode ser doce ou salgado, e é à base de milho e vários temperos.

Bolo Luís Felipe À base de leite de coco e queijo do reino ou parmesão ralado. Na região Nordeste, principalmente em Pernambuco, era hábito dar nomes a bolos e doces para recordar fatos e datas históricas e homenagear figuras públicas ou famílias importantes – nesse caso, o senhor de engenho Luís Felipe de Souza Leão, senador, político, dono de engenho e membro de uma família tradicional do Rio Grande do Norte.

Bolo pé de moleque Bolo tradicional das festas juninas, leva mandioca, mel de rapadura, ovos, erva-doce, castanha-de-caju moída, cravo-da-índia, canela. É decorado com castanha-de-caju e assado no forno. No interior do Ceará, é chamado de "manzape".

Bolo São Bartolomeu Criado por dona Rita de Cássia Souza Leão Bezerra Cavalcanti, a mesma senhora que criou o bolo Souza Leão, em homenagem ao engenho homônimo de propriedade da família, que ficava em Muribeca, no município de Jaboatão dos Guararapes. É elaborado com massa de mandioca, açúcar, leite de coco e ovos, acrescido de canela, castanha-de-caju e erva-doce.

Bolo Souza Leão Conta-se que o bolo foi servido há um século e meio pela família Souza Leão, dona de vastos engenhos de cana na época do ciclo açucareiro, ao imperador D. Pedro II e à sua esposa, Teresa Cristina, quando eles visitaram o estado. É Patrimônio Cultural Imaterial de Pernambuco. Os ingredientes são comuns a todas as receitas (açúcar, massa de mandioca, leite de coco, ovos e manteiga), já as quantidades variam de uma para outra.

Bolo toalha felpuda Quitute feito com fécula de batata, ovos, açúcar e farinha de trigo, recheado com geleia, recoberto com glacê de claras e polvilhado com coco ralado, o que lhe confere o aspecto de uma toalha felpuda.

Bom-bocado Docinho à base de queijo do reino, farinha de trigo, manteiga e açúcar peneirados várias vezes, assado no forno em forminhas polvilhadas com manteiga e açúcar.

Bricelet Biscoito fino como uma hóstia, de origem suíça, é herança das freiras beneditinas do Lar Irmã Imaculada da Conceição, na cidade sergipana de São Cristóvão. A produção, feita de forma delicada e artesanal, está a cargo dos antigos funcionários do Lar Imaculada. A massa leva farinha de trigo, água, ovo, açúcar e um toque de limão ou laranja. Os biscoitos têm formato quadrado e desenhos em alto-relevo. O nome da iguaria deve-se à máquina homônima, importada da Suíça, que prensa a massa. Além de serem deliciosos na sua forma original, podem

acompanhar sorvetes e geleias. Intercalados com sorvete de creme e regados com calda de chocolate se transformam na sobremesa das freiras.

Brote Pequena bolacha dura e seca feita com farinha de trigo, é herança holandesa, em Pernambuco.

Cambraia Tapioca redondinha feita com goma de mandioca umedecida e assada, sem gordura, em chapa quente de ferro ou pedra.

Canjirão Doce elaborado com castanha-de-caju assada e pilada, misturada à farinha de mandioca e ao mel de caju.

Cassuanga Espécie de paçoca afro-brasileira feita com fubá, amendoim e açúcar torrados e pisados no pilão.

Charutos Bolinhos feitos à base de goma seca, ovos e açúcar, modelados no formato de charutos, fritos na banha de porco derretida e geralmente servidos com café.

Chegadinho Biscoito de massa crocante, feito de farinha, açúcar e água, em forma de canudo ou de cone, que leva nomes como "cascalho" (Belém e Manaus), "taboca" (Salvador), "cavaco chinês" (Aracaju, Maceió, Recife, João Pessoa e Natal), ou ainda "cavaquinho", especialmente na capital pernambucana. Em São Paulo e proximidades, é "biju"; no Sul e em outras áreas do Sudeste, é "casquinha". Seco e quebradiço, o biscoito é comercializado por ambulantes, que anunciam a iguaria tocando triângulo pelas ruas.

Chouriço Doce artesanal norte-rio-grandense, feito com sangue e banha derretida, rapadura, erva-doce, gengibre, gergelim, castanha-de-caju, leite de coco, cravo-da-índia e pimenta-do-reino. É servido frio acompanhado de farinha bem fina. É também apreciado em Minas Gerais, com algumas variações nos ingredientes.

Chumbrego Fritura feita de farinha de trigo e leite de vaca ou de coco, polvilhada com açúcar e canela.

Cocada Docinho seco feito de coco ralado e calda de açúcar, cortado em quadradinhos. Quando cortado em tiras bem fininhas, vira "cocada de fita". Se a receita é acrescida de gemas, é "cocada de ovos" (no Rio de Janeiro, "cocada carioca"). Se é seca ao sol, em pequenos montinhos, é chamada de "cocada de sol", se, no lugar da calda de açúcar, levar açúcar mascavo ou melaço, vira "cocada-puxa". Branca ou preta – feita com açúcar mascavo ou rapadura –, o doce surgiu nas cozinhas dos engenhos no período colonial e não pode faltar no tabuleiro das baianas.

Cocadas da Massagueira Doce feito de coco e açúcar em quadros, denominados "cocadas", produzidas em Marechal Deodoro, na região metropolitana de Maceió. Receberam o título de Patrimônio Cultural Imaterial de Alagoas.

Cocorote Bolinho elaborado com massa de mandioca, manteiga, açúcar, ovos e coco ralado. Após assado, é cortado em pequenos quadradinhos.

Coré Melancia cortada em pedaços, que se come com farinha seca.

Corroló No Piauí, raspa de requeijão com rapadura.

Cururu Comida das festas de São João, é um bolinho preparado com massa de milho, farinha de trigo, mel de rapadura, ovos e sal, frito na banha de porco.

Cuscuz com ovo Servido no café da manhã em Natal, é uma espécie de bolo feito com flocos de milho cozido. É acompanhado de ovos fritos.

De à moda Docinho tradicional preparado com rapadura ou açúcar mascavo derretido com manteiga, acrescido de farinha de mandioca e muito gengibre ralado, assado no forno. Depois de pronto, é cortado em pedacinhos. Também chamado de "moda", costumava ser vendido nas ruas.

Derresol Feito de coco ralado, açúcar, melado e água levados ao fogo até o ponto de bala dura, é cortado em quadradinhos. Também chamado de "derresó".

Doce de espécie Iguaria com recheio à base de coco, nos mais diversos formatos (pássaro, tartaruga etc.). É uma tradição da Festa do Divino Espírito Santo, em especial na cidade de Alcântara. Chegou ao Maranhão com os açorianos que aportaram na região entre 1615 e 1625.

Doce de leite branco Iguaria exclusivamente pernambucana – por não ter o selo do Serviço de Inspeção Federal (SIF), não pode ser comercializado fora do estado – elaborada com leite e açúcar. É vendido em calda, creme e barra.

Doce de palmatória Feito com o fruto da espécie nativa de palma conhecida também como "pelo" na região de Angicos e "gogoia" no Seridó potiguar. Os frutos são cuidadosamente descascados e levados ao fogo com um pouco de água e açúcar até a calda ficar em ponto de fio.

Doce de pimenta-do-reino Patrimônio Cultural Imaterial do estado de Sergipe, feito com amendoim, farinha de mandioca, açúcar e pimenta-do-reino.

Doce de puta Em Pernambuco, docinho de banana em rodelinhas.

Doce japonês Vendido nas feiras e nas ruas do Nordeste, com denominações distintas como "espicha-couro", "quebra-queixo" etc. É feito com coco ralado, doce de goiaba em barra, açúcar e gotinhas de limão.

Doce seco Tradicionalmente, era um tipo de pastelzinho feito com uma massa de goma fresca de mandioca temperada com especiarias e mel de rapadura e recheado com doce de chouriço. Pronto, é levado para secar sob o calor do forno brando. Hoje em dia é recheado com um doce à base de gergelim e especiarias, e decorado com motivos florais pintados com anilina colorida. Muito popular no Rio Grande do Norte.

Engasga-gato Bolinhos de forma (bolo de massa, bacia, de mandioca) vendidos nas feiras, nos mercados em tabuleiros, feitos sem os ingredientes completos, como manteiga ou ovos, explica Mário Souto Maior.

Engorda-padre Elaborado com mandioca ralada e crua, leite, açúcar, manteiga, ovos e fermento, é assado no forno, em forminhas.

Espécie Da doçaria potiguar e cearense, feito com rapadura, gergelim e especiarias – daí o nome –, como cravo, canela, erva-doce e pimenta-do-reino.

Espera-marido Também conhecido como "sonho de pobre", é feito com massa à base de ovos, farinha de trigo e leite, modelado em nozinhos, que são fritos. Depois de prontos, são molhados em uma calda açucarada e polvilhados com coco ralado.

Espuma baiana Sobremesa feita com leite de coco, gemas, açúcar e leite, recoberta com suspiro e assada no forno.

Fatia de parida Também conhecida como "fatia dourada", é elaborada com fatias de pão dormido embebidas em leite, passadas em ovos batidos, fritas e, em seguida, polvilhadas com açúcar e canela. São assim chamadas as rabanadas no Nordeste do país, dada a crença de que seu consumo aumenta o leite da gestante depois do parto.

Fofão Biscoito preparado com tapioca e sal, na forma de palma, comum na região do Médio São Francisco.

Frivilhado Guloseima feita com goma de tapioca, coco ralado fresco e sal, enformada em aros, assada em forno de lenha, vendido nas ruas de Barra do Cunhau, no Rio Grande do Norte.

Furrumbá Doce de coco com rapadura.

Garra Biscoito típico do sertão, preparado com leite de coco, farinha de trigo, manteiga, ovos e amoníaco dissolvido no leite. Tem formas e tamanhos variados.

Gergilada Espécie de doce muito popular no Brasil colonial, vendido pelas ruas de Olinda. É uma mistura de gergelim com melaço de cana.

Grude Bolo preparado com goma ou massa de mandioca, água e coco ralado. Geralmente, é cozido no fogo a lenha, em tábua forrada com folhas de bananeira. A cidade de Extremoz, no Rio Grande do Norte, é famosa pela qualidade do doce lá produzida. Tanto que fundou a Casa do Grude, que conta a história do bolinho, e ergueu uma estátua intitulada "Menino do Grude", em homenagem à criançada que comercializa a iguaria pelas ruas e estradas da cidade.

Lelê Na Bahia, é uma receita elaborada com xerém, leite de coco, leite de vaca, cravo-da-índia e sementes de erva-doce, servido frio, cortado em quadradinhos salpicados com coco ralado. É também conhecida como "muxá" no Espírito Santo.

Língua de mulata Bolo doce preparado com farinha de trigo, manteiga, açúcar e coco ralado. É servido polvilhado com açúcar e canela. Encontrado em Fortaleza, no interior do Maranhão e no Rio de Janeiro.

Malcasado Espécie de beiju sergipano feito de tapioca e leite de coco, assado em fogo brando e envolvido em folha de bananeira, faz parte do Patrimônio Cultural Imaterial do estado. Em Alagoas e Pernambuco, é preparado com farinha de mandioca e coco ralado.

Manauê Bolo de fubá de milho com mel e leite, ou bolo de mandioca com leite de coco e erva-doce, ou também bolo de fubá de arroz e coco ralado. Algumas receitas indicam o uso de cará, de arroz, de raspas de mandioca. Certo mesmo é que a iguaria é encontrada, principalmente, no Nordeste.

Mangulão Também conhecido como "bolo de roda", é preparado com goma ou polvilho doce, leite, ovos, erva-doce e, às vezes, queijo e faz parte da culinária do sul do Maranhão.

Mangusta Lanche ou merenda da região do Cariri, elaborada com leite, açúcar e polpa de manga peneirada.

Manjar-branco Uma das mais antigas sobremesas do mundo, nasceu salgado e era preparado com peito de galinha.

Em 1841, a receita apareceu no primeiro livro de cozinha publicado no Brasil, *O cozinheiro imperial*, já com o sal suprimido. Lentamente, o manjar-branco foi se transformando no doce feito com leite de coco, amido de milho e açúcar com calda de ameixa dos dias de hoje. Para Gilberto Freyre, o manjar-branco é um bom exemplo da influência africana na cozinha brasileira.

Manzape Bolo elaborado com massa puba, rapadura ralada, ovos, manteiga e leite. Pode ser feito de várias maneiras: assado no forno, envolto em folhas de bananeira sobre brasas ou frito em banha.

Mata-fome Biscoito à base de mel de rapadura.

Mexido Doce feito com macaxeira ralada, mel, casca de limão e pão.

Não me toque Doce feito com goma de tapioca, açúcar e leite de coco, assim chamado porque desmancha nos dedos.

Nego bom Receita quilombola, é uma guloseima preparada com banana-prata, açúcar e suco de limão, moldada em formato de bolinha e passada no açúcar. É um dos doces mais populares de Pernambuco, "servido para adoçar a boca, dar o bom hálito da palavra que nasce do que é doce", afirma o antropólogo Raul Lody.

Oguedê Banana-da-terra frita no azeite de dendê. É uma sobremesa típica da culinária afro-baiana.

Orelha de burro Biscoito grande de polvilho – daí o nome – cuja receita tem apenas três ingredientes: ovo, óleo e polvilho azedo.

Orelha-de-pau Bolo simples e rápido, leva fubá ou massa puba, açúcar, sal, ovos, farinha, leite e fermento. É frito a colheradas em banha de porco. Faz parte do receituário de Pernambuco, onde é servido com café. Conhecido também como "chapéu de couro" e "bolo de caco".

Pancão Feito com castanha-de-caju assada e moída, e mel de caju, em forma de tijolo.

Pão de pinga Pão salgado que leva pinga em sua composição.

Pão delícia Tradição na Bahia, onde é encontrado em quase todas as padarias, é elaborado com farinha de trigo, leite condensado, ovos, leite, manteiga e sal. Após assado, é pincelado com manteiga derretida e polvilhado com queijo ralado.

Peito de moça Espécie de pão doce, redondo e pontudo, encontrado em algumas padarias baianas.

Peta ou **biscoito de polvilho** Preparado com polvilho azedo, ovos, óleo, água e sal, tem cheirinho de infância em todo o Nordeste.

Pixaim Doce elaborado com coco seco ralado, farinha de trigo, açúcar e sal, preferencialmente assado em forno a lenha.

Pudim de tapioca Feito com farinha de tapioca, ovos, leite, coco e açúcar, assado no forno em forma caramelizada.

Puxa-puxa A alféloa, doce feito com mel ou açúcar mascavo em ponto grosso, de grande viscosidade, que os portugueses tomaram dos árabes, ganhou no Brasil o apelido de "puxa-puxa". Guloseima de trincar o queixo, é feita com melado e suco de limão levados ao fogo até alcançar o ponto de bala, e depois é trabalhada e esticada com as mãos até clarear.

Quebra-queixo Variação do puxa-puxa, é doce de origem pernambucana preparado com rapadura ou açúcar e suco de limão, de consistência elástica e grudenta. Conhecido também como doce japonês, é vendido por ambulantes. O coco ralado pode ser substituído por amendoim, batata-doce, castanha-de-caju, coco queimado ou coco com goiaba.

Quibé Mingau de farinha-d'água, açúcar, suco de limão e água, servido na cuia.

Quindim de iaiá Doce lusitano, originalmente elaborado com gemas, açúcar e amêndoas moídas, chegou ao Brasil e incorporou o coco, fruta local, no lugar das amêndoas. Assado em forminhas, quando desenformado tem consistência macia e ligeiramente gelatinosa.

Rabo de macaco No Recôncavo Baiano, nome dado ao jenipapo cristalizado, por causa da forma como o fruto é cortado, em tiras alongadas e finas, e por sua cor.

Raivinha Biscoitinho redondo, popular no sertão, feito de goma de mandioca, ovos, açúcar e leite de coco, assado no forno.

Rapadura batida Mistura da rapadura tradicional com ingredientes diversos (erva-doce, coco, cravo-da-índia, castanha-de-caju), bem batida para ficar com uma consistência macia. A massa é enrolada em forma de espiral em folha de bananeira. Na Paraíba, é conhecido como "batida".

Rolete Cana-de-açúcar descascada, cortada em rodelas e espetada em pequenas hastes de bambu, vendida em tabuleiros.

Sambongo Doce de coco seco ou mamão verde ralado e cravo-da-índia fervidos no mel de rapadura ou de engenho. Típico da região açucareira, é também chamado de "currumbá".

Sarôio Herança indígena, encontrada nas ruas de Sergipe, é um bolinho feito com massa fina de mandioca, coco ralado e sal, assado no forno.

Sete capas Bolacha feita em finas camadas de massa preparada com farinha de trigo, leite, margarina ou manteiga e gordura vegetal hidrogenada, consumido no café da manhã.

Tabaco de raposa Milho torrado, pilado e peneirado, acrescido de rapadura ou açúcar, embrulhado em forma de cone e vendido nas ruas do Recife.

Tapioca É o nome dado a um produto granulado obtido da transformação parcial da fécula de mandioca em goma, utilizado no preparo de cuscuz, bolo e pudim. É uma iguaria de formato circular e espessura fina, preparada com a goma da mandioca umedecida, temperada com sal, cozida em uma chapa ou frigideira rasa, bem quente. Pode ser saboreada com manteiga, molhada com leite de coco ou recheada com uma infinidade de ingredientes, tanto salgados quanto doces. É dobrada ao meio para servir – é tradição em todo o Nordeste e Patrimônio Cultural Imaterial da cidade pernambucana de Olinda. Em Belém, ganha o formato de um canudo amarelo, servido no café da manhã, chamado de "tapioquinha". É famoso o Centro das Tapioqueiras, atração turística de Fortaleza desde 2002, que criou setenta sabores de tapioca para todos os gostos.

Tareco Biscoito doce feito com farinha de trigo ou de milho, ovos e açúcar, em geral, de tamanho pequeno e formato arredondado, assado no forno. É conhecido como "paciência" na Bahia. Na culinária paulista, leva araruta na preparação.

Ticaca Pão doce feito com massa de pão francês. Depois de assado, é banhado em leite de coco ou leite condensado. Muito conhecido na cidade de Bezerros (PE).

Tijolo Doce feito com batata de umbu, açúcar, frutas e coco. Também recebe o nome de "cafofa".

Torta búlgara Criação baiana, é um bolo cremoso que leva em seu preparo apenas quatro ingredientes: açúcar, manteiga, chocolate em pó e leite, e recebe uma cobertura de chocolate meio amargo derretido ou de creme de leite.

Uado Iguaria de origem iorubá, feita com pipoca, azeite de dendê e açúcar.

BEIJU MOLHADO SERGIPANO

★ **De Moacir Sobral, SE**

4 unidades

INGREDIENTES

Leite de coco

1 **coco**
1 xícara (chá) de água morna

Beiju

500 g de tapioca (goma de mandioca)
Folhas de bananeira, para montar
200 ml de leite caseiro de coco
80 g de açúcar refinado
1 pitada de sal

COMO FAZER

Leite de coco

1. Coloque o coco na chama do fogão até escurecer ou rachar.
2. Abra o coco com cuidado e quebre-o em pequenos pedaços.
3. Em um liquidificador, junte os pedaços de coco e a água morna.
4. Bata por alguns minutos. 5. Coe a mistura em um pano de prato limpo, sobre uma tigela, espremendo bem com as mãos, para obter um leite de coco aveludado e saboroso. Reserve.

Beiju

1. Leve uma frigideira pequena antiaderente ao fogo médio.
2. Quando estiver quente, abaixe o fogo e peneire uma porção da tapioca até formar uma camada uniforme, não muito fina para não rachar, sobre o fundo da frigideira. 3. Deixe cozinhar por cerca de 30 segundos de cada lado até firmar. 4. Dobre ao meio com a ajuda de uma espátula. 5. Retire a tapioca da frigideira e dei-

xe esfriar. **6.** Coloque uma a uma em folha de bananeira e reserve. **7.** Em uma panela, misture o leite de coco com o açúcar e um pouco de água, e ferva até diluir o açúcar por completo. **8.** Adicione uma pitada de sal para realçar o sabor, mexa novamente e desligue o fogo.

MONTAGEM

Com o leite de coco ainda morno, regue as tapiocas deixando-as úmidas. Espere até que absorvam todo o leite de coco. Deixe esfriar e sirva em seguida.

 DICA DO CHEF: se quiser incrementar para dar um pouco mais de sabor à tapioca, adicione, ao leite de coco, uma pitada de canela em pó ou um pouquinho de noz-moscada ralada.

Coco, fruto carnoso, de casca fibrosa, de semente esbranquiçada e suculenta, largamente utilizada na alimentação junto com a água que se encontra dentro dela. Usado ralado ou em lascas, fresco ou seco, enriquece o sabor dos peixes, das carnes brancas, da moqueca, do vatapá. Entra no preparo de dezenas de iguarias, como quindins, pudins, sorvetes, bolos, canjicas. De sua polpa ralada, também são extraídos leite – líquido que pode ser grosso (primeira extração) ou fino (proveniente da polpa já moída pela primeira extração, preferencialmente produzido da espremedura de seu bagaço, com adição de leite ou água para obtenção de textura mais ou menos densa) –, manteiga e óleo, que são empregados na culinária. Já o açúcar de coco é feito das flores da palma de coco – é um açúcar mais grosso, com aspecto amarronzado e 100% natural. Se a receita pedir coco ralado de costas significa que deve ser ralado pela parte de fora. O coco chegou por aqui, especificamente na Bahia – por isso ficou conhecido como "coco-da-baía" –, com os portugueses, que, para garantir água potável, o propagaram em locais estratégicos, em 1553.

BOLO DE MACAXEIRA DE VOVÓ MARIETTA, SORVETE DE DOCE DE LEITE COM PASSA DE CAJU

★ **De Joca Pontes, PE**

8 porções

INGREDIENTES

Passa de caju

30 cajus maduros
Suco de 2 limões verdes
800 g de açúcar demerara
200 ml de **mel de engenho**
100 ml de água

Bolo de macaxeira

6 ovos inteiros
250 g de açúcar demerara
500 ml de leite de coco
500 g de massa de mandioca
1 colher (chá) de raspas de limão verde
1 pitada de sal
Manteiga e farinha de trigo, para untar a forma

Finalização

Manteiga de garrafa, a gosto

COMO FAZER

Passa de caju

1. Retire a castanha dos cajus, fure-os com um garfo e esprema-
-os para obter o sumo, preservando a pele. 2. Misture o suco do

limão aos cajus. **3.** Em uma panela funda, coloque o açúcar, o mel, a água e o suco dos cajus para ferver. **4.** Quando o açúcar estiver dissolvido por completo, adicione os cajus, abaixe o fogo ao mínimo e deixe cozinhar lentamente por cerca de 1 hora e 30 minutos. **5.** Tome cuidado para não secar a água nem queimar o fundo da panela. **6.** Os cajus devem ser retirados da panela, sem a calda, e colocados em um tabuleiro para secar por cerca de 4 horas em um forno a 80 °C, virando de lado a cada 30 minutos. **7.** Depois de secas, as passas devem ser guardadas em recipientes fechados para não cristalizar.

Bolo de macaxeira

1. Bata os ovos com o açúcar até que a mistura fique bem branca. **2.** Adicione o leite de coco e a massa de mandioca, as raspas de limão e o sal. **3.** Coloque em um tabuleiro untado com a manteiga e a farinha de trigo, e leve ao forno por 30 minutos a 150 °C.

Finalização

1. Fatie o bolo, grelhe em frigideira antiaderente com um pouco de manteiga de garrafa. **2.** Sirva com a passa de caju e uma bola de sorvete de doce de leite de sua preferência.

Mel de engenho ou melado é um xarope grosso obtido pela evaporação do caldo de cana, ou da rapadura. É empregado em entradas, pratos salgados e sobremesas como o bolo de mel e o queijo de coalho frito com mel de engenho. Pode ainda ser misturado à farinha de mandioca. "Com ares de plebeu, sempre foi considerado parente pobre do açúcar, igualzinho ao caldo de cana, ao açúcar bruto e à rapadura", afirma o escritor e folclorista Mário Souto Maior.

CARAMELO SALGADO DE CAJÁ E CASTANHA-DE-CAJU

★ **De Lia Quinderè, CE**

8 porções

INGREDIENTES

50 ml de água
120 g de açúcar cristal
140 ml de creme de leite integral
2 g de flor de sal
50 ml de suco concentrado de **cajá**
500 g de chocolate ao leite
10 g de xerém de castanha-de-caju

COMO FAZER

1. Em uma panela, adicione a água e o açúcar cristal, e deixe cozinhar até que fique bem dourado e o açúcar derreta por completo, ficando em textura de calda de açúcar. 2. Em outra panela, aqueça 75 mililitros do creme de leite e reserve o restante. 3. Quando o caramelo estiver bem dourado, adicione a flor de sal e o creme de leite aquecido, e mexa bem com o auxílio de um fouet. 4. Acrescente o suco de cajá, deixe ferver, retire do fogo e adicione o restante do creme de leite reservado. 5. Deixe esfriar e reserve esse caramelo. 6. Derreta o chocolate em banho-maria. 7. Preencha, com o chocolate derretido, as forminhas de silicone, próprias para fazer bombom, e leve-as à geladeira. 8. Em um saco de confeitar, coloque o caramelo reservado e recheie as forminhas, após retirá-las da geladeira. 9. Finalize com o xerém de castanha-de-caju.

Fruta de casca fina, lisa, amarelo-ouro, muito perfumada, e de polpa suculenta e azedinha, o **cajá** recebe nomes diferentes de acordo com a região. No Norte, é chamado de "taperebá", no Sul, recebe o nome de "cajazeira", "cajá-pequeno" ou "cajá-mirim". A fruta é empregada em compotas, geleias, refrescos, sorvetes, licores, aguardentes, caipirinhas, vinhos – é famoso o vinho de taperebá, na Amazônia. Extremamente perecível, *in natura* é encontrado em todo o Nordeste. Na forma de polpa, pode ser congelado por 12 meses, acrescido ou não de açúcar.

DOCE DE TAMARINDO

★ **De Tereza Paim, BA**

6 porções

INGREDIENTES

400 g de **tamarindos** maduros descascados
100 g de inhame descascado e picado
300 g de açúcar demerara

COMO FAZER

1. Coloque os tamarindos de molho em uma tigela cobertos com água. Deixe na geladeira de um dia para o outro (pelo menos, 24 horas). **2.** No dia seguinte, passe os tamarindos com a água por uma peneira, espremendo bem para tirar os caroços. Reserve. **3.** Cozinhe os inhames em água fervente até que fiquem bem moles. **4.** Escorra a água e amasse os inhames até formar um purê. **5.** Em uma panela funda, leve o açúcar e a polpa do tamarindo ao fogo baixo, mexendo para misturar bem. **6.** Quando começar a engrossar, adicione o purê do inhame e continue cozinhando em fogo baixo, mexendo sempre, até formar um creme escuro. **7.** Desligue o fogo e retire o doce da panela. **8.** Sirva frio.

 DICAS DA CHEF: use tachas de cobre ou panelas de inox de fundo duplo para fazer o doce. Evite panelas de alumínio, pois estas mudam a cor da fruta com a oxidação do alumínio. Fique atenta! O doce de tamarindo espirra muito quando a água alcança a fervura. Use uma colher de cabo longo para mexer. Assim, não se corre o risco de "ganhar de brinde" algumas bolhinhas de queimadura, o que seria muito desagradável.

Tanto no Sudeste Asiático quanto na Índia, acreditava-se que o tamarindeiro era morada de influências maléficas, visto que sua madeira era usada na fabricação de armas. Chegou à Europa pelas mãos dos árabes, que o denominavam *tamr al-Hindi* (tâmara da Índia), por acharem a polpa de seu fruto semelhante à da tâmara. Desembarcou no Brasil junto com os navegadores portugueses. O **tamarindo**, muito apreciado nas regiões Norte e Nordeste, é fruta de destaque na Paraíba. Em algumas cidades do interior de Pernambuco, é popular o "capilé", uma espécie de xarope à base da fruta. Em forma de vagem lisa e achatada, com casca marrom, dura e quebradiça, muito ácido para ser consumido *in natura*, sua polpa avermelhada e fibrosa é empregada em refrescos, sucos, licores, sorvetes, geleias, doces, *chutneys* e como tempero no preparo de carnes e peixes. Suas flores e folhas frescas ou secas têm utilidade no preparo de saladas.

MADELEINES DE SAMBURÁ DE URUÇU

★ **De Kafe Bassi, BA**

50 unidades

INGREDIENTES

4 colheres (sopa) de manteiga sem sal
1/2 colher de açúcar mascavo
1 colher (chá) de **mel de uruçu**
3 g de samburá (o pólen de mel fermentado)
1/4 xícara (chá) de açúcar cristal
1/4 colher (chá) de sal
1 xícara (chá) de farinha de trigo peneirada
1/4 colher (chá) de fermento químico
75 g de ovo em temperatura ambiente
1/2 colher (chá) de raspas de limão-siciliano
1/2 colher (chá) de raspas de laranja

COMO FAZER

1. No dia anterior, derreta a manteiga em fogo baixo e adicione o açúcar mascavo, o mel e o samburá. Reserve. 2. Em seguida, em uma tigela, misture o açúcar cristal, o sal, a farinha de trigo e o fermento químico. 3. Abra um buraco no meio da mistura e adicione os ovos. 4. Misture até se incorporarem totalmente. 5. Adicione, gradualmente, a manteiga reservada, misturando sempre. 6. Acrescente as raspas de limão-siciliano e as raspas de laranja. 7. Cubra a massa e deixe por uma noite na geladeira. 8. No dia seguinte, aqueça o forno a 175 °C. 9. Coloque a massa nas formas de madeleines até preencher 3/4 do espaço. 10. Leve ao forno e asse por 5 minutos até que as madeleines cresçam e fiquem douradas. 11. Sirva imediatamente.

DICA DA CHEF: a massa deve ser preparada um dia antes de assar as madeleines.

Uruçu, tiúba, mandaçaia, jataí, guaraipo, borá, manduri, jandaíra, mirim e centenas de outras espécies de abelhas nativas, também tidas como sem ferrão (na verdade, o ferrão é atrofiado), vivem no Brasil. O mel dessas abelhas nativas é um alimento rico em minerais e proteínas, é mais líquido, mais ácido e mais úmido, apresenta tipos diferentes de acordo com cada espécie produtora e tem grande potencial gastronômico. Para preservar suas características originais, depois de comprar, mantenha sob refrigeração, ensinam os especialistas. "A meliponicultura organizada em caixas, sem a destruição das colmeias para a coleta do mel, é uma atividade de baixo impacto ambiental que faz uso racional dos recursos florestais, melhora a qualidade de vida das populações nativas e combate ao desmatamento, pois inibe a derrubada de árvores que abrigam os ninhos", afirma o Instituto Nacional de Pesquisa da Amazônia (INPA).

MOUSSE DE BACURI COM TERRA DE BACON

★ **De Rafael Bruno, MA**

18 porções

INGREDIENTES

Mousse de bacuri

600 g de creme de leite
300 g de polpa de **bacuri**
395 g de leite condensado
170 g de iogurte natural

Terra de bacon

300 g de bacon cortado em cubos
60 g de cacau em pó
40 g de açúcar mascavo

Finalização

Brotos, para decorar
Flores de mel, para decorar

COMO FAZER

Mousse de bacuri

1. Em um liquidificador, adicione o creme de leite, a polpa de bacuri, o leite condensado e o iogurte natural. **2.** Bata por 5 minutos ou até obter uma mistura homogênea. **3.** Despeje a mistura em uma travessa grande e leve para gelar por 30 minutos.

Terra de bacon

1. Em uma frigideira antiaderente, doure o bacon em fogo médio, para tirar toda a gordura. **2.** Retire o bacon com o auxílio de uma escumadeira e reserve até esfriar. **3.** Em um processador ou liquidificador, triture o bacon. **4.** Acrescente o cacau e o açúcar mascavo e misture.

Finalização

1. Cubra a mousse com a terra de bacon. **2.** Decore com os brotos e as flores de mel.

Fruto da árvore de mesmo nome, nativa da Amazônia e muito encontrada no Pará, o **bacuri** tem polpa branca, muito carnuda e de sabor agridoce. Consumido *in natura* ou com farinha-d'água, é apreciado na culinária na forma de refrescos, bebidas lácteas, sorvetes, geleias, cremes e molhos para acompanhar pratos salgados, e, ainda, aromatiza cervejas e cachaças. Suas amêndoas, quando torradas, são comestíveis. Seu palmito entra no preparo de alguns pratos, como a palga serrana. Em visita ao Rio, em 1968, a rainha Elizabeth II esteve na Confeitaria Colombo. Ficou encantada com o sorvete de bacuri. "Ela gostou tanto que levou várias latas da polpa da fruta para a Inglaterra", conta Orlando Duque, o garçom que atendeu a comitiva real e trabalha há mais de sessenta anos na Colombo. O exemplar doce do bacuri é conhecido popularmente como "peito de moça". O exemplar azedo é "sovaco de velho". Outros nomes: "acuri" – como é chamado no Cerrado e no Pantanal, onde é muito apreciado –, "auracuri" ou "guaracuri".

MUNGUNZÁ DE CARAMELO COM FAROFA DE PÉ DE MOLEQUE E SORVETE DE COCO

★ **De Lisiane Arouca, BA**

40 porções

INGREDIENTES

Mungunzá

250 g de milho branco

2 canelas em pau

1 colher (sopa) de açúcar

1 colher (café) rasa de sal

1 1/2 L de água

Caramelo

200 g de açúcar cristal

1 1/2 L de leite

400 g de leite condensado

500 g de creme de leite

200 ml de leite de coco

1 colher (chá) de canela em pó

Farofa de pé de moleque

200 g de açúcar

50 g de manteiga

200 g de amendoim torrado

Flor de sal, a gosto

COMO FAZER

Mungunzá

1. Em uma panela de pressão, adicione todos os ingredientes, cubra com água e leve ao fogo médio. 2. Quando pegar pressão, abaixe o fogo e conte 30 minutos. 3. Retire da pressão e verifique se o milho está macio. Se necessário, cozinhe mais um pouco com a panela aberta acrescentando água. Reserve.

Caramelo

1. Em uma panela, leve o açúcar para caramelizar em fogo baixo, até ficar escuro, mas sem queimar. 2. Adicione o leite e espere o açúcar derreter completamente. 3. Acrescente o restante dos ingredientes e misture bem. 4. Junte, ao caramelo, o mungunzá de milho com um pouco da água do cozimento e ferva até engrossar um pouco.

Farofa de pé de moleque

1. Em uma panela, leve o açúcar para caramelizar em fogo baixo. 2. Adicione a manteiga e derreta por completo. 3. Acrescente, de uma só vez, o amendoim e misture bem. 4. Espalhe o caramelo em um tapete de silicone até esfriar por completo. 5. Quebre em pedaços menores e bata em um multiprocessador até virar uma farofa. 6. Tempere com a flor de sal. 7. Guarde no freezer.

 DICA DA CHEF: sirva o mungunzá quente com a farofa de pé de moleque acompanhada de uma bola de sorvete de coco verde de sua preferência.

Docinho genuinamente brasileiro, típico das festas juninas, o **pé de moleque** é feito com amendoim torrado e descascado, melado ou rapadura ou açúcar e água. No interior de São Paulo é conhecido como expedicionário. Uma das muitas possibilidades para explicar o nome faz referência ao calçamento de pedras irregulares das cidades históricas brasileiras, como Paraty, no sul do Rio de Janeiro, e Ouro Preto, em Minas Gerais. Outra possibilidade está ligada aos gritos das quituteiras de rua, que, no passado, vendiam essas gostosuras e eram alvos das "mãos-leves" da molecada, que adorava surrupiar o docinho de seus tabuleiros. Percebendo a traquinagem da criançada, elas diziam: "Pede, moleque! Pede, moleque!" O preparo do pé de moleque sofre inúmeras variações: no Ceará, é feito com rapadura, castanha-de-caju e carimã, envolvido em folhas de bananeira e assado no forno; no Maranhão, é um bolinho frito preparado com coco ralado e farinha de mandioca; em Sergipe, é bolo feito de massa puba, coco ralado, cravo-da-índia, sal e açúcar, assado na folha de bananeira; em Roraima e na Amazônia, é preparado com farinha de carimã e castanha-do-pará em lascas frescas ou tostadas, condimentado com cravo-da-índia, canela e erva-doce e levado para assar envolto em folha de bananeira; e na culinária caiçara, é uma mistura de melado de cana, gengibre e farinha de mandioca. Em Pernambuco, é um bolo.

PÃO DE CAPIM-SANTO

★ **De Morena Leite, SP**

9 unidades

INGREDIENTES

1 2/3 xícara (chá) de leite
250 g de folhas de **capim-santo**
500 g de farinha de trigo
2 colheres (sopa) de fermento biológico
1 colher (sopa) de açúcar
1 colher (chá) de sal
2 ovos

COMO FAZER

1. Bata o leite com as folhas de capim-santo. 2. Peneire essa mistura e junte o restante dos ingredientes até obter uma mistura homogênea. 3. Coloque, até a metade, em forminhas de pão (de 13 cm × 7 cm × 5 cm) untadas com óleo e farinha de trigo. 4. Deixe descansar até dobrar de volume e asse por 15 minutos a 150 °C. 5. Espere esfriar e desenforme.

Erva de muitos nomes, como "capim-limão", "capim-cheiroso", "capim-cidreira" ou "capim-cidrilho", o **capim-santo** é muito confundido com a erva-cidreira, devido ao aroma e gostinho de limão. Suas folhas são finas, compridas e cortantes, e crescem formando moitas. Aromático e saboroso, tradicionalmente empregado no preparo de chás, pode ser utilizado como condimento em frutos do mar, peixes, frango e porco, e substitui a casca do limão em algumas preparações doces.

QUEIJADINHA DE ALÉM-MAR COM SORVETE DE QUEIJO

★ De Dan Duart, SE

15 unidades

INGREDIENTES

Sorvete de queijo

400 g de leite de coco grosso
200 g de leite condensado
250 g de requeijão cremoso
100 g de queijo de minas padrão ralado
100 g de leite em pó

Queijadinha

250 g de açúcar refinado
8 gemas coadas
15 g de maisena
350 ml de leite
Casca de limão (opcional)
1 colher (chá) de canela em pó
100 g de coco seco ralado
2 colheres (chá) de essência de baunilha

Finalização

500 g de massa folhada

COMO FAZER

Sorvete de queijo

1. Bata todos os ingredientes no liquidificador por, aproximadamente, 3 minutos. **2.** Transfira a mistura para um recipiente com tampa e leve ao freezer por cerca de 6 horas ou até congelar. **3.** Coloque em uma batedeira o sorvete congelado aos pedaços e bata por, aproximadamente, 4 minutos. O sorvete vai aumentar de volume e ficar mais fofo. **4.** Retorne ao freezer para congelar.

Queijadinha

1. Em uma tigela, bata o açúcar com as gemas, com o auxílio de um fouet, até esbranquiçar e dobrar de volume. Reserve. **2.** Dissolva o leite na maisena, coloque em uma panela de fundo grosso, acrescente a casca do limão e a canela e leve ao fogo médio para aquecer. **3.** Desligue o fogo e retire a casca de limão. **4.** Tempere a massa de gema e açúcar com o leite morno, adicione o coco e a baunilha, e leve ao fogo baixo mexendo até alcançar o ponto de napê (parecido com um mingau mole). **5.** Deixe a mistura esfriar por 10 minutos.

Finalização

1. Forre as forminhas com a massa folhada e recheie com o creme de queijadinha. **2.** Leve ao forno a 240 °C por 15 minutos ou até dourar. **3.** Sirva com uma bola do sorvete de queijo.

No Brasil, a cana-de-açúcar foi introduzida oficialmente na capitania de São Vicente pelo governador-geral Martim Afonso de Sousa, em 1532, tornando-se a primeira atividade agrícola do país. No entanto, foi no Nordeste, onde encontrou solo fértil e clima favorável, que a lavoura da cana se expandiu com sucesso. A partir desse momento, a oferta do açúcar no mundo aumentou, o produto ficou mais acessível, e a prática da confeitaria deslanchou. A **queijadinha** é destaque na doçaria tradicional de Sergipe. Chegou ao município sergipano de São Cristóvão, – é Patrimônio Cultural Imaterial da cidade –, com as freiras carmelitas. A escassez de queijo e a grande presença do coco na região, alterou a receita, mas não modificou seu nome. É feito em forminhas forradas de massa elaborada com farinha de trigo, manteiga e leite que recebem um recheio de coco ralado, gemas e açúcar. Na cidade gaúcha de Pelotas, guardiã do patrimônio dos doces portugueses, a iguaria continua a ser elaborada com queijo ralado como pede a receita original.

SORVETE DE JACA COM COULIS DE FRUTAS VERMELHAS E CROCANTE DE CASTANHA-DE-CAJU

★ **De Marana Figlioulo, CE**

12 porções

INGREDIENTES

Sorvete de jaca

400 g de polpa de **jaca**
Suco de 1/2 limão
200 g de leite condensado (o suficiente para adoçar)
600 g de creme de leite

Coulis de frutas vermelhas

110 g de framboesa
110 g de mirtilo
200 g de morango cortado em tirinhas finas
90 g de açúcar
60 ml de suco de limão-taiti coado

Crocante de castanha-de-caju

260 g de farinha de trigo
400 g de açúcar cristal
100 g de manteiga gelada cortada em cubos
100 g de castanha-de-caju triturada

COMO FAZER

Sorvete de jaca

1. Em um liquidificador, coloque todos os ingredientes e bata bem.
2. Leve ao freezer por, no mínimo, 4 horas.

Coulis de frutas vermelhas

1. Em uma tigela, coloque as frutas, junte o açúcar e misture delicadamente com o auxílio de uma espátula. **2.** Adicione o suco de limão, cubra com filme plástico e deixe na geladeira por 2 horas. A acidez do limão libera o açúcar das frutas vermelhas, que gelam na própria calda. **3.** Retire da geladeira, bata no liquidificador e passe por uma peneira. Reserve.

Crocante de castanha-de-caju

1. Misture todos os ingredientes, em um recipiente. **2.** Espalhe a mistura em uma assadeira e leve ao forno preaquecido a 160 °C até dourar. **3.** Deixe esfriar. **4.** Esfarele e reserve.

MONTAGEM

Em uma taça, faça uma cama com o coulis de frutas vermelhas e disponha duas bolas do sorvete de jaca. Finalize com uma chuva do crocante de castanha-de-caju.

O interior da **jaca** — fruta ovalada de grande dimensão, que pode chegar a medir 60 centímetros e pesar 40 quilos —, é formado por vários gomos, sendo que cada um contém uma semente recoberta por uma polpa cremosa e muito aromática. Existem duas variedades: a mole, de sabor bem adocicado, que pode ser consumida *in natura* ou na forma de compotas, doces, geleias caseiras e sorvetes; e a dura (verde), que, depois de desfiada e cozida, transforma-se em uma receita — a carne de jaca —, ou em recheio para coxinhas, pastéis e tortas que fazem sucesso entre vegetarianos e veganos. Suas sementes, sem pele e cozidas, podem ser consumidas como tira-gosto. Quando secas, podem ser empregadas como farinha. Ao ser aberta, a jaca desprende uma goma pegajosa que gruda nas mãos e na faca, a menos que se besunte tudo com um pouco de óleo vegetal antes de cortá-la. Quando assadas e moídas, suas sementes produzem uma farinha empregada na elaboração de pães, biscoitos e doces. A jaca chegou ao Brasil no século XVIII, pela Bahia – daí muitas vezes receber o nome de "jaca-da-baía" –, e se tornou muito popular no Nordeste.

INGREDIENTES

Acalenta-menino Espécie de feijão nordestino, muito saboroso e de cozimento rápido, é usado na alimentação de crianças e conhecido como "valentão" em Minas Gerais.

Algaroba É também chamada de "algarobo". Árvore da família das leguminosas, cultivada, principalmente, no Semiárido do Nordeste brasileiro. Seus frutos – vagens achatadas – têm elevado teor de açúcar e são empregados na produção de álcool, aguardente, licor, vinho, mel, vinagre e uma bebida que pode substituir o café.

Ariacó Da família do vermelho e do pargo, de quem tem características bem parecidas, é um peixe abundante no litoral cearense, costumeiramente servido frito na praia. Destaca-se por sua carne branca, magra, firme e saborosa, e pele avermelhada.

Arroz de Ibiapaba Cultivado em microrregiões do Maciço de Baturité, na Palmácia, e da Serra de Ibiapaba, o cereal de grãos curtos, rico em amido, assemelha-se aos carnaroli e arbóreo italianos.

Azeite de bambá Turvo, espesso e muito saboroso, retirado do fundo do tacho onde o óleo de dendê foi refinado, o azeite de bambá é muito comum no Recôncavo Baiano.

Batata-da-serra Da mesma família da batata-doce, o tubérculo é encontrado nas serras da Chapada Diamantina, na Bahia. Crocante e muito aquosa, tem um gosto que lembra o da melancia. A batata é comida crua, em saladas, e acompanha o doce de banana feito na região. "Seu gosto assemelha-se ao de uma melancia salgada, bem interessante", segundo o jornalista Chico Jr.

Batetê Elaborado com inhame batido com azeite de dendê e sal, é prato oferecido ao orixá Ogum nas religiões afro-brasileiras, que foi incorporado a nossa culinária.

Batiputá Arbusto do Brasil, cujas sementes dão um óleo esverdeado, adocicado e aromático, é empregado na culinária da Paraíba e do Rio Grande do Norte, basicamente para a fritura de peixes. É conhecido também como "jabutapitá".

Besouro cascudo Larva que cresce alimentando-se da massa branca do coco do licuri, palmeira nativa da Caatinga. É costume comê-lo cru ou na forma de farofa. A larva é chamada de "morotó", na Bahia; de gongô, no Maranhão; e de tapuru, na Amazônia.

Bijupirá Peixe de carne branca e textura firme, com poucas espinhas, de sabor leve e agradável, muito apreciado no Nordeste, onde ocorre com abundância nas zonas costeiras do Piauí e do Ceará. Também chamado de "beijupirá", é muito versátil e pode ser preparado praticamente de todas as maneiras, inclusive na forma de sushis e sashimis. No Sul, é conhecido como "pirabiju" ou "pirabeju".

Biri-biri Foi provavelmente introduzido no Brasil pela região amazônica, pela Caiena, de onde vem o nome "limão-de-caiena". Muito ácido para ser consumido cru, é ótimo na forma de picles, condimentos, molhos, doces cristalizados e em calda. Muito empregado na culinária baiana, é também chamado de "bilimbi", "azedinha", "limão-do-pará" e "caramboleira-amarela", e apresenta forma cilíndrica e cor esverdeada.

Bode Tem carne escura, gosto forte e a maior concentração de testosterona entre os herbívoros. Provavelmente por isso, a população rural atribui aos produtos caprinos propriedades afrodisíacas. Menos calórica e gordurosa que a de frango, de porco e de boi, sua carne pode ser assada, grelhada, guisada, defumada ou consumida na forma de linguiça, hambúrguer, almôndega e quibe. Presente nos cardápios do sertão, em Petrolina (PE) o bode ganhou espaço próprio, o "Bodódromo", que reúne dezenas de bares especializados em servi-lo.

Bredo Parecido com o espinafre, suas folhas são grossas e brilhosas e frequentemente confundidas com as do caruru – motivo pelo qual é também conhecido como "caruru-de-porco", segundo o médico Paulo Eiró Gonsalves. Refogado em azeite e temperos, e cozido no leite de coco, acompanha, principalmente, bacalhau, peixe e quibebe de jerimum. Na Amazônia, recebe o nome de "caruru-miúdo". Existe uma variedade que tem o caule espinhoso, chamada de "bredo-de-espinho" e "caruru-espinhoso", que pode ser aproveitada apesar da presença dos espinhos.

Cabrito A carne de cabrito tem menos gordura, menos colesterol e menos calorias que as carnes bovina e suína. A idade ideal para o abate de cabritos é de, no máximo, seis meses, uma vez que, quanto mais jovem o animal, mais macia é sua carne e mais rosada sua cor. O pernil é o corte mais popular. Tradicionalmente, é bastante consumido no Nordeste brasileiro e em localidades que receberam intensa imigração nordestina, como as cidades de São Paulo e Brasília.

Café sombreado O cultivo do café à sombra de árvores nativas, popularmente conhecido como "café sombreado", é um dos sistemas de cultivo mais antigo do mundo. A utilização do sombreamento "proporciona uma maturação mais lenta dos grãos, permitindo uma colheita seletiva e alcançando uma bebida de melhor qualidade", esclarece a Empresa Brasileira de Pesquisa Agropecuária (Embrapa). O maciço de Baturité, região serrana ao sul de Fortaleza, destaca-se no cultivo desse café.

Cambuí Pequena baga de cor roxo-avermelhada, doce, levemente adstringente, muito aromática e saborosa, comum na Caatinga e na Mata Atlântica. Utilizada na elaboração de geleias, sorvetes, sucos, vinhos e licores.

Camurupim Nativo das regiões Norte e Nordeste do Brasil, também conhecido como "pirapema", "pema" e "camurupim", símbolo do estado do Maranhão, é uma espécie de peixe que está ameaçada de extinção. Peixe de água salgada, de grande porte, alcança cerca de 2,5 metros de comprimento quando adultos. Existem registros de exemplares que pesam mais de 100 quilos. Sua carne escura vai bem em ensopados.

Capote 1. No Piauí, é o nome pela qual a galinha-d'angola é conhecida. 2. Em

Alagoas, é o sururu vendido e preparado ainda preso à valva (casca).

Carapeba Peixe de carne branca, saborosa e macia, tem baixo teor de gordura e pode chegar a 40 centímetros. Encontrado em todo o litoral brasileiro, preparado frito ou grelhado, é considerado uma iguaria em Maceió. Também chamado de "acará-peba" – do tupi *akara'pewa*, *aka'ra* (escamoso) e *pewa* (liso) – e de "carapeba-branca".

Carne verde Nome dado à carne fresca, sem sal, na região Nordeste.

Caruru Seu nome vem de *caá-reru* (comida de folhas). Hortaliça cujas folhas são consumidas em saladas, refogadas e também empregadas em molhos e sopas. As sementes entram no preparo de pães e podem ser comidas torradas. O caruru é muito empregado na culinária mineira. O termo se aplica também a várias plantas da família das amarantáceas.

Cascudo Peixe conhecido popularmente como "bodó" (AM), "cari" (PE), "acari-bodó" (BA, ES, RJ e SP), "boi-de-guará" e "uacari", nomes que servem para diversas espécies da família Loricariidae. Sua pesca é feita "onde estão localizados, eis por que são chamados de 'peixes do mato', na designação amazônica", explica o historiador Câmara Cascudo. Apesar de sua aparência nada agradável – tem casca dura com manchas escuras, com placas ósseas que servem de proteção –, sua carne escura é bastante saborosa, fibrosa e semelhante à de uma lagosta, o que lhe rendeu o apelido de "lagosta do São Francisco". Comercializado vivo, pode ser consumido cozido, assado ou torrado na forma de farinha (piracuí).

Catetê Espuma que se forma na superfície da polpa do dendê, quando esta é levada ao fogo para se extrair o azeite. "Com essa espuma prepara-se um tipo de torresmo temperado com sal e pimenta servido como tira-gosto, na Bahia", esclarece a pesquisadora Maria Lucia Gomensoro.

Cavaquinha Crustáceo de água salgada, bastante semelhante à lagosta, encontrado, praticamente, em todo o litoral brasileiro, pesa em torno de 250 gramas e mede cerca de 25 centímetros. Tem as patas em formas de pinças, apresenta uma carapaça marrom, a cauda no formato de leque e não tem espinhas dorsais nem antena. Também conhecido como "cavaca" ou "lagosta-sapateira", é muito apreciada pela delicadeza e pelo sabor da sua carne branca e macia. Pode ser apreciada grelhada, frita ou no forno. Na hora de comprar, esteja atento: a barriga deve estar bem firme. Na hora de preparar, atenção ao cozimento, para não correr o risco de a carne ficar endurecida.

Coroa-de-frade Cacto rasteiro, típico da Caatinga, de formato arredondado, pequeno e achatado, empregado para fazer a coroa de frade, doce muito popular em Sergipe, que é preparado com água, açúcar, erva-doce e cravo-da-índia.

Creme de nata Manteiga batida, em pasta. Comum nos sertões do Rio Grande do Norte.

Curimatã Peixe nativo dos rios do Seridó, também é chamado de "curimba" ou "papa-terra". É recomendável, antes de prepará-lo, retirar o fio esbranquiçado que se encontra dentro de sua carne, à semelhança de um nervo com dois filamentos, logo atrás das guelras, para eliminar o cheiro de lodo (pitiú) característico de sua carne. O curimatã pode ser frito em postas, assado inteiro, com ou sem recheio. Suas ovas, conhecidas como "caviar do sertão", são consideradas iguarias no Rio Grande do Norte, onde são preparadas com leite, temperos e nata.

Farinha beijuzada De acordo com sua definição legal, é produto de baixa densidade, obtido das raízes de mandioca sadias, limpas, descascadas, trituradas, raladas, moídas, prensadas, desmembradas, peneiradas e laminadas à temperatura adequada, na forma predominante de flocos irregulares. Também chamada de "bijuzada".

Farinha de copioba Farinha de mandioca mais fina e mais seca, bem torrada, daí sua cor amarelada, e sem acidez. É produzida nas casas de farinha do Recôncavo Baiano, na região do Vale de Copioba, com variedades de mandioca-mansa e brava.

Farinha de murici Farinha de mandioca pilada com murici, peneirada e acrescida de açúcar ou rapadura, muito apreciada no sertão.

Farinha de pimba Mistura de farinha de mandioca, sal, cebola, coentro, carne de charque torrada, ovos e pimenta-malagueta, socada em pilão. Popular na região de Penedo (AL), é também chamada de "fogosa".

Farinha de tapioca flocada Tradição da culinária paraense, produzida em casas artesanais, é composta de grânulos de amido coagulados na forma de pequenas bolinhas, os quais, estourados em chapa quente, ganham aspecto e consistência que lembram o isopor. Na cozinha, é utilizada no preparo de mingaus, bolos e pudins, ou para acompanhar o açaí na tigela.

Farinha de tapioca granulada Feita com amido molhado, que é coagulado em grânulos sobre chapa quente, os quais são peneirados e separados em grãos finos ou grossos. De coloração branca perolada, necessita de hidratação, antes de ser utilizada em receitas de pudins, bolos, doces etc.

Fava de coco Leguminosa muito apreciada no Nordeste, que é cozida no leite de coco e acompanha pratos à base de peixe.

Favela Planta espinhosa típica do Semiárido, é também conhecida como "faveleira". Sua semente triturada, acrescida de açúcar e farinha de mandioca, rende uma espécie de farofa que faz parte da dieta do sertanejo nordestino.

Feijão badajó De cor bege com manchas avermelhadas, é um feijão cremoso, com sabor de castanha, encontrado na Bahia.

Feijão-guandu Originário da África ou da Ásia, chegou ao Brasil pelas mãos dos escravizados. Seco, é mais comum no Nordeste, onde é empregado em saladas e farofas. Antes de usar, recomenda-se que seja fervido duas vezes e que a água da primeira fervura, seja descartada, para atenuar o amargor. Já o guandu fresco é mais difícil de achar e não é considerado um feijão, e sim a leguminosa *Cajanus cajan*. No interior paulista e na Bahia, é conhecido como "andu". Em Pernambuco, no Espírito Santo e no Rio de Janeiro, é "guando".

Feijão-mulatinho De coloração amarronzada, o feijão-mulatinho se parece com o grão do tipo carioca, mas sem as listras. Comum na região Nordeste, onde é usado na feijoada, tem sabor suave e caldo um pouco mais avermelhado.

Fissura Molho preparado com fígado de carneiro ou de bode picado, cenoura, batata, cebola, pimentão, alho, colorau, cheiro-verde e sal.

Flor de dendê Azeite de dendê refinado e livre de impurezas. Também conhecido como "azeite de flor" ou "dendê de flor".

Fubá Comum no Nordeste, é a farinha feita do milho maduro, seco, torrado, moído ou pilado até ficar bem fininha. É empregado em bolos e outros preparos doces ou consumido *in natura* com açúcar.

Garrão de boi É o tendão que fica grudado no osso quando o músculo é cortado.

Ierê Semente utilizada na culinária afro-baiana para temperar peixes, aves e o caruru. Muito parecida com o coentro.

Jamelão De sabor suave e adstringente, lembra uma azeitona preta, pelo tamanho, formato e pela cor. É consumido *in natura* ou em sucos, batidas, licores, geleias, compotas e doces. Também conhecido como "jambolão", "brinco-de--viúva" (BA) ou "guapê" (PR), no Brasil se adaptou bem na região Nordeste, principalmente no Piauí.

Jerimum O nome provém do tupi *yurum-um*, que significa "pescoço escuro". O termo era usado pelos indígenas para denominar as abóboras brasileiras e, assim, diferenciá-las das trazidas pelos colonizadores portugueses, chamadas de "abóboras de quaresma". Na região Nordeste, "jerimum" é designação genérica para qualquer tipo de abóbora.

Juá Frutinho redondo, amarronzado, de polpa adocicada, semelhante à pitomba, é consumido *in natura* ou na forma de refrescos e doces, podendo também ser misturado à farinha. Fruto nativo, está presente em toda a Caatinga. Também conhecido como "joá-mirim" e "juá-de-boi", entre outros nomes.

Junça Tubérculo pequeno e nutritivo, de sabor levemente adocicado de castanha, muito apreciado no Ceará e no Maranhão, onde é consumido como aperitivo. Também conhecido como "tiririca" e "chufa", entre outros nomes.

Lagostim Também conhecido como "lagosta de água doce", foi trazido da Europa. Sua carne é rosada, delicada, tem textura firme e seu sabor é muito parecido com o da lagosta. O lagostim pode ser frito, cozido, grelhado, gratinado ou empregado em massas, paellas, risotos e saladas.

Lambreta Espécie de molusco bivalve, pequeno, muito popular no Recôncavo Baiano e comum na costa brasileira, bastante parecido com as amêijoas. Cozido em pouca água, com coentro, tomate, pimentão, cebola, sal e azeite, é servido como petisco. Para o falecido escritor Jorge Amado, trata-se de uma das maiores invenções do século XX. Também é empregado no preparo de tortas, frigideiras, caldeiradas ou ensopados.

Linguiça de cabeça Do receituário do Recôncavo Baiano, é elaborada com carne de cabeça de porco e grandes pedaços de gordura.

Linguiça de camarão Produzida em Acari (RN), a receita original leva camarão limpo, descascado e moído, margarina derretida, alho, cebola, colorau, sal e pimenta.

Linguiça do sertão Seca ao sol e com sabor bem característico, é elaborada no Rio Grande do Norte com carne de porco e temperos.

Macambira Planta de folhas longas e espinhosas, presente na Caatinga nordestina. De suas folhas queimadas no fogo, extrai-se uma substância com a qual os sertanejos fazem um pão semelhante ao de milho. A massa também é consumida em forma de pirão, com leite ou carnes de caça.

Mamão Considerado digestivo, quando verde pode substituir o chuchu e a abobrinha em algumas preparações salgadas, como ensopados com camarão e refogados, ou ser empregado na forma de doce. Quando maduro, é consumido *in natura* ou em saladas, sucos, sorvetes, compotas e cremes. O mamão formosa (de tamanho médio, polpa doce e cor laranja-avermelhada) e a papaia, ou o mamão da Amazônia (pequeno, de polpa avermelhada e formato de pera), são as variedades mais consumidas por aqui. O látex do mamão contém papaína, uma enzima muito utilizada na produção de amaciantes de carne.

Mandacaru Imortalizado por Luiz Gonzaga na música "O xote das meninas" – "Mandacaru quando fulora na seca é o sinal que a chuva chega no sertão" –, esse cacto é típico do Semiárido do Nordeste. Seu fruto, comestível, tem casca grossa e vermelha, polpa branca, ligeiramente adocicada e suculenta, com sementes pretas minúsculas. Por armazenar uma quantidade grande de água, o mandacaru é bastante valorizado pelas populações locais, sobretudo em épocas de seca.

Manta de bode Em 2018, tornou-se Patrimônio Cultural Imaterial de Petrolina (PE). A manta caprina é uma técnica de corte, salga e secagem da carcaça dos animais. A carcaça inteira é desossada e os músculos são manteados, deixando uma fina camada de tecido muscular e apenas alguns ossos para sustentação da carne durante a secagem. Ao fim, a carcaça fica toda aberta como um lençol, daí o nome "manta".

Mapé Marisco típico da zona do Recôncavo Baiano, muito empregado em moquecas. Também é chamado de "leripeba" e "mapele".

Maracujá da Caatinga Variedade de maracujá nativa do Semiárido nordestino, ameaçado de extinção. De aroma intenso, tem casca esverdeada e polpa branca, aromática e agridoce, com dezenas de sementes, entra na elaboração de sucos, sorvetes e geleias. É também conhecido como "maracujá-do-mato" ou "maracujá-de-boi".

Maturi É a castanha do caju ainda verde, não torrada, muito empregada na culinária do Nordeste.

Mel de furo Nome dado ao melado que escorre das formas de açúcar nos engenhos de cana. Também chamado de "mel de tanque" ou "cabaú", "é usado como fortificante pelos trabalhadores rurais do sertão", esclarece Câmara Cascudo.

Melão-coalhada De formato alongado, casca lisa e muito fina, polpa branca, generosa e muito aromática, quando amadurece começa a rachar. Pode ser consumido *in natura* e em sucos. No sertão baiano, é costume adicionar um pouco de açúcar para a polpa desmanchar, o que lhe confere um aspecto parecido com sorvete. Também é chamado de "melão-da-terra" e "melão-pepino", uma vez que, quando verde, lembra essa verdura (fruto).

Molho de pimenta-malagueta com leite De amplo uso nas mesas sertanejas, de coloração alaranjada, é indispensável para temperar feijão, galinha e caldos de carne e de peixe, o baião-de-dois. Para sua elaboração, são empregadas de 100 a 150 pimentas-malaguetas maduras, alho picadinho, colorau, óleo, sal e leite puro (sem adição de água) e cru (sem fervura). Todos os ingredientes são batidos no liquidificador com apenas uma pequena parte do leite e despejado em uma garrafa transparente de vidro ou de plástico que fica exposta ao sol.

Molho de vaqueiro Pimentas frescas esmagadas em uma cumbuca, com sal e sumo de limão ou caldo de cozidos (de carne, de panelada, de feijoada, de buchada etc.).

Mucujê Fruto comestível de uma pequena árvore regional da Bahia, semelhante a uma maçã pequena. Do leite extraído de sua árvore, faz-se goma de mascar.

Mucuna Conhecida como "mucuna preta", "café beirão" e "pó de mico", suas vagens contêm de quatro a seis feijões de coloração entre marrom e preta. Agricultores da região de Massapê (CE) desenvolveram um processo do qual se obtém café das sementes torradas de mucuna. O pó resultante pode ser empregado do mesmo modo que o do café tradicional e não há necessidade de adoçar.

Nagô Molho básico da culinária baiana, é preparado com quiabo e jiló cozidos, acrescidos de camarões secos, sal, pimenta-malagueta e suco de limão, pilados até se obter uma massa homogênea.

Oiti Fruto de polpa fina, amarela, fibrosa e pegajosa, com semente grande e dura, nativo do Brasil e mais comum no Nordeste. De sabor doce e adstringente, que lembra o da manga, é consumido *in natura*. Também conhecido como "guaili", "oiti-cagão" e "oiti-da-praia".

Ostra-de camboa-do-pau O nome se refere a uma técnica de pesca artesanal praticada pelos quilombolas das comunidades do Kaonge, Dendê, Kalembá, Engenho da Ponte, Engenho da Praia e Tombo, na bacia do Iguape, no Recôncavo Baiano. A camboa-de--pau é uma espécie de cercado construído com gravetos e pedaços de pau amarrado uns aos lados dos outros e fixos no mangue, em área alagada e submetida ao movimento da maré. É neste vaivém de umidade, temperatura e luminosidade que as ostras se desenvolvem, explica Ananias Viana, representante dos quilombolas.

Pacamã Peixe de água doce oriundo da bacia do São Francisco, conhecido popularmente como "ninquim", "pacamão" ou "linguado-do-são-francisco", alcança 70 centímetros e pesa 5 quilos. Sua carne branca, macia e sem espinhas pode ser apreciada frita, assada ou ensopada.

Palma Espécie de cacto da Caatinga, a palma está presente na mesa sertaneja na forma de saladas, guisados, cozidos e doces. Na Chapada Diamantina, é vendida como legume e entra no preparo de um prato muito popular na região, o picadinho de palma. Conhecido como "gogoia", o fruto da palma pode ser consumido *in natura*, cozido e preparado de diferentes maneiras. A polpa pode ser empregada na confecção de sucos, sorvetes e geleias. Para remover seus espinhos, basta passar a palma no fogo.

Peguari Molusco comum encontrado no litoral brasileiro, vive dentro de um búzio. Iguaria da ilha da Maré, na baía de Todos os Santos (BA), é empregado em moquecas, vinagretes e saladas.

Peixe-agulha Peixinho abundante no litoral nordestino, de carne firme e muito saborosa, é preparado frito bem sequinho, salpicado com gotas de limão. É servido como petisco.

Pescada-amarela Sua carne branca, macia, muito saborosa e de poucas espinhas é considerada excelente e muito apreciada, preparada em postas ou filés, cozida, frita, no vapor ou assada no forno, brilha absoluto na peixada e na moqueca. Peixe mais nobre do estado do Maranhão, habita as águas do litoral nordestino. A barriga de cor amarelada lhe rendeu o nome.

Pimenta chora-menino Variedade bem picante da pimenta-de-cheiro, de coloração alaranjada e formato arredondado. Mais conhecida na região Nordeste, especialmente na Bahia, costuma temperar sopas, caldos, saladas e peixes.

Pimenta-malagueta Uma das mais conhecidas e utilizadas, com alto teor de picância, conferido pela substância capsaicina, acompanha pratos fortes como a feijoada e o vatapá, tempera pastéis, feijão, caldinhos e inúmeras outras preparações. Para suavizar seu gosto, basta retirar parte das sementes, ou até mesmo todas, antes de usar.

Pirrixiu De sabor leve e textura crocante, pode substituir o espinafre em algumas preparações (refogados, recheios de massa, saladas). O "bredo-de-praia", como também é conhecido, é comum no Vale do São Francisco.

Pitomba É ótima *in natura* ou na forma de sucos, licores, geleias e sorvetes. É encontrada especialmente em Pernambuco, onde dá nome a uma das agremiações mais conhecidas do carnaval de Olinda, Pitombeiras dos Quatro Cantos, e protagoniza a festa em comemoração à Nossa Senhora dos Prazeres dos Montes de Guararapes. Como esse evento ocorre na época da safra da fruta, a festa também é chamada de "Festa da Pitomba". Parente da lichia, recebe outros nomes como "olho de boi", "pitomba da mata" e "pitomba de macaco".

Pitu É um camarão de água doce ou salobra, de carne saborosa e delicada. Pode ser preparado ao bafo, frito em alho e óleo, cozido em água e sal, com leite de coco, ou empregado em moquecas, caldeiradas e pituzadas. Comum nas cidades ribeirinhas ou margeadas pelo São Francisco, chega a alcançar até 48 centímetros. Foi um dos alimentos que os povos indígenas trouxeram como presente aos colonizadores portugueses quando estes desembarcaram na Bahia, no século XVI. Da família dos crustáceos, encontramos outros tipos nos mercados brasileiros: camarão sete-barbas (pequeno, mais barato, ótimo para petiscar); camarão-rosa (de sabor levemente adocicado, é o mais valorizado, pode alcançar 18 centímetros); camarão-cinza (espécie criada em fazendas de camarão no litoral brasileiro, especialmente no Nordeste). Merece destaque o camarão da Costa Negra, considerado um dos melhores do mundo, é produzido em cativeiro nas fazendas da região homônima, no Ceará. É um produto totalmente natural, livre de quaisquer produtos químicos e recebeu a Denominação de Origem (DO) em 2011. Extremamente versátil, o camarão pode ser grelhado, cozido, frito, empanado. Pode vir sozinho ou em combinações com outros frutos do mar. Como recheio de empadinhas, peixes, tortas e suflê. Pode ser usado para incrementar cuscuz, risotos, massas, moquecas e molhos. É comercializado fresco, congelado, defumado, seco, salgado e em conserva.

Pixirica Dada a presença das antocianinas, a língua de quem come o fruto fica totalmente azul. Além do consumo *in natura*, pode ser aproveitada em receitas de sucos, doces e geleias. Popularmente conhecida, na Chapada Diamantina, como "tinge-língua" ou "meleca de cachorro", recebe ainda os nomes de "mirtilo-amazônico" e "buxixu".

Queijo do reino Primo-irmão do queijo holandês *edam*, foi por iniciativa do pecuarista Carlos Pereira Sá Fortes que começou a ser fabricado no Brasil, no fim do século XIX, em Minas Gerais. Sá importou vacas, maquinários e profissionais especializados da Holanda, manteve o formato esférico, a proteção vermelha e a lata na qual vem embalado, e usou o urucum como corante para chegar à coloração amarela. Ótimo em sanduíches, tortas, suflês e doces.

Queijo-manteiga Também conhecido como "requeijão do sertão" ou "requeijão do norte", é muito popular no Nordeste. O nome tem origem no processo de produção, no qual queijo e manteiga são fundidos. De cor amarelo-palha, casca fina e ligeiramente rija, consistência macia, com sabor adocicado, levemente ácido, é elaborado com leite não pasteurizado. Seu formato mais comum é o quadrado. Geralmente, tem as iniciais de quem o produz marcadas com ferro em brasa.

Quixaba Frutinha negra, adocicada quando madura, contém uma semente semelhante à da jabuticaba. É muito comum na Caatinga nordestina, onde é consumida *in natura*.

Robalo Peixe de água salgada, é encontrado no Atlântico, do norte ao sul. Sua carne é branca, firme, aromática e muito saborosa e pode ser degustada grelhada, assada, recheada, frita (em filés ou em postas), em moquecas e até mesmo crua, em *sushis* e *sashimis*. Também recebe outras denominações, como "camurim", no Norte e Nordeste do Brasil.

Saburica Pequeno camarão do Baixo São Francisco sergipano, consumido entre os ribeirinhos, é ingrediente do ensopado de mamão verde que as mulheres do sertão fazem.

Sangue de negro Espécie de tempero utilizado na culinária baiana, é feito da mistura de camarão seco, castanha-de-caju e amendoim moídos.

Sapoti Fruto suculento e aromático, com polpa mole e amarelada, muito encontrado nas regiões Norte e Nordeste, é abundante na Paraíba. Deve ser consumido apenas quando estiver maduro, pois, quando verde, possui látex, usado para fazer chiclete, e tanino, de sabor desagradável. É apreciado *in natura* ou na forma de sucos, sorvetes, pudins, doces e bolos.

Serra Peixe marítimo, existem dois tipos de peixe-serra: um tem a carne similar à da raia e sua mandíbula sugere realmente uma serra; seu preparo deve ser idêntico ao da raia. O outro assemelha-se à cavala e é muito apreciado no Nordeste do Brasil. Pode ser preparado em postas cozidas.

Sururu despinicado Em Alagoas, diz-se do sururu retirado da concha, limpo e desfiado.

Tarioba Molusco de concha esverdeada, abundante no litoral do Maranhão, assemelha-se à ostra em tamanho e sabor. Vive na areia, onde usa a língua para escavar e se esconder – daí ser conhecido como "marisco lambão". É empregado em recheios e caldeiradas, refogado ou cozido, temperado com sal e limão.

Tatu Mamífero notívago e desdentado. As espécies utilizadas e apreciadas na culinária são: o tatu-galinha, cuja carne tem sabor e textura semelhantes ao dessa ave; e o tatupeba. Já existem alguns criadouros certificados na Bahia e no Rio Grande do Norte que fornecem essa iguaria. O abate pode ser feito entre 12 e 18 meses de idade, período em que o animal tem peso na faixa de 2 a 3 quilos. O tatu pode ser preparado assado ou cozido.

Torreiros São sobras da nata usada para fazer a manteiga de garrafa. Com torreiros acrescidos de farinha de mandioca, faz-se uma deliciosa farofa.

Totó Crustáceo que só pode ser retirado do mangue em noites de lua cheia, quando a maré desce bastante. De sabor amargo, é considerado afrodisíaco. É famosa a receita de moqueca de totó da ilha de Itamaracá (PE).

Turim Palmeira comum no estado do Piauí, o fruto é um coquinho preto, que contém uma amêndoa utilizada na fabricação de óleo comestível.

Umbu Fruto do umbuzeiro, típico da Caatinga, seu nome vem do tupi: *y-m--b-u* (árvore que dá de beber). O umbu é redondo, tem casca fina e polpa saborosa, ligeiramente ácida, empregada no preparo de sucos, sorvetes, geleias e doces, como a umbuzada, feita com frutos bem maduros, peneirados e acrescidos de leite e rapadura ou açúcar. Da raiz do umbuzeiro, conhecida como "cunca", "cafofa" e "batata-do-umbu", fabrica-se farinha. No sertão da Bahia, também se produz um molho denso e adocicado conhecido como "vinagre de umbu" e um doce que tem o nome de "bofó". O escritor Euclides da Cunha já chamou o umbuzeiro de "árvore sagrada do sertão", por desafiar a seca e alimentar o homem. O umbu-cajá, por sua vez, é um híbrido das duas frutas, que ocorre no Semiárido nordestino. De sabor agridoce, sua polpa é usada para fazer suco, compota, geleia e sorvete.

Vinagreira Segundo pesquisa realizada na Universidade Federal do Maranhão, a vinagreira é encontrada em 26 municípios do Cerrado maranhense e está entre as maiores fontes de ferro do reino vegetal. Também chamada de "fanfã", "majoara", "caruru-da-guiné" e "quiabo-de-angola" (MG), "hibisco" e "groselha" (Sul), "quiabo-roxo" (SP), "rosélia" (BA), "caruru-azedo" (PA), "quiabo-azedo" e "azedinha" (RJ), suas folhas dentadas têm sabor azedo. É empregada para fazer sopas, doces, geleias, licores e chás e está presente no arroz de cuxá, verdadeira instituição maranhense.

Xiquexique Cacto típico da Caatinga nordestina, seus frutos são comestíveis, saborosos e podem ser consumidos *in natura* ou empregados na elaboração de geleias, compotas e cocadas.

RECEITAS CLÁSSICAS

BUCHADINHA DE BODE

★ **De Cumpade João, PB**

5 a 6 unidades

INGREDIENTES

Buchadinha

Vísceras de 1 cabrito de 12 kg (bucho, tripas, fígado, coração, pulmão e sangue)
Mocotó (pé do bode limpo)

Tempero

2 cebolas roxas graúdas picadas
1 pimentão verde picado
3 tomates maduros firmes picados
1 cabeça de alho picada
1/2 maço de coentro picado
3 pimentas-de-cheiro picada

Finalização

2 colheres (sopa) de vinagre de álcool
2 colheres (sopa) de colorau
2 colheres (chá) rasa de pimenta-do-reino
2 colheres (chá) rasa de cominho
Sal, a gosto
Agulha e linha, para costurar as buchadinhas
1 limão

COMO FAZER

Buchadinha

1. Lave bem todos os ingredientes e escalde em água e sal até começar o cozimento. 2. Escorra, pique a carne – menos o bucho, as tripas e o mocotó – em cubinhos e coloque em uma vasilha. Reserve.

Tempero

1. Acrescente metade das cebolas, do pimentão, dos tomates, do alho, do coentro e da pimenta-de-cheiro com os miúdos e a outra metade em outro recipiente. Reserve.

Finalização

1. Adicione, aos miúdos, o vinagre, o colorau, a pimenta-do-reino, o cominho, o sal e misture bem. 2. Corte o bucho em seis pedaços, para formar pequenos travesseiros. 3. Costure as laterais com linha, deixando apenas um lado aberto, por onde deve preencher com os miúdos temperados até a borda. 4. Costure a lateral aberta para que o recheio não vaze. 5. Passe as tripas no limão, corte ao meio o mocotó e amarre com as tripas. 6. Em uma panela funda, arrume os travesseirinhos de bucho e adicione o mocotó e o restante dos ingredientes reservados. 7. Acrescente água até cobrir por completo as buchadinhas. 8. Deixe cozinhar em fogo baixo até que se consiga rasgar o couro com um garfo. 9. Coe o caldo do cozimento e faça um pirão com farinha de mandioca para acompanhar as buchadinhas.

> Cozido de estômago (bucho) de bode, carneiro – conhecido como "meninico de carneiro" –, cabrito ou ovelha, preparado com as vísceras, as tripas, os rins, o fígado e o sangue do animal, acrescido de temperos. No Norte e em algumas regiões da Bahia, coloca-se a cabeça do animal dentro das vísceras; no Nordeste, fora. Herança portuguesa, conhecida como "maranho" na terrinha dos nossos patrícios, a **buchada** é comida sertaneja, prova de fogo para estômagos e paladares mais delicados. Antes de provar, tome um gole de cachaça para abrir o apetite e outro ao terminar, para facilitar a digestão, ensinam os apreciadores.

FILHÓS DE BATATA-DOCE

★ **De Adriana Lucena, RN**

250 unidades

INGREDIENTES

2 kg de batata-doce cozida e espremida
3 ovos
100 ml de manteiga da terra
1 xícara (chá) de farinha de mandioca peneirada
Óleo, para fritar
Mel de rapadura, para regar

COMO FAZER

1. Misture todos os ingredientes até desgrudar das mãos. Se necessário, polvilhe mais farinha. **2.** Modele bolinhas bem lisinhas e frite, poucas por vez, em óleo quente abundante até dourarem. **3.** Deixe escorrer sobre papel absorvente e sirva regado com mel de rapadura.

 DICA DA CHEF: se quiser deixar a farinha de mandioca mais fininha, bata no liquidificador.

De origem mulçumana, o **filhós** foi adotado pelos portugueses e caiu no gosto dos norte-rio-grandenses e, especialmente, dos pernambucanos – onde é tradição nos dias de Carnaval. Feito com farinha de trigo, que pode ser substituída por fécula de milho, de batata doce ou de macaxeira, é frito no azeite em formato de bolinhas moldadas a mão e servido com bastante calda de açúcar ou mel de rapadura. "No passado, com raríssimas exceções, o ofício de doceira e o modo de feitura de chouriço, filhoses, biscoitos de goma de mandioca, assim como de outras guloseimas da doçaria seridoense, era reservado às mulheres, como outras atividades culinárias e domésticas. [...] Era exigido esmero e dedicação na feitura dos quitutes, sob pena de se pôr em risco a reputação da família", conforme nos conta a antropóloga Julie Antoinette Cavignac.

Região

CENTRO-OESTE

DOS RIOS DA REGIÃO PANTANEIRA, pacus, pintados, dourados, matrinxãs, piranhas e mais duas centenas de peixes, inteiros ou em postas, fritos, assados, recheados ou preparados na forma de mojicas, moquecas ou caldinhos, compõem a base do cardápio regional. Da cauda do jacaré – única parte comestível –, fazem-se filé, estrogonofe, moqueca, espetinho, ensopado, empadão. O gosto pela pesca, pelas carnes de caça, obtidas de criadouros regulamentados pelo Instituto Brasileiro do Meio Ambiente e dos Recursos Naturais Renováveis (Ibama), e pela mandioca denuncia a influência indígena. As etnias terena, guarani, guató, kaiowá, kadwúe, ofaié, kinikinaw e atikun estão presentes em 29 municípios do Mato Grosso do Sul. Aventureiros, desbravadores, bandeirantes e tropeiros trouxeram em seus farnéis alimentos de sustança (carne-seca, cereais como o feijão, o milho e o arroz, e a farinha de mandioca). Da cozinha feita nos transportes de gado no período de cheia, ficaram receitas como as do macarrão de comitiva, do feijão gordo e do arroz Maria Isabel, conhecidas como comidas de comitiva. Os gaúchos reforçaram o hábito de comer carne em uma região muito ligada à pecuária – que o digam a carne soleada, a linguiça de Maracajú e o churrasco pantaneiro com características muito próprias: as carnes, como granito, surtum, costela, picanha, são colocadas em espetos feitos de vara de taquara verde e postas para assar em fogo de chão alimentado por lenha de angico. Tudo isso adoçado com furrundu e regado a muito tereré. Nortistas e nordestinos deixaram suas marcas com receitas de chibé, sarrabulho e o emprego de ingredientes como o maxixe. O sobá, alçado à condição de bem cultural de natureza imaterial de Campo Grande, é legado dos japoneses que chegaram para trabalhar na construção da Estrada de Ferro Noroeste do Brasil. Chipas, locros, saltenhas e pucheros cruzaram nossas fronteiras pelo Paraguai, pela Bolívia e pela Argentina.

No Cerrado, com o pequi, fazem-se arroz e galinhada; com a guariroba, um palmito amargo, prepara-se o empadão goiano. Pamonha, em Goiás, é salgada. Arroz é ingrediente abundante e protagoniza receitas populares, como o arroz de puta rica. Generoso, o rio Araguaia garante o peixe de cada dia. Herança indígena, o milho é ingrediente de inúmeros pratos e acompanhamentos. Tutu, leitão à pururuca e outras iguarias foram colaborações de mineiros e paulistas. Sob a inspiração da poetisa e doceira Cora Coralina – "sou poeta por acaso e doceira por convicção e necessidade" –, os doces são feitos em tacho de cobre.

Com um cenário mais cosmopolita, Brasília ainda procura uma identidade que a defina. "Parece que aterrissei em outro planeta", afirmou o astronauta russo Yuri Gagarin em visita à capital federal em 1961. A culinária da cidade projetada por Oscar Niemeyer e Lúcio Costa sofre múltiplas influências, tanto de migrantes brasileiros, que chegaram à cidade atraídos pelas promessas de uma vida melhor, quanto de imigrantes estrangeiros.

BEBIDAS

Mate queimado Comum no café da manhã pantaneiro, a erva-mate vai para a brasa com açúcar. Tão logo o açúcar se carameliza, adiciona-se água. Uma vez fervida, a mistura é coada e servida acompanhada de biscoitos ou chipa.

Ponche goiano É feito com pedacinhos de maçã, laranja e morango, açúcar, calda de abacaxi, vinho tinto, vinho branco e água mineral com gás.

Semberara Bebida típica dos indígenas carajá, extremamente doce, seu preparo leva coco de buriti, rapadura, açúcar e água.

Taboa Infusão de ervas, canela, guaraná em pó, cachaça e mel, tradição de Bonito, no sul-mato-grossense, é servida gelada.

Tereré Versão gelada do chimarrão, tradição de origem guarani, considerada invenção do diabo pelos jesuítas, o tereré é preparado com erva-mate e água gelada na guampa (recipiente feito com parte de um chifre de boi). É costume servi-lo em grupo e todos bebem na mesma guampa. Esse ritual tem o nome de "roda de tereré". Os apreciadores da bebida obedecem a algumas regras: não deixar um tereré pela metade; não o adoçar; não mexer na bomba; e ao devolver a cuia, só agradecer se estiver satisfeito e não quiser mais a bebida. Também chamado de "tererê", entrou no Mato Grosso do Sul pela cidade de Ponta Porã, na fronteira com o Paraguai.

ESPERTO FOI O BURRO

★ **De Roberto Merlin, SP**

INGREDIENTES

Jurubeba temperada

600 ml de **jurubeba**
100 g de gengibre ralado
1 anis-estrelado
18 castanhas-de-baru trituradas

Calda de flor de sabugueiro

1 L de água
125 g de flores de sabugueiro frescas
1 kg de açúcar demerara
100 ml de sumo de lima
50 ml de sumo de laranja-lima

Coquetel

Canela em pau, para defumar o copo
25 ml de cachaça de alambique curtida em amburana
25 ml de bourbon
35 ml de jurubeba temperada
15 ml de sumo de lima
15 ml de calda de flor de sabugueiro

Finalização

1 rodela de abacaxi desidratado, para decorar
Castanha-de-baru torrada e triturada, para decorar

COMO FAZER

Jurubeba temperada

1. Junte todos os ingredientes. 2. Macere por alguns dias. 3. Faça uma coagem fina antes de envasar. Rende 750 mililitros.

Calda de flor de sabugueiro

1. Ferva a água. 2. Em um recipiente, coloque as flores de sabugueiro e o açúcar demerara. 3. Despeje a água fervente e adicione os sumos de lima e de laranja-lima. 4. Misture tudo até dissolver o açúcar por completo. 5. Deixe macerar por cerca de 12 horas. 6. Coe e envase. 7. Conserve na geladeira.

Coquetel

1. Defume o copo com a canela em pau e deixe-o emborcado. 2. Em uma coqueteleira com cubos de gelo, adicione os destilados e a jurubeba temperada. 3. Esprema o sumo fresco da lima e despeje a calda de flor de sabugueiro. 4. Bata vigorosamente. 5. Vire o copo com a boca para cima, coloque um cubo grande de gelo e, em seguida, faça uma coagem simples do drinque.

Finalização

1. Besunte metade da rodela de abacaxi com as castanhas trituradas. 2. Posicione o abacaxi entre o cubo de gelo e a borda do copo com a parte besuntada para fora.

 DICA DO CHEF: o coquetel começa pela defumação de um copo do tipo *old fashioned* utilizando a canela em pau. Deixe a fumaça no interior do copo, mantendo este de boca para baixo durante toda a preparação do drinque.

Encontrada especialmente no Norte e no Nordeste, muito apreciada em Goiás e em Minas Gerais, a **jurubeba**, do tupi *yu* (espinho) e *peba* (chato), é um frutinho amargo e silvestre, que dá em forma de cacho. Depois de fervido com água e sal, para retirar o amargor, é empregado em carnes, frango, arroz, feijão e, em Mato Grosso, entra no preparo de omeletes. Também entra no preparo de bebidas alcoólicas. O famoso vinho tinto seco composto com ervas e seu sumo, da marca Leão do Norte, lançado em 1920, inicialmente vendido em farmácia como remédio, hoje pode ser encontrado em supermercados e bares populares de todo o Brasil.

SODA CUIABANA

★ **De Carlos Eduardo Gavioli, MT**

INGREDIENTES

45 ml de Cynar®
15 ml de vodca
30 ml de sumo de limão rosa
25 ml de xarope de guaraná
Água com gás
1 ramo de hortelã
1 colher (sobremesa) de **furrundu**

COMO FAZER

1. Em um copo longo com gelo, acrescente o Cynar®, a vodca, o sumo do limão e o xarope de guaraná. 2. Misture bem com uma colher bailarina. 3. Complete com a água com gás e acrescente um ramo de hortelã. 4. Apoie a colher com o furrundu na borda do copo e sirva.

Receita dos tempos coloniais: "**Furrundu**, doce de pau, do pau do mamoeiro, até parece com uma dança, mas é só doce caseiro", assim compôs o escritor, músico e arranjador Moisés Martins. Considerado uma tradição de Cuiabá e do Pantanal mato-grossense, o doce de pau (caule) de mamoeiro ralado ou mamão verde ralado leva rapadura, gengibre, cravo-da-índia e canela. No Vale do Paraíba, o doce é elaborado com cidra ralada e está presente na Festa do Divino, nas festas religiosas de São João e nas comemorações de outros santos de devoção popular. É costume servir o furrundu, ou furrundum, com uma fatia de queijo Nicola.

YAPOTI COLLINS

★ **De Thiago Ceccotti, MG**

INGREDIENTES

2 colheres (chá) de geleia de laranja
45 ml de cachaça jequitibá
4 **jabuticabas**
30 ml de limão-taiti espremido
45 ml de água com gás, para finalizar
Fatia de limão, para decorar

COMO FAZER

1. Em uma coqueteleira, dissolva a geleia na cachaça. **2.** Adicione as jabuticabas e amasse. **3.** Coloque o suco do limão-taiti e gelo, e bata bem. **4.** Com uma peneira, coe para um copo longo com gelo. **5.** Para finalizar, complete com a água com gás e decore com a fatia de limão.

Fruta brasileiríssima, redondinha, de casca negra, com polpa esbranquiçada e suculenta, a **jabuticaba** é muito apreciada, especialmente no centro-sul. A frutificação é abundante, cobrindo o tronco, os galhos e, ocasionalmente, até as raízes descobertas. Pode ser consumida *in natura*, de preferência no pé, ou na forma de geleias, mousses, molhos, caldas, doces, licores, vinagres e aguardentes. "[...] é fruta rara, e acha-se somente pelo sertão adentro da capitania de São Vicente. Dessa fruta fazem os índios vinho e o cozem como vinho d'uvas", atestou o jesuíta português, Fernão Cardim, quando de sua estada no Brasil, em 1583. A cidade mineira de Sabará ficou conhecida como a "terra da jabuticaba", pela excelência dos frutos lá encontrados e pela famosa "linguiça de jabuticaba". Lá a fruta ganhou a alcunha de "ouro negro de Sabará".

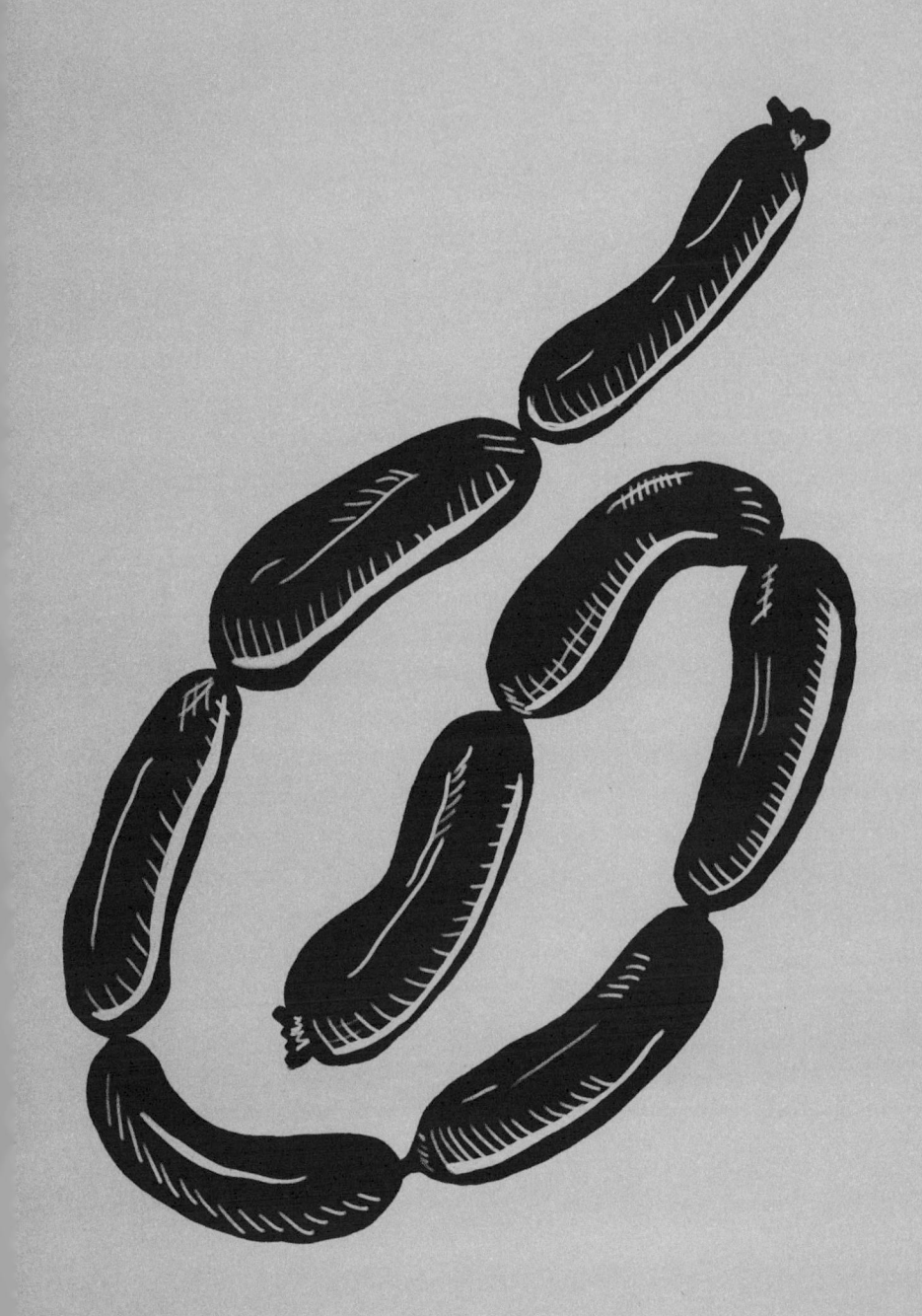

PETISCOS, ENTRADAS E SANDUÍCHES

Aaru Espécie de bolo feito com carne de tatu moqueada, socada no pilão e misturada à massa de mandioca. Típico dos indígenas nhambiquara, que habitam a região central do Mato Grosso.

Banana verde Cortada em rodelas e frita, é um tira-gosto apreciado no Mato Grosso.

Caldo de piranha Prato consagrado no Pantanal, originalmente, era preparado pelos indígenas da região. Com fama de ter propriedades afrodisíacas, é feito geralmente com a carne do peixe batida, cebola, tomate e pimentão verde. Temperado com alho, sal e colorau, o caldinho leva ainda condimentos como folhas de louro, manjericão e pimenta-malagueta.

Camambuco Bolinho frito preparado com carne de jacaré, purê de batata e temperos.

Caruru mato-grossense Elaborado com carne moída, abóbora, quiabo, pimentão verde e cheiro-verde.

Chipa Herança culinária do Paraguai, no Mato Grosso do Sul, é uma espécie de pão de queijo preparado com polvilho doce, banha e queijo caipira. Tem formato de ferradura ou argola, e é bem assado e seco.

Espetinho da feira Cubinhos de filé e granito (carne gorda) no espeto, assados na brasa. Acompanha mandioca cozida e shoyu. "A feira de Campo Grande não existiria sem ele", afirma o chef Paulo Machado.

Hî-hî Receita da etnia indígena terena, presente em datas comemorativas, o *hî-hî* é um bolinho de mandioca-mansa ralada após ter somente a primeira casca retirada, e bem espremida, sem nenhum tempero, que é cozido envolto em folha de bananeira sapecada (selada no fogo). Come-se *hî-hî* sozinho ou acompanhado de peixe assado, aves ou outros tipos de carne. O bolinho surgiu em meio à Guerra do Paraguai e pode ser consumido em até seis meses.

Iscas de jacaré Feita com a carne da cauda do jacaré de papo-amarelo, é servida com molho rosé.

Levanta-tudo Caldo da cozinha pantaneira tido como afrodisíaco, é elaborado com cabeça de peixe (dourado ou pintado), mandioca, tomates e pimentões verdes cozidos e temperos.

Queijo nicola Produto típico da região pantaneira, preparado com o leite de gado cuiabano cru e moldado na forma de uma cabaça. É comercializado fresco, curado – matura pendurado por 15 dias – ou defumado.

Saltenha Especialidade boliviana, popular no Centro-Oeste e no Acre – a Bolívia detinha a posse do território que hoje corresponde ao estado –, é um tipo de pastel feito com massa delicada, tradicionalmente recheada de carne moída ou peito de frango desfiado, uvas-passas, azeitonas pretas, batata e muita pimenta. Pode ser frita ou assada.

Sopa paraguaia Apesar do nome, é uma torta feita com fubá de milho, leite, ovos, queijo de minas e cebola, assada no forno. Uma versão da sua origem dá conta de que durante a Guerra do Paraguai, para transportar a sopa com mais facilidade para os campos de batalha, os soldados adicionaram outros ingredientes e aumentaram a quantidade de farinha na receita, o que alterou sua consistência. Outra credita ao cozinheiro das tropas do general Solano Lopes, a criação da receita. É típica do Mato Grosso do Sul.

CEVICHE DE GUARIROBA, ABÓBORA PRECOCE E LINGUIÇA DE PORCO

★ **De Humberto Marra, GO**

4 porções

INGREDIENTES

300 g de **guariroba** fatiada finamente

500 g de linguiça de porco cortada em cubos

100 g de abóbora precoce, ou de outro vegetal (maxixe, pepino), fatiada em meia-lua

80 g de cebola branca fatiada em meia-lua

80 g de cebola roxa fatiada em meia-lua

20 g de pimenta-de-cheiro verde sem as sementes e picada

10 g de pimenta-dedo-de-moça sem as sementes e picada

1/4 de maço de coentro picado

4 limões-galegos

Óleo, para fritar

Sal, a gosto

COMO FAZER

1. Mantenha a guariroba fatiada em salmoura com o limão para não escurecer. **2.** Frite a linguiça de porco e aguarde amornar. **3.** Misture os demais ingredientes e acrescente a linguiça frita.

 DICA DO CHEF: sirva o ceviche preferencialmente resfriado.

Guariroba é um palmito de sabor amargo, fruto da palmeira de mesmo nome, originária do Cerrado, bastante utilizado na culinária dos estados de Goiás e Minas Gerais. É consumida cozida em refogados de carne ou de legumes, como recheio de tortas, como coadjuvante de outros pratos típicos do Centro-Oeste, como o empadão goiano e o peixe na telha, e como ingrediente principal do lendário arroz de guariroba. Dos seus cocos, retiram-se as amêndoas, que são transformadas em farinha empregada em doces – como o popular doce de taiá –, bolos e pães. É conhecida por outros nomes populares como: "gariroba", "palmito amargoso", "gueroba", "coco babão", "catolé".

PÉ DE MANGARITO

★ **De Diego Badra, DF**

6 porções

INGREDIENTES

Creme de mangarito

100 g de **mangarito** grande
300 g de creme de leite fresco
Sal, a gosto

Mangarito confitado

100 g de mangarito pequeno
400 g de manteiga clarificada

Terra de tomate

300 g de pão italiano torrado e processado
Azeite de oliva, a gosto

1 cebola pequena cortada em cubinhos

3 dentes de alho cortados em cubinhos

1 folha de louro

Tomilho fresco, a gosto

Páprica defumada

2 tomates maduros descascados

Brócolis ramoso

Flores de 1 maço de brócolis ramoso
Sal e pimenta-do-reino, a gosto
Azeite de oliva, a gosto

COMO FAZER

Creme de mangarito

1. Cozinhe os mangaritos grandes em água até que fiquem macios. 2. Descasque-os e amasse com um garfo. 3. Processe o mangarito amassado com o creme de leite fresco até obter uma textura de creme liso. 4. Tempere com sal. Reserve.

Mangarito confitado

1. Cozinhe os mangaritos pequenos em uma panela pequena submersos na manteiga clarificada a 86 °C por 30 minutos. Reserve.

Terra de tomate

1. Em uma frigideira com azeite, refogue a cebola. 2. Adicione o alho, o louro e o tomilho. 3. Assim que dourar, adicione a páprica e os tomates e deixe reduzir em fogo baixo até que o líquido evapore e adquira uma textura pastosa. 4. Adicione a farinha de pão processado e regue com azeite. 5. Deixe em fogo baixo sempre mexendo para evaporar a umidade e ficar bem sequinho. 6. Leve ao processador para que fique com aspecto de terra solta. Se necessário, volte a mistura para a frigideira para secar mais. Reserve.

Brócolis ramoso

1. Tempere as flores de brócolis com sal, pimenta-do-reino e azeite.
2. Disponha as flores separadamente em uma assadeira e leve ao forno a 120 °C por 30 minutos ou até ficarem crocantes. Reserve.

MONTAGEM

Em um vasinho de planta, adicione os mangaritos confitados e cubra-os com o creme de mangarito. Monte a terra de tomate simulando a de um vaso de plantas. Finque as flores de brócolis simulando uma planta crescendo. Sirva quente.

Da mesma família do inhame, do cará e da taioba, o **mangarito** de formato arredondado – lembra uma batatinha –, tem sabor delicado e cor alaranjada. Em risco de extinção, o tubérculo ainda é encontrado no interior de Goiás e de Minas Gerais, cultivado em hortas domésticas e por pequenos produtores. Na cozinha, pode ser empregado de várias maneiras: assado, cozido, e servido com melado ou manteiga, frito, em forma de bolinhos, cremes, sopas ou purês, e, ainda, na forma de farinha e polvilho. As folhas do pé de mangarito, depois de bem refogadas ou cozidas, são comestíveis, podendo ser preparadas como as folhas de taioba.

PETISCOS DE PEIXINHO-DA--HORTA E DE ORA-PRO-NÓBIS COM FARINHA DE ARROZ ACOMPANHADOS DE GELEIA DE CAGAITA

★ **De Rita Medeiros, DF**

12 a 15 unidades

INGREDIENTES

Geleia de cagaita

1 kg de cagaitas verdosas
1 xícara (chá) de açúcar
1 pitada de sal
2 pimentas-dedo-de-moça sem as sementes e picadas em quadradinhos

Petisco de peixinho-da-horta e de ora-pro-nóbis

1 xícara (chá) de farinha de arroz
2 colheres (sopa) de amido de milho
Sal, a gosto
Folhas tenras de peixinhos-da-horta
Folhas tenras de ora-pro-nóbis
Óleo, para fritar

COMO FAZER

Geleia de cagaita

1. Em uma panela, leve ao fogo brando as cagaitas, o açúcar e o sal por, aproximadamente, 40 minutos. 2. Acrescente a pimenta, retire do fogo e descarte as sementes das cagaitas.

Petisco de peixinho-da-horta e de ora-pro-nóbis

1. Prepare a massa misturando a farinha de arroz, o amido de milho com água gelada suficiente para a massa ficar nem muito fina, nem muito grossa. **2.** Mergulhe as folhas de ora-pro-nóbis e de peixinho-da-horta, uma a uma, na massa. Escorra para tirar o excesso. **3.** Frite em imersão no óleo quente, cuidando para não queimar. **4.** Sirva o petisco com a geleia de cagaitas com pimenta.

Fruto típico do Cerrado, a **cagaita** é redondinha, com casca de cor amarelo-esverdeada e polpa carnuda e suculenta, que pode ser congelada por até 12 meses. Apesar de seu agradável sabor ácido e textura macia, não deve ser consumida em grandes quantidades, pois tem forte efeito laxativo, como denuncia seu nome científico: *Eugenia dysenterica*. Em contrapartida, as folhas de sua própria árvore têm efeito constipador. É empregada em sucos, doces, geleias, compotas, picolés, sorvetes e drinques.

PRATOS PRINCIPAIS E ACOMPANHAMENTOS

Arroz boliviano Receita boliviana que foi absorvida pela culinária do Mato Grosso do Sul, é elaborada com carne moída, ervilha, milho-verde, ovos cozidos, banana-da-terra frita, cebola, alho e cebolinha.

Arroz de pequi Prato emblemático da culinária do estado de Goiás, é o arroz cozido com pequi, cebola, alho e temperos.

Arroz de puta rica Prato goiano elaborado com arroz branco, feijão, costelinha de porco defumada, linguiça calabresa, lombo de porco, toucinho defumado, sobrecoxa de frango, azeitona, palmito, tomates e ervilhas frescas.

Arroz de suã Preparado com a parte inferior do lombo do porco, que abrange a costela vertebral com suas costelinhas, é temperado com sal, pimenta, alho, suco de limão e vinagre, frito e cozido com arroz. Presente no cardápio goiano, o prato é herança tropeira também encontrado no interior de São Paulo e no sul de Minas Gerais.

Arroz do Cerrado Feito com pequi, guariroba e açafrão, o prato não pode faltar no domingo de Páscoa dos goianos.

Bori-bori Receita paraguaia que caiu no gosto dos mato-grossenses, elaborada com pedaços de frango cozidos com cebola, alho e temperos, acompanhados de bolinho de fubá, queijo caipira ralado e arroz branco.

Buré Delicioso creme de milho-verde picado, acrescido de cambuquira.

Cabeça de boi assada Iguaria pantaneira que tem por costume enterrar por baixo da fogueira a cabeça inteira de um boi. No dia seguinte, são consumidos as bochechas, a língua e os miolos.

Caribéu Típico do Pantanal, é um refogado de carne de sol ou charque com mandioca, pimentão verde, tomates maduros, cebola, alho, pimenta e cheiro-verde.

Caruru mato-grossense É feito com carne moída, abóbora, quiabo, pimentão verde e cheiro-verde.

Casadinho Prato comum em Goiás, é feito com arroz refogado com temperos, acrescido de feijão cozido com bastante caldo, que vai cozinhar o arroz.

Catana ensopada Carne da cauda do jacaré, as catanas, em postas, são cozidas com tomates, cebolas e temperos.

Chibé Carne de sol desfiada bem fininha. Depois de assada, é refogada com mandioca ralada, cebola, tomate, pimenta e cheiro-verde.

Chica doida Receita da culinária de Goiás, com mais de setenta anos, que é uma criação de dona Petronilha Ferreira Cabral, da cidade de Quirinópolis, já falecida. Trata-se de mais um imprevisto na cozinha – sobrou pamonha, mas faltou palha – que resultou em um novo prato. Por que o nome? "Por causa da pimenta-malagueta. É ela quem vai deixar a Chica doida", costumava brincar a autora. Patrimônio Cultural Imaterial do estado, a receita é à base de milho-verde, acrescido de jiló, linguiça, queijo de minas e temperos.

Chipaguaçu Torta de milho, leite, ovos, cebola frita e queijo fresco ralado. É uma receita paraguaia presente no Mato Grosso do Sul.

Chipa so'o Bolinho frito feito com fubá, queijo fresco e banha, recheado com carne moída. Servido com arroz branco, é mais uma receita paraguaia que faz parte do receituário do sul-mato-grossense.

Churrasco de buraco Característico do Pantanal, as carnes são assadas sobre madeira de angico. "O buraco, retangular, tem o tamanho da festa, ou seja, do número de participantes", segundo o chef Paulo Machado.

Cozido de osso Receita de Corumbá feita com a perna do boi ou com o rabo, e legumes, temperos e cachaça.

Cumandá quesu Prato elaborado com feijão-verde e queijo caipira.

Empadão goiano Torta cuja massa é elaborada com farinha de trigo, ovos, banha de porco, óleo e fermento, recheada com frango desfiado, pedacinhos de linguiça, carne de porco, guariroba, pequi, queijo de minas e azeitona.

Feijão à moda do Pantanal Prato elaborado com feijão-rosinha, repolho-branco, lombo de porco e linguiça.

Feijão empamonado Da culinária cuiabana, é receita elaborada com feijão engrossado com farinha de mandioca.

Feijão gordo Tradicional acompanhamento do arroz de carreteiro ou de macarrão de comitiva, elaborado com feijão-carioca ou feijão-fava, enriquecido com carnes fresca e seca, lombo ou linguiça e temperos.

Feijão pagão Feijão cozido, acrescido de temperos e farinha de mandioca, escaldado com gordura quente e misturado com torresmo. Servido com ovos fritos, em Goiás é também chamado de "feijão calcado".

Filé de tchapa e cruz Filé de pintado frito, recoberto com molho à base de amido de milho e fatias de muçarela, gratinado no forno.

Galinhada com pequi Prato típico de Goiás, é elaborado com arroz branco misturado com pedaços de galinha cortados na junta, pequi — que também pode ser substituído pela guariroba —, pimentão verde, alho, pimenta-do-reino, pimenta-de-cheiro, cheiro-verde e açafrão.

Garnizé Variação do arroz de carreteiro elaborada com macarrão quebrado e ovo frito.

Guisado pantaneiro Carne de sol desfiada, refogada com mandioca batida, pimentão verde, tomate, cebola, açafrão, leite de coco, azeite de dendê e temperos, polvilhada com queijo provolone ralado grosso.

Jantinha Prato goiano leva arroz, feijão-tropeiro, mandioca, farofa, vinagrete e espetinho. Patrimônio Cultural Imaterial goianiense desde 2022.

João sujo No Pantanal, é um pirão preparado com as sobras de carne do churrasco e caldo de carne.

Locro Influência paraguaio-argentina, popular no sul do Pantanal, é um guisado de carnes bovinas com osso, tomate, cebola, alho, milho seco quebrado, cheiro-verde, sal e pimenta. É servido com mandioca cozida ou arroz branco.

Macarrão de comitiva Prato tradicional das comitivas que tocam gado pelo Pantanal, é preparado com espaguete quebrado em pedaços, frito em banha, acompanhado de carne soleada (similar à carne de sol). Variação do arroz carreteiro, também é chamado de "macarrão de boiadeiro", "macarrão frito" ou "macarrão pantaneiro".

Matula Conhecida como a "feijoada do Cerrado", é feita com feijão-branco temperado e engrossado com farinha de mandioca, miúdos de porco, linguiça e carne de sol. É servida em travessa forrada com folhas de bananeira.

Matula de galinha Bolinhos de carne de galinha caipira moída, temperada com alho, cúrcuma, sal e pimenta, acrescida de banha de porco e farinha de milho. Os bolinhos são envoltos nas palhas do milho, previamente ferventadas, e levados ao forno para assar.

Mojica Prato amazonense de tradição indígena, feito com carne de siri, caranguejo ou peixe cozida até desmanchar e engrossada com farinha de mandioca. É famosa a mojica de pintado do Mato Grosso, um ensopado de peixe com mandioca, pimentão verde, colorau, azeite e temperos verdes, servido com arroz empapado e sem sal ou com pirão feito com o próprio caldo do ensopado. No Mato Grosso do Sul, é conhecida como "peixada pantaneira".

Mungunzá goiano Feijão-roxinho, milho branco e carne-seca cozidos juntos.

Olha Cozido goiano elaborado com costelas de vaca, mandioca, batata-doce, banana-da-terra, couve, cenoura, tomate, cebola e temperos.

Palga serrana Típica da serra da Bodoquena, é galinha caipira desfiada, cozida com palmito de bacuri e temperos.

Pamonha goiana Massa de milho-verde temperada com sal e pimenta-do-reino, cozida e servida em folha de milho com os mais diferentes recheios, que incluem até jiló e guariroba. A versão salgada é marca registrada do estado. "Parecem indispensáveis à vida dos goianos que quando querem frisar a insignificância de uma cidadezinha qualquer, usam a expressão: "Só tem igreja e pamonharia", nos conta Pedro Cavalcanti, jornalista e escritor.

Pastela Espécie de pamonha, sua massa é feita com mandioca ralada, gordura, açúcar, queijo ralado e canela, depois levada ao forno para assar enrolada em folha de bananeira. É muito consumida em Goiás.

Peixe na palha Peixe de sua preferência temperado com alho, sal, pimenta-do-reino e limão, assado envolto em folhas de bananeira.

Peixe na telha Peixe em postas, geralmente o pintado ou o surubim, marinado em uma mistura de alho, sal, limão e pimenta-do-reino, depois refogado com pimentão verde, tomate, cebola e cheiro-verde, disposto em uma telha de barro, cujas extremidades são fechadas com uma pasta de farinha de mandioca, e levado para assar.

Peraputanga assada Prato principal da culinária mato-grossense, a "pera", como o peixe é chamado pelos ribeirinhos, é recheada com uma farofa de banana e couve, e levada para assar.

Pico a la macho Prato típico boliviano feito com filé frito, linguiça, cebola, azeitona, queijo e batata frita presente no Mato Grosso do Sul.

Pintado ao urucum Filés do peixe empanados e fritos, que recebem um molho à base de cebola, tomate, alho, leite de coco e urucum, refogados no azeite de dendê, acrescidos de creme de leite e fatias de queijo muçarela.

Pixé É uma farofa doce à base de milho torrado na banha, pilado e peneirado, acrescido de sal, açúcar e canela. Na Festa de São Benedito, em Cuiabá, é servida em cones de papel. Essa espécie de paçoca, também chamada de "paçoca cuiabana", pode ainda enriquecer bolos, doces e mingaus, ou ser misturada ao leite. Entre os mato-grossenses, é considerada afrodisíaca.

Puchero pantaneiro Cozido elaborado, tradicionalmente, com o espinhaço do boi, mandioca, legumes e temperos.

Quebra-torto Tradicional café da manhã pantaneiro composto de ovos fritos, arroz de carreteiro, macarrão de comitiva, mandioca, ovos fritos, farofa de banana, chipa, sopa paraguaia, paçoca de carne-seca. Para adoçar, bolos de fubá e mandioca, biscoitos doces, canjica e, para beber, sucos, mate queimado, café e leite com açúcar queimado. O café reforçado ajuda a deixar o peão no prumo, para mais um dia de trabalho.

Revirado cuiabano ou pantaneiro Carne picada na ponta da faca, refogada com cebola, alho, pimentões e pimenta-de-bode, engrossada com farinha de mandioca.

Sarrabulho De origem portuguesa, é também chamado de "sarravulho". A receita foi adaptada ao gosto pantaneiro e transformada no prato típico corumbaense, com ingredientes à base de miúdos de boi com vinho, linguiça calabresa, paio e azeitonas.

Sobá Iguaria nipônica, ganhou as feiras livres de Campo Grande. A receita leva macarrão específico para sobá, feito de trigo-sarraceno, carne suína, cebolinha e omelete picada. É servida com gengibre batido no liquidificador com água e sal.

Sopa de pintado Elaborada com pintado (peixe abundante na região), mandioca, quiabo e banana-da-terra em pedaços, milho-verde debulhado, cebola e temperos.

Sopa pantaneira Preparada com carne-seca, farinha de mandioca, macarrão cabelinho de anjo, colorau, cebola, alho, sal e pimenta.

Sururuca ou peituda Espécie de mingau de farinha de milho com queijo picadinho, ao qual se adiciona café bem quente. A sururuca é goiana.

Tigelada de guariroba Feita com palmito refogado em manteiga com alho, sal, pimenta, cebola e tomate, acompanhado por ovos batidos e farinha de trigo, para dar consistência. Assada no forno, faz parte do cardápio de Goiás.

ARROZ DE CABARÉ

★ **De André Barros, GO**

6 porções

INGREDIENTES

400 g de sobrecoxas de frango
100 g de costelinha suína
Sal e pimenta-do-reino moída na hora, a gosto
4 colheres (sopa) de banha de porco
150 g de carne serenada cortada em cubos graúdos
1/2 xícara (chá) de bacon picado
2 cebolas picadas
4 dentes de alho picados
1 xícara (chá) de pimentão vermelho ou verde cortado em cubos
2 colheres (chá) de **açafrão-da-terra** em pó
2 xícaras (chá) de arroz agulhinha, lavado e escorrido
4 tomates maduros cortados em cubos
500 ml de água mineral quente
4 folhas de louro
1 limão-taiti cortado em 4 partes, para decorar
Cheiro-verde (coentro e cebolinha) picado, a gosto
Fio de azeite de oliva extravirgem

COMO FAZER

1. Tempere o frango e a costelinha suína com sal e pimenta-do--reino. **2.** Em uma panela média, aqueça a banha de porco e frite bem a costelinha de porco e as sobrecoxas. Reserve. **3.** Doure a carne serenada e depois o bacon. **4.** Acrescente a cebola e depois o alho. **5.** Adicione o frango e a costelinha. **6.** Coloque o pimentão e o açafrão e misture bem. **7.** Acrescente o arroz e refogue. **8.** Por fim, adicione os tomates, a água mineral e as folhas de louro. **9.** Ajuste o sal e a pimenta-do-reino. **10.** Cozinhe com a panela tampada por, aproximadamente, 20 minutos ou até o ponto desejado.

11. Finalize com o cheiro-verde e um fio de azeite de oliva.
12. Guarneça com o limão.

Conhecido também como cúrcuma, o **açafrão-da-terra** é uma raiz da família do gengibre e do cardamomo, retirada de uma planta de formato semelhante ao da cenoura. Já o açafrão é proveniente dos estigmas de flores da planta *Crocus sativus*. Com cores bastante parecidas e propriedades medicinais semelhantes, são duas plantas distintas. As raízes secas ou em pó do açafrão-da-terra são empregadas em grande parte dos pratos tradicionais da comida goiana, como a galinhada e o arroz com pequi, tem sabor terroso e amargoso – o segredo é dar uma fritadinha nele antes de usar –, devendo ser empregado com parcimônia. É também usado como corante na indústria de pães, massas, biscoitos, queijos e pratos industrializados. É conhecido por estes outros nomes: "gengibre dourado", "açafrão", "açafrão-de-raiz", "tumérico" e "açafrão-do-amazonas".

CARNE SUÍNA DE LATA COM FAROFA GOIANA, VINAGRETE E RAPADURA

★ **De Mara Alcamim, GO**

Porção individual

INGREDIENTES

Carne suína de lata

1 kg de carne nobre de porco caipira cortada em cubos grandes
1 kg de costelinha suína
Alho processado, sal e pimenta-do-reino, a gosto
5 kg de toucinho sem pele cortado em cubos grandes

Pesto de alfavaca com pimenta-de-bode

3 g de pimenta-de-bode
3 g de alfavaca
2 g de alho processado
5 ml de banha

Farofa goiana

3 g de cebola branca processada
3 ml de banha
10 g de farinha goiana
Sal, a gosto

Vinagrete de maracujá pérola do Cerrado e cajuzinho--do-cerrado

20 g de cebola branca processada cortada em cubinhos
20 g de tomate-italiano cortado em cubinhos
3 g de cajuzinho-do-cerrado cortado em cubinhos
3 g de maracujá pérola do Cerrado cortado em cubinhos
1 g de pimenta-dedo-de-moça cortada em cubinhos
1 g de sal refinado
2 ml de suco de limão-taiti
5 ml de azeite de oliva
1 g de cebolinha
1 g de coentro

Finalização

Rapadura ralada, a gosto

COMO FAZER

Carne suína de lata

1. Tempere as carnes com alho, sal e pimenta. 2. Coloque sal no toucinho e leve ao fogo até derreter a gordura, e sobrar somente o torresmo. 3. Escorra bem e volte com a banha para a panela. 4. Na mesma gordura, frite as carnes. Esse processo é longo. Mexa

algumas vezes, para ficar bem frito de todos os lados. 5. Escorra novamente. 6. Coloque as carnes em latas e cubra completamente com a banha em que fritou.

Pesto de alfavaca com pimenta-de-bode

1. Misture todos os ingredientes, exceto a banha e macere com um pilão. 2. Adicione a banha por último e misture bem.

Farofa goiana

1. Frite a cebola na banha até dourar. 2. Acrescente a farinha, mexa bem e tempere com sal.

Vinagrete de maracujá pérola do Cerrado e cajuzinho--do-cerrado

1. Misture bem a cebola, o tomate, o cajuzinho, o maracujá e a pimenta-dedo-de-moça. 2. Tempere com o sal, o limão, o azeite, a cebolinha e o coentro.

Finalização

1. Após fritar de novo a **carne de lata** na própria gordura, acrescente o pesto de alfavaca. 2. Em um prato, monte a carne de lata com a farofa e a vinagrete de maracujá pérola do Cerrado e cajuzinho. 3. Decore com rapadura ralada.

 DICAS DA CHEF: quando for servir, coloque a carne com a banha em uma panela e espere a gordura derreter para fritar novamente. A carne de lata rende 10 porções.

"No Brasil, a técnica e o hábito do consumo da carne na banha se difundiram com a chegada dos colonizadores europeus que, além de gerarem maior demanda por alimentos que pudessem ser transportados e conservados trouxeram, também, os primeiros suínos para o país. É possível, porém, remeter a técnica de conservação da carne em gordura também a um alimento de raízes indígenas, a mixira, tradicional em algumas partes da região amazônica", conta-nos Marcelo Aragão de Podestá, mestre em História e Cultura da Alimentação. Esse método de conservação, nominado **carne de lata**, consiste no cozimento e na fritura da carne de porco, muitas vezes, as partes mais nobres: pernil, lombo ou paleta de porco, até a sua completa desidratação. Uma vez retirada toda a água, a carne é acondicionada em uma lata, onde ficará submersa na gordura suína. É conhecida como "carne na banha", no Vale do Paraíba.

ESTROGONOFE DE JACARÉ

★ **De Paulo Machado, MS**

4 porções

INGREDIENTES

250 g de castanha-do-pará
1 copo americano de água
1 kg de filé de dorso de **jacaré** cortado em iscas
Sal, a gosto
1 pitada de pimenta-do-reino
Noz-moscada, a gosto
Páprica, a gosto
2 colheres (sopa) de manteiga sem sal
1/2 copo americano de cachaça
1 cebola picada
100 g de cebolas pérola em conserva

400 g de cogumelo shimeji cinza (2 caixinhas)

100 ml de molho de tomate

1 colher (sopa) de mostarda escura

1 colher (sopa) de nata

Salsinha picada, a gosto, para decorar

Tomates-cereja, para decorar

COMO FAZER

1. Primeiramente, processe as castanhas no liquidificador com a água 2. Passe em uma peneira e reserve o leite extraído. 3. Leve o bagaço que restou na peneira ao forno até dourar. Reserve. 4. Tempere as iscas de jacaré com sal, pimenta-do-reino, noz-moscada e páprica. 5. Em uma frigideira alta, salteie o jacaré na manteiga e flambe com a cachaça. Reserve. 6. Na mesma frigideira, refogue as cebolas e, em seguida, adicione os cogumelos, o molho de tomate, a mostarda e o leite das castanhas reservado. 7. Finalize com a nata e ajuste o sal. 8. Decore com a salsinha picada e os tomates-cereja. 9. Sirva com a farofa de castanha.

Saborosa, exótica e agradável ao paladar, a carne de **jacaré** pode ser cozida, frita, grelhada, empanada, usada em ensopados e moquecas ou como recheio de linguiças. Embora mais rija, a carne da cauda é considerada a parte mais nobre. Animal selvagem, de sangue frio, vive em uma temperatura entre 28 °C e 30 °C, por isso está sempre próximo a rios e lagos, em terrenos úmidos. No Brasil, habita o Pantanal, as várzeas do rio São Francisco e a Amazônia. Atualmente, a caça do jacaré é proibida, e o animal das espécies conhecidas por jacaré-do-pantanal (*Caiman yacare*), jacaretinga (*Caiman crocodilus*), jacaré-de-papo-amarelo (*Caiman latirostris*) e jacaré-açu (*Melanosuchus niger*) é criado em cativeiros fiscalizados pelo Instituto Brasileiro do Meio Ambiente e dos Recursos Naturais Renováveis (Ibama).

GALINHADA DO CERRADO

★ **De Francisco Ansiliero, DF**

2 porções

INGREDIENTES

200 g de sobrecoxa desossada de frango caipira
Suco de 1/2 limão
Cachaça, a gosto
Sal e pimenta-do-reino, a gosto
30 ml de azeite de oliva extravirgem
1 dente de alho amassado
1/2 cebola média picada
150 g de arroz vermelho dos calungas
30 g de cajuzinho-do-cerrado
30 g de cagaita
15 g de polpa de buriti hidratado
15 g de polpa de **pequi**
1 L de caldo de frango
Salsinha picada, a gosto

COMO FAZER

1. Lave o frango com o limão e a cachaça, corte em pedaços pequenos e tempere com sal e pimenta-do-reino. Reserve. 2. Leve uma caçarola ao fogo médio e acrescente o azeite, o alho e a cebola e deixe dourar. 3. Adicione o frango e doure bem, mexendo de vez em quando. 4. Coloque o arroz e salteie por alguns segundos. 5. Acrescente as polpas das frutas, a cagaita e o cajuzinho-do-cerrado, refogue um pouco e acrescente o caldo de frango. 6. Abaixe o fogo e cozinhe o arroz. De vez em quando, mexa cuidadosamente.

7. Deixe ferver, ao fogo baixo, até que o arroz esteja no ponto e sabores estejam bem incorporados. 8. Corrija o sal e a pimenta. 9. Finalize com a salsinha.

 DICA DO CHEF: para hidratar a polpa de buriti, deixe-a de molho em água de um dia para o outro.

Fruta de polpa amarela e sabor forte, proveniente de uma árvore nativa do Cerrado, o **pequi** é empregado em conservas e licores, como ingrediente de doces, salgados e receitas consagradas da culinária goiana (galinhada, frango com pequi e arroz de pequi). Da polpa do pequi, também se extrai um óleo comestível de aroma e sabor fortes, semelhantes ao de fígado de bacalhau. Outra parte que pode ser consumida é a castanha, que fica no interior do fruto, protegida por uma camada de espinhos. Pode ser comida crua – tomando-se o cuidado de não morder a fruta até o caroço – ou cozida, mas também pode ser adicionada a receitas. Diz a crença popular que, se cozido com leite, vira afrodisíaco. Também chamado de "piqui", o nome vem do tupi *py qui* (casca espinhosa).

PACU-BARU

★ **De Lucas Caslu, MS**

2 porções

INGREDIENTES

30 g de óleo de girassol
100 g de cebola picada em cubos médios
15 g de alho cortado em lâminas
5 g de talo de coentro
100 g de pimentão vermelho picado em cubos médios
20 g de pasta de baru

100 g de leite de coco
2 g de curry em pó
Sal, a gosto
400 g de filé de **pacu**
Pimenta-do-reino, a gosto
Óleo, para fritar

COMO FAZER

1. Coloque o óleo de girassol, a cebola, o alho, o coentro e o pimentão em uma panela e leve ao fogo baixo até a cebola e o pimentão ficarem macios. Cuide para não dourar, pois isso afetará a coloração do preparo. **2.** Retire a panela do fogo e deixe esfriar. **3.** Em seguida, bata esse preparo junto com a pasta de baru, o leite de coco e o curry no liquidificador até obter uma consistência pastosa. **4.** Ajuste o sal e volte à panela. Mantenha essa pasta aquecida. **5.** Tempere o filé de pacu com sal e pimenta-do-reino a gosto. **6.** Aqueça uma frigideira com óleo e frite o pacu. **7.** Primeiro o lado da carne e depois o lado da pele. **8.** Disponha o pacu sobre a pasta e sirva em seguida.

 DICA DO CHEF: para manter a crocância, sirva o peixe com a pele para cima, sem contato com o molho.

Designação comum a vários peixes de água doce, da família dos caracídeos, típico do Pantanal mato-grossense, o **pacu** também é encontrado nas bacias dos rios brasileiros, da Amazônia ao Prata. Sua carne branca, farta, quase sem espinhas e um pouco gordurosa é bastante apreciada pela textura e pelo sabor. Pode ser grelhada, frita, assada ou ensopada. Em Mato Grosso, faz-se um cozido famoso com sua cabeça e com suas costelas temperadas com limão e sal, empanadas e fritas assadas na brasa, um prato consagrado: as ventrechas de pacu.

PANELINHA GOIANA

★ **De Larissa Januário, SP**

4 porções

INGREDIENTES

200 g de filé-mignon suíno em cubos

1/2 colher (chá) de colorau

1/4 colher (chá) de pimenta-de-caiena

Raspas de 1 limão-taiti

Sal, a gosto

300 g de sobrecoxa desossada cortada em cubos médios

1 colher (chá) de cúrcuma

4 dentes de alho amassados

Pimenta-do-reino, a gosto

Suco de limão-cravo, a gosto

Banha de porco, para fritar

150 g de lombo defumado em cubos

1 L de caldo de frango

1 cebola grande picada em cubos

Talos de salsinha e cebolinha (só a parte branca) picados, a gosto

Pimenta de bode (ou pimenta-de-cheiro), a gosto

200 g de linguiça caipira pré-assada e fatiada em rodelas grossas

50 ml de cachaça

1/2 xícara (chá) de milho-verde debulhado

1 xícara (chá) de arroz parboilizado

Azeite de oliva, q.b.

5 quiabos pequenos cortados no sentido do comprimento

150 g de queijo meia cura cortado em cubos

100 g de muçarela cortada em fatias finas

100 g de minitomates vermelhos cortados ao meio
Cheiro-verde, a gosto

COMO FAZER

1. Tempere o filé-mignon suíno com o colorau, a pimenta-de-caiena, as raspas de limão-taiti e o sal. **2.** Em outra cumbuca, tempere o frango com a cúrcuma, o alho amassado, a pimenta-do-reino e o sal. **3.** Junte o suco de limão-cravo e deixe um tempo para agarrar um pouco de gosto. **4.** Em uma caçarola pequena, coloque a banha de porco e frite o filé suíno em fogo bem alto para dar cor rápido e manter a suculência. **5.** Quando dourar, retire e reserve à parte. **6.** Sem lavar, na mesma panela, coloque um pouquinho mais de banha e a sobrecoxa. A ideia é fritar o frango e já começar o refogado usando a técnica "pinga e frita". **7.** Quando o frango começar a pegar cor, retire e reserve à parte. **8.** Na mesma panela, junte o lombo defumado, um pouquinho do caldo de frango, a cebola, o alho, os talos de salsinha e cebolinha, a pimenta de bode e misture bem. **9.** Acrescente as carnes reservadas e a linguiça. **10.** Coloque a cachaça para arrematar e deglaçar o fundo da panela. **11.** Adicione o milho-verde. **12.** Agora coloque o arroz na panela e mexa bem para incorporar todos os ingredientes. **13.** Cubra com o caldo de frango e deixe em fogo médio e semitampado para que o arroz cozinhe. **14.** Enquanto isso, aqueça uma frigideira com azeite, toste primeiro os quiabos e depois, metade do queijo meia cura, só para dar uma cor sem perder textura. Reserve. **15.** Volte ao arroz. Este precisa estar macio e suculento. Se for necessário, acrescente um pouco do caldo. **16.** Coloque o restante do queijo meia cura e misture para derreter no calor residual. **17.** Desligue o fogo e faça uma cobertura com as fatias de muçarela. **18.** Disponha os quiabos, o queijo reservado e os tomatinhos **19.** Finalize com o cheiro-verde.

 DICA DA CHEF: a técnica "pinga e frita" consiste em deixar o fogo bem alto para secar a água da carne e, sempre que começar a querer queimar, adicionar água ou caldo.

Amarela ou vermelha quando madura, redondinha e achatada, muito aromática e picante, a **pimenta-de-bode** é um condimento típico da culinária goiana – o estado é um dos maiores produtores do tempero. Entra no preparo de carnes, molhos, feijão, pamonha, no famoso empadão goiano e até em biscoitos de polvilho. Além de fresca, é encontrada em conservas de azeite, vinagre ou salmoura. Em São Paulo, é conhecida como pimenta-de-cheiro. Não deve, porém, ser confundida com a pimenta-de-cheiro popular em Goiás. Ambas têm em comum o aroma acentuado, porém a pimenta-de-cheiro goiana apresenta frutos de baixa ardência, enquanto a pimenta de bode tem alta ardência.

PINTADO GRELHADO COM MOUSSELINE DE PEQUI E FAROFA DE PIXÉ COM ESCAMAS

★ **De Marcelo Cotrim, MT**

Porção individual

INGREDIENTES

Pintado

100 g de filé de pintado
Sal e pimenta-do-reino branca, a gosto
Suco de 1 limão-cravo
25 ml de manteiga clarificada
10 ml de tucupi preto
20 ml de caldo de peixe ou água
Brotos de coentro, para finalizar

Mousseline de mandioquinha e pequi

120 g de mandioquinha descascada
1 pitada de sal
70 g de polpa de pequi
60 ml de leite integral
Pimenta-do-reino branca, a gosto
Puxuri ralado, a gosto
100 ml de creme de leite fresco
80 g de manteiga sem sal
Sal, a gosto

Farofa de pixé

50 g de manteiga sem sal
20 g de cebola cortada em cubinhos
10 g de dente de alho cortado em cubinhos
1 pixé (milho torrado com açúcar e canela)
60 g de farinha de mandioca flocada
Sal, a gosto
1 L de óleo de soja, para fritar a escama
Escamas de peixe, a gosto

Redução

400 ml de **canjinjin**

COMO FAZER

Pintado

1. Tempere os filés de pintado com sal, pimenta-do-reino branca e limão. 2. Aqueça a frigideira, coloque um pouco de manteiga clarificada e grelhe rapidamente o filé dos dois lados. 3. Retire e coloque em uma assadeira. 4. Pincele e glaceie com o tucupi preto, coloque um pouco do caldo e leve ao forno a 160 °C por 5 minutos. Finalize com os brotos de coentro.

Mousseline de mandioquinha e pequi

1. Cozinhe a mandioquinha na água fervente com uma pitada de sal e metade da polpa do pequi. **2.** Coe, processe e reserve. **3.** Cozinhe o restante da polpa de pequi em leite infusionado com a pimenta-do-reino branca e o puxuri. **4.** Adicione o creme de leite e deixe ferver. **5.** Retire do fogo, adicione a mandioquinha, a manteiga e acerte o sal. Reserve.

Farofa de pixé

1. Derreta a manteiga e refogue a cebola e, em seguida, o alho. **2.** Adicione o pixé e deixe refogar rapidamente. **3.** Acrescente a farinha de mandioca aos poucos, sempre mexendo, até que fique crocante. **4.** Coloque o sal e reserve. **5.** Em uma panela, aqueça o óleo e frite as escamas rapidamente, cerca de 30 segundos. **6.** Retire e escorra em papel-toalha. **7.** Misture na farofa.

Redução

1. Coloque o canjinjin em uma panela e deixe reduzir a 1/4 em fogo baixo. Reserve.

MONTAGEM

Coloque o peixe por cima da mousseline de pequi e a farofa de pixé ao lado. Sirva o canjinjin em uma molheira à parte.

Bebida de origem africana é preparada artesanalmente com cachaça, mel, cravo-da-índia, canela, erva-doce, gengibre, raízes e outros ingredientes não revelados. Típica do município de Vila Bela da Santíssima Trindade, ao norte de Mato Grosso, seu preparo cabe as mulheres que a produzem de forma artesanal. Tido como energético e afrodisíaco, o **canjinjin** está presente nos festejos do congo, tradição secular que remonta ao Brasil Império, que ocorre na cidade no mês de julho. A bebida tem selo da certificação de Indicação Geográfica (IG), e seu nome homenageia o príncipe Kangingin, filho do rei do congo nascido no Mato Grosso.

PORÉU

★ **De Letícia Kalymaracayá, do povo indígena terena, MS**

4 porções

INGREDIENTES

1,5 kg de mandioca ralada e espremida
2 L de água
Sal e pimenta-do-reino, a gosto

COMO FAZER

1. Esprema a mandioca ralada e lave com os 2 litros de água. **2.** Deixe essa água descansar em uma vasilha funda, até o **polvilho** assentar (cerca de 2 horas, sem mexer). **3.** Em seguida, despeje somente a água em uma panela e deixe ferver, mexendo sempre. **4.** Com uma colher de chá ou as pontas dos dedos, vá juntando pequenas porções do polvilho que assentou no fundo da vasilha à água da mandioca fervente, de modo a formar bolinhas. **5.** Tempere com o sal e a pimenta-do-reino, e está pronto para servir.

DICAS DA CHEF: apesar de o caldo parecer empelotado, não desmanche as bolinhas formadas na fervura, deixe cozinhar. Se o poréu ficar muito grosso, acrescente um pouco de água fervente ao caldo. Sirva o poréu quente, acompanhado de mel.

Polvilho é o pó fininho (amido) obtido do resíduo da mandioca ralada, lavada, prensada e decantada em água. A massa branca obtida, depois de separada da água, é chamada de "goma", que depois será seca. Se for seca ao sol, vira polvilho doce, bom para fazer tapiocas, pães e bolos. Se for seca no forno, é fécula. Para obter o polvilho azedo, a mistura de água e amido deve ter tempo para fermentar, de 15 a 20 dias. Somente depois é separada a fécula, que será seca ao sol e moída. Esse polvilho é indicado para o preparo de beijus, pães de queijo e biscoito de polvilho. Quando levado ao calor ainda úmido, o polvilho resulta em farinha de tapioca, macia e crocante, na forma de bolinhas, que podem substituir o sagu.

RAVIÓLI DE PESTO CERRATENSE E CREME DE LIMÃO-CRAVO

★ **De Gil Guimarães, DF**

2 porções

INGREDIENTES

Pesto cerratense

200 g de tomates maduros cortados em 4 partes, sem sementes
100 g de queijo meia cura do Cerrado ralado
60 g de castanha-de-pequi descascada
1 dente de alho
50 g de alfavaca
5 g de sal marinho
800 g de óleo de babaçu
5 g de pimenta-de-macaco

Ravióli

390 g de farinha de trigo do tipo 00
150 g de semolina
260 g de ovo caipira (em média, 6 ovos)
12 g de sal
10 g de óleo de buriti

Creme de limão-cravo

800 ml de creme de leite fresco
50 g de manteiga sem sal
8 g de sal
2 g de pimenta-do-reino
100 ml de suco de limão-cravo (em média, 2 limões)

COMO FAZER

Pesto cerratense

1. Leve os tomates para assar a 140 °C por 20 minutos. Reserve. 2. Coloque todos os ingredientes no pilão, exceto o óleo de babaçu e a pimenta-de-macaco. 3. Adicione o óleo de babaçu aos poucos até chegar ao ponto de pesto. 4. Coloque a pimenta-de-macaco e misture.

Ravióli

1. Coloque todos os ingredientes em uma tigela e sove a massa por cerca de 10 minutos. 2. Embale a massa com filme plástico e deixe descansar por 40 minutos. 3. Abra a massa e faça os raviólis, recheie estes com o pesto cerratense e cozinhe em água fervente.

Creme de limão-cravo

1. Em uma panela, esquente o creme de leite sem deixar ferver. 2. Acrescente a manteiga e mexa bem. 3. Coloque o sal e a pimenta-do-reino. 4. Desligue o fogo e adicione o suco de limão-cravo.

MONTAGEM

Coloque o creme de limão-cravo no prato e os raviólis sobre o creme.

Fruto nativo, pequeno, que dá em cachos, o **buriti** tem a casca dura marrom-avermelhada. A polpa, alaranjada e aromática, pode ser utilizada para fazer doce (a buritizada, muito apreciada no Médio São Francisco), sorvetes, cremes, geleias, farinhas e licores. Com as raspas da polpa seca ao sol, misturada com farinha de mandioca e rapadura, também se faz paçoca. O óleo de sua amêndoa, rico em vitamina A, é usado em frituras e refogados. Do broto terminal, retira--se um palmito bastante apreciado; da sua seiva, é possível produzir mel e este em açúcar; e da medula do caule, pode se obter uma fécula amilácea semelhante ao sagu. O produto mais conhecido do buriti é seu vinho. Abundante no Cerrado, presente na Caatinga e na Amazônia, os frutos do buriti são perecíveis e não podem ser armazenados por longos períodos. "Buritirana", "miriti", "muritii" e "carandá-guaçu" são alguns de seus nomes populares.

DOCES, SOBREMESAS E OUTRAS IGUARIAS

Alfenim Doce feito de açúcar e polvilho, tem origem árabe. Introduzido no Brasil pelos portugueses, é moldado em formatos delicados de flores, bichinhos e bonecos com uma técnica artesanal: deve ser esculpido antes que a massa endureça. Quando moldado no formato de uma pomba, que representa o Divino Espírito Santo, recebe o nome de "verônica" e é distribuído na Festa do Divino, em Goiás.

Asa de morcego Doce moreno elaborado com laranja-da-terra e rapadura, tradicional de Goiás.

Bala de banana Guloseima feita com banana-da-terra embrulhada na palha.

Berém Espécie de pamonha elaborada com mingau de fubá de milho pilado, rapadura e temperos, envolta em folhas de bananeira. Em Goiás, é servida gelada.

Boi pá Doce de origem indígena feito de pedaços de abóbora sem as sementes e os fiapos, rapadura, cravos-da-índia e canela em rama.

Bolinho de arroz Docinho do interior do estado goiano, é preparado com coalhada, açúcar, queijo ralado e fubá de arroz.

Bolo de arroz Tradicionalmente feito com massa fermentada de farinha de arroz ou fubá de arroz, acrescido de ovos, leite, manteiga, queijo ralado e sementes de erva-doce. É assado no forno. O bolo de arroz é muito apreciado em Cuiabá – onde é costume servir acompanhado de chá-mate, o famoso "tchá com bolo" –, e em Goiás.

Bolo mané pelado Típico das festas juninas mineiras, é tradicionalmente servido em fatias. Diz a lenda que o nome homenageia um tal de Mané, agricultor que tinha o estranho hábito de colher mandioca sem roupas. É feito com mandioca ralada e espremida, queijo canastra ralado, açúcar, manteiga e leite.

Bolo de senzala Bolo feito com garapa (caldo de cana), fubá de canjica, leite, açúcar, manteiga, farinha de trigo, canela em pau e cravo. A massa é sovada e depois assada em forma de trouxinhas, sendo envolvidas em folhas de bananeira.

Caburé Bolinho à base de mandioca ralada, ovo, açúcar e manteiga. Sua versão doce (com coco ralado) é comum também na Amazônia. Já a versão salgada (com queijo ralado), assada no forno, é delícia do Pantanal.

Cachorrada Doce elaborado com muito açúcar e leite talhado naturalmente ou com o acréscimo de suco de limão.

Chipaguaçu Bolo mole de milho-verde, é uma variação da sopa paraguaia.

Doce de casca de limão Delícia goiana, são casquinhas de limão-galego cozidas no tacho e preenchidas com doce de leite caseiro.

Doce de mamão verde Feito com tiras fininhas enroladas, em compota.

Doce de mamão vermelho cristalizado Feito com pedaços de mamão sem as sementes, açúcar, bicarbonato de sódio ou cal virgem.

Flor de coco Tradição doceira de Goiás, é feito com fitas de coco cozidas em calda de açúcar e moldadas em formato de uma rosa.

Francisquito Biscoito feito de farinha de trigo, açúcar, ovos e banha, no formato de meia-lua, faz a alegria da criançada no Pantanal.

Noiva Biscoitinho em forma de argola, feito com açúcar, claras, polvilho doce e raspas de limão, faz parte do receituário goiano.

Pastelim ou **pastelinho** Versão com doce de leite do pastel de Belém, é massa fina feita como banha de porco levemente salgada, servida com doce de leite e canela.

Quebra-quebra Biscoito feito com coco ralado, polvilho doce, açúcar cristal, ovos, manteiga e uma pitada de sal, assado no forno.

Rosca rainha Preparada com farinha de trigo, açúcar, ovos e leite.

Trouxinha de sinhá Docinho goiano feito com coalhada azeda, fubá de milho e abóbora.

MINGAU DE JATOBÁ

★ **De Felipe Caran, MS**

Porção individual

INGREDIENTES

1 **jatobá** descascado inteiro
200 ml de leite
200 ml de água
Açúcar, a gosto

COMO FAZER

1. Em uma panela, coloque os gomos inteiros do jatobá, cuja consistência é de farinha. Dê uma leve torrada para enaltecer os aromas. 2. Depois de levemente torrados, adicione o leite, a água e o açúcar. 3. Deixe engrossar devagar, em fogo baixo. 4. Sirva ainda quente.

 DICA DO CHEF: se preferir, coloque primeiro o açúcar, para dourar, e depois a água e o leite.

Encontrado principalmente no Cerrado, o **jatobá** é um tipo de vagem de casca dura e marrom-avermelhada, com uma polpa farinácea adocicada muito saborosa e odor característico. Pode ser consumida *in natura* ou na forma de geleias, licores, chás ou com leite. Na forma de farinha, altamente nutritiva e livre de glúten, é empregada na elaboração de bolos, pães, biscoitos, doces e mingaus. No Parque do Xingu, os índios costumam adoçar a farinha com mel. Com essa mistura acrescida de água, fazem, ainda, um tipo de mingau, que também "é muito empregado nas dietas infantis pelos interiores do Brasil Central", como nos conta o chef Felipe Caran. As flores do jatobá são melíferas e produzem néctar e mel de qualidade. Do tronco se extrai a seiva, conhecida como "vinho de jatobá", muito apreciada por seus poderes energéticos e afrodisíacos.

Fruto de uma árvore majestosa, que pode alcançar até 40 metros de altura e 2 metros de diâmetro, sua madeira, de longa durabilidade e muito resistente, é muito utilizada na construção civil e naval e em marcenaria, o que o coloca sob ameaça de extinção. O nome vem da língua tupi, *va-atã-yba*, que significa "árvore de fruto duro", e recebe dezenas de nomes, como "jassaí", "jutaí", "jataí-peba", "farinheira", entre outros.

RISALAMANDE COM CONFIT DE CAJUZINHO-DO-CERRADO

★ **De Simon Lau, DF**

8 porções

INGREDIENTES

Confit de cajuzinho-do-cerrado

500 g de cajuzinhos-do-cerrado
375 g de açúcar
1 fava de **baunilha-do-cerrado**

Risalamande

200 g de arroz para risoto
350 ml de água
750 ml de leite integral fresco
150 g de açúcar
1 pitada de sal
Sementes de 1 fava de baunilha-do-cerrado
150 g de amêndoas picadas grosseiramente
750 ml de creme de leite fresco

COMO FAZER

Confit de cajuzinho-do-cerrado

1. Remova as castanhas dos cajuzinhos. **2.** Coloque os cajuzinhos e o açúcar em camadas intercaladas em uma panela. **3.** Deixe descansar por 2 a 3 horas. **4.** Leve ao fogo baixo para ferver, mais ou menos 1 a 2 minutos. **5.** Remova a espuma que se forma na superfície. **6.** Retire os cajuzinhos e deixe o caldo reduzir até ficar com uma consistência de xarope ralo. **7.** Peneire o xarope, junte os cajuzinhos e dê uma rápida fervura. **8.** Armazene os cajuzinhos em potes herméticos.

Risalamande

1. Cozinhe o arroz com a água, até que seja absorvido todo o líquido. **2.** Adicione o leite e continue cozinhando com a panela tampada, em fogo baixo, até obter um mingau grosso. **3.** Finalize com o açúcar, o sal e a baunilha-do-cerrado. **4.** Misture bem e deixe esfriar. **5.** Torre levemente as amêndoas no forno a 200 °C. **6.** Bata o creme de leite e incorpore, com as amêndoas, ao "mingau" de arroz já frio. **7.** Sirva gelado acompanhado de confit de cajuzinho-do-cerrado.

 **DICA DO CHEF:** sirva acompanhado de minirrabanadas.

Natural do Cerrado goiano, a **baunilha-do-cerrado** (*Vanilla edwalli*) tem produção pequena. Seu cultivo é lento e difícil, é polinizada unicamente pelas abelhas, e cada flor dá poucas favas por ano. As vagens estão prontas para a colheita quando apresentam pontinhos pretos, como a banana, característica que, aliada a seu formato mais grosso que o da fava convencional, rendeu--lhe o nome de "baunilha-banana". Depois é só deixar secarem por três dias. Maior e mais volumosa que a baunilha originária da América Central, – tem 25 centímetros e pesa 70 gramas, em média –, ligeiramente ácida, é usada para aromatizar chocolates, pudins, bolos, mingaus, cremes, sorvetes, leite e licores. Uma vez utilizada, pode ser conservada em um pote com açúcar hermeticamente fechado e reutilizada em outros preparos. Foi o chef dinamarquês Simon Lau, que vive em Brasília desde a década de 1990, que "descobriu" as baunilhas do Cerrado e as introduziu como ingrediente na alta gastronomia da região.

TRIBUTO AO CERRADO

★ **De Lui Veronese, DF**

4 porções

INGREDIENTES

Crumble fino escuro

3 g de cacau em pó
10 g de farinha de trigo
7 g de açúcar
10 g de manteiga

Creme de pequi

20 g de polpa de pequi

30 g de **cajuzinho-do-cerrado**
15 g de açúcar
5 g de limão-siciliano espremido

Ganache de maracujá

30 g de chocolate branco
20 g de creme de leite fresco
10 g de suco concentrado de maracujá-do-cerrado

Sorvete de cagaita

65 g de polpa de cagaita
12 g de dextrose
50 g de açúcar
1,7 g de estabilizante para sorvetes
8 g de glucose atomizada
5 g de açúcar invertido

Árvore

60 g de chocolate amargo
Gelo e água

Finalização

80 g de sorvete de cagaita
60 g de ganache de maracujá-do-cerrado
70 g de creme de pequi
15 g de castanha-de-baru picada
30 g de crumble
60 g de árvore de chocolate
1 folha de hortelã
1 folha de manjericão

COMO FAZER

Crumble fino escuro

1. Junte todos os ingredientes em uma tigela e misture bem. 2. Espalhe em uma assadeira e asse em forno a 150 °C, mexendo a cada

7 minutos até ficar crocante e seco. **3.** Deixe esfriar e bata em processador até se tornar uma terra fina.

Creme de pequi

1. Bata todos os ingredientes em liquidificador e peneire. **2.** Guarde na geladeira.

Ganache de maracujá

1. Derreta o chocolate. **2.** Acrescente o creme de leite e o suco de maracujá-do-cerrado. **3.** Guarde na geladeira.

Sorvete de cagaita

1. Em uma panela, aqueça a polpa de cagaita com a dextrose até alcançar 60 °C. **2.** Adicione o açúcar, o estabilizante, a glucose e o açúcar invertido. **3.** Aqueça até 85 °C, mexendo sempre. **4.** Passe pela máquina de sorvete e guarde em um recipiente próprio no congelador.

Árvore

1. Derreta o chocolate e coloque em um saco de confeiteiro. 2. Prepare uma tigela funda com muito gelo e água. 3. Faça tiras de chocolate com pontas múltiplas diretamente na tigela com água gelada. 4. Molde as tiras com os dedos em forma de árvores retorcidas. 5. Guarde, com cuidado, as tiras em um prato com papel absorvente na geladeira.

Finalização

1. Gele os pratos fundos que serão utilizados. 2. Coloque o sorvete no fundo de uma forma plana. 3. Insira, em pontos separados, o ganache, o creme de pequi e a castanha-de-baru. 4. Cubra tudo com o crumble. 5. No centro, coloque a árvore fincada no sorvete. 6. Queime a folha de hortelã no forno e coloque abaixo da árvore. 7. Finalize com a folha de manjericão.

Encontrado nos estados de Mato Grosso, Mato Grosso do Sul, Minas Gerais e no Distrito Federal, o **cajuzinho-do-cerrado** (*Anacardium humile*) é menor e mais doce que o caju, tem casca vermelho-viva e polpa branca, suculenta e ácida. Conhecido também como "cajuí" ou "cajuzinho-do-campo", pode ser consumido *in natura* ou em sucos, bebidas, doces, geleias e compotas. Depois de torrada, a castanha do cajuzinho – seu verdadeiro fruto – é um gostoso aperitivo e pode ser empregada na elaboração de inúmeras receitas.

INGREDIENTES

Abacaxi-do-cerrado Fruto semelhante ao abacaxi comum, porém menor e um pouco mais ácido, muito fibroso, ocorre no Cerrado, na Caatinga e na Amazônia. É consumido *in natura* ou na forma de doces, geleias e sucos.

Amora silvestre Nativa do Brasil, encontrada nos arredores da Mata Atlântica e no Cerrado. Muito rica em antioxidantes, o fruto rende sucos, geleias e sorvetes. Suas folhas podem ser utilizadas em chás. Outros nomes: "amora-do-campo", "amora-vermelha", "framboesa-negra" e "amora-do--mato".

Araticum-do-cerrado É fruto típico desse bioma. Arredondado, de casca marrom-clara, esverdeada e bem grossa, contém inúmeras sementes pretas e lisas, presas à polpa amarela e adocicada. Dentre as diversas variedades de araticuns, o araticum-do-cerrado (*Annona crassiflora*) é o mais aproveitável na cozinha: é consumido *in natura* ou em batidas, sucos, geleias, doces, tortas, bolos, iogurtes e sorvetes. Sua polpa pode ser congelada até 12 meses, sem comprometimento de seu sabor e coloração. Também conhecido como "araticum--pana", "cabeça-de-pinha", "araticum liso", "araticum-cortiça", o fruto, quando está no ponto, desprende-se dos galhos e cai, sendo colhido direto do chão.

Arroz-nativo-do-pantanal De cor marrom-avermelhada, aromático, é catado manualmente por comunidades rurais que vivem em Barra de São Lourenço e Castelo, no Mato Grosso do Sul.

Boi verde Animal da raça zebu, assim chamado no Centro-Oeste por causa da alimentação exclusivamente à base de capim.

Cambuquira É o nome dado aos brotos da abóbora, da abobrinha, do chuchu e de outras plantas da família das curcubitáceas. De sabor e textura semelhantes aos do espinafre, pode ser usada frita, cozida ou refogada, como acompanhamento de aves e carnes, ou em sopas, cremes, tortas e omeletes. Protagoniza uma das receitas de origem indígena, mais tradicionais do interior de São Paulo e Minas Gerais, o buré.

Capivara Sua carne tem cinco vezes menos gordura que a do porco e a do boi. Pode ser preparada assada, ensopada ou frita, sendo o lombo, o pernil e a paleta as partes mais valorizadas. É recomendável, antes de assar, deixar marinando por 24 horas. Criada em cativeiros, com fiscalização do Instituto Brasileiro do Meio Ambiente e dos Recursos Naturais Renováveis (Ibama), recebe dieta balanceada e costuma ser abatida com 1 ano, quando sua carne está no auge da maciez. O nome "capivara" vem do tupi *kapi'wara* – *kapi* (capim) e *wara* (comedor). Carne exótica, divide espaço com o javali na mesa do mato-grossense. Quando nova, a capivara recebe o nome de "capincho".

Carne soleada Similar à carne de sol, mas dura menos. A carne fica um dia no sereno e dois dias, exposta ao sol da manhã. O corte mais empregado é o coxão duro, mais conhecido como "pranchão soleado". É uma técnica de preservação de carne comum no Pantanal.

Cateto É criado em fazendas certificadas pelo Instituto Brasileiro do Meio Ambiente e dos Recursos Naturais Renováveis (Ibama). Mamífero de carne rosada de sabor acentuado, dado o baixo teor de gordura – tem 30% a menos do que a carne suína –, o preparo dessa carne merece cuidado redobrado, principalmente no cozimento. Se passar do ponto, a carne resseca e endurece. De modo semelhante a um pequeno javali, é facilmente confundido com o queixada, seu parente mais próximo. Também conhecido como "caititu", "caitatu", "taititu" ou "pecari", na Amazônia, é chamado de "porco-do-mato", embora não seja da família do suíno.

Catunim Nome dado a uma parte do coxão mole que se usa para fazer carne de sol, no Pantanal.

Curiola Fruta típica do Cerrado, da família do abiu, com casca amarelo-esverdeada, sua aparência lembra a de um figo. Sua polpa é branca, leitosa, e envolve uma ou duas sementes. Muito doce, é consumida *in natura* ou empregada em doces, geleias, sorvetes e licores. Conhecida como "abiu-do-cerrado", "pitomba-de-leite", "leiteiro-preto", entre outros nomes populares.

Dourado Considerado o peixe mais saboroso dos rios brasileiros, o "rei dos rios" pode alcançar mais de 20 quilos e quase 1 metro. Seu nome vem das escamas douradas que o cobrem. Vive nas bacias dos rios São Francisco, Prata e Paraná. Sua carne macia e de textura delicada pode ser grelhada, assada, cozida ou empanada.

Farinha de poxoréu Farinha de mandioca flocada que passa pela prensa para perder todo o líquido. "O sabor e a textura ficam como os do beiju tradicional brasileiro", afirma o professor Fernando Mack. É produzida artesanalmente na cidade mato-grossense de Poxoréu.

Granito No Pantanal, é o nome dado à parte da ponta do peito, um corte de carne.

Guavira Típica fruta do Cerrado sul-mato-grossense, a guavira tem casca verde-clara bem fininha e polpa suculenta e aromática que envolve diversas sementes. Pode ser consumida *in natura*, tomando-se o cuidado de abrir a fruta com as mãos, pois ela oxida rapidamente, ou na forma de *chutneys* doces, sorvetes, sucos e bebidas alcoólicas, dada a sua facilidade de fermentar. Conhecida em outras regiões como "guabiroba" ou "guavirova" e declarado fruto símbolo do estado de Mato Grosso do Sul em 2017, a guavira está quase em extinção por causa do extrativismo desordenado.

Jaracatiá Da família do mamoeiro, também conhecido como "mamoeiro-bravo", "mamoeiro-do-mato", "mamuí" e "mamãozinho". Com o caule do jaracatiazeiro se faz doce no Cerrado.

Javali Considerada a melhor dentre as carnes exóticas, além de ser extremamente saudável. É uma carne magra, pouco calórica (85% menos calorias que a carne de boi), rica em proteína e com índice de colesterol próximo a zero. O javali chegou ao Brasil em 1950, após passar pela Argentina e pelo Uruguai. Muito da carne de javali consumida no país é de javaporco

– cruzamento entre o javali e o porco doméstico –, comercialmente mais interessante, uma vez que o javaporco tem mais filhotes a cada gestação, que engordam mais rapidamente que os de javali.

Laranjinha-de-pacu Fruta do Cerrado e do Pantanal, muito usada como isca para peixes, motivo pelo qual recebeu este nome. Sua casca é amarelada, seu aroma é adocicado, mas seu sabor é ácido. Rica em vitamina C e ferro – mais que um bife de fígado –, é conhecida como "moranguinha" em algumas cidades do interior do Mato Grosso do Sul. Pode ser consumida *in natura* e na forma de sucos, sorvetes, geleias e caldas.

Linguiça de Maracaju é feita de modo artesanal nas fazendas de Maracaju, em Mato Grosso do Sul. Dada a predominância da pecuária no estado, a receita, originalmente elaborada com carne suína, passou a ser feita com carne bovina. Um dos segredos do preparo da linguiça é não moer a carne, mas picá-la na ponta da faca. A laranja-azeda, por sua vez, foi apelidada de "misteriosa" justamente por ter sido o segredo dessa receita, durante algum tempo. Ela confere maciez e sabor à carne. Filé-mignon, alcatra, coxão mole, fraldinha e miolo de paleta são os cortes mais empregados. Também conhecida como "linguiça pantaneira", a linguiça de Maracaju ostenta o selo da certificação de Indicação Geográfica (IG), que tem como finalidade a proteção de produtos (ou serviços) provenientes de determinada região que passam a ser reconhecidos pela qualidade diferenciada, vinculada ao território de produção ou extração e ao conhecimento, ou seja, o "saber fazer" dos produtores da região que tornam esses produtos diferenciados, únicos.

Lobeira Fruto verde, aromático, de polpa pegajosa, macia e carnosa, sua árvore aparece no Cerrado e na Mata Atlântica. A lobeira é empregada, quando bem madura, na elaboração de sorvetes, doces e geleias. É fruto que recebe muitos nomes, como fruta-de--lobo (por fazer parte da dieta alimentar do lobo-guará), berinjela-do-mato e capoeira-branca. Entre a criançada, é considerada chiclete, pois é saboreada como tal.

Mama-cadela Frutinha do Cerrado que, quando madura, contém uma boa quantidade de suco de sabor adocicado, empregado na elaboração de geleias e sorvetes. Recebe esse nome pela maneira com que os frutos ficam pendurados ao longo dos ramos da árvore: dispostos um ao lado do outro, em galhos compridos, que fazem lembrar, na verdade, a disposição das tetas na barriga de uma cadela. É também conhecida como "amoreira-do-mato", "mamica-de-cachorra", "mamica-de--cadela", "conduro" e "apê-do-sertão", entre outros nomes populares.

Mandubé Peixe conhecido como "palmito" no Pantanal, pela excelência de sua carne branca, macia e quase sem espinhas. Encontrado nas bacias Amazônica, do Araguaia-Tocantins e do Prata, pode ser consumido fresco ou salgado.

Marmelada-de-cachorro Fruta típica do Cerrado, de casca escura e polpa de sabor adocicado, pode ser utilizada *in natura* ou empregada em geleias e doces.

Marmelo Fruto de casca amarela e polpa clara, ácida e firme, da família da maçã. De sabor e aroma acentuados, é empregado em conservas, compotas, geleias, licores e no famoso doce em pasta, a marmelada. Nosso imperador, D. Pedro II, era louco por marmelada. Ele costumava se abastecer em Goiás, no município de Santa Luzia (atual Luziânia), que continua a produzir o doce artesanalmente, em comunidades quilombolas, descendentes dos escravizados africanos. A receita original de Luziânia é passada de pai para filho. Atacado por uma praga, a entomosporiose, o marmeleiro se encontra em declínio no Brasil.

Marolo Fruto presente em grande parte do Cerrado, sua polpa pode variar de cor, textura e sabor: amarelada é ligeiramente ácida e não muito macia; rosada é doce e mais macia. Além do consumo *in natura*, o marolo pode ser processado para a produção de sucos, batidas, iogurtes, geleias, sorvetes. É também conhecido como "pinha-do-cerrado", "cabeça-de-negro", "ponha" e "araticum-popular".

Melancia-do-campo O fruto se assemelha muito à melancia, tem casca grossa, com sementes envoltas em uma polpa gelatinosa amarelada. Embora seja ácida, a fruta pode ser consumida *in natura* ou utilizada em forma de geleias e sucos. Está praticamente extinta. É conhecida popularmente como "melancia-do-cerrado", "melancia de tatu", "cabacuí" ou "caboi-curai".

Mel do Pantanal Consistente, fino, de sabor forte e acentuado, levemente doce, o mel do Pantanal é produzido, pelas abelhas africanizadas, do néctar das flores ou das secreções procedentes de partes vivas das plantas. O Pantanal tem centenas de espécies de plantas apícolas catalogadas, dentre estas, a assa-peixe, o cumbaru, a hortelãzinha e o tarumeiro são as mais procuradas pelas abelhas, o que resulta em produtos diversificados com sabores, aromas e colorações peculiares. A região foi a primeira a conseguir o selo da certificação de Identificação Geográfica (IG) de mel no Brasil, em 2015.

Mirindiba Fruta nativa de Tocantins, Goiás, Bahia, Mato Grosso e Mato Grosso do Sul, comestível, de polpa carnosa e adocicada quando madura, contendo uma única semente. É conhecida popularmente como "boca-boa", "tarumarana", "cuiarana" e "pebanheira".

Mutambo Fruto redondinho, de casca negra, sua polpa adocicada abriga inúmeras sementes que, uma vez torradas e moídas, produzem uma farinha que pode entrar no preparo de bolos, pudins e sorvetes. "Mutamba", "chico-magro", "embira", "fruta-de--macaco" e "pojó" são outros nomes pelos quais é conhecido.

Paca Pequeno mamífero roedor, muito apreciado pela qualidade de sua carne com baixo teor de gordura e sabor ligeiramente adocicado. Dada a dificuldade de criação, o animal tem apenas um filhote, que leva dez meses para alcançar o ponto de abate, quando pesa, no máximo, 6 quilos. A carne de paca é muito macia, e seu sabor é algo entre o do frango e o do porco. Na culinária goiana, é famosa a paca recheada com farofa de guariroba. Por ser um animal silvestre, sua criação exige licença do Instituto Brasileiro do Meio Ambiente e dos Recursos Naturais Renováveis (Ibama), que, além de fiscalizar, determina condições de criação, manejo e reprodução dos animais.

Pera-do-cerrado Fruta do Cerrado de casca mole e polpa adstringente, é consumida *in natura* ou na forma de doces, geleias, compotas e sucos batidos com leite. Também conhecida como "cabacinha-do-campo" e "pereira-do-campo".

Pião Nome dado ao miolo da raiz do mamoeiro em Goiás, onde costuma ser ralado e misturado com doce de leite.

Pimenta-de-macaco Nasce em cachos em uma árvore da Mata Atlântica resistente e de copa grande. As pimentas são colhidas ainda verdes e postas para secar por cerca de dois meses. Após secas, são trituradas e peneiradas. De aroma forte e agradável, muito suave, pode substituir a pimenta-do--reino no tempero de carnes, feijão e outros preparos. Os macacos adoram essa pimenta; essa preferência lhe rendeu, então, o nome. Na Amazônia, é também chamada de "pimenta-longa". No Sudeste, "jaborandi".

Pimenta peito-de-moça Vermelha, de formato triangular e sabor ligeiramente picante, é usada em molhos, caldos, cozidos, saladas e no feijão.

Pimenta-pitanga Empresta sabor e aroma a pratos de peixes e aves. De frutos arredondados, sua ardência varia de suave a média.

Pinha-de-guará Fruto arredondado, de casca marrom-amarelada, de sabor delicado é ótimo para ser consumido *in natura* ou na forma de mousses, sorvetes, bolachas e biscoitos.

Pintado Peixe de água doce, de grande porte – pode pesar mais de 40 quilos e alcançar 1,50 metro –, da família dos bagres, o pintado é encontrado em quase todos os rios do país. De pele sem escamas, carne gordurosa e saborosa, fica uma delícia quando assado na brasa, como churrasco. É a estrela de um dos pratos mais famosos da culinária do Mato Grosso do Sul: o pintado ao urucum. No Pantanal, o ensopado feito com sua cabeça é iguaria afrodisíaca.

Piranha Peixe carnívoro de água doce, pequeno, apenas 50 centímetros, e extremamente voraz, sua carne muito espinhosa é considerada de boa qualidade. Pode ser moqueada, ensopada, frita ou empregada em sopas, pirão e no famoso caldinho. Com esta, também se faz farinha. A piranha é largamente encontrada no Pantanal mato-grossense.

Piraputanga Espécie ameaçada, peixe da família do dourado, pode alcançar 50 centímetros e pesar até 3 quilos. Fato curioso é que, pelas águas do Pantanal, os peixes costumam "seguir" os macacos que vão saltando entre os galhos atrás de comida e derrubam na água parte dos frutos, para abocanhar – o peixe consegue "pular" quase 1 metro fora d'água – o que foi parar na água. Muito encontrada na cidade de Bonito, em Mato do Sul, sua carne é muito apreciada e saborosa, podendo ser preparada de várias maneiras.

Puçá-preto Fruto do puçazeiro, árvore encontrada no Cerrado, de casca lisa, sua baga é negra e comestível. Com polpa carnosa e adocicada quando madura, contendo uma única semente, o puçá-preto é consumido *in natura*. Popularmente conhecido como "jabuticaba-do-cerrado".

Queixada Primo-irmão do cateto, tem carne avermelhada, com sabor marcante e baixo teor de gordura. É criado em fazendas certificadas pelo Instituto Brasileiro do Meio Ambiente e dos Recursos Naturais Renováveis (Ibama). Bisteca, costela, pernil e paleta são os cortes mais comercializados.

Sangrador No Pantanal, refere-se à carne de pescoço do boi, que recebe esse nome em razão da quantidade de sangue presente nessa parte do animal.

Serralha Hortaliça rasteira de sabor amargo, pode ser empregada em saladas ou refogados. Em Minas Gerais, entra no preparo do feijão. "Chicória-brava" e "serralha-branca" são alguns de seus outros nomes.

Taboa Planta aquática que nasce em brejos, comum no Pantanal, seus brotos, semelhantes ao palmito, podem ser consumidos crus ou cozidos. O pólen, que fica na parte superior da planta, é utilizado para fazer pães e biscoitos e para colorir o arroz. Misturado ao mel, fica delicioso. Recebe outros nomes populares, como "paineira-do-brejo", "capim-de-esteira", "paina-de-flecha", "pau-de-lagoa" e "espadana".

Tapioca Herdada dos índios, é um produto granulado obtido através da transformação parcial da fécula de mandioca em goma, também conhecida como polvilho. É utilizada no preparo de pães, roscas, mingaus, pudins, bolos, entre os quais o famoso bolo podre, o cuscuz doce e muitos outros. No Pará, é polvilhada no açaí servido em tigelas e no cafezinho. É também um tipo de beiju (beiju de tapioca), preparado com a goma da mandioca umedecida, temperada com sal, cozida em uma chapa ou frigideira rasa, bem quente, com inúmeros recheios salgados (coco ralado, carne de sol desfiada, queijo de coalho) ou doces (goiabada, doce de leite). Em Belém, ganha o formato de um canudo amarelo, servida com manteiga no café da manhã, chamado de "tapioquinha". É famoso o "Centro das Tapioqueiras", atração turística de Fortaleza desde 2002, que criou setenta sabores de tapioca para todos os gostos. A iguaria da maior simplicidade é Patrimônio Cultural Imaterial de Olinda, em Pernambuco – estado onde alegam ter surgido – e há tempos expandiu seus domínios, sendo consumida por todo o Brasil.

Tarumã-do-cerrado De sua árvore, proveniente do Cerrado, nascem frutos adocicados e de sabor agradável, semelhantes a uma azeitona preta. Podem ser consumidos *in natura* e utilizados para fazer bebidas, como vinho – o nome de origem tupi-guarani significa "fruta escura de fazer vinho" –, licor e sucos, ou doces como geleias e caldas. É também chamada de "tarumã-bori", "maria-preta", "velame-do-campo" ou "mameira".

Trigo veadeiro De coloração avermelhada e baixo teor de glúten, é empregado na panificação e na confeitaria, as primeiras sementes foram introduzidas por volta de 1780, por ciganos egípcios, que vieram da Bahia para Alto Paraíso, em Goiás. Essa variedade de trigo, que leva esse nome por ser adaptada à região da Chapada dos Veadeiros, apesar de bastante produtiva e adaptada às condições climáticas e ambientais da região, quase desapareceu com o cultivo comercial e a introdução de novas variedades. Hoje, a espécie foi reintroduzida em fazendas de algumas cidades, graças ao programa de conservação de sementes desenvolvido pela Empresa Brasileira de Pesquisa Agropecuária (Embrapa), Recursos Genéticos e Biotecnologia.

Xixá Seus frutos têm cor avermelhada. Quando abertos, têm o formato de pequenos corações que abrigam sementes negras, com gosto de amendoim, que podem ser consumidas cruas, cozidas ou torradas e na forma de farinha. Presente no Cerrado e na Mata Atlântica, recebe outros nomes: "amêndoa-do-cerrado", "pé-de-anta", "pau-rei", "castanha-de-macaco". Seu nome é de origem tupi e significa "fruto repulsivo".

RECEITAS CLÁSSICAS

BOM-BOCADO DE BOCAIUVA

★ **De Magda Moraes, MS**

4 porções

INGREDIENTES

1/2 xícara (chá) de farinha de bocaiuva
1/2 xícara (chá) de açúcar refinado
2 colheres (sopa) de mel
1/2 xícara (chá) de leite
1 colher (chá) de fermento em pó
1 colher (chá) de bicarbonato de sódio
1 colher (sobremesa) de suco de limão
Raspas de limão, a gosto
Óleo de bocaiuva e farinha de bocaiuva, para untar as formas

COMO FAZER

1. Misture bem todos os ingredientes em uma tigela. 2. Unte e enfarinhe as formas de empada com o óleo e a farinha de bocaiuva. 3. Despeje a massa até a metade de cada forminha. 4. Leve ao forno preaquecido a 180 °C por 45 minutos. 5. Desligue o forno e deixe os bom-bocados no forno por mais 15 minutos. 6. Desenforme e sirva.

> Palmeira encontrada em quase todo o Brasil, particularmente no Mato Grosso do Sul. A bocaiuva pode ser consumida *in natura* ("chiclete pantaneiro") ou na forma de polpa ou de farinha – depois de secar ao sol – e é empregada no preparo de inúmeros pratos. Da amêndoa da palmeira, extrai-se um óleo vegetal fino e claro, similar ao azeite, utilizado na indústria de alimentos. As folhas se prestam aos mesmos preparos que a folha de bananeira. "Coco-de-espinho" e "macaúba" são alguns dos nomes pelos quais também é conhecida.

MARIA ISABEL CRIATIVA

★ **De Ariani Malouf, MT**

2 porções

INGREDIENTES

400 g de bife de chorizo
Sal fino, q.b.
100 ml de azeite de oliva
1 maço de salsinha branqueada
Manteiga, suficiente para refogar
1/2 cebola picada
1/2 dente de alho picado
2 pimentas-de-cheiro picadas
1/2 pimenta-dedo-de-moça picada
40 g de linguiça artesanal
200 g de arroz arbóreo
Caldo de legumes ou de carne, q.b.
1/4 de pimentão vermelho refogado na manteiga
1/4 de pimentão amarelo refogado na manteiga
5 ml de molho de soja
40 g de abóbora cortada em cubinhos assada no azeite de oliva com sal
20 ml de azeite de salsinha
Folha de couve, para decorar

COMO FAZER

1. Cure o bife com sal dos dois lados por 40 minutos. 2. Retire todo o sal, lave a carne e seque com papel-toalha. 3. Grelhe o bife somente quando for servir. 4. Bata no liquidificador o azeite e a salsinha branqueada. 5. Em uma panela, coloque a manteiga, refogue a cebola, o alho e as pimentas. 6. Acrescente a linguiça e depois o arroz arbóreo. 7. Cozinhe com caldo de legumes fresco ou de carne. 8. Mexa de tempo em tempo. 9. Quando estiver quase no ponto,

coloque os pimentões já refogados, o molho de soja, a abóbora assada e o azeite de salsinha. **10.** Use uma folha de couve, sem o talo central, para decorar fazendo uma trouxinha para o arroz. **11.** Sirva em seguida.

DICAS DA CHEF: fique atenta ao ponto do arroz. Deixe para grelhar os bifes somente na hora de servir e, para garantir suculência e maciez, prefira estes ao ponto ou malpassados.

O **arroz Maria Isabel** é um dos pratos mais apreciados na culinária nordestina, particularmente no Piauí, assim como na região Centro-Oeste. Prato elaborado, originalmente, com carne-seca refogada em nacos, arroz, cebola, tomate, alho e sal, apresenta diferentes preparos de acordo com a região, sendo feito com outros tipos de carne, como frango, galinha caipira, carne de sol e charque. No Mato Grosso, é acrescido de banana-da-terra. Em Goiás, além de abóbora, leva linguiça. O arroz Maria Isabel é, para alguns, a versão feminina do arroz de carreteiro, receita trazida pelos gaúchos que escaparam da Revolução Federalista, em 1893, e se refugiaram em Goiás. Para outros, se trata de uma homenagem a esposa de um rico produtor de charque piauiense, Simplício Dias da Silva. E há quem diga que criação cuiabana que teria surgido durante a Guerra do Paraguai, que aconteceu entre 1864 e 1870.

Região

SU DES TE

A COZINHA CAPIXABA É CONSIDERADA, por muitos, uma das mais autênticas do país. As barreiras naturais, representadas pela Serra do Mar e pelo Atlântico, mantiveram a então capitania do Espírito Santo isolada por muito tempo. Situação que perdurou até a chegada dos primeiros imigrantes, a partir do século XIX. O óleo de urucum, a farinha de mandioca, o milho, a banana-da-terra, os pratos de peixe, como a consagrada moqueca, o caranguejo e o uso da panela de barro denunciam a culinária de origem indígena. Dos portugueses, vem o uso do coentro, do azeite de oliva, da pimenta-do-reino e do bacalhau. Na serra, o clima mais frio atraiu italianos e alemães, e com estes os "anholini", o risoto, o minestrone, a polenta, o *Michjabroud* (pão de milho), as linguiças defumadas, o chucrute e muitas outras iguarias. A proximidade com os mineiros também contribuiu para a diversidade da cozinha do Espírito Santo, com receitas clássicas, como o frango com quiabo e a canjiquinha com costelinha de porco. No litoral, aparecem as receitas "emprestadas" da culinária baiana, como o bobó de camarão.

A forte marca portuguesa no paladar fluminense é herança dos quase duzentos anos em que o Rio de Janeiro foi a capital da Colônia, do Império e da República do Brasil, e do período em que a família real esteve na cidade. Haja vista as receitas à base de bacalhau, a sardinha empanada e frita, intitulada de "frango marítimo", o caldo verde e os doces preparados com ovos, bastantes ovos, muitos dos quais bem representados em Campos dos Goytacazes, cidade do norte fluminense, e na centenária Confeitaria Colombo no Centro do Rio de Janeiro. Da efervescência política vivida pela cidade, enquanto centro do poder, dois clássicos: a sopa Leão Veloso e o filé à Oswaldo Aranha. Pastel de palmito, tiras de filé acebolado, bolinho de aipim com carne-seca ou de camarão com catupiry, sanduíche de pernil, empadinhas sortidas são alguns dos petiscos apreciados nos botequins – muitos centenários –, que se espalham do Centro para os bairros da Lapa, de Santa Teresa e do Leblon no Rio de Janeiro. E ainda a feijoada, uma versão do cozido português, que se tornou a filha mais ilustre da cidade e o nosso prato mais famoso. No litoral sul do estado, a cultura caiçara se faz presente em pratos de peixes ensopados com banana ou assados na folha de bananeira, além dos alambiques de Paraty que fazem a alegria dos apreciadores de uma boa cachaça artesanal. Alemães e suíços trouxeram hábitos e receitas que são encontrados particularmente na região serrana fluminense, que também se destaca pela qualidade de suas cervejas. O interior preserva os pratos de inspiração mineira.

No início do século XVIII, a corrida do ouro atraiu portugueses, escravizados e aventureiros vindos de várias partes do Brasil, o que se refletiu diretamente na culinária mineira. Sobrava ouro onde faltava comida. Tropeiros levavam o feijão-preto, a carne-seca, o toucinho para se alimentarem durante suas longas e exaustivas viagens. A cozinha mineira deve a eles um de seus pratos mais conhecidos: o feijão-tropeiro. Para enfrentar a carência de alimentos, os mineiros passaram a criar porcos – um de seus ingredientes mais emblemáticos – e galinhas, bem como a plantar verduras, legumes e raízes no fundo dos quintais (costume mantido até nossos dias). A mandioca e o milho, marcas da forte influência dos indígenas e negros, eram os principais alimentos utilizados nos pratos dos mineiros. A mandioca era o alimento diário usado para fazer a farinha de pau. O milho servia para fazer pipoca, curau, pamonha, bolos, biscoitos e fubá, que servia para o preparo do angu, principal prato dos escravizados. Os doces em pasta e as compotas, elaborados com as frutas nativas foram tradição herdada dos portugueses, assim como, o modo de fazer queijo. Os sabores afro, indígena e português são os da culinária simples de Minas Gerais, que se define como saborosa, farta e quase sem influências estrangeiras, e foi imortalizada nas receitas das saudosas Maria Stella Libânio Christo, Dona Lucinha e Nelsa Trombino. Na capital mineira, Belo Horizonte, seus mais de 4 mil botecos, que formam o maior índice de bares per capita do país, buscam fomentar a cozinha de raiz. As populações ribeirinhas, por sua vez, fartam-se de surubins, dourados e outros peixes capturados em rios, como o São Francisco. As culinárias mineira e paulista guardam muitas semelhanças. De certa maneira, nasceu paulista e se transformou em mineira, ao ser levada para Minas Gerais pelos bandeirantes e pelos tropeiros.

A cidade de São Paulo abriga um caldeirão efervescente das mais diversas nacionalidades – italiana, portuguesa, espanhola, japonesa, árabe, coreana e muitas outras – e de migrantes de todos os cantos do país – particularmente, do Nordeste –, que influenciaram de tal forma que há quem diga que a culinária paulista tradicional está desaparecendo. Portugueses, indígenas e negros a fizeram rica e saborosa. Os bandeirantes e os tropeiros, por sua vez, disseminaram o emprego de alimentos não perecíveis (feijão, abóbora, carne-seca, mandioca e, principalmente, milho), ao contribuírem com algumas receitas. É dessa época o virado à paulista, uma mistura de feijão cozido e farinha de milho que, mais tarde, ganhou inúmeras versões, e outros pratos típicos, como o arroz de carreteiro e o feijão gordo. O pastel de feira da Maria, o sanduíche de mortadela do Mercadão (com 300 gramas de recheio), as "redondas" – São Paulo responde pelo consumo de mais da metade das pizzas consumidas no país –, a coxinha de frango com catupiry da Freguesia do Ó; o beirute, filho mais ilustre do extinto Bambi; o polpetone, símbolo da comida cantineira; os sushis e sashimis da Liberdade; o bauru imortalizado pela lanchonete do Largo do Paissandu; e os pratos do dia, carinhosamente chamados de "PF" (o conhecido "prato-feito"), servidos em botecos e restaurantes, também traduzem o gosto e contam um pouco dos hábitos alimentares da terra da garoa. No litoral, a culinária caiçara abusa dos bolinhos de bacalhau ou peixe fresco, das caldeiradas e dos ensopados, o que denota a influência portuguesa. O interior é caracterizado pela tradição caipira, da comida simples, cozida lentamente em panelas de barro, ou de ferro, no fogão a lenha. O milho e o porco são ingredientes marcantes dessa culinária.

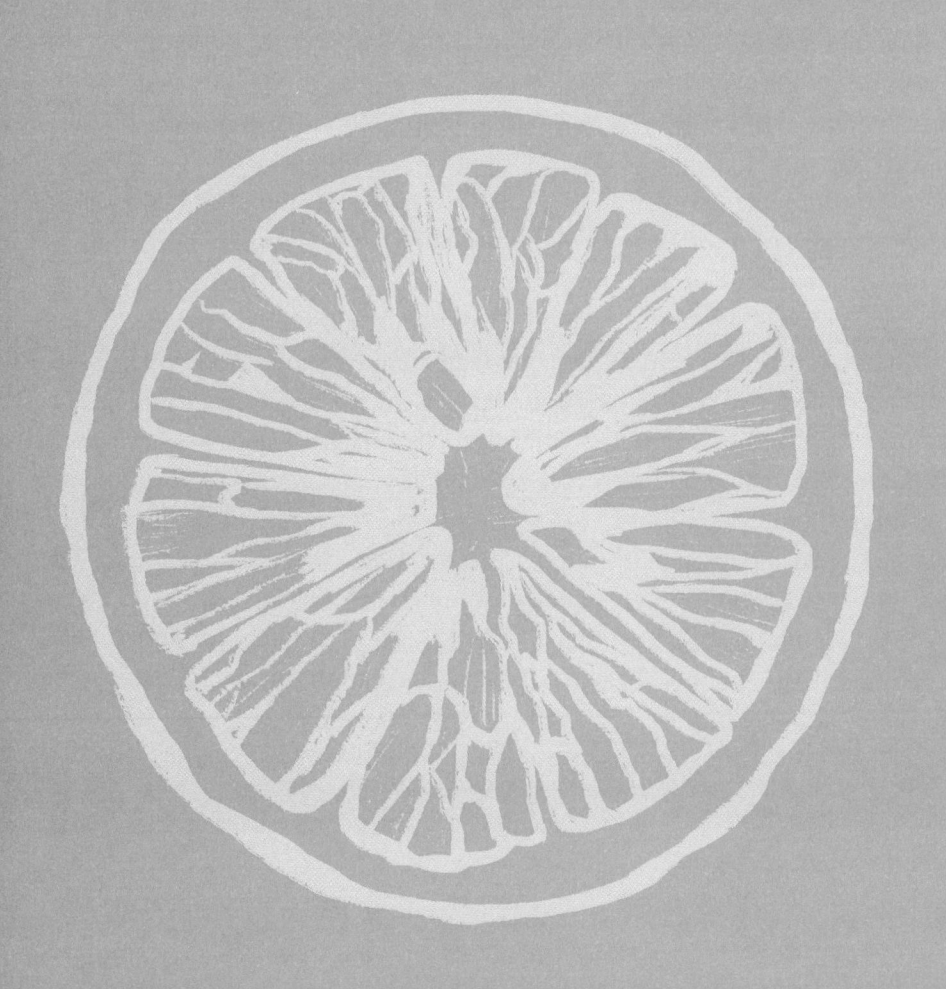

BEBIDAS

Abacaxibirra Corruptela de *abacaxi beer*, é cerveja feita com cascas de abacaxi fermentadas, no Espírito Santo.

Batida de cachaça com amendoim Tradicional nas festas juninas, a bebida leva cachaça, leite condensado e amendoim torrado.

Bombeirinho Drinque de botecos dos anos 1980, é uma mistura de cachaça com xarope de groselha.

Cabreúva Gemada com pinga, bebida tradicional das festas juninas.

Café carioca Café em que se adiciona água à bebida já pronta, para torná-la mais fraca.

Café do jacu Genuinamente brasileira, esta bebida é elaborada com grãos de café retirados dos resíduos, ou excrementos, do jacu, que é uma ave semelhante à galinha. Hoje o jacu é o principal responsável pela produção, no Espírito Santo de um dos melhores cafés do Brasil. Os grãos são colhidos manualmente, limpos e beneficiados, e resultam em um café de grande qualidade.

Café tropeiro No Vale do Paraíba, a bebida é preparada sem o uso de coador. O pó de café é misturado à água fervente, e, para que a borra assente no fundo do bule, coloca-se um pedaço de carvão em brasa. Também conhecido como "café de campanha".

Caju-amigo Patrimônio paulistano, à base de caju em calda e vodca, foi criado por Guilhermino Ribeiro dos Santos, barman do restaurante Pandoro, em 1974. No início, a bebida não tinha nome, mas acabou virando "caju-amigo", de tanto os clientes pedirem a Guilhermino: "Vê um caju, amigo." A receita, além da fruta e da vodca, leva açúcar, suco de caju concentrado e um ingrediente secreto que o criador não revela nem sob tortura.

Canelinha Tradicional das festas juninas paulistas, é elaborada com pinga, canela em pó, cravo-da-índia, pedaços de gengibre e açúcar a gosto.

Cataia Bebida popular que mistura cachaça com folhas da cataia, planta rica em eugenol, um composto de teor antisséptico e anestésico. É popularmente chamada de "uísque caiçara".

Catuaba Destilado feito à base da planta que promete efeito afrodisíaco. Pode ser consumido quente ou gelado.

Garapa 1. Caldo de coloração verde-escura resultante da moagem da cana-de-açúcar. Em todo o estado de São Paulo, a garapa é muito consumida em barracas de feiras, sendo misturada a gotas de limão e a muito gelo. **2.** Suco de frutas ácidas, adoçado com mel ou açúcar, no Nordeste.

Garotinho Chope servido em um copo mais fino na base e largo na boca, contendo 200 mililitros, nos bares e restaurantes cariocas.

Leite de onça Batida preparada com cachaça, leite condensado e leite de coco, comum nas festas juninas.

Macunaíma Criado pelo barman Arnaldo Hiraí, este drinque paulistano ganhou os balcões de bares em todo o país. Leva cachaça, suco de limão-taiti, xarope de açúcar e Fernet-branca®, é batido com gelo e depois coado.

Maria-mole Coquetel feito da mistura de vermute branco e conhaque em partes iguais.

Mata-bicho Em terras mineiras, é o chá caseiro ou café adoçado com rapadura ou garapa.

Milome Infusão de cachaça com o cipó milome consumida pelos capixabas na Sexta-Feira da Paixão.

Mineirim Mistura de sumo de limão, mel e cachaça, servida com rodelas de limão e bastante gelo.

Mineirinho Patrimônio Cultural Imaterial de Niterói, o refrigerante é feito do extrato de guaraná e da planta chapéu-de-couro. Foi criado na cidade mineira de Ubá, no início da década de 1940, antes de transferir sua produção para Niterói em 1946.

Pinga Bebida feita da garapa, do caldo de cana fermentado. Durante o processo de destilação em alambique, o vapor se condensa aos pingos, de onde deriva seu nome. Recebe as mais variadas denominações, dependendo da região em que é consumida. As pingas artesanais da região de Salinas, em Minas Gerais, representam a excelência da bebida.

Pingado Clássico do café da manhã, é servido em um copo americano, leva leite e um pingo de café em quantidade suficiente apenas para que a mistura fique com cor de caramelo. Acompanha o pão com manteiga na chapa.

Pitoresco Cachaça fervida com açúcar mascavo, que é servida nas festas de casamento e de batizado na cidade de Januária, em Minas Gerais.

Roxo Mistura de café com cachaça servida no interior paulista.

Uísque-tropeiro Bebida para espantar o frio, é elaborada com a uvaia e o cambuci curtidos na cachaça.

BUBUCA

★ **De Caio Bonneau, SP**

INGREDIENTES

Licor de grumixama

300 g de **grumixama** fresca
600 g de açúcar refinado
600 ml de cachaça branca

Coquetel

Gelo
50 ml do licor de grumixama
2 ml de bitter de laranja
1 ml de Angostura®
75 ml de água tônica
Casca de laranja-baía, para decorar
Grumixama fresca, para decorar

COMO FAZER

Licor de grumixama

1. Em um pote de vidro, coloque as grumixamas, com cuidado para não amassar, o açúcar e a cachaça. **2.** Deixei descansar por um mês, mexendo suavemente uma vez ao dia até que o açúcar dissolva por completo. **3.** Passado esse tempo, coe a mistura em uma peneira fina ou em um chinois. **4.** Engarrafe e mantenha em local refrigerado. **5.** O prazo de validade do licor é de seis meses.

Coquetel

1. Em um copo longo com bastante gelo, adicione o licor, o bitter de laranja e a Angostura®, e mexa bem. **2.** Complete o copo com mais gelo, adicione a tônica e mexa sutilmente. **3.** Decore com a casca de laranja-baía e a grumixama fresca.

Frutinho arredondado, com casca lisa, de coloração amarela ou roxo-escura, quase preta, a **grumixama** é parente da pitanga, da goiaba e da jabuticaba. Sua polpa aquosa, suculenta tem sabor adocicado e levemente ácido, e abriga de uma a duas sementes. É consumida *in natura* e também em compotas, geleias, sorvetes, chutneys, molhos, aguardentes, licores e vinagres. Tem sido empregada na elaboração de cervejas artesanais. Originária da Mata Atlântica, da Bahia a Santa Catarina, ameaçada de extinção, é também conhecida como "cumbixaba", "ibaporoiti" ou "cereja-brasileira".

CAIPIRINHA CLÁSSICA

★ **De Derivan Ferreira de Souza (*in memoriam*), SP**

INGREDIENTES

1 limão (de preferência, taiti)
2 colheres (sopa) de açúcar
50 ml de cachaça

COMO FAZER

1. Em um copo do tipo *old fashioned*, corte o limão de cima para baixo, em quatro partes, retirando as laterais da casca para não amargar o drinque. O talo central também deve ser descartado, pois, do mesmo modo, amarga a caipirinha. 2. Em seguida, introduza as partes de limão no copo, com a polpa da fruta virada para cima. 3. Acrescente o açúcar e pressione o limão com delicadeza. 4. Despeje a cachaça. 5. Por fim, adicione o gelo.

Caipirinha é um coquetel à base de cachaça, açúcar e limão-galego. Pela legislação, nos casos em que se utilizam outras frutas em vez do limão, os coquetéis de cachaça são chamados de batidas. "Se cortar o limão em cubos, a presença do óleo será mais marcante, e o final da bebida deixará a boca untuosa", ensina a sommelière e bartender Deise Novakoski. "Em fatias, a presença desse óleo da casca do limão não ficará tão marcante, e o óleo só é liberado quando amassado", conclui. Instituição nacional, a caipirinha nasceu em Piracicaba, no interior de São Paulo – daí o nome de caipira –, e chegou à capital durante a Semana de Arte Moderna, em 1922, quando foi alçada à condição de drinque oficial do evento. Mas foi no Rio de Janeiro que conquistou o reconhecimento histórico ao se tornar Patrimônio Cultural Imaterial do estado, em 2019. Nosso coquetel mais celebrado já foi considerado "bebida de pobre". Sua ascensão social se deve a Fabrizio Guzzoni, proprietário do restaurante Ca'd'Oro, na São Paulo de 1953. Fabrizio fez algumas alterações no drinque – adicionou gelo e trocou o limão-galego pelo limão-taiti – e começou a servi-lo no restaurante.

RABO DE GALO CARIJÓ

★ **De Chris Carijó, SP**

INGREDIENTES

Infusão de cachaça em café e laranja-baía
400 ml de cachaça envelhecida em carvalho
50 g de cascas de laranja-baía
50 g de café especial (torra média)

Coquetel
50 ml de cachaça envelhecida em carvalho com infusão de café e casca de laranja-baía

25 ml de Cynar®
25 ml de Carpano Classico®
1 twist de laranja-baía

COMO FAZER

Infusão de cachaça em café e laranja-baía

1. Infusione todos os ingredientes a frio por 24 horas. **2.** Na sequência, coe com peneira fina e reserve por até 15 dias.

Coquetel

1. Em uma coqueteleira com gelo, coloque todos os ingredientes e mexa bem. **2.** Coe para um copo baixo com gelo.

Tradução do termo *cocktail*, o **rabo de galo** popularizou-se no Brasil como o drinque feito pela mistura de uma boa cachaça e um vermute tinto, decorado com uma casca de limão-taiti. É um dos coquetéis mais famosos do mundo, e o mais consumido no Brasil, onde ganhou versões diferentes em cada região. A história do rabo de galo está ligada à chegada da fábrica da Cinzano® a São Paulo, nos anos 1950. A empresa resolveu estimular a mistura de vermute e cachaça. Fez isso criando um copo exclusivo, com linhas da marcação das doses – "Até aqui, vermute. Daqui pra cima, cachaça", contava o saudoso bartender Derivan Ferreira de Souza: "O fundo do copo, bem grosso, também foi pensado para aguentar a batida no balcão na volta do gole." Graças ao trabalho incansável do mestre Derivan, como era carinhosamente chamado, o rabo de galo entrou para a seleta lista de drinques da Associação Internacional de Bartenders (IBA), em 2023. É o segundo coquetel brasileiro a ganhar reconhecimento; feito apenas alcançado pela caipirinha em 1997. Em Minas Gerais, o rabo de galo é feito com Cynar®. No Rio de Janeiro, é chamado de "traçado". No Ceará, é "peru".

PETISCOS, ENTRADAS E SANDUÍCHES

Bauru Sanduíche de queijo derretido em banho-maria, fatias de rosbife, rodelas de tomate e pepino em conserva, no pão francês sem miolo. O bauru nasceu em 1933, no Ponto Chic, bar localizado no Largo do Paissandu (SP). O inventor foi o então estudante bauruense de direito Casimiro Pinto Neto.

Beirute Pão árabe recheado com fatias de rosbife e mozarela, rodelas de tomate e orégano, que é cortado em quatro partes. Foi criado no ano de 1951, em São Paulo, pelos imigrantes Fares e Louis Sader, irmãos libaneses, que deram o nome da capital do Líbano ao sanduíche, para homenagear sua terra natal.

Bolinho caipira Presença garantida nas festas regionais do Vale do Paraíba, é um dos patrimônios culturais da cidade de Jacareí. É feito com farinha de milho branca e recheio de linguiça. Em São José dos Campos, é elaborado com farinha de milho amarela e recheio de carne moída. Em Taubaté, não é recheado com carne, pois esta é misturada à massa.

Bolinho de bacalhau Herança portuguesa, iguaria apreciadíssima nos botecos cariocas, a massa que leva batata e bacalhau dessalgado desfiado é moldada na forma de pequenas bolinhas, que são fritas em óleo bem quente.

Bolinho de feijoada Criado pela chef Katia Barbosa, esse petisco, que ganhou fama no Rio de Janeiro, é feito com massa de feijoada processada no liquidificador, acrescida de farinha de mandioca, depois trabalhada com polvilho azedo, que é recheada com pedacinhos de bacon e couve em tirinhas e frita em óleo bem quente.

Buraco quente Pão francês sem miolo que recebe os mais variados recheios. Em Minas Gerais, é chamado de "pão de sal com molho".

Camarão à paulista Camarões graúdos com casca e cabeça fritos no alho e óleo, acrescidos de salsinha bem picadinha. É receita muito apreciada no litoral.

Casadinho de manjuba Filetada, temperada com limão, sal e pimenta, empanada com farinha de mandioca e frita. Receita caiçara do litoral sul de São Paulo.

Dadinho de tapioca Petisco criado pelo chef pernambucano Rodrigo de Oliveira, em 2005, é feito com tapioca e queijo de coalho, frito e sequinho, guarnecido de molho de pimenta agridoce. Ícone na cidade de São Paulo, ganhou réplicas e recriações por todo o país.

Dogão Entre os paulistanos, é um cachorro-quente com purê de batata, milho, batata palha, prensado.

Empadinha Boteco paulista que se preze tem que ter empadinha – massa assada com recheios variados. Quem nasceu primeiro? O empadão ou a empadinha? Jamais saberemos.

Encapotado de frango Bolinho frito feito com massa de farinha de milho e recheado com frango desfiado.

Frango a passarinho Pedacinhos de frango temperados com sal, pimenta e alho, fritos até a pele ficar crocante. Tradição das cantinas italianas de São Paulo desde 1950. Em Minas Gerais, o petisco é acrescido de queijo.

Frango marítimo Sardinhas abertas, empanadas e fritas, é herança portuguesa na capital carioca.

Iscas com elas Tirinhas finas de fígado de boi ("iscas"), fritas com anéis de cebola ("elas") e acompanhadas de batatas salteadas na gordura dessa fritura. É um prato de origem portuguesa encontrado na cidade do Rio de Janeiro.

Joelho Invenção carioca, é um enroladinho de presunto e queijo.

Klosse de batata Legado alemão no Espírito Santo, é um bolinho feito com batata, ovos, farinha de trigo e manteiga.

Ovos coloridos Adquirem cores diferentes conforme o ingrediente é acrescido à água em que foram cozidos. Use beterraba ralada, para os vermelhos; açafrão-da-terra, para os amarelos; e espinafre picado, para os verdes. Por que coloridos? Dizem os frequentadores de botecos, Brasil afora, que o colorido dos ovos ajuda os pinguços de plantão a distinguirem a casca do ovo.

Pão de queijo Historiadores não sabem precisar a exata origem do pão de queijo, mas muitos acreditam que a receita tenha surgido nas fazendas do Triângulo Mineiro e de Goiás. Tradicionalmente, é feito com gordura, leite, ovos, queijo de minas ralado, polvilho azedo, moldado sob a forma de pequenas bolinhas. Em Sergipe, é pão recheado com requeijão com cobertura de queijo ralado. Ambos são servidos logo depois de assados.

Pastel A história que se conta é que, durante a Segunda Guerra Mundial, os imigrantes japoneses eram muito discriminados no Brasil. Para se passarem por chineses, resolveram abrir pastelarias para vender rolinhos primavera. A massa do arroz passou a levar farinha de trigo e ovo, ganhou diferentes recheios (doces ou salgados) e novo formato. No entanto, a verdade é que esse quitute veio de Portugal e tomou de assalto as feiras livres de São Paulo, onde é vendido em barracas comandadas, predominantemente, por japoneses, o que alimenta a história dos rolinhos. Para que a massa fique bem crocante, adicione cachaça. Faz toda a diferença!

Pavesa Herança dos imigrantes italianos e alemães na região serrana do Espírito Santo, trata-se de uma sopa feita com caldo de carne, torradas e gema de ovo crua.

Pelanca de velho Fritura feita de farinha de trigo, água, gema de ovo e gordura, sem nenhum recheio. Popular na região de Campos.

Pele de rã Massa de pastel, frito em pedaços e sem recheio, consumida com café, na região do Rio de Janeiro.

Podrão Nome dado a cachorros-quentes e hambúrgueres recheados com um sem-número de ingredientes, vendidos em Kombis, barracas e vans nas ruas do Rio.

Pororoca Guloseima inventada por João da Silva Bocaiúva, chefe de uma estação ferroviária de Limeira, em São Paulo, nos anos 1930. Rezava a propaganda na ocasião que "a pororoca substitui, com vantagem, a batata frita". Elaborada originalmente com fubá, água, sal e polvilho azedo, anos mais tarde, a receita foi vendida para a família Chiavone, proprietária da empresa Alimentos Selecionados Amaral que a industrializou e a rebatizou de mandiopã.

Queijo alagoa Produzido artesanalmente, em pequena escala, no município de Alagoa, no Alto da Serra da Mantiqueira. É elaborado com leite de vaca cru e coalho com sal, tem sabor levemente picante e forte. É também conhecido como "parmesão da Mantiqueira" e faz parte do patrimônio cultural de Minas Gerais.

Queijo cabacinha Produzido no Alto do Jequitinhonha mineiro, de sabor delicado, é feito de leite de vaca cru e coalho industrial. Seu formato se assemelha ao de uma pequena abóbora (cabaça), que lhe rendeu o nome.

Queijo da montanha Elaborado no Vale do Jequitinhonha, em Minas Gerais, é um queijo de leite de vaca cru, de pasta prensada e cozida, envelhecido por, no mínimo, cinco meses e por, no máximo, dez meses. O sabor é picante, e a textura é quebradiça.

Queijo de Araxá Produzido em pequena escala na microrregião mineira homônima, é elaborado com leite de vaca alimentada somente com cana-de-açúcar. Tem casca fina amarelada, consistência semidura e macia, por vezes amanteigada e sabor ligeiramente ácido e salgado. Se curado, seu sabor se torna picante.

Queijo da serra do Salitre Patrimônio Cultural Imaterial de Minas Gerais, produzido nas microrregiões de Patrocínio e Patos de Minas, é elaborado com leite cru de vaca, coalho, pingo (tipo de fermento feito do próprio leite da produção do queijo) e sal. De sabor suave, textura macia e baixa acidez, é embalado com uma resina alaranjada especial, que protege e favorece a maturação natural do queijo.

Queijo de minas padrão Produzido do leite de vaca pasteurizado, é maturado por cerca de trinta dias, tem formato cilíndrico, massa semidura e é levemente ácido.

Queijo resteia Chegou ao Brasil na bagagem de imigrantes italianos. De textura macia e sabor adocicado, é produzido na serra capixaba, no município de Venda Nova do Imigrante.

Quibebe carioca Combinação típica nordestina, de carne-seca com abóbora.

Salada quilombola Receita da comunidade indígena de mesmo nome, emprega o coração da bananeira cortado em rodelas e bem cozido, temperado com cebola, salsinha, vinagre e azeite.

Sanduíche de mortadela O sanduíche recheado com 300 gramas do embutido, montado em um pão francês, comercializado no Mercado Municipal de São Paulo, surgiu no fim dos anos 1960. Criado no Bar do Mané se tornou um ícone paulistano.

Torresmo Usado como aperitivo ou como acompanhamento de vários pratos mineiros, são pedacinhos de couro de porco ou de couro e barriga fritos até ficarem bem crocantes. O torresmo é muito apreciado também por paulistas e cariocas.

ARROZ COM FEIJÃO E GEMA DE OVO

★ **De Jefferson Rueda, SP**

Porção individual

INGREDIENTES

Arroz

20 g de cebola branca picada
50 g de miniarroz
3 g de alho picado
20 g de carne-seca desfiada
Sal, a gosto
5 g de manteiga
20 g de **farinha de mandioca** flocada

Gema curada

1 gema
1 L de água
10 g de sal
Óleo, para fritar

Finalização

10 ml de caldo de feijão

COMO FAZER

Arroz

1. Com 10 gramas da cebola, refogue o arroz, o alho e a carne.
2. Acrescente água e sal, e cozinhe até ficar macio e soltinho.
3. Com o restante da cebola, refogue na manteiga a farinha de mandioca flocada. 4. Adicione sal a gosto.

Gema curada

1. Deixe a gema em salmoura (água e sal) por 15 minutos e, depois, passe para o óleo em fogo bem baixo, até que a gema fique firme por fora e mole por dentro.

Finalização

1. Coloque o arroz no centro do prato. **2.** Por cima do arroz, coloque a farinha de mandioca refogada na manteiga e a gema, regue com o caldo de feijão ao lado do arroz e sirva.

"Há quase cinco séculos a farinha continua mantendo o crédito popular. Essa permanência constituía a imagem da suficiência. [...] Sem ela a refeição estará incompleta e falha. É comida *de volume*, comida *que enche*, sacia, *faz bucha*, satisfaz [...] A farinha é a camada primitiva, o basalto fundamental na alimentação brasileira", afirmou Câmara Cascudo. A **farinha de mandioca** é proveniente das raízes da mandioca lavadas, descascadas, raladas, prensadas, peneiradas e secas em forno quente para retirar o excesso de umidade. Pode ser seca, d'água ou mista (mistura, em diferentes proporções, da farinha das duas primeiras), de coloração branca ou amarela. Também conhecida como farinha de pau (como foi batizada pelos colonizadores), farinha de mesa ou farinha de guerra (como era conhecida pelos indígenas), é um alimento de extrema importância no Brasil, principalmente nas regiões Norte e Nordeste. A farinha Cruzeiro do Sul, produzida artesanalmente no Vale do Rio Juruá (AC), é considerada a melhor farinha do Brasil. Em 2017, adquiriu o selo da certificação de Indicação Geográfica (IG) pelo Instituto Nacional de Propriedade Industrial (INPI). É elaborada da mandioca não fermentada, tem coloração amarelinha, acidez perfeita, é muito crocante e pode vir peneirada, com coco ou castanha.

BOLINHAS DE ARROZ INTEGRAL E FONDUTA DE QUEIJO CANASTRA

★ **De Roberta Ciasca, RJ**

15 a 17 unidades

INGREDIENTES

Fonduta de queijo canastra

200 g de **queijo canastra** ralado fino
100 ml de leite
50 g de manteiga gelada

Bolinhas de arroz integral

2 dentes de alho picados
1 pimenta-dedo-de-moça sem sementes e picada
3 xícaras (chá) de arroz cateto vermelho
Sal, a gosto
2 ovos
2 xícaras (chá) de queijo parmesão ralado
1/2 xícara (chá) de salsinha picada (ou agrião picado)
1 colher (sopa) de azeite de oliva
Óleo, para fritar

COMO FAZER

Fonduta de queijo canastra

1. Leve o queijo e o leite ao fogo no banho-maria até derreter.
2. Coloque no liquidificador e bata para ficar lisinho. 3. Volte para o banho-maria e adicione a manteiga.

Bolinhas de arroz integral

1. Refogue o alho e a pimenta-dedo-de-moça no azeite aquecido. **2.** Adicione o arroz e mexa por mais 1 minuto para envolver todos os grãos com o azeite. **3.** Cubra com a água, adicione o sal e cozinhe um pouco acima do ponto, mas mantendo os grãos bem definidos. **4.** Misture os outros ingredientes ao arroz cozido. **5.** Molde bolinhas achatadas de 40 gramas cada uma ou minibolinhas de 15 gramas. **6.** Frite em imersão. **7.** Escorra em papel-toalha. **8.** Sirva imediatamente com a fonduta de queijo canastra à parte.

O **queijo canastra** é o mais famoso dos queijos artesanais. Com mais de dois séculos de tradição, produzido na Serra da Canastra, em Minas Gerais, foi tombado como Patrimônio Cultural Imaterial brasileiro, e certificado pelo Instituto Nacional de Propriedade Industrial (INPI) com o selo da certificação de Indicação Geográfica (IG), na modalidade Indicação de Procedência (IP), que garante sua origem. A iguaria tem textura homogênea, que varia de semidura a macia, cor branco-amarelada e sabor ligeiramente picante. É feito de leite de vaca, cru e integral, produzido na própria fazenda, com a adição do coalho e do pingo (fermento láctico natural, recolhido do soro drenado do próprio queijo produzido anteriormente). Depois de algum tempo, o leite coalha e é separado em porções de massa que são espremidas manualmente e colocadas em formas redondas. O sal grosso vai por cima da massa cuidadosamente compactada. Debaixo do molde, o soro escorre, completando um processo que dura 24 horas. Somente então, o queijo sai das formas e vai para uma prateleira em local arejado, onde permanece por cerca de uma semana para maturar.

BOLINHO DE ARROZ COM CALABRESA E QUEIJO

★ **De Toninho Momo, RJ**

25 unidades

INGREDIENTES

500 g de arroz
500 g de queijo muçarela ralado
250 g de **queijo prato** ralado
100 g de queijo parmesão ralado
250 g de linguiça calabresa frita
500 ml de leite
500 g de farinha de trigo
3 gemas de ovos
1/2 molho de salsinha picado
Óleo, para fritar

COMO FAZER

1. Prepare o arroz normalmente. **2.** Quando estiver pronto e ainda quente, acrescente os queijos e a linguiça. **3.** Misture-os até que os queijos derretam com o calor do arroz. **4.** Reserve essa massa para esfriar. **5.** Em um recipiente, misture o leite com a farinha de trigo até ficarem homogêneos. **6.** Acrescente essa mistura à massa já fria de arroz, calabresa e queijos. **7.** Adicione as gemas de ovos, uma por vez, e a salsinha picada. **8.** Misture tudo bem e faça bolinhas achatadas de cerca de 80 gramas. **9.** Frite os bolinhos no óleo em temperatura média (cerca de 180 °C) até ficarem quase douradinhos. **10.** Retire, escorra em papel-toalha e sirva os bolinhos.

De coloração amarela, sabor suave e consistência compacta, o **queijo prato** é feito do leite de vaca e é muito usado em sanduíches frios e quentes, como acompanhamento de compotas e doces, e como aperitivo. Foi introduzido na década de 1920 no sul de Minas Gerais, por intermédio de imigrantes dinamarqueses. É uma modificação dos queijos *dambo e tybo* (dinamarqueses) e *gouda* (holandês), que são semelhantes ao queijo prato no que tange à cor e à textura. Conta-se que, no momento do registro, o Ministério da Agricultura deixou-se levar pela aparência do queijo, esférico e chato, e acabou dando-lhe o nome de prato. O nome permaneceu mesmo depois de alterar seu formato definitivo, um bloco retangular, ideal para ser fatiado. Outra versão disponível é o chamado "prato esférico", de sabor ligeiramente adocicado, semelhante a um queijo suíço, que matura por trinta dias e é acondicionado a vácuo.

BOLINHOS DE REDANHO

★ **De Rafa Bocaina, SP**

40 unidades

INGREDIENTES

2 kg de pernil de porco caipira sem fibras e sem gordura
200 g de gelo
400 g de toucinho das costas sem pele
30 g de sal marinho
1/2 maço de salsinha picado finamente
1 maço de **alfavaca** picado finamente
10 g de pimenta-do-reino moída
1 colher (sopa) do molho de pimenta de sua preferência
4 dentes de alho ralado finamente
1 redanho de bom tamanho

COMO FAZER

1. Passe a carne de pernil e o gelo pelo moedor com o disco de 1,5 centímetro. 2. Moa o toucinho da mesma forma e reserve na geladeira. 3. Adicione o sal, as ervas, a pimenta-do-reino, o molho de pimenta e o alho à mistura de carne e gelo. 4. Amasse bem por, no mínimo, 3 minutos. 5. Adicione o toucinho e misture bem. 6. Faça bolinhos bem formatados de, aproximadamente, 70 gramas e envolva em redanho cortado em tamanho suficiente para cobri-los. 7. Achate os bolinhos com a abertura para baixo para adquirir o formato de "hamburguinhos" com cerca de 2 centímetros de altura. 8. Coloque os bolinhos em uma frigideira seca e fria e leve ao fogo. 9. Assim que soltarem bastante gordura e dourarem, vire. 10. Continue virando até que estejam muito bem dourados e o centro esteja bem cozido. 11. Escorra em papel-toalha e sirva quente.

Lado menos nobre da família do manjericão, erva de folhinhas verdes, pequenas e adocicadas, usada em saladas, molhos, sopas, massas, peixes e frangos, a **alfavaca** também substitui o manjericão e o louro. Suas sementes são utilizadas em misturas de pães e bolos. Na região Norte, é empregada para temperar o caruru e o vatapá paraense, as caldeiradas e o famoso tucupi. Recebe destaque na culinária de Santa Catarina, em ensopados de lagosta e caldos de camarão. "Remédio de vaqueiro" é o nome dado à alfavaca no interior do Brasil.

BOMBOM DE QUEIJO BRASILEIRO COM REDUÇÃO DE RAPADURA

★ De Danilo Parah, RJ

25 unidades

INGREDIENTES

Redução de rapadura

200 ml de água filtrada
200 g de **rapadura**
Suco coado de 1 limão-galego

Tempurá

1 gema de ovo caipira
200 ml de água gelada
100 g de farinha de trigo
100 g de maisena
10 g de fermento químico
5 g de sal

Bombom de queijo

500 g de queijo cuestinha pardinho (ou de queijo canastra) cortado em cubos de 20 g cada um
Farinha panko, ou farinha de rosca, para empanar
Óleo, para fritar

COMO FAZER

Redução de rapadura

1. Coloque a água para esquentar em uma panela. 2. Dilua a rapadura nessa água quente e deixe reduzir até virar um xarope.

3. Desligue o fogo e adicione o suco de limão. 4. Mexa até incorporar o limão totalmente à rapadura.

Tempurá

1. Bata a gema e acrescente a água, mexendo sem bater. 2. Adicione a farinha de trigo e a maisena pouco a pouco, o fermento e o sal. 3. Misture levemente e reserve na geladeira por 30 minutos.

Bombom de queijo

1. Em uma tigela, envolva os cubos de queijo no tempurá. 2. Escorra para tirar o excesso e empane com a farinha panko. 3. Leve para gelar para ficar firme e para a temperatura interna do queijo subir. 4. Frite com o queijo gelado, pois, se estiver em temperatura ambiente, tem grandes chances de o bombom estourar e o queijo vazar no óleo.

MONTAGEM

Para servir, besunte os bombons de queijo crocante na redução de rapadura.

Acredita-se que a **rapadura**, o primeiro doce originado nos engenhos, tenha surgido nas ilhas Canárias, ou no arquipélago dos Açores. Durante a fabricação do açúcar, "raspas duras" eram tiradas das camadas de açúcar que ficavam presas às paredes dos tachos, que eram, então, aquecidas e colocadas em formas semelhantes às de tijolos – daí rapaduras. Entra no preparo de alguns doces, acompanha bem um queijo fresco e adoça o café e até as caipirinhas. Com alto teor nutritivo, substitui a carne, combinada com farinha, em muitas regiões do Nordeste. Também aparece no cardápio escolar da rede municipal de algumas cidades do Brasil. O rei do cangaço, Virgulino Ferreira da Silva (1897-1938), mais conhecido como Lampião, levava em sua canga pedaços de queijo e rapadura misturados com farinha de mandioca para garantir sua sobrevivência em meio à aridez do sertão. De tão importante para a dieta do nordestino, ganhou até museu, que está localizado na cidade de Areia, na Paraíba.

CANGALHA

★ **De Rogério Shimura, SP**

18 unidades

INGREDIENTES

500 g de farinha de trigo
65 g de açúcar refinado
20 g de leite em pó
5 g de fermento biológico seco
75 g de ovos
190 ml de água
9 g de sal refinado
60 g de manteiga sem sal (ou óleo)

COMO FAZER

1. Em uma tigela, misture a farinha de trigo, o açúcar, o leite em pó e o fermento. 2. Transfira para a batedeira e adicione os ovos. 3. Sempre batendo, adicione a água aos poucos. 4. Quando a massa estiver compacta, acrescente o sal e, por último, a manteiga (ou o óleo). 5. Coloque a massa em uma superfície esfarinhada e deixe descansar por 20 minutos. 6. Com o auxílio de um rolo, abra a massa e modele no formato de um retângulo. 7. Corte ao meio no sentido longitudinal e besunte ligeiramente com um pouco de óleo. 8. Dobre ao meio e corte em pequenos retângulos. 9. Acondicione em assadeiras untadas. 10. Cubra com um pano limpo e mantenha em temperatura ambiente para a fermentação final, até que a massa dobre de volume. 11. Asse no forno a 160 ºC por 25 minutos. 12. Resfrie.

"Para aproveitar a sobra de massa doce, os padeiros tiveram uma ideia que deu muito certo: abriram a massa, fizeram uma dobra central, formando um "U", cortaram em pedaços menores, transferiram para uma assadeira, deixaram fermentar e assaram. Após o dia de serviço, colocaram as assadeiras de volta no forno, só que dessa vez desligado. Com o calor residual, esses pãezinhos secavam e se transformavam em uma espécie de biscoito que eram embalados e vendidos no dia seguinte", conta o chef Rogério Shimura. Bastante comum no Vale do Paraíba, a guloseima **cangalha**, de muitos outros nomes, "cotovelo", "vovó sentada", "cangalhinha", acompanhada de um cafezinho, não pode faltar durante as festividades do Divino Espírito Santo. É tradição distribuí-la na Casa de Festa (lugar onde se organiza o banquete do Divino), como o biscoito do Santo.

CASQUINHA DE SIRI COM AR DE COENTRO

★ **De Barbara Verzola, ES**

5 porções

INGREDIENTES

Siri desfiado

Azeite de oliva, q.b.
1 cebola cortada em cubinhos
1 dente de alho picado
1 tomate, sem pele e sem sementes, cortado em cubinhos
Folhas de **coentro**, a gosto
2 pimentas-de-cheiro picadas

1/2 pimenta-dedo-de-moça sem sementes e picada
500 g de siri desfiado
Sal, a gosto

Leite de coco

2 cocos secos

Leite de amendoim

300 g de amendoim torrado
150 g de água mineral

Ar de coentro

1 maço de coentro
500 ml de água
5 g de lecitina de soja

COMO FAZER

Siri desfiado

1. Em uma frigideira, coloque o azeite e refogue a cebola, o alho, o tomate e as folhas de coentro. **2.** Acrescente as pimentas, junte o siri desfiado e ajuste o sal.

Leite de coco

1. Retire a polpa do coco. **2.** Lave em água quente. **3.** Centrifugue.

Leite de amendoim

1. Em um liquidificador, triture todos os ingredientes. **2.** Passe por uma peneira fina.

Ar de coentro

1. Bata o coentro com a água, no liquidificador. **2.** Coe e acrescente a lecitina. **3.** Volte a bater até que a lecitina se dissolva por completo.

MONTAGEM

Bata o ar de coentro com a ajuda de um mixer, até formar uma espuma em cima do líquido. Coloque, em uma casquinha, 2 colheres (sopa) do siri desfiado refogado, 1 colher (sopa) do leite de coco e outra do leite de amendoim. Finalize com o ar de coentro.

Um dos condimentos mais antigos que se conhece, o **coentro**, está muito presente nas culinárias do Nordeste e do Norte. Suas folhas frescas perfumadas, semelhantes às da salsinha, mas de sabor e aroma completamente diferentes, temperam pratos de peixes e frutos do mar e não podem faltar nas moquecas. Em grãos moídos, o coentro condimenta aves, peixes, molhos de salada, pães, sorvetes e doces. Os grãos inteiros servem para aromatizar embutidos, conservas e vinagres. O coentro deve ser adicionado à panela no último minuto, caso contrário amarga. Chegou ao Brasil pelas mãos dos colonizadores portugueses e continua polêmico: há quem adore, mas há quem odeie. O segredo? Deve ser usado com moderação. Uma dica? Comece usando as sementes, as flores ou os brotos que são mais suaves, ou combine com outras ervas, como salsinha e manjericão.

CEVICHE DE CAJU

★ **De Helena Rizzo, SP**

10 porções

INGREDIENTES

Leite de castanha-de-caju

400 g de castanha-de-caju, torrada e sem sal
400 g de água

Raspadinha de caju

2 folhas de gelatina incolor
1,150 kg de **caju**, fresco e sem a castanha
25 g de dextrose
25 g de açúcar
38 g de cachaça

Finalização

6 cajus, sem pele e cortados em cubos médios
Sal, a gosto
2 limões-taiti espremidos
1/2 cebola roxa cortada em tiras finas
1 pimenta-dedo-de-moça sem sementes e cortada em cubinhos
5 g de folhas de coentro finamente picadas
Brotos de coentro, a gosto
Flor de sal, a gosto

COMO FAZER

Leite de castanha-de-caju

1. Bata no liquidificador a castanha com a água na função pulsar.
2. Passe a mistura pela centrífuga e coe em um pedaço de etamine.
3. Guarde na geladeira em um recipiente fechado.

Raspadinha de caju

1. Hidrate a gelatina com água e gelo. Reserve. 2. Passe os cajus pela centrífuga e deixe repousar por, aproximadamente, 12 horas na geladeira. 3. Remova o excesso de espuma e polpa da superfície e coe sobre dois pedaços de etamine sobrepostos. 4. Porcione 500 gramas dessa água de caju e leve 1/5 ao fogo com a dextrose e o açúcar até aquecer. 5. Fora do fogo, adicione a gelatina hidratada já escorrida e mexa até derreter. 6. Adicione a cachaça e o restante da água de caju. 7. Guarde em uma vasilha funda e tampada e leve ao congelador. 8. No momento de servir, raspe com um garfo, formando a raspadinha.

Finalização

1. Em uma tigela, faça um ceviche temperando os cajus com o sal, o suco dos limões, a cebola, a pimenta e o coentro. 2. Misture bem e acrescente o leite de castanha-de-caju. 3. Em um prato fundo, ponha o ceviche de caju e, por cima, a raspadinha. 4. Decore com os brotos de coentro e a flor de sal.

O **caju** é uma fruta muito popular no Norte e no Nordeste, com destaque para o Rio Grande do Norte – é lá que fica o gigantesco cajueiro de Pirangi, localizado na praia de Pirangi do Norte, em Parnamirim, que cobre uma área de aproximadamente 8.500 metros quadrados e com uma produção equivalente à de setenta árvores: 80 mil cajus por safra. A parte carnosa, de cor amarela, rosada ou vermelha, tem a função de sustentar a castanha, a verdadeira fruta. O caju pode ser empregado em sucos, licores, sorvetes, doces (em calda, cristalizado ou em pasta) – com destaque para o doce de caju-ameixa –, e dele se faz até vinagre e carne. Esta última, elaborada com a polpa do caju batida no liquidificador, é peneirada para extrair o suco e espremida até se obter uma fibra enxuta, que, depois é fervida, escorrida e temperada com alho, cebola, tomate, sal e pimenta-do-reino, e pode substituir preparos que envolvam carne. Também entra na composição de receitas e pratos diversos, e na linha de alimentos *plant-based*. Para consumi-lo *in natura*, o caju tem de estar bem maduro, pois, quando verde, é muito adstringente, quase impossível de comer. A castanha-de-caju apresejta uma casca dupla que contém uma toxina chamada de urushiol. Antes de ser consumida, é necessário que passe por um processo de alto aquecimento para a toxina ser eliminada. Uma vez torrada, é usada como aperitivo ou ingrediente de pratos doces e salgados. Na língua tupi, *acaiu* (caju) significa "noz que se produz".

CEVICHE DE MAXIXE

★ **De Fabianni Ciraudo, RJ**

Porção individual

INGREDIENTES

100 g de **maxixe** limpo fatiado
Sal, a gosto
1 colher (chá) de gengibre ralado
1 colher (chá) de aipo ralado
1 pimenta-dedo-de-moça sem sementes e picada
Suco de 1 limão-taiti
Suco de 1 laranja-pera
1 cebola roxa pequena cortada em tiras finas
Coentro, a gosto
Folhas de coentros, para decorar
1 pimenta-dedo-de-moça, para decorar

COMO FAZER

1. Coloque o maxixe fatiado em uma tigela, adicione o sal, o gengibre, o aipo e a pimenta-dedo-de-moça. **2.** Misture bem. **3.** Acrescente os sucos do limão e da laranja, a cebola fatiada e o coentro. **4.** Ajuste o sal. **5.** Para finalizar, decore com folhas de coentro e uma pimenta-dedo-de-moça.

 DICA DA CHEF: sirva o ceviche acompanhado de milho torrado.

Leguminosa verde, oval e alongada, de sabor suave, o **maxixe** é um ingrediente tradicional no Nordeste, onde é largamente consumido em refogados e cozidos e na famosa maxixada. Em saladas, substitui o pepino, daí também ser chamado de "pepino-espinhoso". Na Bahia, é popularmente conhecido como "galinha-arrepiada", por causa de suas bagas eriçadas. Deve ser consumido verde, previamente descascado ou raspado, pois, quando maduro, torna-se fibroso, com sabor ruim e sementes duras. As folhas do maxixe também são comestíveis. Tem gosto parecido com o do espinafre, mas deixa na boca uma leve ardência, que é reduzida quando cozidas ou refogadas. O maxixe é uma contribuição africana para a culinária brasileira.

CEVICHE PARAENSE

★ **De Emmanuel Bassoleil, SP**

4 porções

INGREDIENTES

Leite de "onça"

5 g de pimenta-dedo-de-moça picada
300 ml de caldo de peixe bem concentrado, aromático e gelado
150 ml de leite de castanha-do-pará
100 ml de leite de coco
50 ml de tucupi
Suco de 3 limões

Ceviche

400 g de lombo de peixe branco cortado em cubos
Sal e pimenta-do-reino, a gosto

20 g de coentro picado
15 g de pimenta-biquinho picada
10 g de pimenta-de-cheiro picada
40 g de banana-da-terra cortada em cubos
40 g de **jambu** picado
40 g de cebola roxa cortada em tiras finas
40 g de açaí natural
Flor de jambu e brotos de jambu, a gosto
Sagu cozido no tucupi, a gosto
Telha de tapioca, a gosto

COMO FAZER

Leite de "onça"

1. Misture bem todos os ingredientes. Reserve.

Ceviche

1. Tempere o peixe com sal e pimenta-do-reino. 2. Despeje o leite de "onça" sobre o peixe e deixe marinar por alguns minutos. 3. Adicione o coentro, as pimentas-biquinho e a de-cheiro, a banana, o jambu e a cebola. 4. Misture, delicadamente, e sirva em prato fundo, com raspadinha de açaí natural. 5. Finalize com os brotos e a flor de jambu, o sagu cozido no tucupi e a telha de tapioca.

Hortaliça nativa da Amazônia, em sua composição (caule, folhas e flores), o **jambu** contém a substância espilantol, que, quando mastigada, provoca ligeira sensação de amortecimento nos lábios e na língua. Muito parecida com o agrião, suas folhas são grossas, tenras e de sabor forte. Indispensáveis no preparo de pratos tradicionais da cozinha amazônica, como o tacacá, o caruru e o pato no tucupi, suas folhas também são empregadas em cozidos, sopas, saladas e até em pizzas, com destaque para a pizza paraense, elaborada com camarão. Também se tornou ingrediente de cachaça, graças ao piauiense Leodoro Porto, que, desde 2014, produz a bebida em larga escala e a distribui por todos os estados do país. "Agrião-do-pará", "agrião-do-norte", "jamburana", "pimenta-d'água" e "abecedária" são alguns dos nomes pelos quais o jambu também é conhecido.

CLUB SANDUÍCHE PANC

★ **De Bernardo Arthuzo Mendes, RJ**

Porção individual

INGREDIENTES

Maionese de castanha-de-caju e capuchinha

500 ml de água filtrada
60 g de castanha-de-caju sem sal
1/2 colher (café) de sal
1/2 dente de alho picado
1 colher (sopa) de vinagre de maçã
6 folhas de **capuchinha**
3 colheres (sopa) de óleo de coco

Peixinho-da-horta

4 folhas de peixinho-da-horta
1 colher (sopa) de fécula de milho
1 colher (café) de sal
1 xícara (chá) de leite
Fubá crioulo, para empanar
Óleo, para fritar
Gergelim preto tostado, a gosto

Finalização

2 folhas de azedinha
2 folhas de almeirão
2 folhas de alface roxo
3 fatias de pão de miga
Maionese de castanha-de-caju e capuchinha
1/4 de xícara (chá) de cebola roxa fatiada finamente
1/4 de xícara (chá) de flor de trapoeraba
4 peixinhos-da horta empanados
Flor de trapoeraba, para decorar
Pétalas de flor de capuchinha, para decorar

COMO FAZER

Maionese de castanha-de-caju e capuchinha

1. Hidrate as castanhas-de-caju de um dia para o outro. 2. Escorra reservando a água. 3. Processe as castanhas, o sal, o alho, o vinagre e as folhas de capuchinha, e acrescente, aos poucos, o óleo de coco e um pouco da água reservada para obter um creme espesso.

Peixinho-da-horta

1. Higienize e seque bem as folhas de peixinho da horta. 2. Misture a fécula de milho, o sal e o leite. 3. Passe as folhas de peixinho-da-horta nessa mistura, escorra bem e empane no fubá. 4. Frite por imersão. 5. Escorra em papel-toalha e salpique o gergelim preto tostado.

Finalização

1. Higienize e seque bem as folhas. 2. Empilhe as fatias de pão de miga. 3. Apare para deixar as bordas retas e espalhe-as em um tabuleiro. 4. Doure as fatias no grill do forno bem quente. 5. Passe a maionese na parte branca das fatias de pão. 6. Monte o sanduíche fazendo 2 camadas com metade da cebola roxa, metade das folhas de trapoeraba, 1 azedinha, 1 folha de almeirão, 1 folha de alface roxo e 2 peixinhos-da-horta empanados. 7. Cubra o sanduíche com a terceira fatia de pão, com a parte dourada para cima. 8. Corte na vertical obtendo duas metades retangulares compridas. 9. Vire as metades sobre o prato deixando o recheio aparente. 10. Decore com a flor de trapoeraba e as pétalas de flor de capuchinha.

Capuchinha é uma plantinha rasteira da família de *Tropaeulum majus*, com folhas grandes, redondas e flores amarelas, laranjas ou vermelho-vivas em formato de capuz – daí seu nome. Muito valorizada no jardim e na cozinha, desta planta somente não se comem as raízes. As folhas têm sabor extremamente picante similar ao da rúcula e do agrião e podem ser usadas em saladas, pizzas, sanduíches, sopas e massas, assim como seus talos. Os botões, conservados em vinagre, são um substituto barato para alcaparras. As flores inteiras enfeitam pratos e guarnecem drinques, picadas aromatizam manteigas e vinagre. Considerada uma planta alimentícia não convencional (Panc), no Brasil tem vários nomes, como "sapatinho-do-diabo", "chagas" e "chagueira".

DEIXA ARDER

★ **De Katia Barbosa, RJ**

17 unidades

INGREDIENTES

Recheio

17 pimentas-dedo-de-moça
2 dentes de alho picados
1 colher (café) de óleo
110 g de carne-seca cozida e desfiada
1/2 xícara (chá) de **requeijão de corte**

Massa

4 dentes de alho picados
1 colher (sopa) de manteiga
1 copo americano de leite
1 xícara (chá) de água
2 xícaras (chá) de farinha de trigo
Sal, a gosto

Finalização

1 xícara (chá) de farinha de rosca
1/2 xícara (chá) de leite
Óleo, para fritar

COMO FAZER

Recheio

1. Retire as sementes das pimentas fazendo um corte longitudinal com o auxílio da ponta da faca. **2.** Dê um choque térmico em água quente, depois na água gelada para reduzir o ardor das pimentas e dar um leve cozimento. **3.** Seque com papel-toalha. **4.** Doure o alho no óleo, acrescente a carne-seca e refogue rapidamente. **5.** Deixe esfriar e misture o requeijão até formar uma pasta homogênea.

Massa

1. Em uma panela, doure o alho na manteiga. **2.** Acrescente o leite, a água, misture bem e deixe levantar fervura. **3.** Apague o fogo e junte a farinha de trigo de uma só vez, mexendo vigorosamente até formar a massa. **4.** Leve ao fogo novamente e mexa até a massa desgrudar da panela. **5.** Acerte o sal e reserve.

Finalização

1. Recheie as pimentas com a carne-seca e envolva cada uma delas com a massa. **2.** Empane com farinha de rosca, passe no leite e novamente na farinha de rosca. **3.** Frite em fogo no óleo quente. **4.** Escorra em papel-toalha e sirva em seguida.

> Comum no Nordeste do país, o **requeijão de corte**, produzido artesanalmente, é um laticínio sólido, de cor amarela, feito de leite de vaca integral coalhado, dessorado e cozido com manteiga e sal. Diferencia-se do requeijão cremoso por não receber creme de leite. É também chamado de "requeijão crioulo" ou "requeijão baiano", pois se torna escuro em razão do cozimento intenso. No Piauí, uma das versões mais apreciadas é o requeijão Cardoso, produzido nos municípios de São Raimundo Nonato e Coronel José Dias, na Serra da Capivara.

FÍGADO DE PEIXE NA BRASA E MANDIOCA

★ **De Gerônimo Athuel, RJ**

2 porções

INGREDIENTES

350 g de mandioca manteiga cortada em cubos de 2 cm
Sal, a gosto
25 g de cebola picada
10 g de alho picado

25 g de **manteiga de garrafa**
200 g de fígado de dourado-do-mar
Azeite de oliva, a gosto
Pimenta-do-reino, a gosto
1 molho de cebolete picado

COMO FAZER

1. Cozinhe a mandioca na água e sal. **2.** Assim que estiver macia, refogue a cebola e o alho na manteiga de garrafa e, em seguida, adicione a mandioca. **3.** Misture suavemente e reserve. **4.** Tempere o fígado com o azeite, o sal e a pimenta-do-reino. **5.** Leve na brasa por poucos minutos até que fique tostado por fora. **6.** Para servir, corte o fígado em finas fatias e monte com a mandioca. **7.** Para finalizar, adicione um punhado de cebolete e um fio de azeite.

A **manteiga de garrafa** é uma manteiga clarificada, produzida artesanalmente do cozimento do creme de leite de vaca até que evapore toda a água e restem apenas a gordura e as partículas solidas da nata. Para produzir 1 litro de manteiga, são necessários 50 litros de leite de vaca. Típica do Nordeste, é muita usada em grande parte das receitas da região – o que seria da carne-seca, da carne de sol e do queijo manteiga sem ela? – e como acompanhamento. Vendida em garrafas, não se presta a frituras e dura mais que a manteiga. Chamada, ainda, de "manteiga do sertão", "manteiga da terra" ou "manteiga de gado", também participa em preparos da culinária mineira.

FLOR DE ABOBRINHA RECHEADA COM BURRATA E ANCHOVAS

★ **De Eugenio Mariotto, SP**

4 porções

INGREDIENTES

Flores

8 flores de **abobrinha**

Recheio

200 g de burrata
5 g de pasta de anchovas

Pastella (massa para empanar)

1 gema
100 g de farinha de trigo
200 ml de água com gás gelada
Pimenta-do-reino branca e sal, a gosto

Finalização

Farinha de trigo para polvilhar
Óleo, para fritar

COMO FAZER

Flores

1. Retire, com cuidado, as folhinhas que ficam perto do caule e os pistilos das flores de abobrinha. 2. Lave as flores em água corrente, escorra e deixe secar bem. Reserve.

Recheio

1. Misture a burrata e a pasta de anchovas. 2. Transfira para um saco de confeiteiro com bico largo.

Pastella (massa para empanar)

1. Bata a gema com a farinha de trigo e acrescente a água com gás, aos poucos, a pimenta-do-reino branca e o sal. 2. Misture bem até obter um creme liso. Reserve.

Finalização

1. Segure a flor, coloque o recheio nela e feche-a torcendo as extremidades das pétalas. 2. Passe as flores na pastella, retire o excesso e polvilhe com a farinha de trigo. 3. Aqueça o óleo e, quando estiver bem quente, frite as flores aos poucos até ficarem ligeiramente douradas. 4. Escorra sobre papel-toalha e sirva-as em seguida.

A **abobrinha** é o fruto da abóbora colhido ainda verde. Originária do continente americano, da família da cucurbitáceas, a mesma do chuchu, do maxixe, do pepino, do melão e da melancia, a planta têm duas espécies botânicas diferentes comercializadas: *Cucurbita moschata*, conhecida como "abobrinha menina" e "abobrinha brasileira", tem formato curvilíneo, com uma das extremidades arredondadas (pescoço) e coloração verde-clara com estrias brancas. A época de cultivo vai de setembro a janeiro; e *Cucurbita pepo*, chamada de "abobrinha italiana", "abobrinha de moita" e "abobrinha de tronco", tem formato cilíndrico e alongado, sem pescoço, e coloração verde-escura ou verde-clara com estrias escuras. A época de cultivo vai de outubro a maio. Ambas têm sabor suave e textura macia e prestam-se a uma infinidade de preparos, sejam cozidas, assadas, recheadas, fritas à milanesa, gratinadas, grelhadas, ao vapor; cruas, fatiadas ou desfiadas, em saladas, vinagretes; no recheio de pizzas, bolinhos, pastéis; e como ingredientes de receitas de bolos, geleias e picles. Suas flores de coloração amarelo-gema, muito apreciadas por seu sabor suave e adocicado, podem ser consumidas cruas em saladas, cozidas, recheadas, empanadas e fritas, em omeletes, sopas e risotos ou para decorar pratos. Extremamente frágeis – manuseie com cuidado durante o preparo –, e muito perecíveis, devem ser empregadas um ou dois dias após serem colhidas. Existem dois tipos de flores: a fêmea e o macho. A primeira tem haste curta, é a primeira a abrir, mas, depois de fertilizada, murcha à medida que o fruto cresce; a macho é maior, têm haste longa e caule fino, permanece aberta por mais tempo, mas nunca se transforma em fruto.

GUACAMOLE DE AÇAÍ

★ **De Dani Padalino, SP**

4 porções

INGREDIENTES

200 g de tomates sem sementes e picados
100 g de cebola roxa picada
Sal, a gosto
250 g de polpa de **açaí**
2 g de goma xantana
1 colher (sopa) de coentro picado
1/4 de pimenta-dedo-de-moça sem sementes e picada
Suco de 1 limão-cravo
50 ml de azeite de oliva extravirgem

COMO FAZER

1. Misture o tomate e a cebola com uma pitada de sal e deixe descansar em um escorredor por 40 minutos. **2.** Bata no liquidificador o açaí e a goma xantana por 3 minutos. **3.** Misture com os demais ingredientes, e o guacamole está pronto.

 DICA DA CHEF: sirva o guacamole com beijus de tapioca ou chips de mandioca.

Palmeira nativa da Amazônia, de seus frutos de casca fina e coloração roxa, obtém-se uma polpa que pode ser empregada em refrescos, mousses, sorvetes e doces. No Norte, o **açaí** *in natura* é privilégio apenas dos habitantes do Pará e dos estados mais próximos, que consomem o fruto gelado com farinha-d'água, em cuias com tapioca e também com camarão seco ou peixe assado. O suco feito com sua polpa é conhecido como "vinho de açaí". Fora da região, é consumido com cereais, como a granola, e com frutas. No Sudeste, a polpa congelada, servida em uma tigela com guaraná em pó e açúcar, é muito popular. Como a fruta fermenta muito rapidamente – não resiste mais de 24 horas, mesmo quando refrigerada –, é a única forma de degustá-la longe de sua origem. Da palmeira do açaí, extrai-se um palmito fino e fibroso, que hoje é o tipo mais comercializado no país. Do açaí, ainda se extrai um óleo muito empregado em saladas e em outros pratos prontos, que substitui o azeite. Das sementes secas, torradas e moídas, prepara-se uma bebida, o "chafé", de gosto semelhante ao do café. O pó também pode ser empregado para fazer bolos, pudins e outras sobremesas. A "pérola púrpura da Amazônia" pegou carona na moda do consumo de antioxidantes, energéticos e produtos exóticos da floresta tropical, rompeu as fronteiras regionais, conquistou outros estados brasileiros e também o exterior, principalmente os Estados Unidos, onde é considerado um superalimento. É também conhecido como "açaí-do-pará". Entre os indígenas, é chamado de *içá-çai* (a fruta que chora).

GUIOZA DE CAMARÃO COM CHUCHU

★ **De Julia Tricate, SP**

15 unidades

INGREDIENTES

10 camarões médios, limpos
Azeite de oliva, a gosto
1 cebola picada
1 alho-poró picado
3 dentes de alho picado
1 pimenta-dedo-de-moça picada
2 colheres (sopa) de molho de ostra
Molho de pimenta, a gosto
1 colher (chá) de pasta de pimenta coreana
Sal e pimenta-do-reino, a gosto
Suco de limão, a gosto
Salsinha, cebolinha e coentro, a gosto
120 ml de vinagre de vinho branco, maçã ou arroz
1 colher (sopa) de sal
1 xícara (chá) de água
2 colheres (sopa) de açúcar
1 chuchu
Massa de guioza, a gosto
Molho à base de shoyu, a gosto (opcional)

COMO FAZER

1. Em uma frigideira, doure os camarões rapidamente apenas de um lado em um fio de azeite. **2.** Corte em cubos pequenos e reserve. **3.** Em uma panela, refogue a cebola, o alho-poró, o alho e a pimenta-dedo-de-moça em um pouco de azeite. **4.** Tempere com o molho de ostra, o molho de pimenta, a pasta de pimenta, o sal e a pimenta-do-reino. **5.** Entre com os camarões picados, acerte os temperos e finalize com o suco de limão e as ervas picadas. Reserve. 6. Em uma panela, coloque o vinagre, o sal, a água e o açúcar para ferver. 7. Enquanto isso, corte o chuchu em lâminas fininhas ou como um espaguete no mandolim. 8. Assim que o líquido ferver, acrescente o chuchu. Reserve. 9. Quando o recheio estiver frio, recheie as massas fazendo a dobra que preferir. 10. Se não souber a forma clássica, feche com um garfo como se fosse um pastel. 11. Cozinhe as guiozas no vapor ou frite em óleo. 12. Sirva com um molho à base de shoyu (opcional).

 DICA DA CHEF: se não encontrar a massa de guioza, substitua por massa de pastel bem fina.

Parente da melancia, do melão, do pepino e da abóbora, o **chuchu** é uma hortaliça fruto tal qual o tomate, uma vez que tem uma parte comestível que reveste suas sementes internas. Conhecido como "machuchu", "caiota" ou "pimpinela", de "sem graça" o chuchu não tem nada. Versátil, seu sabor suave permite que seja preparado cozido, refogado, gratinado, ensopado, recheado, cristalizado em doces de pasta, em saladas, como recheio de tortas e suflês. Pode, ainda, substituir o mamão verde em todas as suas preparações e é extremamente benéfico à saúde. "Chuchu só é sem gosto se não souber utilizá-lo", segundo palavras da chef Manu Buffara.

JILÓ DEFUMADO COM MOLHO DE MOSTARDA E PATÊ DE FÍGADO DE GALINHA

★ **De Caio Soter, MG**

10 porções

INGREDIENTES

Jiló

10 jilós
Azeite de oliva, para untar

Molho de mostarda

200 g de mostarda l'ancienne
50 ml de mel
Conserva de pimenta, a gosto
50 ml de suco de limão-capeta
50 ml de suco de limão-taiti
Azeite de oliva, a gosto

Patê de fígado de galinha

2 L de água filtrada
250 ml de vinagre
200 g de fígado de galinha
Sal e pimenta-do-reino, a gosto
60 ml de cachaça
100 ml de azeite de oliva
170 g de manteiga gelada
60 g de creme de leite fresco gelado

COMO FAZER

Jiló

1. Unte o jiló com azeite e leve-o direto à grade da churrasqueira ou à chama do fogão, até que fique totalmente chamuscado. 2. Reserve em um recipiente fechado para continuar defumando. 3. Após esfriar, retire a casca queimada e reserve. 4. Antes de servir, leve ao forno a 200 °C por 5 minutos.

Molho de mostarda

1. Em um recipiente, coloque todos os ingredientes, exceto o azeite, e, com uma espátula de silicone, misture bastante até que todos os ingredientes estejam bem incorporados. 2. Adicione azeite e misture com um batedor de arame até ficar homogêneo.

Patê de fígado de galinha

1. Misture a água e o vinagre e deixe o fígado de molho por 1 hora. 2. Retire a espuma que se forma na superfície da água, de tempos em tempos, com uma escumadeira. 3. Escorra, seque e tempere o fígado com sal, pimenta-do-reino e 10 mililitros da cachaça. 4. Deixe marinando por 6 horas. 5. Decorrido este tempo, seque bem o fígado, corte em pedaços e leve para dourar no azeite em uma frigideira. 6. Com os mililitros restantes da cachaça, flambe o fígado. 7. Em um processador ou liquidificador, bata o fígado com a manteiga e o creme de leite até ficar homogêneo e bem liso.

MONTAGEM

Sirva uma colher do patê de fígado, rodando a colher em um formato circular. Mergulhe o jiló no molho de mostarda até que fique glaceado e coloque por cima do patê.

Trazido da África no século XVII, o **jiló**, também conhecido como "berinjela-branca", chegou primeiro a terras pernambucanas. Fruto de sabor amargoso, de polpa macia e porosa, que costuma ser empregado em saladas, conservas e ensopadinhos, e também como compota. Pode ser frito, cozido, recheado, marinado, empanado ou em conserva. Na mesa mineira, o jiló refogado é sempre muito bem-vindo. Na hora de comprar, prefira os frutos verdes (imaturos), que são menos amargos. Se, ainda assim, o gosto não for muito atrativo, experimente cortar o jiló em fatias ou ao meio e deixe de molho em uma tigela com água e sal por 20 minutos. Em seguida, é só escorrer e secar com papel-toalha.

MEXILHÕES, BEURRE BLANC DE TUCUPI E BATATA-DOCE ROXA

★ **De José Guerra Netto, SP**

3 porções

INGREDIENTES

15 ml de azeite de oliva
25 g de cebola cortada em cubinhos
5 g de alho cortado em rodelas
15 g de pimenta-de-cheiro cortada em rodelas
10 g de coentro (incluindo os talos) cortado em tiras bem finas
1 ramo de tomilho
1 kg de mexilhões frescos na casca
120 g de tucupi
150 g de manteiga gelada
Goma de tapioca, q.b.
200 g de **batata-doce** roxa
Cebolinha cortada na diagonal, para a montagem

Gotas de limão, a gosto, para a montagem
Tabasco, a gosto, para a montagem

COMO FAZER

1. Em uma panela, com tampa, de, aproximadamente, 3,8 litros, refogue no azeite a cebola, o alho, a pimenta-de-cheiro, o coentro e o tomilho, até murcharem. **2.** Aqueça bem o fundo da panela, em seguida, coloque os mexilhões e deixe mais uma vez aquecer bem o fundo, pois os mexilhões estarão frios. **3.** Despeje o tucupi e tampe a panela para o calor circular e cozinhar todos os mexilhões por igual. **4.** Com o auxílio de uma peneira, coe os mexilhões em um recipiente preservando o caldo. **5.** Retire os mexilhões das cascas e reserve. **6.** Prepare o beurre blanc de tucupi. **7.** Despeje o caldo do cozimento em uma panela pequena e incorpore a manteiga gelada, mexendo com um fouet em fogo baixo. **8.** Quando a manteiga derreter, junte a goma de tapioca e misture com ajuda de um mixer e volte para o fogo e cozinhe até que o molho espesse e fique cremoso e brilhoso. Reserve. **9.** Envolva a batata-doce no papel-alumínio, preaqueça o forno a 200 °C e asse por 50 minutos. **10.** Resfrie e corte em cubos pequenos. Reserve. **11.** Aqueça o molho, despeje os mexilhões sem cascas e cozinhe o suficiente para aquecê-los.

MONTAGEM

Em um uma louça funda, coloque os mexilhões com o beurre blanc de tucupi. Disponha a batata-doce e a cebolinha. Finalize com umas gotas de limão e tabasco.

Batata-doce, "Se comem assadas ou cozidas, são de bom gosto, servem de pão a quem não tem outro", escreveu José Anchieta, padre jesuíta, sobre elas. Raiz tuberosa nativa do Brasil, a batata-doce é gostosa frita, assada ou cozida. Há quatro tipos: branca (também conhecida como angola ou terra-nova, tem a polpa bem seca, não muito doce, e fica quebradiça depois de frita); amarela (tem sabor mais doce) – ambas entram em preparações salgadas, como purês, sopas e cozidos; roxa (com casca e polpa dessa cor, é a mais apreciada por seu sabor e aroma agradáveis, sendo ótima para o preparo de bolos, doces em calda, em pasta e cristalizados); e avermelhada (conhecida no Nordeste do Brasil como coração-magoado, de casca parda e polpa amarela). A batata-doce tem em comum com a batata-inglesa apenas o nome. São de famílias diferentes. A doce é da família das convolvuláceas, a outra pertence à família das solanáceas. Em algumas regiões do Rio Grande do Sul, é conhecida como "munhata".

PÃO DE MANDIOCA

★ **De Marcia Nunes, MG**

INGREDIENTES

2 colheres (sopa) de fermento fresco de pão
1 xícara (chá) de água morna
3 colheres (sopa) de açúcar
Farinha de trigo, q.b.
1 1/2 kg de **mandioca** cozida e amassada.
2 colheres (sopa) de manteiga
2 ovos inteiros
1 gema, para dourar
1 colher (sobremesa) de sal

COMO FAZER

1. Em uma gamela ou tigela, dissolva o fermento em água morna com o açúcar e engrossar com cerca de 3 colheres (sopa) da farinha de trigo. 2. Deixe fermentar abafado e longe de corrente de vento, até que se formem bolhas. 3. Em seguida, acrescente ao fermento a massa de mandioca, a manteiga, os ovos inteiros e o sal. 4. Misture bem e acrescente farinha de trigo, sovando bem até a massa tomar consistência e soltar das mãos. 5. Divida a massa em partes, de acordo com o tamanho e o formato dos pães que deseja fazer, e coloque em tabuleiros untados com manteiga. 6. A esse tempo, faça uma pequena bola de massa e coloque em um copo com água, mantendo-o próximo aos pães. 7. Ao subir a bolinha, doure os pães com a gema, espere cerca de 1 hora e leve ao forno preaquecido. O tempo suficiente para assar é de, aproximadamente, 40 minutos, podendo variar de acordo com o forno.

Manihot esculenta Crantz, seu nome científico, é uma raiz tuberosa, comestível, tem a casca rugosa marrom e a polpa branca e dura. As milhares de variedades de **mandioca** se dividem em dois grandes grupos: a mansa – ou doce –, também chamada de "aipim" (*ai-pi*, tirado do fundo), no Sudeste, e "macaxeira" (*maka-xera*, farinha de pau), no Nordeste; e a brava – ou amarga –, rica no tóxico ácido cianídrico, que é destruído pelo calor e pela cocção. Da mandioca--brava, são feitos amido ou polvilho (goma), tapioca e diferentes farinhas. Dela também se extrai um líquido muito apreciado na culinária do Norte, o tucupi. A mandioca-mansa pode ser frita, assada, cozida em água e sal, empregada em bolos, purês, pudins e pratos salgados. Também faz bebida, como a tiquira, um tipo de cachaça consumida no Maranhão. A mandioca substitui o pão no café da manhã de muitos nordestinos. Cultivada em todos os estados brasileiros, a chamada "rainha do Brasil", pelo historiador Câmara Cascudo, é o alimento básico dos indígenas brasileiros. Quando aqui chegaram, os portugueses confundiram a mandioca com o inhame. Escreveu Pero Vaz de Caminha ao rei de Portugal, na época do descobrimento: "Eles não lavram nem criam. Nem há aqui boi ou vaca, cabra, ovelha ou galinha, ou qualquer outro animal que esteja acostumado ao viver do homem. E não comem senão deste inhame, de que aqui há muito, e dessas sementes e frutos que a terra e as árvores de si deitam."

SALADA DE MANGALÔ, ATUM E FOLHAS DE CENOURA

★ De Ciça Roxo, RJ

Porção individual

INGREDIENTES

1/2 xícara (chá) de **mangalô** fresco
Sal, a gosto
2 colheres (sopa) de shoyu
2 colheres (sopa) de cachaça
2 colheres (sopa) de suco de limão-cravo
1 colher (café) de casca de limão-cravo ralada
1 colher (chá) de gengibre ralado
1/4 de cebola roxa cortada em tiras finas
Folhas de 1 rama de cenoura
1 xícara (chá) de lombo de atum fresco cortado em cubos pequenos
2 colheres (sopa) de azeite de oliva extravirgem
1 colher (chá) de gergelim misto tostado
Flores de trapoeraba azul, a gosto

COMO FAZER

1. Cozinhe o mangalô em água com sal. 2. Escorra. 3. Faça um molho misturando o shoyu, a cachaça, o suco e a casca do limão-cravo e o gengibre ralado. 4. Tempere o mangalô com metade do molho, com a cebola roxa e as folhas de cenoura. 5. Tempere o atum com o restante do molho. 6. Para montar a salada, coloque em uma travessa o mangalô com o atum por cima. Em seguida, salpique o gergelim e decore com as flores de trapoeraba azul.

Também chamado de "orelha-de-padre" e "lablab", suas vagens se comem ao modo das ervilhas tortas, seus feijões, como as favas, suas folhas, como espinafre e suas flores, cruas ou cozidas. Empregado em saladas, sopas e ensopados, muito comum no Nordeste, deve ser aferventado antes do uso, por causa de seu amargor. De origem africana, o **mangalô** também não é um feijão: é uma leguminosa de nome *Lablab purpureus*, classificada como planta alimentícia não convencional (Panc).

PRATOS PRINCIPAIS E ACOMPANHAMENTOS

Afogado A receita é preparada com carne bovina cortada em pedaços colocados para cozinhar somente com sal e deixados por 24 horas "afogados" em fogo brando, para amolecer – daí o nome do prato, com certeza. O afogado é símbolo da cidade de São Luís do Paraitinga, região do Vale do Paraíba, onde é distribuído durante a Festa do Divino Espírito Santo. Em algumas regiões, é popularmente chamado de "fogado". O falecido escritor e culinarista Ocílio Ferraz contava que, nas festas de Santo Antônio, São Benedito, São João e São Pedro, era costume junto aos fazendeiros doar um boi para a igreja. O preparo da iguaria demorava até três dias para ficar pronto e saciava a fome dos fiéis.

Angu Massa espessa de farinha de mandioca, de milho, de arroz ou de fubá, com água e sal, escaldada ao fogo. Angu vem da palavra *àgun* do idioma africano *fom*, da África Ocidental e se referia originalmente a uma papa feita de inhame e sem tempero algum. Na Bahia, ganhou até sobrenome: "incubado", uma vez que pode "esconder" no seu interior, os mais diversos ingredientes.

Angu de escravo Prato típico mineiro, é o angu preparado apenas com fubá de milho e água, rigorosamente sem sal. No Rio de Janeiro, é conhecido como "angu mineiro".

Angu do Gomes Nos anos 1960 e 1970, carrocinhas abastecidas com uma mistura de polenta com molho de carne, miúdos de boi e linguiça circulavam pelas ruas cariocas, matando a fome de quem passava a noite na boêmia. Atualmente, a receita é servida em um estabelecimento que leva seu nome, no Largo da Prainha. Tradição na cidade, a receita já ganhou versões com calabresa, com frutos do mar, com frango e milho, e com carne moída e azeitonas.

Angu doce Pudim preparado com xerém de milho ou fubá, água, leite de coco, açúcar e erva-doce.

Arroz à piamontese Clássico dos botequins cariocas, espécie de risoto que mistura arroz comum, cogumelos, creme de leite e queijos. Surgiu nos anos 1950, quando não tínhamos por aqui os grãos de arroz próprios para risotos.

Arroz Biro Receita elaborada com arroz cozido com temperos, acrescido de ovos mexidos e batata palha, é um ótimo acompanhamento para carnes grelhadas. Nasceu na churrascaria Rodeio, na cidade de São Paulo, em 1978, pelas mãos do então maître da casa, Cecílio, e do falecido jornalista Tarso de Castro (1941-1991). O nome homenageia o meio-campo Biro-Biro, apelido de Antônio José da Silva Filho, que brilhou defendendo as cores do Corinthians com um futebol encantador.

A combinação de ovo frito e batata palha lembrava o cabelo oxigenado e encaracolado do jogador.

Arroz caipira Tradicionalmente, é uma mistura de arroz com frango caipira, cortado pelas juntas e frito, e açafrão.

Arroz com banana Banana-da-terra cozida na panela de arroz. Receita simples e carioca.

Arroz de Braga Invenção de um cozinheiro português radicado no Brasil, na cidade paulista de Santos, em 1969, que incluiu no cardápio de seu restaurante um prato típico do norte de Portugal, o arroz de pato à moda de Braga. Como o pato não apeteceu ao paladar brasileiro, foi substituído por frango e linguiça.

Arroz em panela de pedra Arroz cozido em panela de pedra, como o nome indica, acrescido de queijo de minas em cubos.

Arroz lambe-lambe é um prato da culinária caiçara elaborado com arroz bem temperado e cozido com mariscos ainda nas cascas. Ao serem aquecidos, os mariscos se abrem, fazendo com que o arroz se acomode nas conchas. Para comer, é preciso abrir as conchas com as mãos e, inevitavelmente, lamber os dedos. No litoral catarinense, é comum incluir urucum e hortelã na preparação.

Azul-marinho Cozido de origem indígena e portuguesa, típico da cozinha caiçara, elaborado com peixe e banana-nanica verdolenga — nem verde, nem madura —, cebola, sal e coentro, geralmente em panela de ferro. Leva esse nome porque, ao ferver, a fruta libera tanino, o que confere ao prato a cor azulada. É servido com pirão.

Bacalhau à Brás Bacalhau, rodelas finíssimas de cebola, alho picado, batata palha frita, ovos ligeiramente batidos e temperados com sal e pimenta, salsinha picada e azeitonas pretas.

Bacalhau à Gomes de Sá Lascas de bacalhau marinadas no leite, recobertas de rodelas de cebola e alho refogados, azeitonas pretas, ovos e batatas cozidas, assadas no forno.

Bacalhau à lagareiro Posta de bacalhau temperada com alho, sal, pimenta-do-reino e sumo de limão, passada por ovo e pão ralado, assada no forno acompanhada de batatas cozidas e muito azeite.

Bacalhau à Zé do Pipo Bacalhau gratinado com purê de batatas.

Bambá de couve É tradicionalmente elaborado com caldo de carne engrossado com fubá, ovos, linguiça e couve rasgada. Rasgada. Picar a couve para o bambá é o pior dos sacrilégios entre os mineiros. Também conhecido como "mingau de couve", o prato teria surgido em Ouro Preto, cidade histórica de Minas Gerais, mais especificamente nas senzalas, como forma de aproveitamento dos "restos de comida" da casa-grande.

Bife a cavalo Feito tradicionalmente com contrafilé ou similar frito, sobre o qual se dispõe um ou dois ovos estrelados, acompanhado de alface, arroz branco e batatas fritas. Surgiu provavelmente no Rio de Janeiro.

Boi-vivo Prato típico do interior paulista, trata-se de um guisado feito com testículos de boi.

Caldo de pinto Sopa mineira de frango com mandioca.

Caldo de quenga Receita de sustança criada na cidade mineira de Salinas, à base de fubá de milho, peito de frango desfiado, linguiça calabresa e temperos.

Caldo verde Prato português que caiu no gosto dos cariocas, elaborado com folhas de couve cortadas em tirinhas, batatas e rodelas de linguiça portuguesa ou paio aferventadas.

Camarão à paulista Uma das receitas mais conhecidas da cozinha regional de São Paulo, é herança da culinária caiçara do litoral. Fritam-se os camarões inteiros, com a casca, sem os olhos e as barbas, no óleo bem quente, com alho em pedacinhos. Para finalizar, salpica-se salsinha por cima dos camarões.

Camarão casadinho de Paraty Prato da culinária caiçara feito com dois camarões-rosa graúdos fritos, recheados com farofa picante de camarões miúdos refogada com cebola, cheiro-verde e pimenta. O nome é dado pela posição como os camarões são preparados – dois a dois, o rabo de um colado na cabeça do outro, presos por palitinhos de madeira para se manterem juntos.

Camarão com chuchu O ensopado de camarão já era consumido no centro do Rio no fim do século XIX, com influência dos guisados da cozinha portuguesa, segundo o antropólogo Câmara Cascudo. A inclusão do chuchu é creditada aos cozinheiros da Confeitaria Colombo, em 1894. Uma pesquisa para resgatar a história gastronômica da confeitaria revelou o prato camarão ensopadinho com chuchu nos cardápios da época.

Canjiquinha 1. Também conhecido como "quirera", designa o milho quebrado, branco ou amarelo, sem a película. 2. Prato típico mineiro, é um creme de milho acompanhado de costelinha de porco frita e couve picada bem fininha, originalmente preparado na panela de pedra-sabão. "Pela-égua" é seu nome popular, que surgiu com os tropeiros, os quais, reza a lenda, comiam a canjiquinha bem quente e depois saíam soltando "puns" também quentes montados em cima das éguas.

Canoa Pão francês cortado no sentido longitudinal, sem miolo, torrado com manteiga, encontrado em todas as padarias.

Canoinha No Espírito Santo, pão amanhecido, sem miolo, com manteiga, presunto e queijo do reino.

Carne esbofeteada Nome dado à carne assada em Minas Gerais.

Cearense Prato típico da cidade histórica de Porto Feliz (SP), criado por pescadores, feito com feijão-carioca, peito de boi, linguiça calabresa, toucinho e temperos, servido com farinha de mandioca.

Chester Ave da espécie *Gallus*, parente do frango, é resultado do cruzamento das melhores linhagens de uma galinha escocesa. Foi trazida dos Estados Unidos no fim da década de 1970, por iniciativa da Perdigão® para competir com o peru de Natal. O chester, do inglês *chest* (tradução: "peito"), tem 70% da carne concentrada no peito e nas coxas, sua alimentação é 100% natural, com base em milho e soja, sem adição de medicamentos ou anabolizantes.

Chico angu Prato preferido do presidente Juscelino Kubitschek, é um guisado de frango com quiabo acompanhado de angu. Em Minas Gerais, é também conhecido como "xi com angu".

Chico paio Caldo de feijão-branco com linguiça, frango e milho inspirado no *cassoulet* francês. Pertence ao receituário de Barroso (MG).

Cupim casquerado Prato típico de Araçatuba, no interior de São Paulo, tornou-se um legado da cidade. O cupim é levado para assar na brasa até dourar. Com uma faca bem afiada, são retiradas casquinhas assadas da carne, voltando sempre para a churrasqueira para formar mais casquinhas – é assim que vai casquerando a carne –, até consumir toda a peça.

Espeto de rojão Típico do sudoeste de São Paulo, é uma mistura de carne de pernil ou lombo de porco moído, com farinha de milho, ovos e temperos, moldada em espetos de eucalipto, amarrada com barbante em toda a sua extensão e assada na brasa.

Farinha picica Da culinária caiçara, é preparada com temperos, frequentemente com folhas de alfavaca e pimenta-do-reino, para acompanhar pratos de peixe.

Feijão bago-bago Bolinho mineiro elaborado com feijão cozido e quente, temperado com alho, cheiro-verde, sal e pimenta-do-reino, escaldado com gordura quente e acrescido de farinha de mandioca ou fubá torrado.

Ferrado Legume ou feijão, ou arroz cozido com toucinho, em Minas Gerais.

Filé à francesa Prato tradicional do Rio, é preparado com filé-mignon, ervilhas, batata palha e cebola.

Filé à JK Filé-mignon à milanesa, recheado com queijo e presunto, acompanhado de arroz com ervilhas e ovos, batata e banana fritas. Reza a lenda que o prato foi criado pelo ex-presidente Juscelino Kubitschek em uma de suas inúmeras visitas a Minas Gerais.

Filé à parmegiana Corte retirado do filé-mignon, temperado com sal, empanado duas vezes, primeiro com farinha de trigo, depois com farinha de rosca, coberto com fatias de mozarela e molho de tomate, polvilhado com queijo parmesão ralado e colocado no forno para gratinar. Deve seu nome ao fato de usar o queijo parmesão. Servido acompanhado de arroz branco e batata frita, marcou os anos 1950 em São Paulo. No entanto, na Itália, ninguém sabe, ninguém viu.

Filé Oswaldo Aranha O tradicional prato leva o nome do advogado, político, ex-ministro de Getúlio Vargas e embaixador brasileiro, nascido em Alegrete (RS). O berço da receita foi o restaurante Cosmopolita, no boêmio bairro carioca da Lapa. Na versão original, o filé-mignon coberto com fatias de alho frito era servido na própria frigideira em que era preparado, porque o político gostava de misturar o arroz, a farofa e a batata portuguesa ao sumo da carne, conta sua neta, Zazi Aranha Corrêa da Costa.

Frango à revolução Prato que entrou para a história da culinária do Vale do Paraíba, em São Paulo, por ocasião da Revolução Constitucionalista de 1932. É tradicionalmente preparado com frango em pedaços, leite talhado e temperos.

Frigideira de umbigo Prato típico da culinária caiçara, é feito com o extremo proeminente que se destaca das pencas das bananas (umbigo).

Fubá suado ou **cuscuz de panela**. Leva rapadura raspada, queijo de minas em cubinhos, fubá, manteiga e sal.

Galinha de pescador Galinha inteira temperada com sal grosso e preparada em panela de ferro.

Galopé Ensopado de galo e pé de porco dessalgado – daí o nome –, acrescido de temperos. Criação de Aparecida Martins de Oliveira, merendeira de uma escola de Rio das Flores (município fluminense), que ganhou fama em restaurantes do Rio de Janeiro e em botecos mineiros, onde é conhecido como "galope mineiro".

Garoupa salgada com banana-da--terra Ensopado com o pescado, banana-da-terra, cebola, tomate, alho, coentro, urucum e limão. Feito em panela de barro, é um clássico da culinária capixaba.

Iaiá com Ioiô Prato preparado com carne moída ("Iaiá") refogada com folhas de mostarda, acompanhado de angu de milho ("Ioiô"). É uma contribuição mineira.

Jembê Guisado de quiabo e ervas, acompanhado de lombo de porco e angu, do receituário mineiro.

KAOL Prato icônico mineiro, batizado pelo jornalista e compositor Rômulo Paes, é da sigla formada pelos itens principais do prato, "A" de arroz, "O" de ovo e "L" de linguiça e da cachaça grafada com "K", por puro charme, tomada para abrir o apetite, que surgiu o nome do prato.

Leitoa na manilha Leitoa marinada de um dia para o outro, assada inteira no fundo de um buraco forrado de brasas em uma manilha de barro. É servida acompanhada de farofa, arroz branco, tutu de feijão e mandioca cozida.

Leitoa pururuca Receita trazida pelos portugueses, preparada com o animal em idade de amamentação, com peso entre 3 e 5 quilos. Presente na culinária de Minas Gerais, São Paulo e do Paraná, após assada no forno, a leitoa é banhada com óleo fervente para pururucar (empipocar). Chega à mesa acompanhada de arroz branco, farofa, feijão-tropeiro e couve.

Linguiça de Bragança Paulista Do interior de São Paulo, elaborada com todo tipo de ingrediente além do pernil de porco. Pode ser de azeitonas, calabresa ou provolone, e até de rúcula e tomate seco.

Linguiça cuiabana Contrariamente ao que o nome faz supor, esse embutido é originário do município de Paulo de Faria, em São Paulo. Elaborada com carne bovina, leite, queijo de minas e temperos, é comum encontrarmos no mercado com a adição de legumes e outros tipos de carne (suína ou de frango).

Lobozó Prato típico da Serra da Canastra, é um mexido preparado com ovos, quiabo, jiló, abobrinha e taioba refogados, que, depois de pronto, é acrescido de queijo canastra em cubinhos e farinha de mandioca.

Macarrão de casamento Receita do Vale do Paraíba, que consiste em macarronada com molho de tomate e frango frito no óleo de urucum.

Maneco com jaleco Prato mineiro feito com costelinha de porco cozida com temperos, acrescida de couve rasgada e fubá.

Manuel sem jaleco Sopa preparada com lombo de porco, paio, pedacinhos de nabo, folhas de mostarda, couve e serralha em pedaços, que, depois de cozida, é engrossada com fubá de milho.

Mariscada carioca Versão da caldeirada elaborada com filés de peixe (cherne e pargo), frutos do mar e temperos.

Meca santista Prato da culinária da cidade litorânea paulista de Santos, consiste em peixe grelhado, regado a caldo de limão, manteiga e ervas, que recebe uma cobertura de camarões, servido acompanhado de risoto de pupunha e farofa de banana.

Mexidão Tendo o arroz cozido como base, a receita tradicional mineira leva pedacinhos de carne de boi, linguiça caseira, toucinho, grãos de feijão cozidos, ovo caipira, couve picadinha, alho e cebola.

Mexidinho Quitute feito com o aproveitamento das sobras (de feijão, de carnes, de linguiça, de arroz etc.), ovos e o famoso tempero mineiro (alho, cebola, pimentão verde, salsinha, cebolinha e sal batidos no liquidificador).

Mexido Em Minas, é uma farofa misturada com feijão, arroz, torresmo e verduras.

Mineirinha carioca Trata-se de fubá com grãos de milho-verde e couve.

Mingau de folhas No Espírito Santo, é um prato preparado com palmito, couve, taioba, feijão-preto, coentro e mandioca puba.

Moqueca de folha Ensopado de frango com temperos e farinha de mandioca, que, depois de pronto, é dividido em porções embrulhadas em folhas de caetê e levadas ao forno para assar. Iguaria típica do Vale do Paraíba, em São Paulo.

Mulato-veio Ensopado de bagre salgado com batata, chuchu e mamão verde. Receita da região carioca.

Muma de siri Receita genuinamente indígena, presente entre os capixabas, é uma espécie de pirão preparado com a carne desfiada do crustáceo e farinha de mandioca na panela de barro, acrescido de salsinha, cebolinha, limão, cebola, tomate e urucum.

Pano-velho Caiçaras preparam esta receita com peixe ou carne desfiada, refogados com molho de tomate, coentro, alfavaca e pimenta.

Paraty Acompanhamento clássico da cozinha caiçara para pratos de peixe e carne, é um purê de fruta-pão. O segredo da receita é usar a fruta nem verde, nem madura – verdolenga.

Peixe ao molho verde Delícia capixaba feita com badejo ou anchova, ervas e limão, assados no forno.

Peixe na areia Da culinária da cidade fluminense de Paraty, consiste no peixe embrulhado em folha de bananeira e enterrado na praia ao lado de uma fogueira, para assar.

PF Tradição da metrópole paulistana, o famoso prato-feito é servido de segunda a sábado, e varia de receita a cada dia da semana: segunda-feira é dia de virado à paulista; terça-feira, dobradinha; quartas e sábado é a vez da feijoada; quinta-feira é dedicada à macarronada ao sugo e frango e, na sexta-feira, um prato de peixe.

Picadinho Da cozinha boêmia, o picadinho na ponta da faca foi criado nos anos 1950, para matar a fome dos farristas de plantão. Concebido pelo chef Paul Ruffin, do Copacabana Palace, e pelo barão Max Stuckart, ganhou fama na antiga boate Meia-Noite, do Copacabana Palace, e encantou celebridades nacionais e internacionais, como Nat King Cole, Louis Armstrong, Marlene Dietrich, Rubem Braga, Jorginho Guinle, Getúlio Vargas e Oswaldo Aranha. A especialidade consiste em filé-mignon picado em cubos pequenos, dourados e temperados com alecrim, segurelha, louro, salsinha e cebolinha. O prato chega à mesa acompanhado de ervilhas, banana à milanesa, farofa, batata *noisette*, arroz, ovo *poché*, caldo de feijão e couve.

Pitu com raspa de coco No litoral norte capixaba, o prato leva tomate, cebola, coentro, alho, pimenta-malagueta, pitu e raspa de coco.

Polenta com parmesão Prato da cozinha paulista, elaborado com fubá, ovo e queijo parmesão. Servido no café da manhã ou como acompanhamento.

Polpetone Para aproveitar as aparas do filé à parmegiana oferecido no restaurante da família, Toninho Buonerba, já falecido, criou um bolo enorme de carne recheado de muçarela frito e coberto com molho de tomate e parmesão. A receita, criada em 1970, caiu nas graças do público e faz sucesso ainda hoje, em São Paulo.

Ponto e vírgula Sabe-se lá o porquê, mas é camarão com arroz em terras mineiras.

Porco no barro Carne de porco cozida e conservada na própria gordura em vasilhames de barro. A técnica do porco no barro, uma das mais tradicionais técnicas de conservação, era utilizada por moradores da cidade mineira de Tiradentes, há centena de anos.

Roupa-velha ou **farrapo velho** Prato originário de Portugal, onde é feito com sobras de bacalhau desfiadas, no Brasil, é mais tradicional com sobras de carne assada ou cozida, desfiadas e misturadas com farinha de mandioca. Herança de nossos bandeirantes, no Rio Grande do Sul, é feita com charque, e, em Minas Gerais, com carne de porco. No litoral fluminense, é elaborado com sobras de macarrão, carne, peixe, frango, legumes e verduras. É conhecido como "sucata" ou "engrossa".

Schlachtplatte Prato elaborado com *eisbein*, *kassler*, salsichas e chucrute, herdado dos alemães, em terras capixabas.

Sopa d'água Receita caiçara do município paulista de São Sebastião, é rápida e muito simples: peixe seco assado na brasa acrescido de água e farinha de mandioca.

Sopa de farinha No Rio de Janeiro, acompanha pratos de peixe. Para fazê-la, despeja-se água fervente sobre a farinha e tempera-se com sal.

Sopa Leão Veloso Versão carioca da sopa francesa *bouillabaisse*, a iguaria é elaborada com cabeça de peixe, polvo, lula, camarão, mexilhão e temperos. O nome homenageia o diplomata Pedro Leão Veloso Neto, apaixonado pelo prato francês. Ele trouxe a receita de Marselha e pediu ao então dono do restaurante Minho, na rua do Ouvidor, no centro da cidade do Rio de Janeiro, que a preparasse. Este fez algumas adaptações: eliminou o açafrão e adicionou camarões, mexilhões e a cabeça de cherne, e mudou o nome da receita, uma vez que a maioria dos clientes e dos garçons não conseguia pronunciar corretamente seu nome original.

Trem bão Carne serenada frita na manteiga de garrafa, acompanhada de farofa elaborada com ovos mexidos, passas e temperos.

Torta capixaba Receita tradicional durante o período de jejum de carne da Semana Santa, é um dos pratos emblemáticos do Espírito Santo. É preparada com diversos frutos do mar, como siri desfiado, camarão, ostra e sururu, além de bacalhau e palmito. Depois de pronta, é levada ao forno na panela de barro – preferencialmente em panela produzida artesanalmente por mulheres no bairro de Goiabeiras, em Vitória –, para dourar. A produção da panela de barro virou símbolo do estado e foi registrada, pelo Instituto do Patrimônio Histórico Artístico Nacional (Iphan), como Patrimônio Cultural Imaterial, em 2002. Segundo o chef Juarez Campos, "os puristas da cozinha capixaba não empregam bacalhau na receita. Eles aumentam a quantidade de peixes ou acrescentam peixe ordinário salgado". Também costumam saborear a torta capixaba apenas com pão francês e azeite.

Tutu "bêbo" Receita de tutu de feijão acrescido de cachaça.

Tutu com roupa-velha Carne-seca desfiada e refogada, acompanhada de tutu de feijão com torresmo e molho de pimenta à parte.

Tutu de feijão ou **tutu à mineira** Prato elaborado com caldo e grãos de fei-jão-mulatinho moído, cozido, refogado e engrossado com farinha de mandioca ou de milho. Especialidade mineira, inspirada no virado à paulista, é servida com torresmo, linguiça e couve refogada. A palavra "tutu" é uma corruptela de "quimbundo quitutu", isto é, "papão".

Vaca atolada Cozido de costela de vaca com mandioca em pedaços e temperos. A carne fica mergulhada (ou atolada) na mandioca, o que originou o nome.

Vaquejada Em Minas Gerais, trata-se de carne de sol acebolada com queijo de coalho e farofa de abóbora.

Virado à paulista Receita dos bandeirantes e tropeiros, que levavam no lombo dos cavalos, em suas expedições, um farnel contendo toucinho, carne-seca, feijão cozido e farinha de mandioca ou de milho. O balanço do galope acabava por misturar todos os ingredientes, daí o nome "virado". Criado no Brasil Colônia, hoje é prato oficial da segunda-feira paulista, servido acompanhado de bisteca ou costeleta suína frita, linguiça frita, banana empanada e frita, ovo estrelado, couve cortada em tiras e refogada, torresmo e arroz. Conta-se que o prato alimentou D. Pedro I na viagem que fez a cavalo do Rio de Janeiro a São Paulo e na qual proclamou a Independência do Brasil. O virado à paulista foi tombado pelo Conselho de Defesa do Patrimônio Histórico, Arqueológico, Artístico e Turístico do governo do estado de São Paulo (Condephaat).

Virado de vagem Da culinária mineira, é preparado com vagem refogada, farinha de milho e ovos cozidos picados.

Xororó Fubá com frango ensopado, receita do norte do estado de Minas Gerais.

ARROZ CARRETEIRO DE POLVO

★ **De Rodrigo Debossan, RJ**

Porção individual

INGREDIENTES

200 g de polvo pré-cozido
50 g de calabresa cortada em cubinhos
50 g de bacon cortado em cubinhos
20 ml de manteiga de garrafa
Cachaça, q.b.
20 g de pimentão vermelho cortado em cubinhos
15 g de pimentão amarelo cortado em cubinho
20 g de cebola roxa cortada em cubinhos
115 g de miniarroz brasileiro
300 ml de fundo de legumes
10 g de hondashi
Molho de ostra, q.b.
Mel, q.b.
Alho assado, q.b.
Coentro picado, q.b.

COMO FAZER

1. Corte o polvo em anéis e separe um dos tentáculos para a finalização. 2. Refogue as carnes na manteiga de garrafa. 3. Flambe com a cachaça. 4. Após o fogo dissipar, adicione os legumes, o arroz e misture. 5. Por fim, acrescente o caldo e o hondashi, e deixe cozinhar em temperatura baixa, sem mexer muito para não soltar muito o amido. 6. Em uma frigideira, sele, com o molho de ostras e o mel, o tentáculo que foi separado. Reserve. 7. Assim que o arroz estiver al dente, desligue o fogo e adicione o alho e o coentro. 8. Disponha o arroz no prato e o polvo grelhado por cima.

Prato característico da culinária campeira gaúcha, o **arroz de carreteiro** é feito com charque frito em pedaços ou toucinho defumado ou linguiça curada, acrescido de tomates, cebola, alho e temperos, entre eles, o colorau, que lhe confere a cor, ao ser misturado ao arroz cozido. Até o início do século XX, o carro de boi, chamado carreta no Rio Grande do Sul, era o veículo principal de transporte de mercadorias. As viagens eram muito longas e demoradas. Para se alimentar, o carreteiro, condutor da carreta, levava o charque, alimento não perecível, em suas idas e vindas, junto com arroz, abundante na região Sul. Da mistura desses dois ingredientes, nasceu a receita. Também é um dos pratos mais populares no Mato Grosso do Sul, até hoje consumido pelos peões de comitivas.

ARROZ DE PEIXE ESCALADO

★ **De Gustavo Guterman, RJ**

Porção individual

INGREDIENTES

250 g de peixe escalado em lascas cozido (separe 100 g para fritar)
2 L de água
3 dentes de alho picados
1 folha de louro
16 ml de azeite de oliva
1/2 cebola cortada em cubinhos
2 tomates cortados em cubinhos
1/2 pimentão vermelho cortado em cubinhos
1/2 pimentão verde cortado em cubinhos
200 g de arroz de altitude
Sal, a gosto
1/2 maço de coentro (apenas as folhas) picado

Queijo curado ralado, a gosto
1 colher (sopa) de manteiga gelada
Pimenta-do-reino, a gosto

COMO FAZER

1. Dessalgue o peixe em remolho com intervalos de 5 horas por 24 horas na geladeira. **2.** Ferva a água com 1 dente de alho e a folha de louro, acrescente o peixe dessalgado em pedaços e cozinhe por 15 minutos. **3.** Retire o peixe e preserve o caldo do cozimento. **4.** Em uma panela com azeite, refogue a cebola e os 2 dentes de alho restantes. **5.** Adicione os legumes e refogue até que o tomate esteja macio. **6.** Acrescente o arroz e frite até que as extremidades estejam levemente translúcidas. **7.** Adicione a água do cozimento do peixe, acerte o sal e cozinhe com a panela tampada por 15 minutos. **8.** Frite em azeite os 100 gramas de lascas de peixe reservados até dourarem e ficarem crocantes. **9.** Um pouco antes do fim do cozimento do arroz, cerca de 2 minutos, adicione metade das lascas de peixe e metade do coentro ao arroz. **10.** Desligue o fogo e adicione o queijo curado e a manteiga. **11.** Ajuste o sal e a pimenta-do-reino e misture delicadamente. **12.** Sirva e finalize com o restante das lascas de peixe fritas e do coentro.

A **técnica de escalonamento e salga de peixes** é uma prática tradicional de conservação de alimentos utilizada pelos pescadores de Armação dos Búzios – faz parte do Patrimônio Cultural Gastronômico da região – e de outras comunidades pesqueiras do Brasil. "A técnica consiste em abrir parte da espinha dorsal do peixe, eviscerá-lo, salgá-lo e deixá-lo secar ao sol. A salga promove a desidratação do peixe por osmose, inibindo a proliferação de microrganismos. Há algumas décadas ainda era possível encontrar casas especializadas em escalar peixes em Búzios", explica o chef Gustavo Guterman.

ATUM SEMICRU COM TAGLIATELLE DE PALMITO PUPUNHA E INFUSÃO DE RAIZ-FORTE

★ **De Ludmila Soeiro, RJ**

2 porções

INGREDIENTES

Atum

400 g de lombo de atum fresco
Sal e pimenta-do-reino branca, a gosto
Cebolete cortada em pedaços pequenos

Tagliatelle de palmito pupunha

400 g de **palmito pupunha** *in natura*
Sal, a gosto

Infusão de raiz-forte

500 ml de creme de leite fresco
200 g de raiz-forte branca
Sal e pimenta-do-reino branca, a gosto

COMO FAZER

Atum

1. Tempere o lombo de atum com o sal e a pimenta-do-reino branca e cubra com a cebolete. 2. Em uma frigideira ou grelha, coloque para selar todos os lados do atum, que deve permanecer semicru por dentro.

Tagliatelle de palmito pupunha

1. Corte o palmito no mandolim ou na faca, bem fininho. 2. Leve uma panela média com água ao fogo alto. 3. Quando ferver, misture o sal, acrescente ao palmito e deixe cozinhar até ficar al dente.

Infusão de raiz-forte

1. Leve ao fogo todos os ingredientes para reduzir um pouco.

MONTAGEM

Coloque no prato o tagliatelle de palmito pupunha. Filete cuidadosamente o atum e disponha do lado. Na hora de servir, regue o tagliatelle com a infusão de raiz-forte.

Fruto da palmeira de mesmo nome, a **pupunha** tem casca verde-amarelada e polpa fibrosa. Como tem oxalato de cálcio em sua composição, não pode ser consumida *in natura*. Cozida na água com sal, é consumida no café da manhã e na merenda da tarde no norte do Brasil, e costuma ser vendida por ambulantes nas ruas do Pará. A polpa se presta também à extração de óleo e à produção de uma farinha de coloração alaranjada e sabor agradável, empregada no preparo de broas, pães, bolos etc. O palmito é extraído do caule. Em comparação ao palmito comum (de juçara ou açaí), o palmito de pupunha apresenta algumas vantagens: é mais doce e mais macio, não escurece após o corte, a palmeira rebrota, o que permite o corte continuado para a produção de palmito, e o tempo de colheita também é mais curto: de 18 a 24 meses a partir do plantio, assim como, o tempo de crescimento: menos de 2 anos, contra 6 a 12 anos das demais palmeiras. Existe uma grande variedade de espécies e tipos, mas a pupunha sem espinhos é a que desperta maior interesse comercial. O palmito de pupunha pode ser saboreado cozido ou assado – cru é indigesto. Em conservas, é empregado em saladas, recheios, sopas e cremes.

BATATA-BAROA, CARNE-SECA, RAPADURA, QUEIJO DE MINAS E POEJO

★ **De Thomas Troisgros, RJ**

4 porções

INGREDIENTES

100 g de batata-baroa
30 g de manteiga em temperatura ambiente
Sal e pimenta-do-reino, a gosto
48 g de **queijo de minas** frescal orgânico
20 g de carne-seca desfiada
100 ml de óleo
40 g de rapadura preta
3 folhas de poejo, para decorar

COMO FAZER

1. Asse a batata-baroa com 9 gramas da manteiga, sal e pimenta-do-reino, enrolada em papel-alumínio, por 20 minutos a 180 °C.
2. Deixe esfriar um pouco, rale e divida em porções de 20 gramas.
3. Bata o queijo de minas com o soro até incorporar. 4. Tempere com sal e pimenta-do-reino. Reserve. 5. Frite a carne-seca no óleo a 180 °C até ficar crocante. 6. Retire do óleo e escorra em papel-toalha. 7. Quebre a rapadura em pedaços e reserve.

MONTAGEM

Misture a batata-baroa ralada com o restante da manteiga e tempere com sal e pimenta-do-reino. Aqueça por 30 minutos a 180 °C. Em um prato, faça, com uma colher, uma gota de queijo em diagonal, de cima para baixo. Na parte de baixo da gota, coloque a batata-baroa. Disponha três pedaços de rapadura por cima da batata-baroa e a carne-seca sobre o queijo. Decore com uma folha de poejo sobre o queijo e as outras duas por cima da carne-seca.

Produzido com leite de vaca pasteurizado, o **queijo de minas** (frescal) é um queijo branco fresco de massa crua, de forma cilíndrica e durabilidade curta – em torno de oito dias, sob refrigeração. Tem sabor lácteo e suave e alto teor de umidade. É industrial, produzido no Brasil todo, consumido no café da manhã e nas demais refeições, acompanhando doces e compotas – com ele se faz a famosa sobremesa romeu e julieta –, ou como ingrediente de inúmeras receitas. Também conhecido como queijo branco ou simplesmente frescal, é o mais comumente encontrado nos supermercados. O queijo minas artesanal, por sua vez, é produzido em pequenas propriedades rurais, com leite cru, tem casca firme, massa compacta e macia, e passa por um processo de maturação que varia de 14 a 22 dias dependendo da região de produção. Em 2021, o Instituto do Patrimônio Histórico e Artístico Nacional (Iphan) declarou Patrimônio Cultural Imaterial brasileiro, os Modos de Fazer o Queijo Minas Artesanal das regiões de Araxá, Campos Vertentes, Serras do Ibitipoca, Triângulo de Minas, Diamantina e Entre Serras da Piedade e do Caraça, que vieram a se juntar as do Serro, Serra da Canastra e Serra do Salitre, reconhecidas em 2008.

BOBÓ DE PUPUNHA VEGANO E FAROFA DE CASTANHAS BRASILEIRAS

★ **De Emerson Donadon, SP**

4 porções

INGREDIENTES

Bobó de pupunha

60 ml de azeite de dendê
1 pimentão vermelho cortado em cubinhos
1 cebola cortada grosseiramente
2 dentes de alho amassados
1 pimenta-dedo-de-moça sem sementes e picada
800 g de mandioca cozida picada grosseiramente
500 ml de leite de coco
150 g de palmito pupunha (de preferência, fresco) cortado em rodelas
Sal, a gosto

Farofa de castanhas

150 g de óleo de coco
1 cabeça de alho cortada em cubinhos
70 g de castanha-do-pará picada grosseiramente
70 g de xerém de caju
2 cebolas cortadas em cubinhos
Sal e pimenta-do-reino, a gosto
300 g de farinha de mandioca flocada

COMO FAZER

Bobó de pupunha

1. Em uma caçarola, aqueça o azeite de dendê e refogue o pimentão até que fique bem macio. 2. Reserve uma parte. 3. Adicione a ce-

bola, o alho e a pimenta-dedo-de-moça e refogue em fogo médio. 4. Junte a mandioca e o leite de coco. 5. Retire do fogo e com a ajuda de um mixer, processe até obter um creme encorpado. 6. Se necessário, coloque um pouco mais de leite de coco para afinar. 7. Volte o creme ao fogo e acrescente o palmito pupunha e o restante do pimentão reservado. 8. Após levantar fervura, cozinhe por mais 10 minutos. 9. Acerte o sal e sirva em seguida.

Farofa de castanhas

1. Em uma panela, em fogo baixo, aqueça o óleo de coco e desidrate o alho, por cerca de 10 minutos, até obter uma coloração amendoada, mexendo ocasionalmente. 2. Coe em uma peneira metálica e não descarte o alho. 3. Retorne a manteiga ao fogo baixo e repita o mesmo processo do alho por 15 minutos. 4. Junte as castanhas picadas e doure por 2 minutos. 5. Acrescente o alho e a cebola. 6. Tempere com sal e pimenta-do-reino. 7. Adicione a farinha de mandioca aos poucos, mexendo bem para incorporar. 8. Deixe cozinhar por mais 3 minutos.

Receita de origem africana, o **bobó** deriva do ipeté, um prato dedicado ao orixá Ogum, no ritual dos terreiros de matriz africana, originalmente elaborado com inhame da costa, camarão seco, cebola e azeite de dendê. O bobó é um dos pratos mais saborosos da cultura culinária brasileira e com muitas variações regionais. Na Bahia, o inhame deu lugar a mandioca, leva azeite de dendê, leite de coco e ganhou a companhia do coentro. No Sudeste, esses ingredientes, quase sempre, são deixados de lado – seus sabores pungentes não agradam a todos. A mandioca pode dar lugar a abóbora, receita comum em São Paulo, a pupunha, em sua versão vegana, e a fruta-pão.

CAMARÃO COM MANDIOCA NEGRA, PIMENTA ORA-PRO-NÓBIS E QUEIJO CANASTRA

★ **De Felipe Oliveira, MG**

9 porções

INGREDIENTES

9 camarões M
50 ml de azeite de oliva extravirgem
Sal e pimenta-do-reino, a gosto
1 mandioca
100 ml de tinta de lula
100 ml de óleo de girassol
50 ml de creme de leite
100 g de queijo canastra ralado bem fino
100 g de pimenta-biquinho
Flor de sal, a gosto
9 folhas de ora-pro-nóbis (pequena)
Minibrotos, a gosto

COMO FAZER

1. Coloque os camarões limpos, em uma embalagem própria para vácuo, com o azeite, o sal e a pimenta-do-reino. **2.** Em seguida, sele a vácuo 100% e coloque no sous-vide por 6 minutos a 65 °C. **3.** Fatie a mandioca em um mandolim e corte-a em retângulos. **4.** Passe na tinta de lula e frite em óleo quente. Reserve. **5.** Leve uma panela ao fogo baixo, adicione o creme de leite e o queijo canastra, e misture até ficar homogêneo. **6.** Transfira para uma bisnaga de finalização. **7.** Bata em um liquidificador a pimenta-biquinho até obter uma pasta. **8.** Acerte o sal. **9.** Em uma cerâmica, coloque a mandioca, o creme de queijo canastra e a pasta de pimenta. 10. Em seguida, o camarão. 11. Finalize com a flor de sal, as folhas de ora-pro-nóbis e os minibrotos.

> Tipo de sal marinho de sabor incomparável, com toques de avelã e de iodo, a **flor de sal** só é colhida em três lugares do mundo: em Guérande, província da Bretanha francesa; em Mossoró, no Rio Grande do Norte; e no Algarve, em Portugal. São aglomerados de pequenos cristais, em formato de flor, de textura crocante, recolhidos a mão na superfície das salinas ou com o auxílio de instrumentos de madeira para não os contaminar com ferrugem, que são secos naturalmente ao sol e ao vento, e envazados por artesãs. A rara e nobre iguaria preserva todos os nutrientes da água do mar e seu aroma, além de ter o teor de sódio reduzido em comparação ao sal comum. É usada com moderação em pratos finalizados e em doces, especialmente, chocolate e caramelo. Por ter sabor mais acentuado, basta uma pitadinha para realçar o sabor. São produzidas as linhas natural e saborizada, com as versões ervas finas, chocolate com pimenta, alho com limão, hibisco e caramelizada.

CARNE-SECA A BOURGUIGNON E FEIJÃO-VERDE

★ De Claude Troisgros *e* Batista, RJ

4 porções

INGREDIENTES

Carne-seca

1 kg de cubos grandes de **carne-seca** limpa e dessalgada
2 colheres (sopa) de manteiga de garrafa
1 cebola cortada em cubos grandes
1/4 de pimenta dedo-de-moça picada

1 colher (sopa) de alho picado

1 bouquet garni (talos de salsão, tomilho e louro, envoltos em uma folha de alho-poró e atados por um barbante)

150 g de bacon defumado cortado em cubos bem pequenos

2 colheres (sopa) de extrato de tomate concentrado

Coentro picado, a gosto

1 colher (sopa) de farinha de mandioca torrada

500 ml de vinho tinto

Pimenta-do-reino em grãos moída na hora, a gosto

Feijão-verde

250 ml de manteiga de garrafa

1 fatia de bacon

1 cebola picada

1 pimentão verde cortado em cubinhos

1/4 de pimenta-dedo-de-moça picada

1 colher (sopa) de alho picado

Talos de coentro picados, a gosto

3 tomates, sem pele e sem sementes, cortados em cubos

500 g de feijão-verde

Sal, a gosto

400 ml de água fervente

Suco de 1/2 de limão-taiti

2 cebolinhas picadas

Coentro picado, a gosto

Finalização

Queijo de coalho ralado na hora, a gosto

Folhas de coentro, a gosto

COMO FAZER

Carne-seca

1. Seque bem a carne-seca e refogue com a manteiga de garrafa em uma frigideira larga. **2.** Acrescente a cebola, a pimenta-dedo-de--moça, o alho, o bouquet garni e o bacon. **3.** Junte o extrato de tomate, o coentro e a farinha de mandioca. 4. Misture bem. 5. Cubra com o vinho tinto, adicione a pimenta-do-reino e espere ferver. 6. Transfira para uma panela de pressão. 7. Quando o pino da panela começar a *chiar* e balançar, cozinhe por 25 minutos.

Feijão-verde

1. Sue, na manteiga de garrafa, o bacon, a cebola, o pimentão e a pimenta-dedo-de-moça até caramelizar. 2. Junte o alho, os talos de coentro e o tomate e refogue. 3. Acrescente o feijão-verde. 4. Tempere com sal e cubra com a água fervente. 5. Cozinhe por 10 a 15 minutos. 6. Tempere com o limão, a cebolinha e o coentro. 7. Por fim, adicione a manteiga de garrafa.

Finalização

1. Disponha o feijão-verde na borda do prato. 2. No centro, coloque a carne-seca e bastante molho. 3. Rale o queijo de coalho por cima da carne. 4. Finalize com folhas de coentro.

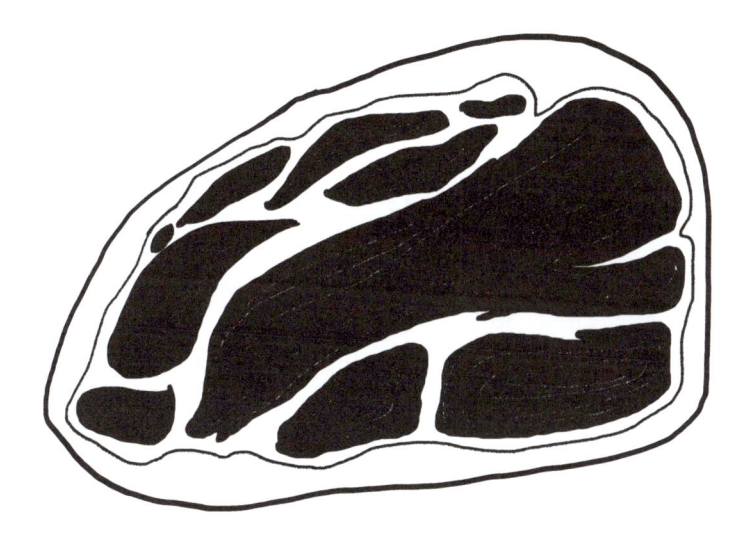

Em suas andanças pela Bahia, em 1610, o viajante François Pyrard de Laval registrou em seus diários que "É impossível terem-se carnes mais gordas, mais tenras e de melhor sabor [...] Salgam as carnes, cortam-nas em pedaços bastante largos, mas pouco espessos, quando muito dois dedos de espessura, se tanto. Quando estão bem salgadas, tiram-nas sem lavar; quando bem secas, podem conservar-se por muito tempo, sem se estragar [...] A **carne-seca** é mais salgada e também mais seca que a carne de sol. No processo artesanal, cortes de carne bovina (mantas) são esfregados com bastante sal e empilhados em lugares secos. Depois disso, são estendidos em varais, ao sol, para completar o processo de desidratação. No processo industrial, durante a salga, é adicionado nitrito de sódio ou de potássio. Em seguida, escorre-se a salmoura e a carne é seca ao amanhecer. Antes de ser usada, a carne-seca precisa ficar de molho para dessalgar e reidratar. É ingrediente indispensável na feijoada e na maniçoba. Pilada com farinha de mandioca, dá uma deliciosa farofa. Desfiada, entra no preparo de dezenas de pratos. Moída, é empregada para fazer linguiça.

CARRÉ DE CORDEIRO AO FORNO

★ **De Viviane Gonçalves, SP**

4 porções

INGREDIENTES

Carré de cordeiro

800 g de carré de cordeiro (12 costeletas)
Azeite de oliva, q.b.

Purê de cará

1 kg de **cará** descascado
80 g de manteiga
300 ml de creme de leite
Sal, a gosto

Redução de vinho tinto

2 garrafas de vinho tinto
1 alho-poró cortado grosseiramente em rodelas
1 talo de salsão sem as folhas, cortado grosseiramente em rodelas
1 cenoura média descascada cortada grosseiramente em rodelas
2 ramos pequenos de tomilho fresco
1 colher (chá) de mel

Crocante de alho-poró

1 alho-poró cortado longitudinalmente em fitas bem fininhas

COMO FAZER

Carré de cordeiro

1. Separe as costeletas de três em três e limpe os ossos com uma faca para retirar o excesso de gordura. 2. Em uma frigideira com azeite, sele cada porção de carré separadamente de todos os lados. 3. Disponha a carne em uma assadeira e leve ao forno preaquecido a 200 °C por 10 minutos. Reserve.

Purê de cará

1. Cozinhe o cará no vapor ou, então, no forno em uma assadeira coberta por papel-alumínio. 2. Quando ficar al dente, faça uma pasta fina com o tubérculo e passe em uma peneira. 3. Se preferir, bata em um processador. 4. Em seguida, coloque a manteiga e o creme de leite em uma panela de fundo grosso. 5. Antes que a mistura ferver, junte o cará e deixe cozinhar em fogo bem baixo até que o purê incorpore todos os ingredientes e alcance a consistência desejada. 6. Ajuste o sal.

Redução de vinho tinto

1. Em uma panela de fundo grosso, coloque o vinho, o alho-poró, o salsão e a cenoura. **2.** Deixe o líquido reduzir pela metade em fogo baixo. Esse processo deve levar 1 hora, e o líquido obtido será o equivalente a 20% do inicial. **3.** Coe os legumes e adicione o tomilho e o mel, para equilibrar a acidez. Reserve.

Crocante de alho-poró

1. Espalhe o alho-poró em uma assadeira e leve para assar a 180 °C até ficar levemente dourado. **2.** Para não queimar, abra o forno e movimente os anéis do vegetal de tempos em tempos. **3.** Retire do forno e deixe secar.

MONTAGEM

Desenhe com a redução de vinho tinto sobre o prato. Pode-se usar um pincel ou uma colher para espalhar este molho como preferir. Em seguida, coloque o equivalente a 1 colher (serviço) de purê. Separe as costeletas e disponha três unidades em cada prato. Para finalizar, regue com um pouco de azeite de oliva extravirgem.

 DICAS DA CHEF: para a carne ficar macia e rosada, o ideal é deixá-la descansar durante 15 minutos depois de assada. Antes de servir, volte com as costeletas ao forno por 5 minutos, para alcançar o ponto e a temperatura ideais.

Tubérculo com casca marrom e pelos ralos, o **cará** tem polpa branca, rosa granulada e teor de açúcar menor que o do inhame, podendo ser empregado do mesmo modo que ele. Por sua vez, o cará-moela, ou cará-do-ar, tem bulbos aéreos arredondados, no formato de moelas de galinha, textura pouco granulada e leve amargor. É consumido sempre descascado e cozido em sopas, cremes, assados, bolos e pães. Frito em rodelas ou tirinhas, é um gostoso aperitivo. O cará roxo, por sua vez, de casca marrom--escura e polpa arroxeada, é encontrado na região Norte, onde é conhecido como "cará amazônico". Cozido, pode ser preparado como qualquer outro tubérculo. Como farinha, entra no preparo de bolos, pudins e pães. No Nordeste, o cará é chamado de "inhame". Em outras regiões, é conhecido como "inhame-cará".

CASSOULET DA MONTANHA VEGANO

★ **De Anouk Migatto, SP**

6 porções

INGREDIENTES

500 g de feijão-branco
1 colher (sopa) de azeite de oliva
2 cebolas picadas
6 dentes de alho picados
4 folhas de louro
Sal e pimenta-do-reino, a gosto
1 ramo de picão branco
200 g de abóbora cabotiá cortada em pedaços
2 cenouras cortadas em rodelas

10 quiabos (ou outro[s] legume[s] de sua preferência) cortados em rodelas

80 g de pimentão verde cortado em tiras

80 g de pimentão vermelho cortado em tiras

80 g de pimentão amarelo cortado em tiras

1 xícara (chá) de folhas de **ora-pro-nóbis**

1 xícara (chá) de molho caseiro de tomate

400 g de cogumelos de sua preferência (importante ter mais de uma variedade)

1 xícara (chá) de pinhões cozidos

200 g de tomate-cereja

1 maço de cheiro-verde picado

Pimenta-biquinho picada, a gosto

COMO FAZER

1. Coloque o feijão-branco de molho de um dia para o outro. **2.** Na panela de pressão, aqueça o azeite e refogue duas cebolas com o alho, o louro, o sal e a pimenta-do-reino. **3.** Cubra com água quente, adicione o picão branco e feche a panela. **4.** Depois que começar a pressão, conte 15 minutos e desligue. Deixe a pressão sair naturalmente e abra a panela. Reserve. **5.** Cozinhe a abóbora e a cenoura até ficarem al dente. Reserve a água da cocção. Se precisar, acrescente esta ao feijão-branco para dar sabor. **6.** Frite o quiabo no azeite. **7.** Branqueie os pimentões e as folhas de ora-pro-nóbis. **8.** Acrescente, ao feijão-branco, o molho de tomate, a abóbora cozida, a cenoura cozida, os cogumelos, os pinhões e os tomates. **9.** Quando começar a ferver, acrescente o cheiro-verde, metade das folhas de ora-pro-nóbis branqueadas, o quiabo frito e, por fim, a pimenta-biquinho. **10.** Na hora de servir, disponha o restante das folhas de ora-pro-nóbis por cima do cassoulet acompanhado de farofa de mandioca ou de milho.

 DICA DA CHEF: quanto mais legumes, melhor será o sabor e o colorido do prato.

Ingrediente comum na cozinha mineira, onde também é conhecido como "lobrobó", as folhas de **ora-pro-nóbis** são muito usadas com pratos de carne moída e frango – como o tradicional frango com ora-pro-nóbis, muito consumido nas cidades históricas mineiras de Tiradentes e Sabará –, e podem enriquecer refogados, sopas, omeletes, saladas e tortas. Extremamente proteica pode, às vezes, substituir a carne, daí ser popularmente conhecida como "carne de pobre" e "bife dos pobres". Tem sabor semelhante ao da couve, embora um pouco mais picante. Suas flores rendem uma deliciosa geleia, e seus frutos são ingredientes de sucos. Na forma de farinha, é consumida como suplemento alimentar ou como ingrediente de inúmeras receitas. O nome vem do latim e quer dizer "rogai por nós". Conta-se que o arbusto da hortaliça era utilizado como cerca viva ao redor das igrejas e durante as orações os moradores da cidade costumavam colher as folhas às escondidas, para serem preparadas para o almoço, enquanto o padre estava ocupado com a reza.

COPA LOMBO COM TROPEIRO

★ **De Alexandre Nascimento, MG**

8 porções

INGREDIENTES

Copa lombo

8 colheres (sopa) de shoyu
2 colheres (sopa) de mel
3 colheres (sopa) de mostarda
3 colheres (chá) de páprica doce
1 pimenta-dedo-de-moça sem sementes e bem picada

Tomilho, a gosto

Alecrim, a gosto

1 peça de 2 kg de copa lombo

Feijão-tropeiro

1 kg de feijão-vermelho

1 colher (chá) de sal

Banha de porco, para fritar

200 g de bacon cortado em cubinhos

1 linguiça calabresa cortada em cubos

1 paio cortado em cubos

2 cebolas batidas

2 colheres (sopa) de alho processado

3 colheres (sopa) de farinha de mandioca

4 ovos

2 folhas de couve picadas finamente

Cebolinha-verde cortada em rodelas finas, a gosto

COMO FAZER

Copa lombo

1. Faça a marinada com o shoyu, o mel, a mostarda, a páprica doce, a pimenta-dedo-de-moça, o tomilho e o alecrim. 2. Com uma faca de ponta fina, fure toda a carne e tempere com a marinada. 3. Coloque em um saco plástico e leve à geladeira por, no mínimo, 3 horas. 4. Transfira a copa lombo para uma assadeira, cubra com papel-alumínio e leve ao forno 150 °C, por cerca de 3 horas e 30 minutos. 5. Retire o papel-alumínio e asse por alguns minutos, para dourar.

Feijão-tropeiro

1. Adicione o feijão-vermelho, o sal e a água na panela de pressão. 2. Tampe e leve para cozinhar em fogo médio. Quando pegar pressão, abaixe o fogo e conte 15 minutos e desligue. 3. Descarte o caldo e lave os grãos em água corrente, para esfriar. 4. Em uma frigideira, aqueça a banha e frite o bacon até dourar. Junte a linguiça calabresa

e o paio. Por fim, acrescente e refogue a cebola e o alho. 5. Coloque o feijão-vermelho, adicione a farinha de mandioca, misture bem e deixe dourar levemente. 6. Em uma frigideira, aqueça a banha, acrescente os ovos, mexendo sempre. 7. Finalize o feijão-vermelho com os ovos, as folhas de couve e a cebolinha-verde.

De simplicidade ímpar, um dos pratos mais autênticos da culinária brasileira, o **feijão-tropeiro** surgiu para suprir a necessidade de uma refeição de sustança, mas fácil e rápida de preparar nos acampamentos dos tropeiros. Fosse tocando o gado do Rio Grande do Sul para Minas Gerais e depois para São Paulo, fosse transportando ouro entre Minas Gerais e o Rio de Janeiro, coube aos tropeiros a tarefa de abastecer a região mineradora, que carecia de alimentos e produtos básicos. Feijão, carne de sol, toucinho, farinha, fubá e café. Da combinação desses três primeiros ingredientes, nasceu o feijão-tropeiro. A receita, muito apreciada entre paulistas e goianos, está tão arraigada no cotidiano mineiro, que ganhou uma versão servida em uma quentinha nas proximidades do estádio do Mineirão, carinhosamente apelidada de "tropeirão".

CUPIM LAQUEADO, MANDIOQUINHA, CAPIM-LIMÃO

★ **De Rodrigo Aguiar, SP**

5 porções

INGREDIENTES

Mix de especiarias

2 paus de canela
14 g de pimenta-da-jamaica
20 g de pimenta-do-reino

24 folhas de louro

20 g de semente de mostarda

20 g de semente de coentro

6 g de cravo-da-índia

8 g de gengibre em pó

Cupim

200 g de sal refinado

100 g de açúcar

2 dentes de alho ralados

5 g de mix de especiarias

4 L de água

2 kg de cupim do tipo A ou grill

Molho de cupim

1 L do caldo de cupim

500 ml de suco de maçã

50 ml de vinagre de maçã

50 ml de shoyu

Sal, a gosto

Azeite de capim-limão

300 g de óleo de milho ou girassol

250 g de capim-limão

Purê de mandioquinha

1,2 kg de **mandioquinha**

50 g de manteiga

Sal, a gosto

150 g de leite

Fitas cítricas de mandioquinha

520 g de mandioquinha descascada e laminada

350 g de água

65 g de açúcar

20 g de sal

50 g de saquê mirim
65 g de vinagre de arroz
1 g de cumaru
1 g de puxuri
Suco de 1 limão-siciliano

COMO FAZER

Mix de especiarias

1. Processe todos os ingredientes em um mixer. Reserve.

Cupim

1. Misture todos os ingredientes com a água e mergulhe a peça de cupim por 24 horas. 2. Retire a peça de cupim da salmoura, coloque em uma assadeira com 1 litro de água. 3. Feche com papel-alumínio e plástico filme, para preservar a umidade. 4. Asse por 6 horas a 130 ºC. 5. Laqueie o cupim no forno algumas vezes, até começar a criar uma película envolvendo o corte. 6. Reserve a carne na geladeira. 7. Coe o caldo e refrigere. 8. Retire a camada de gordura da superfície. Reserve.

Molho de cupim

1. Em uma panela, cozinhe todos os ingredientes e reduza 3/4 do líquido até obter um napê leve (uma textura densa e cremosa). Reserve.

Azeite de capim-limão

1. Processe tudo no liquidificador, por alguns minutos. 2. Coe e refrigere. O óleo irá decantar. 3. Descarte o líquido residual. Reserve.

Purê de mandioquinha

1. Asse a mandioquinha em papel-alumínio, por 1 hora a 130 ºC. 2. Retire a casca e passe por uma peneira. 3. Em uma panela, adicione a manteiga, a mandioquinha, o sal e o leite. 4. Mexa até obter uma mistura homogênea. Reserve.

Fitas cítricas de mandioquinha

1. Branqueie as lâminas (fitas) de mandioquinha em água fervente por 30 segundos. Reserve. 2. Em um liquidificador, bata os demais ingredientes. 3. Adicione as fitas de mandioquinha nessa marinada processada e reserve em geladeira por 12 horas antes de usar.

MONTAGEM

Sirva 1 colher (serviço) de purê de mandioquinha e adicione as fitas cítricas de mandioquinha por cima. Posicione a carne ao lado e regue com um pouco de molho. Finalize com pimenta-do-reino e azeite de capim-limão regando todos os ingredientes.

> Tubérculo de sabor forte e coloração amarela, a **mandioquinha**, apesar do nome, não tem parentesco com a mandioca, mas, sim, com a cenoura e o aipo. De gosto levemente adocicado, é consumida como purês, sopas, cremes ou chips, podendo substituir a cenoura, a batata e a mandioca em algumas preparações. A mandioquinha ganhou nomes diferentes em cada região do país: "batata-baroa" e "baroa", no Rio de Janeiro, Distrito Federal e Espírito Santo; "batata-salsa", no Paraná e Santa Catarina; além de "batata-aipo" e "mandioquinha-salsa". Existe uma variedade branca, mais encontrada em São Paulo e no Paraná, de sabor parecido.

CUSCUZ CAMPEIRO DO CHARCO

★ **De Tuca Mezzomo, SP**

4 a 6 porções

INGREDIENTES

200 g de charque dessalgado
1/2 kg de farinha de milho em flocos
300 ml de água filtrada

Sal, a gosto
200 g de linguiça fresca (apenas o recheio)
1 cebola branca pequena cortada em fatias finas
2 dentes de alho bem picados
1 cebola roxa pequena cortada em fatias finas
2 colheres (sopa) de manteiga
1/2 maço de salsinha fresca picado
1/2 maço de coentro fresco picado
1/2 maço de cebolinha fresca picado
1 limão
Pimenta-do-reino moída na hora, a gosto

COMO FAZER

1. Cozinhe o charque dessalgado em uma panela de pressão por mais ou menos 30 minutos, escorra e desfie. Reserve. 2. Coloque a farinha de milho em uma tigela com a água filtrada para hidratar, até virar uma farofa úmida. 3. Tempere com sal. Ponha a farinha de milho já hidratada em uma peneira para cozimento no vapor, forrada por um pano, ou em uma cuscuzeira. 4. Cozinhe por, aproximadamente, 30 minutos; para a farinha flocada, mais dura, vai ser preciso mais tempo. O sinal de que está cozida é quando desbota (perde o amarelo intenso). 5. Ponha o recheio da linguiça em uma frigideira grande, para dourar (se precisar usar gordura, ponha um pouco de azeite). 6. Acrescente a cebola branca, o alho, refogue e junte o charque cozido. 7. Deixe cozinhar, mexendo, por alguns minutos. 8. Adicione a cebola roxa fatiada crua e o cuscuz cozido. 9. Misture bem, ponha a manteiga, a salsinha, o coentro e a cebolinha. 10. Esprema o limão e ajuste o tempero com sal e pimenta. 11. Sirva quente ou em temperatura ambiente.

Prato originário do norte da África, o *kuz-kuz* ou alcuzcuz era preparado inicialmente com "arroz, farinha de milho, milheto, sorgo, passou a ser de milho americano quando o *Zea mayz* irradiou-se pelo mundo ao correr do século XVI", afirma o historiador Câmara Cascudo. O **cuscuz** foi introduzido no Brasil no século XVI pelos portugueses. Popularizada na culinária brasileira, a receita sofreu diversas adaptações e ganhou diferentes versões. O famoso "cuscuz paulista", patrimônio da cidade de São Paulo, é preparado com farinhas de milho e mandioca, ovos cozidos, camarão ou peixe – quase sempre sardinha em lata –, frango desfiado (opcional), ervilha, palmito, tomate, cebola, azeitona verde, azeite, sal e pimenta-do-reino. No Vale do Paraíba (SP), costuma ser preparado com peixe (traíra, manjuba, acará, lambari) ou com carne-seca e carne de porco salgada, sempre acompanhado de taioba. Na cidade de Eldorado, no interior de São Paulo, o cuscuz é elaborado com a sanga de arroz (tipo de quirera), que pode ser salgada, com amendoim torrado, ou doce, com coco. Em Minas Gerais, é famoso o "cuscuz de panela", elaborado com rapadura e queijo meia cura, que é servido no café da manhã. No Paraná, também se faz o "cuscuz de mandipuva", com farinha de mandioca fermentada e espremida, cozido no vapor. Pode levar somente sal, erva-doce e canela, ou, então, amendoim, ovos e banha de porco. Na cidade de Conceição de Almeida, no Recôncavo Baiano, aparece a receita de cuscuz de inhame (ou cuscuz de cará), feito no vapor, na cuscuzeira. Lá, o tubérculo é cozido em ponto firme e, depois de frio, é ralado e misturado à farinha de mandioca bem branca. No Nordeste, o cuscuz, que pode ser feito de farinha de milho ou tapioca temperada com sal, é cozido no vapor d'água e servido acompanhado de carne de sol ou de bode, em sua versão salgada, ou doce, quando é umedecido com leite de coco e açúcar.

CUSCUZ DE GALINHA COM CACHAÇA

★ **De Fábio Vieira, SP**

Porção individual

INGREDIENTES

Azeite de oliva para refogar
1 dente de alho picado
1/4 de cebola roxa picada em cubinhos
1/2 colher (sobremesa) de colorau
1 tomate picado em cubinhos
2 colheres (sopa) de escalivada (pimentões tostados direto no fogo, um de cada cor, picados)
1 xícara (chá) de galinha desfiada
50 ml de cachaça
1 colher (sopa) de azeitonas pretas picadas (de preferência azapa)
190 ml de caldo de legumes
1 xícara (chá) rasa de farinha de milho amarela
Cebolete picada, a gosto
2 ovos cozidos, como acompanhamento

COMO FAZER

1. Em uma panela com azeite, refogue o alho, em seguida a cebola e o colorau, incorporando-o bem para não subir quando colocar o caldo. 2. Acrescente o tomate, a escalivada e a galinha desfiada. 3. Flambe com a cachaça e adicione as azeitonas. 4. Coloque o caldo de legumes e deixe ferver por alguns minutos. 5. Abaixe o fogo e vá acrescentando a farinha aos poucos, para obter um cuscuz cremoso e não firme. 6. Finalize com a cebolete. 7. Sirva acompanhado de ovos cozidos.

Cachaça é o nome popular da aguardente de cana obtida pela destilação do mosto fermentado do caldo da cana-de-açúcar, com graduação alcoólica de 38 a 48%, podendo ser adicionada de açúcares em quantidade igual ou superior a 6 gramas por litro. A cachaça "nasceu aqui, é brasileira, com matéria-prima e braços nacionais, ainda que com alambiques lusos", escreveu Câmara Cascudo. Apenas se pode chamar de "cachaça" a bebida produzida aqui. Se for fora, é conhecida como "aguardente de cana". E mais: toda cachaça é uma aguardente, mas nem toda aguardente é uma cachaça. Na culinária, é comum ser adicionada a massas de pastéis, pizza e biscoitos para deixá-las mais crocantes, e para flambar carnes. Fica ótima em marinadas, em substituição ao vinho branco. As cidades de Salinas (MG) e Paraty (RJ) são as mais célebres representantes da cachaça artesanal. Ambas receberam a certificação de Indicação Geográfica (IG), na categoria Indicação de Procedência (IP).

FAROFA DE CANJIQUINHA COM CARNE DE PORCO E MARIA-GONDÓ

★ **De Reinaldo Mendes, MG**

4 porções

INGREDIENTES

1 cebola média picada
1 colher (chá) de tempero de alho
300 g de canjiquinha bem lavada
1 colher (sopa) de gordura de porco (ou azeite de oliva)
300 ml de caldo de legumes ou água

100 g de bacon cortado em cruz
100 g de linguiça calabresa cortada em cruz
100 g de linguiça da roça cortada em cruz
100 g de carne de porco de sua preferência cozida e
desfiada grosseiramente
50 ml de cachaça
1 colher (café) de páprica picante
1 colher (café) de açafrão-da-terra
1 molho de **maria-gondó** picado grosseiramente
Sal e pimenta-do-reino, a gosto
Torresmo, a gosto
Cheiro-verde picado, a gosto

COMO FAZER

1. Em uma panela, refogue a cebola, o alho e a canjiquinha na gordura de porco (ou no azeite). **2.** Adicione o caldo (ou a água), acerte o sal e abaixe o fogo. **3.** Assim que o líquido secar por completo, a canjiquinha estará pronta. Reserve. **4.** Em outra panela, frite o bacon, as linguiças e a carne de porco. **5.** Acrescente a cachaça e deixe flambar. **6.** Adicione a páprica picante e o açafrão-da-terra, e mexa bem. **7.** Acrescente a canjiquinha reservada e misture. **8.** Coloque a maria-gondó e mexa por mais 1 minuto até esta murchar. **9.** Acerte o sal e a pimenta-do-reino. **10.** Finalize com o torresmo e o cheiro-verde. **11.** Sirva em seguida.

> Tipo de serralha, parecida com a mostarda, de sabor levemente amargo, a **maria-gondó** é consumida como a couve, crua em saladas, refogada ou cozida, em recheio de pizzas, pastéis, tortas, bolinhos. Comum em Minas Gerais, acompanha bem carnes suínas, frango e angu. "Gondó", "capiçoba", "capiçova" e "maria-nica" (GO) são outros de seus nomes populares.

FAROFA DE FEIJÃO-VERDE

★ **De Rodrigo Oliveira, SP**

4 porções

INGREDIENTES

60 g de manteiga de garrafa
65 g de cebola roxa picada
2 dentes de alho picados
80 g de abóbora cortada em cubos, pré-cozida
120 g de carne de sol cortada em cubos
150 g de feijão-verde cozido
480 g de cuscuz de milho cozido
Suco de 1 limão-taiti

COMO FAZER

1. Em uma panela, aqueça a manteiga de garrafa e refogue a cebola roxa e o alho. **2.** Junte a abóbora, refogue um pouco, acrescente a carne de sol e mexa, envolvendo bem com o refogado. **3.** Coloque o feijão, mexa por alguns minutos e adicione o cuscuz cozido. **4.** Retire do fogo, tempere com o suco do limão, misture bem e sirva.

A **farofa**, da língua africana quimbundo, *falofa*, é parte fundamental da dieta brasileira. Nossos indígenas levavam punhados de farinha seca à boca como guarnição, quase sempre para o peixe assado no moquém. Essa farofa primitiva, segundo o folclorista Câmara Cascudo, não tinha temperos. Prato brasileiríssimo, nada mais é que farinha de mandioca ou de milho torrada, dourada no fogo com manteiga ou gordura animal, azeite de oliva ou de dendê, temperada com sal e acrescida de inúmeros outros ingredientes: ovos, bacon torrado, linguiça frita, azeitona, milho, couve, castanhas, miúdos, passas, banana, e tudo mais que der na telha de quem a prepara. É servida como acompanhamento para outros pratos e empregada como recheio de aves. Nas palavras do chef Rodrigo Oliveira, "ela (a farofa) é o elemento que dá liga pra essa grande culinária brasileira. Está presente desde o churrasco gaúcho, no chibé do amazonense, na feijoada do paulista e do carioca, no tutu do mineiro e por aí afora nos pirões". Aparece mencionada pela primeira vez no relato de viagem de um missionário americano, do século XIX, no livro *Reminiscências de viagens e permanência nas províncias do Norte do Brasil*: "Usava-se muito a farinha de mandioca preparada com gordura, pimenta e vinagre, ao que chamam farofa", como afirmou Daniel Parish Kidder.

FEIJOADA DE FRUTOS DO MAR

★ **De Rodrigo Freire, SP**

Porção individual

INGREDIENTES

Caldo de legumes

Aparas da cebola, do alho e da raiz do coentro
2 talos de salsão picados

Tomilho a gosto
1 pimenta-de-cheiro picada
2 L de água

Feijoada de frutos do mar

1 polvo
1 cebola média cortada em quatro partes
2 folhas de louro
35 g de alecrim
1 cabeça de alho picada
500 g de feijão-branco
1 L de caldo de legumes
500 ml de leite de coco
30 g de azeite de oliva
250 g de cebola cortada em rodelas
130 g de camarão
130 g de lula
8 mexilhões
30 g de maxixe
50 g de coentro picado
40 g de pimenta-de-cheiro
Sal e pimenta-do-reino, a gosto

COMO FAZER

Caldo de legumes

1. Doure todos os ingredientes em fogo médio, acrescente água e deixe ferver até que fique aromático e tenha reduzido aproximadamente 30% do líquido. Reserve.

Feijoada de frutos do mar

1. Coloque em uma panela de pressão o polvo, a cebola, as folhas de louro, o alecrim e a cabeça de alho. 2. Cozinhe por, aproximadamente, 12 minutos. 3. Retire a pressão com cuidado, espete o polvo com um garfo e, se ainda não estiver macio, volte para o fogo sem dar pressão. 4. Reserve o caldo do cozimento do polvo. 5. Cozinhe

o feijão-branco com metade do caldo de polvo reservado, o caldo de legumes reservado e o leite de coco, até que fiquem macios. 6. Bata em um mixer ou processador, metade do feijão-branco cozido para criar uma espécie de pasta. 7. Em uma panela, aqueça o azeite e branqueie a cebola. 8. Refogue o camarão, a lula e os mexilhões. 9. Acrescente o restante do feijão cozido e do caldo de polvo, o maxixe e a pasta de feijão, e deixe ferver por 15 minutos em fogo médio. 10. Finalize com o coentro, a pimenta-de-cheiro, a pimenta-do-reino e o sal. 11. Sirva em seguida.

Receita símbolo do Brasil, a **feijoada** seria "uma adaptação de cozidos europeus, como a caldeirada portuguesa; o *puchero* espanhol; o *cassoulet* francês ou a *casoeula* italiana. É uma solução europeia elaborada no Brasil. Técnica portuguesa com material brasileiro", esclarece o historiador Câmara Cascudo. Nada a ver com aquela história de que os senhores mandavam os "restos" dos porcos para a senzala, no tempo da escravatura, e lá a receita teria sido criada. Além disso, "sendo boa parte dos africanos seguidora do islamismo, como poderiam ter incluído a carne de porco no prato, já que a religião interdita seu consumo?", indaga Cascudo. Nosso prato nacional mais famoso leva feijão-preto, costela suína, paio, linguiça, carne-seca, lombo, língua, pé, rabo e orelha. É servida acompanhada de arroz branco, couve refogada, farinha de mandioca crua ou torrada, pedaços de laranja e o caldinho do próprio feijão incrementado com tomate, pimenta e cheiro-verde. Se quiser uma feijoada um pouquinho mais leve, acrescente um copo de caldo de laranja quando estiver pronta. Quer tirar um pouco da gordura? Coloque um limão-galego inteiro e com casca, cortado em cruz, durante a fervura, e retire-o antes de servir. No Nordeste, a receita é elaborada com feijão-mulatinho, acrescida de abóbora, chuchu, maxixe, quiabo e carnes menos nobres, como o bucho. No litoral de Santa Catarina e do Rio de Janeiro, é famosa a feijoada de frutos do mar com feijão-branco.

FIDEUÁ DE GALINHA CAIPIRA

★ **De Caetano Sobrinho, MG**

4 porções

INGREDIENTES

Aîoli

200 g de maionese
3 dentes de alho sem o germe
1 colher (sopa) de suco de limão
Sal e pimenta-do-reino, a gosto

Galinha caipira

2 galinhas caipiras
3 cebolas cortadas em cubinhos
2 alhos-porós cortados em cubinhos
2 talos de salsão cortados em cubinhos
3 cenouras cortadas em cubinhos
3 L de água
150 ml de azeite de oliva
500 g de macarrão cabelo de anjo
200 g de tomate pelado italiano
Sal e pimenta-do-reino, a gosto
Salsinha e cebolinha, a gosto

COMO FAZER

Aîoli

1. Bata todos os ingredientes no liquidificador. Reserve.

Galinha caipira

1. Asse as galinhas caipiras e os legumes (cebola, alho-poró, salsão e cenoura) até que estejam dourados. 2. Utilize os ingredientes para formar o caldo com os 3 litros de água. 3. Deixe cozinhar até que a galinha esteja completamente cozida. 4. Coe o caldo e des-

carte os legumes. 5. Desfie grosseiramente a carne das galinhas caipiras. Reserve. 6. Em uma panela de paella, aqueça o azeite e refogue o alho-poró e a cebola até murcharem. 7. Acrescente as galinhas caipiras, a massa quebrada, o tomate e o caldo. 8. Tempere com sal e pimenta-do-reino. 9. Tampe a panela e aguarde o caldo secar por completo. 10. Depois que a massa estiver cozida, acrescente a salsinha e a cebolinha. 11. Finalize com o aîoli.

Segundo os historiadores, coube à galinha a honra de ser um dos primeiros animais domésticos a chegar ao novo continente. Trazida por Pedro Álvares Cabral, na viagem do descobrimento do Brasil, foi, também, a primeira ave alvo de um decreto. O Marquês de Pombal, ordenou que a carne dessa ave fosse base da alimentação dos enfermos internados nos hospitais do reino, no século XVIII. Originária do continente asiático, a galinha é a ave já adulta, com mais de 7 meses e pesando por volta de 1,5 quilo. Existem inúmeras variedades, denominadas de acordo com sua idade e seu peso. A **galinha caipira** anda solta na natureza, é criada nos quintais, cisca o tempo e não tem uma alimentação especial – minhocas, insetos, restos de frutas, verduras, eventualmente milho, e comida fazem parte de seu "cardápio". Sua carne e seus ovos são muito mais saborosos que os das galinhas de granja.

FILÉ DE TUCUNARÉ EMPANADO NO POLVILHO DOCE, COM ESCALDADO DE FARINHA DE MANDIOCA

★ **De Tanea Romão, MG**

Porção individual

INGREDIENTES

Tucunaré

100 ml de grapa
40 ml de azeite de oliva extravirgem
1 cebola média
1 dente de alho
1 tomate
Sal, a gosto
1 filé de **tucunaré**

Escaldado de farinha de mandioca

2 dentes de alho amassados
2 colheres (sopa) de azeite de oliva
2 copos americanos de água
6 colheres (sopa) de farinha de mandioca
1 xícara (café) de queijo meia cura ralado
1/4 de xícara (chá) de cebolinha-verde picada bem fina

Empanamento

1/2 copo americano de água
250 g de polvilho doce
Óleo, para fritar

Finalização

Fatias finas de banana-verde cortadas longitudinalmente, fritas
Brotos e flores comestíveis

COMO FAZER

Tucunaré

1. Bata todos os ingredientes do tempero do peixe. 2. Deixe o peixe marinar por, no mínimo, 30 minutos.

Escaldado de farinha de mandioca

1. Doure o alho no azeite, acrescente a água e a farinha de mandioca. 2. Bata com o auxílio de batedor de arame até obter um creme liso. 3. Acrescente o queijo meia cura e a cebolinha-verde.

Empanamento

1. Junte a água e o polvilho e esfregue com as mãos, até que dobre de volume. Reserve. 2. Empane o peixe no polvilho aerado e frite em óleo quente. 4. Escorra em papel-toalha.

Finalização

1. Coloque o filé de tucunaré no meio do prato, risque a lateral com o escaldado de farinha de mandioca e disponha as fatias de banana-verde. 2. Finalize com os brotos e as flores.

De porte médio – pode medir até 1,20 metro de comprimento e pesar cerca de 16 quilos –, e cor alaranjada, o **tucunaré** é um dos mais apreciados peixes da Amazônia. Sua carne branca tem alto teor de gordura, o que a torna tenra e de sabor inigualável, tanto assada quanto frita, ou, então, na caldeirada, na qual brilha como ingrediente principal. Popular em Manaus e em Belém, a caldeirada de tucunaré leva tradicionalmente o rabo, o tronco e a cabeça do peixe. No Pantanal, costuma ser servido assado com recheio de farofa com banana.

FILÉ-MIGNON COM MOLHO DE PIMENTA CUMARI E PIRÃO DE LEITE

★ De Bettina Orrico (*in memoriam*), SP

4 porções

INGREDIENTES

Pirão de leite

1/3 xícara (chá) de farinha de mandioca
2 xícaras (chá) de leite
1/2 colher (chá) de sal
1 colher (sopa) de manteiga

Filé-mignon

4 bifes de filé-mignon (200 g cada um)
2 colheres (sopa) de alho picado
1 1/2 colher (sopa) de sal
200 g de queijo de coalho, cortado em fatias
1/4 xícara (chá) de óleo
3 colheres (sopa) de manteiga
3 cebolas médias cortadas em rodelas finas
2 colheres (sopa) de pimenta cumari picada
2 colheres (sopa) de farinha de trigo
1 xícara (chá) de vinho tinto

COMO FAZER

Pirão de leite

1. Em uma panela, misture a farinha e o leite sem deixar empelotar. 2. Junte o sal e a manteiga. 3. Leve ao fogo e continue mexendo sempre até engrossar e formar um creme grosso e brilhante.

Filé-mignon

1. Corte cada bife ao meio na horizontal sem abrir completamente a carne, formando uma espécie de bolso. **2.** Tempere os filés com alho e sal. **3.** Recheie cada "bolso" com as fatias de queijo de coalho, aparando as bordas. Feche bem com palitos. **4.** Em uma frigideira, aqueça o óleo e a manteiga. **5.** Em seguida, doure os filés por cerca de 2 minutos. Retire-os da frigideira e reserve-os em um refratário, sem os palitos. **6.** Na mesma frigideira, junte as cebolas e as pimentas e cozinhe em fogo baixo até as cebolas ficarem douradas e macias. **7.** Junte a farinha de trigo e misture bem, raspando o fundo da frigideira. **8.** Acrescente o vinho tinto, aumente o fogo e deixe ferver por 2 minutos. **9.** Volte os filés à frigideira e aqueça-os nesse molho. Sirva acompanhado do pirão de leite.

"Técnica portuguesa com material brasileiro, o **pirão** é uma obra-prima brasileira. Os dois tipos clássicos são o escaldado e o cozido ou mexido. O primeiro é a porção de caldo de carne ou peixe derramado sobre a farinha seca. É o nativo anterior a 1500. O segundo tipo demanda preparação culinária mais apurada. A farinha vai sendo lançada no caldo fervente até que tome a consistência desejada. Que se aprume nos dentes do garfo ou empine no côncavo da colher sem desfazer-se. O legítimo é de farinha de mandioca e só se come no Brasil. *Copyright by Brazil*", como concluiu Câmara Cascudo.

FILÉ-MIGNON SUÍNO, PURÊ DE CASTANHA-DE-CAJU, BATATA-DOCE E QUIABO

★ **De Rafa Gomes, RJ**

4 porções

INGREDIENTES

800 g de filé-mignon suíno
Sal, a gosto
10 g de pimenta-calabresa
100 g de alho picado
30 ml de azeite de oliva
200 g de castanha-de-caju
1 cabeça de alho inteira
300 g de batata-doce
8 **quiabos**
Flor de sal, a gosto

COMO FAZER

1. Tempere o filé-mignon com o sal, a pimenta-calabresa, o alho e o azeite. 2. Deixe repousar por 2 horas na geladeira. 3. Em uma frigideira, grelhe o filé e termine o cozimento no forno a 180 °C por 5 minutos. Reserve. 4. Hidrate a castanha-de-caju na água por 4 horas. 5. No forno, asse 1 cabeça de alho embrulhada em papel-alumínio, até ficar bem macia. Descasque o alho e bata com a castanha-de-caju. Tempere com sal e reserve. 6. Tempere a batata-doce com azeite e sal. Embrulhe a batata-doce em papel-alumínio e leve para assar no forno, por 30 minutos. Corte em pedaços e reserve. 7. Com o quiabo bem limpo e seco, queime no fogo ou com um maçarico. Tempere com azeite e flor de sal. 8. Faça uma linda montagem a seu gosto.

Na culinária baiana, o **quiabo** é ingrediente do caruru, do quizibu e do molho nagô, e na mineira, do afamado frango com quiabo e angu. Fruto de origem africana chegou ao Brasil pelas mãos dos traficantes de escravizados, em 1658. O quiabo tem sabor adocicado e textura aveludada. Versátil, pode ser frito, cozido, grelhado ou refogado. Contém uma substância (gosma) viscosa que serve para engrossar alguns preparos. Se quiser evitar que esta se solte, utilize limão ou vinagre durante a cocção. Se frito rapidamente em óleo bem quente, mantém sua textura e também não se torna viscoso.

FRITADA DE BACALHAU

★ **De Isis Rangel, RJ**

6 porções

INGREDIENTES

500 g de **bacalhau** dessalgado
1 kg de batatas cozidas
2 cebolas grandes picadas
150 ml de azeite de oliva
1 xícara (café) de tomate sem sementes e picados
1 xícara (café) de coentro
1 xícara (café) de pimentões picados
1 xícara (café) de azeitonas verdes picadas
Farinha de trigo, para polvilhar
5 ovos batidos
Tomates e cebolas cortados em rodelas, para decorar

COMO FAZER

1. Cozinhe o bacalhau e, na mesma água, as batatas. **2.** Desfie o bacalhau e reserve. **3.** Amasse as batatas com o espremedor e, em

seguida, refogue as cebolas no azeite até ficarem transparentes.
4. Coloque o tomate, o coentro, os pimentões e deixe-os cozinhar em fogo baixo por 5 minutos. **5.** Fora do fogo, acrescente as batatas já amassadas, o bacalhau desfiado e cozido e as azeitonas.
6. Com uma colher de pau, mexa até a mistura ficar cremosa. **7.** Se necessário, acrescente azeite ou um pouco de água para a mistura ficar bem cremosa. **8.** Em um pirex untado com azeite e polvilhado com farinha de trigo, coloque a mistura do bacalhau e cubra com os ovos batidos. **9.** Leve ao forno por 20 minutos até dourar.
10. Decore com os tomates e as cebolas.

O **bacalhau**, tradicional na culinária portuguesa – segundo dizem, são mais de mil receitas catalogadas –, ganhou fama e prestígio no Brasil, com a chegada da família real, no século XIX. Antes disso, era visto como comida de pobre. Presença obrigatória no Natal e na Semana Santa, o bacalhau mais apreciado é o "cod", ou "Porto" (*Gadus morhua* L.), de cor clara, também chamado de "imperial" ou "legítimo". É o mais suculento, mais saboroso, mais largo e, por conseguinte, o mais caro. Existem três outros tipos de peixe que também são salgados, secos e vendidos com o título genérico de bacalhau: o saithe (*Pollachius virens*), excelente para bolinhos, em razão de sua textura, é mais escuro e tem sabor mais forte; o ling (*Molva molva*), mais claro e mais estreito; e o zarbo (*Brosme brosme*), menor e mais popular, de preço mais acessível, por ter menos carne. Em postas, em lascas ou desfiado, é delicioso cru, frito, grelhado, gratinado, assado ou cozido, ou como recheio de empadas, crepes e bolinhos – este último, um dos maiores clássicos dos botecos cariocas.

HOLLANDAISE DE TUCUPI

★ De Geovane Carneiro, SP

4 porções

INGREDIENTES

Hollandaise de tucupi

50 g de cebola picada
50 g de coentro picado
60 g de manteiga clarificada
50 g de pimenta-de-cheiro picada
1 L de tucupi
350 g de manteiga gelada
10 g de xantana

Cebola assada

2 cebolas brancas médias
Sal, a gosto
40 g de manteiga gelada

Talo de brócolis

200 g de talos de brócolis
Sal e pimenta-do-reino, a gosto
30 ml de azeite de oliva

Cambuquira de chuchu

4 cambuquiras de chuchu
Sal e pimenta-do-reino, a gosto
Azeite de oliva, a gosto

Gema cremosa

4 ovos
Óleo de milho ou de girassol, q.b.

COMO FAZER

Hollandaise de tucupi

1. Em uma panela média, refogue a cebola com a manteiga clarificada. **2.** Deixe murchar bem. **3.** Acrescente a pimenta-de-cheiro e o coentro, e mantenha em fogo baixo por 10 minutos. **4.** Adicione o tucupi e, quando começar a ferver, retire do fogo e passe em um chinois de tela fina. Reserve. **5.** Para espessar, coloque a manteiga gelada e a xantana no molho já coado e misture em um mixer manual até obter uma textura cremosa.

Cebola assada

1. Corte a cebola ao meio e tempere com uma pitada de sal e com a manteiga. **2.** Embrulhe no papel-alumínio e leve ao forno a 200 °C seco e asse por 45 minutos. **3.** Espere esfriar e corte em lâminas de 2 centímetros cada uma.

Talo de brócolis

1. Com o auxílio de um descascador de legumes, retire as fibras externas dos talos e corte-os em lâminas finas. **2.** Leve uma panela grande com água ao fogo alto para ferver e prepare uma tigela com a água, o gelo e o sal. **3.** Assim que a água ferver, adicione o sal e mergulhe os talos de brócolis por 40 segundos. **4.** Com uma escumadeira, transfira para a tigela para parar a cocção. Depois do talo resfriado, coe em um *chinoy* e tempere com sal, pimenta-do-reino e azeite.

Cambuquira de chuchu

1. Repita com o chuchu o mesmo processo dos brócolis.

Gema cremosa

1. Coloque os ovos em uma assadeira e leve no forno a vapor a 70 °C por 22 minutos. **2.** Transfira os ovos para um recipiente com a água e o gelo para interromper o cozimento. **3.** Abra os ovos e separe a gema da clara. **4.** Em uma tigela, coloque o óleo até cobrir as gemas já limpas (o óleo evita que a gema resseque).

MONTAGEM

Em um prato-chapéu, disponha os legumes, acrescente o hollandaise de tucupi e finalize a gema cremosa.

O termo **tucupi** é uma corruptela do tupi *tycu-pi*, ou seja, "a de coada picante". Um dos molhos tradicionais da cozinha amazônica, é um líquido amarelo (manipuera ou manicuera), extraído da raiz da mandioca-brava descascada, lavada, ralada e espremida no tipiti (cilindro de fibras naturais trançadas). Depois de extraído, o molho descansa para que o amido (goma) se separe do líquido (tucupi). Uma vez sedimentado, o líquido é apurado no fogo e fermentado por horas para eliminar o ácido cianídrico (e venenoso) da mandioca. No Pará, costuma ser temperado com chicória-do--pará, cipó-alho (ou alho), alfavaca e sal. O resultado é um caldo amarelo, aromático e bastante ácido. É vendido engarrafado em todos os mercados da região. O tucupi é ingrediente de caldos e molhos e participa de dois famosos pratos da cozinha brasileira: o pato no tucupi e o tacacá. Para o chef Paulo Martins, incansável divulgador de produtos e receitas da cozinha regional da Amazônia, "o tucupi é o sabor do século XXI". Reza a lenda indígena que Jacy (lua) e Iassytatassú (estrela-d'alva) decidiram conhecer o centro da Terra. No entanto, durante a aventura, Caninana Tyiiba, uma serpente, atingiu o rosto de Jacy, que ficou marcado para sempre. Inconformada, Jacy acabou derramando suas lágrimas sobre uma plantação de mandioca, dando origem ao *tycupy* (tucupi). Por isso, este teria se tornado venenoso.

LOLEM COM MOLHO DE TRUFAS SAPUCAY

★ **De Juarez Campos, ES**

4 porções

INGREDIENTES

Recheio

500 g de linguiça suína cortada em cubinhos
2 ovos cozidos picados
150 g de queijo muçarela ralada

Lolem

500 g de farinha de trigo
5 ovos
8 g de sal

Molho de trufas Sapucay

10 g de cogumelo porcini seco
2 xícaras (chá) de caldo de carne
1 cebola média picadinha
2 dentes de alho picados
4 colheres (sopa) de manteiga
2 colheres (sopa) de azeite de oliva
300 g de cogumelos nativos e cultivados fatiados
1/2 xícara (chá) de vinho branco seco
Lolem cozido
Queijo grana padano ralado, a gosto
1 colher (sopa) de salsinha picada
1 colher (sopa) de cebolinha-verde picada
Sal e pimenta-do-reino, a gosto
Trufas Sapucay laminadas, a gosto

COMO FAZER

Recheio

1. Misture bem a linguiça e os ovos. 2. Junte a muçarela e misture mais.

Lolem

1. Faça a massa normal misturando farinha de trigo, ovos e sal. 2. Envolva em um filme plástico e descanse por 1 hora. 3. Abra as folhas da massa no cilindro. 4. Distribua em pontos da massa diversas porções do recheio de, aproximadamente, 25 gramas. 5. Corte em formato redondo e dê a forma do lolem, como se fosse um capeletti grande. 6. Cozinhe em água fervente salgada, por 2 a 3 minutos.

Molho de trufas Sapucay

1. Deixe o cogumelo porcini de molho no caldo de carne quente, por 15 minutos. 2. Escorra, separe os cogumelos e pique. 3. Reserve o caldo. 4. Na mesma frigideira, refogue a cebola e o alho na mistura de metade da manteiga e do azeite. 5. Acrescente os cogumelos secos e os frescos, e refogue. 6. Junte o vinho e deixe evaporar a metade. 7. Coloque o caldo de carne reservado e deixe reduzir. 8. Adicione o lolem cozido, o restante da manteiga, o queijo grana padano, um pouco de água da cocção, a salsinha, a cebolinha e misture bem. 9. Acrescente o sal e a pimenta-do-reino. 10. Salpique as trufas laminadas e sirva imediatamente.

Iguaria apreciada no mundo inteiro, a **trufa** tem quase setenta variedades. A melhor é a branca da região de Alba, no Piemonte, também conhecida como "diamante branco", cuja safra tem início em outubro. Em seguida, vem a negra, Perigord, que alcança o auge da qualidade em meados de janeiro. Espécie de fungo raro e caro, a trufa cresce nas raízes subterrâneas de certas árvores de clima temperado, a uma profundidade que varia de 20 a 40 centímetros do solo, e é localizada com a ajuda de cachorros treinados desde pequenos para isso. O fungo apareceu no Brasil, primeiro no Rio Grande do Sul, em 2016, depois em São Paulo, em 2021, e, mais recentemente, em Minas Gerais. A descoberta no Sul, atribuída ao biólogo gaúcho Marcelo Sulzbacher, ocorreu nas raízes de nogueiras-pecã importadas dos Estados Unidos e plantadas, nos anos 1980, nas cidades de Santa Maria e Cachoeira do Sule. São da espécie *Tuber floridanum*, de coloração amarronzada e com notas adocicadas que lembram castanhas e macadâmias. Foi batizada de "Sapucay", que significa canto dos pássaros, na língua tupi, pelo chef sul-mato-grossense Paulo Machado. Também foram encontradas no Paraná, em 2022. A trufa paulista da espécie *Tuber borchii*, localizada em São Bento do Sapucaí, na Serra da Mantiqueira, é parente das brancas italianas do tipo *branchetta*, comuns em Alba, e ganhou o nome de "bandeirantes". Também na Serra, mas em solo mineiro, em uma propriedade rural de Monte Verde, distrito de Camanducaia, surgiu a terceira variedade da trufa brasileira, também inédita. Nomeada "maniba", ainda está em fase de análise de DNA para definir a espécie. A faixa de preço de 1 quilo de trufa no Brasil varia de R$ 6 mil a R$ 8 mil. Entretanto, como é usada em pequena quantidade, cerca de 5 gramas ou até menos é o suficiente para aromatizar um prato.

LULADINHA

★ **De Ro Gouvêa, RJ**

6 porções

INGREDIENTES

30 g de azeite de oliva
80 g de bacon cortado em cubos
150 g de cebola picada finamente
10 g de alho picado finamente
100 g de molho de tomate rústico
400 g de feijão-branco cozido
2 folhas de louro fresco
3 g de colorau
5 g de pimenta-dedo-de-moça picada finamente
120 g de cenoura cortada em rodelas
2 L de água
100 g de **salame de atum com guanciale** cortado em rodelas
20 g de coentro (talo e raiz) picado
1 kg de lula limpa cortada em rodelas de 1 cm
Sal e pimenta-do-reino, a gosto
Folhas de coentro

COMO FAZER

1. Aqueça o azeite em uma panela e doure levemente o bacon.
2. Acrescente a cebola e refogue. 3. Adicione o alho e doure levemente junte o molho de tomate rústico, o feijão branco, as folhas de louro, o colorau, a pimenta-dedo-de-moça, a cenoura e a água.
4. Cozinhe até a cenoura ficar macia. 5. Adicione o salame, a raiz e o caule do coentro. 6. Quando ferver, junte a lula e cozinhe por mais 5 minutos. 7. Adicione o sal e a pimenta-do-reino. 8. Finalize com as folhas de coentro.

Charcutaria é um dos mais antigos métodos de conservação de alimentos da humanidade. Por definição, consiste na obtenção de produtos de origem animal, frescos ou curados, pelo processamento, em sua maioria, de carne de porco — embora também inclua carne bovina, ovina, de caça, entre outras. É preparada de peças inteiras ou de carnes cortadas, misturadas a aromas em receptáculos naturais ou artificiais. Em seguida, as carnes são temperadas, salgadas, às vezes defumadas e, eventualmente, curadas ou cozidas. Como exemplos de produtos de charcutaria, incluem-se: mortadela, salsicha, linguiça, salame, bochecha (guanciale), copa lombo (pancetta) etc. Produzir seus próprios embutidos já virou uma constante entre muitos chefs brasileiros, e com muito sucesso. O desenvolvimento de uma charcutaria marítima, para muito além da botarga, também vem ganhando adeptos, nos últimos tempos.

MEDALHÃO DE CANJIQUINHA COM QUEIJO DO SERRO E CRISPY DE BACON

★ **De Gabriel Trillo, MG**

10 porções

INGREDIENTES

Cascas de cebola, cenoura, folhas de alho-poró e folhas de louro, para o caldo de legumes

2 L de caldo de legumes

1 kg de canjiquinha amarela grossa

400 g de **queijo do Serro** artesanal ralado

Páprica defumada e páprica doce, a gosto

Noz-moscada, a gosto

Sal e pimenta-do-reino, a gosto
300 g de bacon fatiado
100 ml de molho de tomate
1 maço de cheiro-verde picado
400 g de queijo do Serro artesanal ralado, para gratinar
Minibrotos de rúcula, para decorar

COMO FAZER

1. Prepare o caldo de legumes fervendo cascas de cebola, cenoura, folhas de alho-poró e folhas de louro. **2.** Coe e reserve. **3.** No caldo de legumes reservado, cozinhe a canjiquinha amarela em fogo médio até esta hidratar completamente e secar o caldo. **4.** O ponto tem que estar al dente. **5.** Na mesma panela, acrescente o queijo do Serro ralado e os temperos a gosto. **6.** Misture até que o queijo derreta por completo. **7.** Despeje a mistura em um tabuleiro ou travessa, de forma que fique em uma altura com cerca de 7 centímetros. **8.** Deixe esfriar e leve à geladeira até firmar. **9.** Com o auxílio de um aro, corte os medalhões de canjiquinha e reserve. **10.** Pique o bacon e "seque" a gordura por completo em uma frigideira, com fogo brando. **11.** Retire esse crispy de bacon e preserve a gordura. **12.** Ferva o molho de tomate e agregue o cheiro-verde picado. **13.** Antes de montar o prato, grelhe o medalhão de canjiquinha na gordura do bacon, coloque o queijo do Serro por cima dos medalhões e leve em forno preaquecido para gratinar. **14.** Monte o prato com um pouco do molho de tomate por baixo, o medalhão e, por fim, o crispy de bacon. **15.** Use os brotinhos para decorar.

O **queijo do Serro** é produzido em pequenas propriedades rurais, nas microrregiões mineiras do Vale do Rio Doce do Serro. Feito do leite cru de vaca, é fabricado na própria fazenda, com a adição do pingo (fermento salgado que contém diferentes bactérias láticas, obtido da dessoragem dos queijos fabricados nos dias anteriores) e maturado por, pelo menos, 17 dias, podendo ultrapassar sessenta dias. Cilíndrico, semiduro, pesando entre 700 gramas e 1 quilo, de textura compacta, casca fina e massa esbranquiçada e macia, o sabor é amanteigado e ligeiramente ácido. Seu sabor fica mais acentuado conforme o tempo de cura. Herança dos colonizadores portugueses na região, a técnica de produção é a mesma usada na fabricação do famoso queijo da Serra da Estrela. Patrimônio Cultural Imaterial brasileiro, a iguaria conquistou o selo de Indicação de Procedência (IP) em 2012.

MEXIDINHO MINEIRO

★ **De Léo Mello, RJ**

2 porções

INGREDIENTES

Azeite de oliva, a gosto
6 folhas de **couve** cortadas finamente
3 dentes de alho bem picados
20 ml de shoyu
130 g de bacon cortado em cubinhos
1 cebola branca cortada em tiras finas
1 folha de louro fresca
150 g linguiça mineira cortada em cubos
30 ml de cachaça mineira
3 ovos caipiras

2 tomates sem sementes e cortados em cubos
Sal e pimenta-do-reino, a gosto
250 g de arroz branco cozido
100 g de feijão cozido (com pouco caldo)
Cheiro-verde picada, a gosto

COMO FAZER

1. Em uma frigideira antiaderente adicione o azeite e refogue a couve com o alho e o shoyu Reserve. 2. Na mesma frigideira doure o bacon, adicione a cebola, a folha de louro, a linguiça mineira e deixe apurar o sabor. 3. Deglaceie com a cachaça, espere o álcool evaporar e adicione os ovos caipiras, que vão formar uma crosta no fundo da panela. 4. Coloque então o tomate e tempere com sal e pimenta-do-reino. 5. Em fogo baixo, adicione o arroz e o feijão, misturando bem para que todos os ingredientes se encontrem em sabores e texturas. 6. Finalize com o cheiro-verde picado e a couve puxada no shoyu reservada.

A **couve** pertence a uma família que abriga centenas de espécies: repolho, brócolis, mostarda, couve-tronchuda, couve-rábano, rabanete etc. As variedades mais cultivadas levam o nome de "manteiga", por isso é também chamada de "couve-manteiga". De sabor suave, suas folhas grossas e tenras podem ser consumidas cruas, cozidas ou em sucos. Aferventadas podem ser usadas para fazer charutinho. A hortaliça é muito empregada na culinária mineira, cortada em tiras finas ou rasgadas refogadas em banha de porco ou óleo, e no bambá, além de ser indispensável na feijoada e no cozido.

MINHA VIDA DE MENINA

★ **De Ju Duarte, MG**

4 porções

INGREDIENTES

Bacalhau

2 L de água
50 g de sal
4 postas de lombo de bacalhau *Gadus morhua* dessalgado
200 g de cebola cortada em meia-lua
8 dentes de alho com casca
4 ramos de tomilho
Pimenta-do-reino em grão, a gosto
Semente de coentro, a gosto
200 ml de azeite de oliva

Angu

200 g de **fubá** de milho crioulo ou de fubá de moinho
400 ml de água
Manteiga, a gosto

Feijão

20 g de cebola cortada em cubinhos
1 dente de alho picado
30 g de manteiga
100 g de feijão-preto cozido

Couve

4 folhas de couve

Abóbora

4 fatias de 2 mm de abóbora pescoço ou manteiga, sem sementes
(para formar um círculo completo)
Fio de azeite de oliva

Finalização

Raspas de limão-capeta, a gosto

COMO FAZER

Bacalhau

1. Prepare uma salmoura com a água e o sal. Deixe o bacalhau de molho por 2 horas. 2. Forre um tabuleiro com a cebola. 3. Esprema bem o bacalhau para retirar o excesso de água. 4. Disponha as postas de bacalhau com a pele para cima sobre a cebola. 5. Distribua o alho, as ervas e as especiarias. 6. Cubra com o azeite. 7. Preaqueça o forno na temperatura mínima (entre 98 °C e 120 °C). 8. Cubra o tabuleiro com papel-alumínio e deixe confitar por 30 minutos ou até as postas de bacalhau começarem a se separar em pétalas. 9. Retire a pele do bacalhau.

Angu

1. Dissolva o fubá em água fria. 2. Tempere com sal a gosto. 3. Leve ao fogo e mexa até que se forme uma casquinha no fundo da panela, cerca de 20 a 30 minutos. 4. Finalize com a manteiga.

Feijão

1. Refogue a cebola e o alho na manteiga e acrescente o feijão. 2. Quando ferver, desligue e deixe esfriar. 3. Em um liquidificador, bata o feijão no liquidificador até obter um caldo grossinho.

Couve

1. Aqueça uma frigideira e coloque a folha de couve até que fique crocante.

Abóbora

1. Leve a abóbora para dourar em uma frigideira preaquecida com um fio de azeite. 2. Não mexa para que ela fique com as bordas douradas.

Finalização

1. Monte em camadas: espalhe o angu no prato formando um círculo de cerca de 10 centímetros de diâmetro; coloque as fatias de abóbora; o bacalhau; as cebolas com um dente de alho; e, por fim, as raspas de limão-capeta. **2.** Disponha a folha de couve ao lado do bacalhau. **3.** Sirva o caldinho de feijão em uma canequinha separadamente.

Farinha obtida pela moagem fina do milho cru, seco e debulhado – podendo variar em granulometria, o **fubá** é usado para fazer angu, bolos, polentas, mingaus, broas, pastéis e também para empanar. Por sua vez, o fubá mimoso, mais fino e homogêneo, é empregado em receitas doces e na panificação. O fubá de moinho de pedra ou de moinho d'água é uma tradição de algumas cidadezinhas de Minas Gerais, onde é feito artesanalmente: o milho é debulhado e triturado na pedra antes de ser comercializado. O nome "fubá" vem do quimbundo, língua angolana, e significa farinha.

MOQUECA SUÍNA

★ **De Jimmy Ogro, RJ**

6 a 10 porções

INGREDIENTES

1 kg de pernil suíno sem pele e sem osso cortado em cubos de 2 cm cada um

Sal e pimenta-do-reino, a gosto

1 colher (sopa) de páprica picante

1/4 de xícara (chá) de azeite de oliva

4 tomates cortados em cubos grandes

2 cebolas cortadas em cubos grandes

2 pimentões vermelhos grandes cortados em quadrados de 2 cm

2 pimentões amarelos grandes cortados em quadrados de 2 cm

1 pimentão verde grande cortado em quadrados de 2 cm
1 pimenta-dedo-de-moça sem sementes e bem picada
1/2 maço de coentro picado
1/2 maço de manjericão picado
2 e 1/2 xícaras (chá) de água
200 g de castanha-do-pará

COMO FAZER

1. Tempere o pernil com o sal, a pimenta-do-reino e a páprica. Reserve. **2.** Em uma panela de metal não muito leve (dessas de fundo triplo ou alumínio forjado) e sobre fogo de médio para alto, aqueça o azeite e doure completamente o pernil. **3.** Retire da panela e reserve. **4.** Sem apagar o fogo, coloque na panela metade dos tomates, das cebolas e dos pimentões, a pimenta-dedo-de-moça, metade do coentro e do manjericão. **5.** Refogue rapidamente, espalhe em uma camada para cobrir completamente o fundo da panela e abaixe um pouco o fogo. **6.** Retorne o pernil à panela em uma camada única e cubra com o restante dos vegetais. **7.** Tampe a panela e deixe cozinhar 30 minutos. **8.** Em um liquidificador, bata a água com a castanha até que a mistura fique com aparência de leite comum. **9.** Usando uma peneira fina, coe diretamente na panela. **10.** Misture bem. **11.** Corrija o sal e a pimenta-do-reino e deixe cozinhar por mais alguns minutos, até que todos os sabores estejam incorporados e o caldo na consistência desejada. **12.** Desligue o fogo, acrescente o restante das ervas frescas e misture bem. **13.** Sirva imediatamente em uma panela de barro previamente aquecida; assim o prato chega borbulhando à mesa como é a tradição da moqueca.

DICA DO CHEF: aproveite o bagaço da castanha-do-pará e os talos das ervas, acrescente cubinhos de abacaxi ou de banana dourados na manteiga e faça uma farofa para acompanhar a moqueca.

A **moqueca**, comida feita pelos indígenas, que a chamavam de *po--kêca* (embrulhado, em tupi), virou prato típico da cozinha brasileira. A moqueca tem raiz nos peixes enrolados em folhas verdes, sem molho, colocados na brasa para moquear. "Moqueca, só a capixaba. O resto é peixada." Essa frase cunhada pelo jornalista e escritor Cacau Monjardim, então presidente da extinta Empresa Capixaba de Turismo, revela a importância da preparação culinária para a cultura alimentar do Espírito Santo, onde foi declarada Patrimônio Cultural Imaterial. Receita quatrocentona, o ensopado de peixe, tradicionalmente preparado e servido em panela de barro, preferencialmente, das paneleiras de Goiabeiras, é temperado com coentro, azeite doce e urucum. Ao contrário da moqueca baiana, a receita capixaba não leva azeite de dendê nem leite de coco. No Maranhão, leva ovos. No Ceará, é famosa a moqueca feita com arraia, na cidade de Arapati. Na moqueca paraense, o peixe é temperado com jambu e cozido no tucupi. Há, ainda, moquecas de carne verde, siri-mole, mariscos, ovos, inhame, camarão, maturi e muitas outras. Para o chef Jimmy Ogro, "moqueca é de porco, o resto é peixada".

OSTRAS MARINADAS EM FRUTAS CÍTRICAS COM PALMITO PUPUNHA, PÉROLAS DE SAGU E SALADA DE MINIBROTOS

★ **De Eudes Assis, SP**

8 porções

INGREDIENTES

Ostras

8 ostras
30 ml de suco de limão
30 ml de suco de mexerica
30 ml de suco de lima-da-pérsia
50 ml de azeite de oliva extravirgem
1/2 cebola roxa cortada em tiras finas
1 colher (sopa) de cebolinha picada
1 colher (sopa) de salsinha picada
Sal e pimenta-do-reino, a gosto
Frutas cítricas cortadas em cubinhos, a gosto

Pérolas de sagu

100 g de sagu
500 ml de água
50 ml de suco das frutas cítricas
10 ml de mel

Finalização

200 g de palmito pupunha *in natura* cortado em fatias
Minibrotos, a gosto
Azeite de oliva, a gosto
Sal, a gosto

COMO FAZER

Ostras

1. Coloque as ostras no forno preaquecido e deixe na alta temperatura até suas conchas se abrirem. 2. Retire a carne das conchas e deixe-as marinando com todos os ingredientes, com exceção das frutas cítricas, por 2 horas na geladeira. 3. Reserve as cascas das ostras. 4. Adicione as frutas cítricas à marinada. Reserve.

Pérolas de sagu

1. Cozinhe o sagu em água fervente até que fique transparente. 2. Retire do fogo, coe e dê um choque térmico para interromper o cozimento. 3. Misture o suco das frutas cítricas e o mel. Reserve.

Finalização

1. Coloque em um prato, as cascas de ostras reservadas e sobre estas a marinada. 2. Ao lado, disponha as fatias de pupunha e, sobre estas, a salada de minibrotos temperados a gosto, com azeite e sal.

Molusco bivalve marinho, no Brasil, encontramos dois tipos de **ostra**. As ostras de mangue, que têm corpo suculento e sabor adocicado. A região de Cananeia, no litoral sul de São Paulo, concentra os maiores produtores desse tipo de ostra no país, responsáveis pela produção de 250 mil dúzias por ano, motivo pelo qual é também conhecida como "ostra de Cananeia". As chamadas "ostras do Pacífico", por sua vez, são produzidas em fazendas marinhas na região da Grande Florianópolis. A capital catarinense, favorecida por suas águas frias e clima temperado, é atualmente a maior produtora nacional de ostras. Ambas podem ser consumidas cruas, com limão, ao bafo, gratinadas ou grelhadas, ou usadas como ingrediente de molhos, ensopados e recheios. Alimento rico em minerais e vitaminas, a fama de seus poderes afrodisíacos é antiga e tem como base a grande concentração de cobre, ferro, iodo, fósforo e vitamina D.

PAELLA DE MOQUECA COM FRUTOS DO MAR, PICLES DE MAXIXE, BROTO DE COENTRO E PIMENTA-DE-CHEIRO

★ **De Victor Dimitrow, SP**

8 porções

INGREDIENTES

Caldo de peixe

500 g de cebola
250 g de cenoura
250 g de salsão
2 folhas de louro
2 kg de carcaça de peixe
1 L de vinho branco

Picles de maxixe

500 g de maxixe
100 g de vinagre branco
100 g de vinho branco seco
5 g de sal
5 g de açúcar
2 folhas de louro
4 grãos de pimenta-do-reino

Frutos do mar

1 kg de polvo fresco
Sal e pimenta-do-reino, a gosto
Azeite de oliva, q.b.
1 kg de camarão rosa médio
500 g de **vôngole**

Paella de moqueca

100 g de pimentão vermelho cortado em cubinhos
100 g de pimentão amarelo cortado em cubinhos
100 g de pimentão verde cortado em cubinhos
150 g de cebola cortada em cubinhos
50 g de alho cortado em cubinhos
150 g de salsão cortado em cubinhos
50 g de talo de coentro cortado em cubinhos
50 ml de azeite de dendê
50 ml de azeite de oliva
1 kg de arroz cateto
1 L de caldo de peixe
1 L de leite de coco
Sal e pimenta-do-reino, a gosto
Picles de maxixe
Brotos de coentro
Pimenta-de-cheiro fatiada

COMO FAZER

Caldo de peixe

1. Corte os legumes. 2. Refogue os legumes, junte a carcaça de peixe, deglaceie com o vinho branco, cubra de água e cozinhe por mais ou menos 45 minutos.

Picles de maxixe

1. Corte o maxixe com a ajuda de um mandolim. 2. Amorne os demais ingredientes e coloque o maxixe nessa solução de picles. 3. Espere esfriar e guarde na geladeira.

Frutos do mar

1. Coloque o polvo na panela de pressão e adicione água até cobri-lo. 2. Feche com a tampa e cozinhe por 40 minutos. 3. Retire da panela, corte em pedaços pequenos, tempere com o sal, a pimenta-do-reino e o azeite, e leve para grelhar em uma frigideira bem

quente. **4.** Limpe o camarão: retire a cabeça; remova as patas; tire a casca preservando a cauda; e, com uma faca de cozinha, faça um pequeno corte na parte de trás do camarão para retirar a tripa. **5.** Tempere com o sal, a pimenta-do-reino e o azeite. **6.** Leve os camarões para dourar, em uma frigideira bem quente, de ambos os lados. **7.** Em uma panela preaquecida, coloque os vôngoles, pingue um pouco de água, tampe e cozinhe até que as conchas se abram.

Paella de moqueca

1. Refogue os pimentões, a cebola, o alho, o salsão e o coentro no azeite de dendê até estarem macios. **2.** Acrescente o arroz cateto, refogue por mais 5 minutos. **3.** Misture o caldo de peixe com o leite de coco e despeje sobre o arroz. **4.** Tempere com um pouco de sal e pimenta-do-reino, e cozinhe, em fogo médio, por cerca de 25 minutos, até o líquido reduzir por completo. **5.** Desligue o fogo, coloque os frutos do mar e finalize com os picles de maxixe, os brotos de coentro e a pimenta-de-cheiro.

Variedade de molusco bivalve marinho, comestível, de ampla ocorrência no litoral brasileiro, principalmente na costa de Santa Catarina, o **berbigão** vive enterrado no leito dos mares. Em São Paulo, o molusco atende pelo nome de "vôngole" – graças aos imigrantes italianos, que enxergaram nele o substituto ideal para os mariscos do Mediterrâneo. É empregado em moquecas e bobós, ensopado com leite de coco e coentro, ou como recheio de pastel. Ao se locomover, o berbigão desprende pequenos jatos de água, que são lançados como de um cachimbo e "valem à iguaria sinônimos regionais como 'bebe-fumo' (Bahia), 'fuminho', 'papa-fumo', 'fumo-de-rolo' (litoral fluminense) e 'sarro-de-pito' (São Paulo)", esclarece o jornalista e crítico de vinhos Pedro Mello e Souza.

PAPADA DO LEO

★ **De Leo Paixão, MG**

10 porções

INGREDIENTES

6 kg de papada de **porco**
Sal e pimenta-do-reino, a gosto
Azeite de oliva, a gosto
4 talos de salsão picados em paisano
2 cebolas grandes picadas em paisano
1 pimentão vermelho picado em paisano
1 maço de funcho picado em paisano
1 cenoura grande picada em paisano
1 alho-poró picado em paisano
750 ml de vinho branco seco
500 ml de caldo escuro de galinha
500 ml de suco de laranja
250 ml de molho de soja
2 kg de mandioca branca
Sal fino, a gosto
100 g de manteiga derretida
Acelga do talo roxo ou endívias, a gosto

COMO FAZER

1. Com uma faca de açougue, retire a camada de gordura de cima da papada. 2. Tempere com sal e pimenta-do-reino, grelhe no azeite até corar e reserve. 3. Faça uma "cama" na assadeira com os legumes picados, e coloque as bochechas grelhadas e os líquidos. 4. Cubra com papel-alumínio e asse por 4 horas a 200 °C. 5. Após assadas, separe as bochechas e deixe amornar. 6. Enrole em formato de salame e resfrie. 7. Passe o restante do caldo de cocção e legumes em uma peneira grossa e aperte bem. 8. Reduza o caldo a glace. 9. Descasque a mandioca e faça-a em fatias muito finas usando um mandolim, como se fosse um mil-folhas. 10. Em um tabuleiro médio, pincele a manteiga no fundo, cubra com uma camada de mandioca, pincele novamente a manteiga

e repita até encher todo o tabuleiro. **11.** Cubra com papel-alumínio e asse ao forno, em temperatura baixa, por 1 hora. **12.** Resfrie na geladeira com um peso por cima, por 3 horas. **13.** Desenforme a mandioca, fatie-a em retângulos e grelhe. **14.** Tempere com sal fino. **15.** Corte um cilindro de papada, grelhe na manteiga para corar e leve ao forno por 8 minutos a 220 °C. **16.** Sirva com o molho, o mil-folhas de mandioca e a acelga do talo roxo ou as endívias brevemente salteadas.

A carne de **porco** é saborosa e saudável – tem percentual de gordura menor que o da carne bovina e o de aves, e percentual de proteína superior ao das demais espécies. Pode ser assada no forno ou na churrasqueira, cozida ou frita. Os cortes mais conhecidos são: barriga (peça de muita gordura e pouca carne, dela se extrai a banha, que serve para fazer bacon, toucinho, e, é claro, a pancetta, tão apreciada pelos italianos); bisteca (um dos cortes mais populares do porco, também conhecido como carré); costela (carne com osso, pode ser grelhada ou assada); fraldinha (com gordura entremeada, saborosa, é ideal para cozimentos longos na brasa); lombo (carne macia e saborosa, equivale ao contrafilé no boi; com osso é denominado carré); ossobuco (um dos cortes retirados do pernil traseiro e dianteiro, preparado cozido); paleta (pode ser assada, guisada e moída); pernil (pode tanto ser assado inteiro como cortado em cubinhos e escalopes; do pernil, fazem-se diversos tipos de presunto, entre estes, o tender); picanha (carne suculenta, tenra e de sabor delicado); pés (quando salgados, são ingredientes da feijoada, junto com o rabo e as orelhas); e papada (corte do pescoço, tem pouca carne e muita banha, rende torresmos deliciosos). O leitão, porco novo logo após o desmame, é, por sua vez, comercializado e preparado inteiro. Além da carne, aproveitam-se o toucinho, a pele, o fígado, o coração, a língua, o sangue, o rabo, a orelha, o pé, a cabeça, o cérebro, os nervos, as cartilagens e as tripas tanto para o consumo *in natura* quanto para alimentos preparados, como cozidos, assados/grelhados ou fritos (confit – carne na lata e torresmo), enchidos (morcela branca, morcela preta, queijo de porco, tripa grossa, codeguin), processados (presunto, mortadela, salsicha, linguiça), ou ainda como curados (bacon, costeleta, salame, copa), e presunto curado do tipo Jamon.

PEIXE ARMAÇÃO

★ **De Pedro Roxo, SP**

2 porções

INGREDIENTES

Peixe

400 g de filé de peixe branco da estação com pele (dividido em dois pedaços de 200 g)
Sal, a gosto
50 ml de azeite de oliva extravirgem
Suco de 1 limão-taiti

Algas

50 g de alga wakame
Água morna, para hidratar
5 ml de óleo de gergelim
10 ml de vinagre de arroz
15 ml de shoyu

Caldo de peixe

1,5 kg de cabeça, espinha e aparas de peixe limpas
1 cebola cortada grosseiramente
1 cenoura cortada grosseiramente
1 alho-poró cortado grosseiramente
Pimenta-do-reino branca, a gosto
Raspas de 1 limão-taiti
1 pedaço de alga kombu
5 folhas de coentro caiçara (ou 1 talo de coentro)

Sal de aroeira

20 g de semente de **aroeira** (de preferência, fresca)
20 g de flor de sal

COMO FAZER

Peixe

1. Faça alguns cortes verticais na pele do peixe e tempere os filés com sal, azeite e limão. **2.** Grelhe em frigideira de fundo grosso, começando pelo lado da pele. **3.** Finalize quando a pele estiver bem dourada e o peixe ainda estiver suculento na parte interna. Reserve.

Algas

1. Hidrate a alga wakame com água morna. **2.** Escorra bem e tempere com óleo de gergelim, vinagre de arroz e shoyu.

Caldo de peixe

1. Coloque todos os ingredientes em uma panela funda e cubra com água. **2.** Leve à fervura suave e cozinhe por 40 minutos. **3.** Peneire e reserve o caldo.

Sal de aroeira

1. Desidrate as sementes de aroeira em forno a 90 °C por 15 minutos. **2.** Após esfriar, quebre as sementes com um pilão ou socador e misture com a flor de sal. Reserve.

MONTAGEM

Monte em um prato o filé de peixe e as algas. Sirva com o caldo quente e o sal de aroeira à parte.

 DICA DO CHEF: sirva acompanhado de polenta cremosa.

A **aroeira** não é uma pimenta, e sim o fruto de uma árvore típica da vegetação atlântica. Redondinha, aromática e adocicada, levemente apimentada, vai bem com peixes, carnes vermelhas, massas, sopas, saladas e queijos, como grãos inteiros ou moídos. Ótima para aromatizar azeites e manteiga, pode ser utilizada, ainda, em receitas doces e como elemento decorativo em alguns pratos, na forma de grãos inteiros ou moídos. Mais conhecida como "pimenta-rosa", também recebe os nomes de "aroeira-vermelha", "aroeira-pimenteira" e "pimenta brasileira". Reconhecido como capital estadual das especiarias, o município capixaba de São Mateus, é o maior produtor brasileiro de pimenta-rosa e conquistou a certificação Indicação Geográfica (IG), na categoria Indicação de Procedência (IP), em julho de 2023.

PEIXE COM ESCAMAS DE BANANA, LIMÃO-CRAVO E TAIOBA

★ **De Dário Costa, SP**

Porção individual

INGREDIENTES

10 g da pele do peixe escolhido
200 g de filé de peixe de sua preferência
Sal, a gosto
1 banana-da-terra cortada em lâminas
1 kg de limão-cravo
Caldo de cana, q.b.

Vinagre, q.b.
10 g de manteiga
100 g de **taioba** picada
1/4 de cebola picada
1 dente de alho picado

COMO FAZER

1. Desidrate e frite a pele do peixe. 2. Tempere o peixe com sal.
3. Disponha as lâminas da banana-da-terra em cima do filé de peixe como se fossem escamas. 4. Grelhe o peixe em uma frigideira e leve ao forno para gratinar. 5. Branqueie o limão até perder o amargor e processe. 6. Faça um caramelo com o caldo de cana e o vinagre, para equilibrar o restante do amargor. 7. Finalize com a manteiga. 8. Refogue a taioba com a cebola e o alho.

MONTAGEM

Disponha os preparos em um prato de serviço. Primeiro o peixe, ao lado o molho e, na sequência, a pele frita e a taioba. Sirva em seguida.

"Dão-se nesta terra outras raízes, que se chamam taiás, que se plantam com os mangarás [...] comem-se estas folhas cozidas com peixe em lugar dos espinafres, com favas verdes em lugar das alfaces, e têm mui avantajado sabor; os índios as comem cozidas na água e sal, e com muita soma de pimenta", descreveu Gabriel Soares de Souza, autor de *Tratado descritivo do Brasil em 1587*. A **taioba** é uma hortaliça originária das Américas tropicais. Muito apreciada na culinária mineira, suas folhas, depois de afervantadas, podem substituir a couve e o espinafre em uma variedade de pratos. Seus rizomas (batatas subterrâneas) comestíveis, parecido com os do inhame, prestam-se para fazer purês e sopas. Existem variedades impróprias para o consumo, consideradas venenosas por causa do grande teor de oxalato de cálcio, que pode causar reações fortíssimas (edemas, vômitos, asfixia), como a taioba selvagem, comumente encontrada na Amazônia.

PEIXE COM VELOUTÉ DE FEIJÃO DE COCO

★ **De Ellen Gonzales, RJ**

Porção individual

INGREDIENTES

Peixe

1 filé de peixe grelhado (robalo, badejo, dourado ou cherne)
Fio de azeite de oliva
Sal e pimenta-do-reino, a gosto

Velouté de feijão de coco

1 kg de feijão-fradinho
500 ml de leite de coco
2 folhas de louro
1 cabeça de alho descascado
Caldo de legumes, q.b.
1 maço de coentro picado
4 pimentas-dedo-de-moça sem sementes e picadas
2 cebolas roxas picadas

Banana-d'água com açúcar mascavo

4 bananas-d'água (bananas-nanicas)
100 g de manteiga de garrafa
100 g de açúcar mascavo
50 ml de cachaça

Farofa de tapioca e castanha-do-pará

50 g de castanha-do-pará picada grosseiramente
50 g de manteiga
100 g de tapioca

Finalização

2 pimentas-biquinho
Brotos de coentro, a gosto

COMO FAZER

Peixe

1. Grelhe o peixe no azeite.

Velouté de feijão de coco

1. Cozinhe o feijão com o leite de coco, o louro e o alho. 2. Cubra com o caldo de legumes. 3. Quando estiver bem macio, retire o louro e bata o feijão no liquidificador com o coentro. 4. Refogue a pimenta-dedo-de-moça e a cebola, e junte ao feijão batido. 5. Ajuste o tempero no momento de servir.

Banana-d'água com açúcar mascavo

1. Corte as bananas em lâminas finas, e doure na manteiga de garrafa. 2. Quando estiverem douradas, salpique açúcar mascavo e depois flambe com a cachaça.

Farofa de tapioca e castanha-do-pará

1. Doure as castanhas na manteiga e misture a tapioca.

Finalização

1. Em um prato redondo de borda larga, coloque o velouté e o filé de peixe. 2. Por cima, dobradas em "S", disponha as bananas. 3. Salpique a farofinha e finalize com os brotos de coentro e as pimentas-biquinho.

Já dizia o historiador Câmara Cascudo: "**Banana** é uma fruta íntima e comum, fiel ao pobre, saboreada por todas as idades e paladares. Sem trabalho e sem complicações." Difícil acreditar que não seja nativa, tamanho o apreço e a popularidade alcançados do monte Caburaí ao Chuí. As variedades de banana vieram para o Brasil em 1516, trazidas do Oriente e da África na bagagem dos nossos colonizadores. A saber: banana-maçã (sua casca é amarela e fina, seu aroma lembra o da maçã, sua polpa é doce e é mais bem consumida ao natural); banana-nanica (macia e adocicada, é empregada no preparo de bolos, tortas, sorvetes e doces, pode ser frita ou empanada; é também conhecida como "banana-d'água" ou "caturra"); "banana-ouro" (de casca bem amarela com pintinhas marrons, é a menor de todas, muito doce, fica excelente com sorvete e com ela se preparam doces em pasta, geleias, coberturas para bolo e recheio de tortas); "banana-prata" (de casca lisinha e sem manchas, um pouco menos doce que as demais, é boa para ser caramelizada, grelhada, frita e para fazer bananada, geleia e compota); e "banana-são-tomé" (cada vez menos encontrada, de casca roxa ou amarela, recomenda-se consumir cozida, assada ou frita; também conhecida como "banana-curta" ou "banana-do-paraíso", o que inviabiliza sua comercialização é o fato de rachar quando madura). Ao chegar à Europa, no século XVI, a banana recebeu nomes como "figo de Adão" ou "figo do paraíso", o que levou alguns estudiosos a cogitarem que esta, sim, era a fruta da árvore do conhecimento do bem e do mal do Jardim do Éden. É a fruta *in natura* mais consumida no Brasil.

PEIXE, ORA-PRO-NÓBIS, MILHO E TUCUPI

★ **De Gabriel Coelho, SP**

2 porções

INGREDIENTES

2 espigas de **milho** doce cozido
1/2 cebola picada
3 dentes de alho picado
1 pimenta-dedo-de-moça picada
2 colheres (sopa) de manteiga
200 ml de tucupi
2 postas de 200 g de peixe fresco de sua preferência (lombo ou filé alto)
Sal e pimenta-do-reino, a gosto
Suco de limão, a gosto
Ora-pro-nóbis, a gosto
Azeite de oliva, a gosto, para finalizar

COMO FAZER

1. Queime levemente uma das espigas de milho cozido com um maçarico. Se não tiver um, apenas pule essa etapa. 2. Debulhe as espigas de milho deixando aquele que foi queimado com maçarico em "pequenas placas", de modo que ele não "quebre" ou separe por inteiro. Reserve. 3. Em uma panela coloque a cebola, o alho, a pimenta-dedo-de-moça e o milho que não foi queimado, e refogue em 1 colher (sopa) de manteiga até dourar. 4. Adicione o tucupi e deixe ferver até que tudo esteja bem macio. 5. Coe e reserve. Mantenha quente. 6. Em uma grelha, frigideira de ferro ou churrasqueira, grelhe o peixe temperado com sal e pimenta-do-reino. Reserve. 7. Coloque a manteiga e grelhe um punhado de folhas de ora-pro-nóbis temperadas com sal e pimenta-do-reino e, em seguida o restante do milho. 8. Finalize o peixe com suco de limão. 9. Monte o prato de maneira que, na base do prato, fiquem as folhas de ora-pro-nóbis

tostadas e o milho na manteiga. **10.** Por cima, disponha o peixe e as "placas" de milho ao redor. **11.** Finalize com o azeite.

O **milho** na forma de grão seco é um cereal, e verde é considerado uma hortaliça. Pode ser consumido fresco, cozido ou assado na espiga, seco como farinha, fubá ou canjiquinha. É o ingrediente principal em várias receitas, como canjica, polenta, pamonha, cuscuz. É empregado na fabricação de balas, biscoitos, pães, chocolates, geleias, sorvetes e cerveja. Do milho, faz-se ainda amido, margarina, óleo e um açúcar em pó, próprio para crianças, por ser menos doce. No Brasil, já fazia parte do dia a dia dos indígenas antes mesmo da chegada dos colonizadores. Chamavam-no de *ubatim* e o usavam para fazer mingaus ou comiam-no assado. Com a vinda dos portugueses, surgiram novos pratos à base de milho, que foram incorporados aos hábitos alimentares dos brasileiros, aumentando significativamente seu consumo. Em 1618, conforme relata o historiador Câmara Cascudo, "o milho dava bolos, havendo ovos, leite, açúcar e a mão da mulher portuguesa para a invenção".

PELA ÉGUA DE FRUTOS DO MAR

★ **De Júlia Faria, ES**

6 porções

INGREDIENTES

300 g de canjiquinha amarela
2 L de água
50 ml de azeite de oliva extravirgem
2 colheres (sopa) de **urucum** ou 1 colher (sopa) de colorau
1 cebola média cortada em cubinhos
2 dentes de alho amassados
2 tomates sem pele cortados em cubinhos

150 g de polvo cozido cortado
150 g de lula em anéis
1 maço de coentro cortado
Sal e pimenta-do-reino, a gosto
200 g de camarão médio descascado

COMO FAZER

1. Coloque a canjiquinha de molho por 30 minutos na água. **2.** Escorra e reserve. **3.** Em uma panela, refogue no azeite, o urucum, a cebola e o alho até que a cebola murche. **4.** Acrescente o tomate, o polvo, a lula e o coentro. **5.** Corrija o sal e a pimenta-do-reino e deixe por, aproximadamente, 5 minutos ou até que a lula fique cozida. Reserve. **6.** Coloque a canjiquinha com os 2 litros de água para cozinhar por 20 minutos. Se necessário, adicione água quente. **7.** Leve ao fogo a panela com os frutos do mar, acrescente o camarão e a canjiquinha. Incorpore bem. Corrija o sal e a pimenta-do-reino. **8.** Adicione um pouco de água quente, para alcançar consistência de caldo. **9.** Salpique o coentro e sirva em seguida.

O **urucum**, também conhecido como urucu, do tupi *uru'ku* (vermelhão), é fruto de um arbusto pequeno chamado urucuzeiro. Seus pequenos grãos vermelho-escuros, são protegidos por um invólucro recoberto de espinhos moles, que, depois de socados, transformam-se em pó e recebem o nome de colorífico. De sabor muito suave, levemente apimentado, é utilizado como em inúmeras preparações (peixes, aves, caldos, sopas, molhos, arroz, verduras, pães, doces, queijos), principalmente nas regiões Norte e Nordeste, e para temperar azeite. É também com o urucum que os indígenas pintam seus corpos, em sinal de alegria e agradecimento nas festas e rituais. O urucum e o colorífico são usados como condimento e conferem uma cor que vai do vermelho ao alaranjado às receitas.

PERNIL

★ **De Mara Salles, SP**

10 porções

INGREDIENTES

Vinha-d'alho

6 dentes de alho
1 cebola grande picada
1 xícara (chá) de vinho branco
Suco de 2 limões
1/2 xícara (chá) de óleo
1 pimenta-dedo-de-moça picada
2 colheres (sopa) de sal
1/2 colher (sopa) de **pimenta-do-reino** em grão quebrado ou grosseiramente moída

Pernil

3 kg de pernil (que deve ser temperado de véspera)

Molho

1 colher (sopa) de farinha de trigo
1 xícara (chá) de água

COMO FAZER

Vinha-d'alho

1. Leve ao liquidificador todos os ingredientes da vinha-d'alho, exceto a pimenta-do-reino, que deve ser quebrada e colocada depois.

Pernil

1. No dia anterior, com uma faca estreita, faça furos profundos no pernil e com uma bisnaga injete a vinha-d'alho. 2. Coloque o pernil em um saco plástico resistente, despeje o restante da vinha-d'alho, amarre o saco e deixe marinando de véspera na ge-

ladeira. **3.** Leve o pernil ao forno preaquecido a 160 °C, envolto em folhas triplas de papel-alumínio, de forma que a vinha-d'alho seja despejada nesse embrulho sem que possa escorrer. Para isso, serão necessárias folhas bem grandes de papel-alumínio e um pouco de paciência para fazer uma espécie de papillote. **4.** Sob esse pacote, no fundo da assadeira, coloque uma lâmina de 2 centímetros de água, que deverá ser reabastecida, caso seque durante o preparo. **5.** Para cada quilo de pernil, estima-se 1 hora de forno, portanto, este ficará assando por 3 horas. **6.** Findo esse tempo, abra o papel-alumínio, aumente a temperatura para 220 °C e doure a pele do pernil. **7.** Retire-o do forno.

Molho

1. Com 1/2 litro de água fervente, remova a crosta que se depositou no fundo da assadeira, assim como se fosse facilitar a lavagem do utensílio. **2.** Coe esse precioso caldo. **3.** Acerte o sal (em geral, não é necessário) e leve o caldo ao fogo. **4.** Engrosse com a farinha de trigo diluída em água. Este molho acompanhará o pernil, quando este for servido.

Fruto da pimenteira, uma planta trepadeira originária da Índia, a **pimenta-do-reino** é a mais importante e conhecida das especiarias. Na Idade Média, chegou a ser conhecida como o "ouro negro". Encontrada nas variedades branca, preta e verde. A branca é colhida quando madura e deixada por alguns dias em água corrente, para que a casca se desprenda. Somente depois, passa pelo processo de secagem; a preta é colhida quando inicia o amadurecimento do fruto e seca ao sol, quando se torna preta e enrugada. Assim como a branca, é encontrada em grãos inteiros ou moídos; e a verde, mais perfumada, é retirada da trepadeira ainda verde, e conservada no óleo ou no vinagre. Pode ser empregado em carnes, peixes, molhos, recheios, ovos e mais uma infinidade de preparos. Atividade tipicamente familiar, a pimenta-do-reino passou a ser plantada no Espírito Santo em 1970, com mudas trazidas do norte do país. O estado está entre os maiores produtores brasileiros de pimenta-do-reino e conquistou a certificação de Indicação Geográfica (IG), pela excelência da especiaria produzida, em 2022.

POVIMCUMÊQUITÁBÃO (PICANHA SUÍNA COM FEIJÃO FRITO)

★ **De Beth Beltrão, MG**

4 porções

INGREDIENTES

Picanha suína

200 g de **picanha** suína cortada em tiras
Suco de limão-capeta, a gosto
Alho picado, a gosto
Sal e pimenta-de-bode, a gosto

Feijão

1/2 kg de feijão-vermelho cozido al dente
1/2 cebola ralada
5 colheres (sopa) de manteiga de garrafa
1 colher (sopa) de farinha de mandioca amarela fina
Sal, a gosto
Salsinha e cebolinha picadas, a gosto

COMO FAZER

Picanha suína

1. Tempere a picanha suína com o limão, o alho, o sal e a pimenta-de-bode. 2. Frite a picanha em uma chapa ou grelha. Reserve.

Feijão

1. Cozinhe o feijão até ficar al dente. 2. Depois de pronto, escorra e lave. 3. Em uma frigideira doure a cebola na manteiga de garrafa. 4. Adicione o feijão, a farinha de mandioca e o sal. 5. Mexa levemente. 6. Na hora de servir, adicione a salsinha e a cebolinha.

DICA DA CHEF: se preferir, substitua a picanha suína por joelho de porco defumado, que já vem prontinho e é só levar ao forno para pururucar.

Tanto a **picanha** bovina, quanto a suína são cortes nobres de formato triangular, com uma capa de gordura que lhe confere maciez e suculência, retirados da parte traseira do animal localizada logo acima da alcatra. Apesar de serem cortes idênticos, uma peça de picanha de boi pode pesar cerca de 1,2 quilo, enquanto uma peça de picanha de porco costuma pesar cerca de 700 gramas. Baby Pignatari (1917-1977), *playboy* e industrial, em uma de suas idas à churrascaria Bambu, em São Paulo, teria descoberto a picanha, casualmente, quando aceitou provar um novo corte proveniente da Argentina, que havia chegado por engano em uma remessa de carnes. Baby gostou e quis saber, do churrasqueiro, também argentino, de que parte do boi se originava tão suculenta e saborosa carne. Ele respondeu "de esta parte donde se pica la aña", ou seja, onde o carreteiro *pica* (fere) o boi com a *aña* – palavra argentina que significa haste de madeira com ponta de ferro usada para atiçar os bois.

PURÊ DE INHAME E ABÓBORA CABOTIÁ, CENOURAS JOVENS GLACEADAS, PALMITO PUPUNHA, AGRIÃO, CITRONETTE DE MEL DE ABELHA JATAÍ

★ De Felipe Rodrigues, SP

4 porções

INGREDIENTES

Purê de inhame

400 g de **inhame**
Creme de leite, a gosto

Purê de abóbora cabotiá

400 g de abóbora cabotiá descascada e cortada em pedaços grandes
1 colher (chá) de sal

Cenouras jovens glaceadas

Azeite de oliva, q.b.
400 g de cenouras jovens com talos descascadas
Sal e pimenta-do-reino, a gosto
Suco de 1 limão
15 ml de mel

Palmito pupunha

400 g de palmito pupunha (tolete *in natura*)
Azeite de oliva, a gosto
1 colher (chá) de sal
Sal e pimenta-do-reino, a gosto

Sementes de abóbora

60 g de sementes de abóbora
Azeite de oliva, a gosto
Sal e pimenta-do-reino, a gosto

Agrião

1 maço de agrião

Citronette de mel

Suco de 1 limão
5 ml de mel de abelha jataí
5 colheres (sopa) de azeite de oliva
Sal e pimenta-do-reino, a gosto

COMO FAZER

Purê de inhame

1. Higienize os inhames e coloque em água fervente para cozinhar até ficarem macios. 2. Escorra, remova a casca e amasse. 3. Adicione um pouco de creme de leite e leve para um processador, liquidificador ou mixer até obter a consistência de purê. Reserve.

Purê de abóbora cabotiá

1. Coloque a abóbora em água fervente com 1 colher (chá) de sal. 2. Cozinhe em fogo médio até ficar macia. 3. Escorra e leve ao processador, liquidificador ou mixer até ficar homogênea. 4. Leve para o fogo baixo e deixe cozinhar até obter consistência de purê. Reserve.

Cenouras jovens glaceadas

1. Em uma frigideira com o azeite, doure as cenouras. 2. Tempere com o sal e a pimenta-do-reino, adicione o suco de limão e o mel. 3. Cozinhe em fogo baixo até as cenouras ficarem macias. 4. Retire do fogo e reserve.

Palmito pupunha

1. Coloque o palmito em água fervente com 1 colher (chá) de sal. 2. Leve ao fogo e deixe cozinhar até os palmitos estarem levemente crocantes. 3. Escorra e corte em cubos de, aproximadamente, 1 centímetro. 4. Tempere com o azeite, o sal e a pimenta-do-reino. Reserve.

Sementes de abóbora

1. Leve uma frigideira ao fogo e toste as sementes de abóbora com um pouco de azeite e sal. Reserve.

Agrião

1. Lave as folhas de agrião. Reserve.

Citronette de mel

1. Utilize uma tigela para misturar o suco de 1 limão, o azeite, o mel, o sal e a pimenta-do-reino, a gosto.

MONTAGEM

Misture os purês de inhame e de abóbora até ficarem homogêneos e disponha no centro do prato. Adicione as cenouras glaceadas e o palmito pupunha. Espalhe as sementes de abóbora e as folhas de agrião. Finalize com o citronette de mel.

Da família das aráceas, o **inhame** é um tubérculo de forma arredondada, casca marrom, cabeluda e de ponta afilada, que contém alto teor de açúcar. Rico em cristais de ácido oxálico, deve ser cozido para neutralizá-los. Muito usado em sopas, é saboroso como refogados, saladas, pães, bolos e sobremesas e pode substituir a batata em várias preparações. Cozido em água e sal e temperado com manteiga, é delicioso no café da manhã. Também pode ser industrializado na forma de farinha. No Nordeste, é chamado de "inhame-da-costa", substitui o pão e é consumido como sobremesa, acompanhado de melado. Em Minas Gerais, na região de Campos das Vertentes, o inhame torrado é preparado da mesma forma que o café. O município de Laranja da Terra, na região serrana do Espírito Santo é o maior produtor do tubérculo no Brasil e obteve a certificação de Indicação Geográfica (IG) em 2016.

RISOTO DE IMIGRANTE

★ **De Fellipe Zanuto, SP**

8 porções

INGREDIENTES

Caldo de porco

1,5 kg de pé de porco
4 L de água
1 cebola cortada grosseiramente
2 cenouras cortadas grosseiramente
1 talo de salsão cortado grosseiramente

Risoto

700 g de paleta suína cortada em cubos, cozida

700 g de sobrecoxa de frango, sem pele

30 g de manteiga clarificada

100 g de cebola picada

500 g de **arroz** agulhinha

1 L de caldo de porco

800 ml de caldo de legumes

Sal e pimenta-do-reino, a gosto

200 g de ervilhas frescas

200 g de pupunha assada e cortada em cubinhos

30 g de tutano

30 g de cebolinha picada

4 cenouras cortadas no comprimento e assadas

8 ovos de galinha caipira

COMO FAZER

Caldo de porco

1. Asse os pés de porco no forno, por 40 minutos, a 200 °C até que fiquem dourados. 2. Passe os pés para uma panela e cubra com água, junte a cebola, as cenouras e o salsão, e deixe cozinhar até reduzir à metade.

Risoto

1. Em uma caçarola, sele a paleta, o frango na manteiga clarificada e acrescente a cebola. 2. Refogue. 3. Adicione o arroz para fritar. 4. Acrescente os caldos, o sal e a pimenta-do-reino, e deixe ferver. 5. Quando reduzir 2/3 da água, adicione a ervilha e a pupunha, e deixe reduzir até quase secar. 6. Fora do fogo, adicione o tutano e a cebolinha. 7. Misture até o arroz ficar cremoso. 8. Finalize com a cenoura assada e 1 ovo poché em cada porção.

No Brasil, já existia entre nossos indígenas um arroz bravo, conhecido como *abatiapé*, e as lavouras de **arroz** ocupavam terras na Bahia, em 1580. Em 1745, já se tem notícia de seu plantio no Maranhão – lá, o sucesso foi tanto que, na época, os maranhenses eram chamados de "papa-arroz" – em seguida, em Pernambuco, no ano de 1750, e, 22 anos depois, foi a vez de o estado do Pará iniciar o cultivo. O arroz começou a modificar realmente os hábitos da população brasileira em 1808, com a chegada da família real e a instalação de uma beneficiadora de arroz no Rio de Janeiro. Ao mesmo tempo, D. João VI incluía o arroz na alimentação do exército, misturado ao feijão. "Frequentemente, se utilizava feijão de má qualidade ou estragado nessa mistura, o que fazia com que os grãos escassos boiassem num caldo ralo, vindo daí a gíria 'boia' para referir à hora das refeições militares", como conta Caloca Fernandes. Nessa época, o produto começou a entrar no Brasil em grande quantidade, e sua boa aceitação pela população foi o melhor estímulo para a produção em terras brasileiras e para a criação de muitos pratos famosos: do Nordeste surgiu o arroz de hauçá baiano e o de cuxá maranhense; o Centro-Oeste revelou o arroz de puta rica e o de pequi; e os gaúchos nos presentearam com o arroz de carreteiro e o de galpão. No mundo, há mais de 100 mil variedades de arroz. É encontrado nas cores preto, marrom, vermelho e branco; em grãos longos, médios e curtos; e nas formas delgadas ou arredondadas. Atualmente, o Brasil é o maior produtor da América Latina e está entre os maiores produtores mundiais de arroz, que, com o feijão, constituem a base da dieta brasileira.

STRUDEL DE PIRARUCU

★ **De Ricardo Lapeyre, RJ**

Porção individual

INGREDIENTES

Recheio

10 ml de vinho branco
20 g de cebola branca cortada em tiras finas
5 g de gengibre cortado em tiras finas
Suco de limão, a gosto
Sal e pimenta-do-reino, a gosto
50 g de lombo de pirarucu
15 g de manteiga sem sal
15 g de farinha de trigo
50 ml de leite
50 ml de caldo de peixe
Noz-moscada, a gosto
8 g de folha de espinafre fresco

Molho de champagne

5 g de **cogumelo yanomami** desidratado
50 ml de vinho branco
20 g de cebola branca picada
1 g de pimenta-do-reino em grão
50 ml de creme de leite fresco
Manteiga, q.b.
5 g de tomate-cereja
5 g de espinafre
Sal e pimenta-do-reino, a gosto
Suco de limão, a gosto

Finalização

1 folha de massa folhada
1 gema de ovo
Flor de sal e pimenta-do-reino, a gosto

COMO FAZER

Recheio

1. Faça a marinada com o vinho, a cebola, o gengibre, o suco de limão, o sal e a pimenta-do-reino. 2. Coloque o lombo do pirarucu para marinar por 1 hora. 3. Leve este ao forno a 160 °C coberto com papel-alumínio por 30 minutos. 4. Retire as guarnições da marinada e despedace o peixe em nacos. Reserve. 5. Em uma panela em fogo médio, derreta a manteiga, adicione a farinha de trigo e misture até ficar homogêneo. 6. Adicione o leite e o caldo de peixe aos poucos. 7. Tempere com a noz-moscada, o sal e a pimenta-do--reino. 8. Acrescente os nacos de peixe e o espinafre. 9. Resfrie o recheio na geladeira.

Molho de champagne

1. Hidrate o cogumelo com água em temperatura ambiente por 10 minutos. 2. Retire e seque. 3. Reduza a água que foi utilizada para hidratar o cogumelo em 2/3. 4. Em uma panela média, acrescente o vinho branco, a cebola branca e a pimenta-do-reino em grão e reduza em 3/4. 5. Adicione a água do cogumelo, o creme de leite e reduza tudo pela metade. Reserve. 6. Em uma frigideira, refogue os cogumelos com um pouco de manteiga, adicione os tomatinhos e, por último, o espinafre. 7. Quando as folhas murcharem, acrescente o molho reservado. 8. Ajuste o sal, a pimenta-do-reino e o suco de limão.

Finalização

1. Em um plástico filme, distribua 100 gramas do recheio dando a forma de um cilindro com, mais ou menos, 15 centímetros de comprimento. 2. Embale e leve para resfriar por 1 hora na geladeira. 3. Abra a massa folhada em uma bancada, remova o filme plástico do recheio e posicione no meio da massa. 4. Enrole até envolver toda a superfície do recheio. 5. Feche as extremidades do strudel com a gema de ovo e corte-as o mais rente possível. 6. Pincele a gema de ovo sobre o strudel e polvilhe a flor de sal e a pimenta-do-reino. 7. Leve ao forno para assar a 190 °C por 21 minutos. 8. Sirva imediatamente com o molho de champagne à parte.

O **cogumelo yanomami** é o primeiro cogumelo comestível nativo da Amazônia, proveniente das florestas de montanha do extremo noroeste de Roraima, na bacia do Rio Negro, na região de Awaris. O povo sanöma, que faz parte da nação yanomami, há muito se alimenta de cogumelos, que atuam como proteínas substitutas da carne, preparados cozidos em água ou embrulhados em folhas e assados diretamente na brasa. Eles cultivam cerca de 15 espécies brasileiras pouco conhecidas de cogumelos, coletados nas áreas de roças e capoeiras, e, em menor quantidade, nas florestas da região, a saber: atapa amo (*Polyporus philippinensis*), hami amo (*Pleurotus albidus*), kotopo amo (*Polyporus tricholoma*), naönaö amo (*Lentinula raphanica*), ploplolemö amo (*Lentinus concavus*), sama amuku/ samasamani amo (*Polyporus aquosus*), waikasö amo (*Favolus brasiliensis*). Por meio de uma parceria com o Instituto Socioambiental (ISA) e o Instituto Nacional de Pesquisas Amazônicas (INPA), os cogumelos nativos do Brasil começaram a ser comercializados. Cada pacote contém uma mistura de dez espécies, cultivadas sem agrotóxicos, em duas apresentações: desidratados inteiros ou em pó. A mistura pode ser empregada em risotos, massas, frutos do mar, carnes, peixes, aves, sopas e refogados.

VINAGRETE DE CAMBUCI E POLVO

★ **De Gustavo Rodrigues, SP**

4 porções

INGREDIENTES

Polvo

5 L de água
60 g sal refinado
1 cebola branca cortada ao meio
2 folhas de louro
700 g de tentáculos de polvo médio

Vinagrete de cambuci

300 ml de suco de cambuci (apenas água e a fruta batidos)
25 ml de vinagre de arroz
60 ml de azeite de oliva extravirgem

Finalização

Tentáculos de polvo cozidos e cortados em rodelas
Vinagrete de cambuci
1/2 cebola roxa fatiada finamente
20 tomates-cereja cortados ao meio
1/2 maço de coentro picado grosseiramente
1 pimenta-de-cheiro fatiada finamente
30 ml de azeite de oliva
Suco de 2 limões caipiras
10 g de sal refinado
15 a 20 folhas de coentro
Flor de sal, a gosto

COMO FAZER

Polvo

1. Em uma caçarola, ferva a água com o sal, a cebola e as folhas de louro. 2. Quando ferver, adicione o polvo e deixe cozinhar em fogo brando por 35 minutos. 3. Teste com uma faca fina para ver se está macio. 4. Se necessário, mantenha por mais 5 a 10 minutos. 5. Retire do cozimento e mergulhe na água com gelo imediatamente, durante 10 minutos. 6. Corte os tentáculos em rodelas de 2 centímetros de espessura e reserve na geladeira.

Vinagrete de cambuci

1. Em uma panela pequena, leve o suco de cambuci ao fogo e cozinhe até que reduza a metade do volume inicial. Retire do fogo e resfrie. 2. Misture o suco reduzido e o vinagre e vá derramando o azeite em fio batendo com um fouet, até que os ingredientes estejam bem incorporados e obtenha um molho homogêneo. 3. Reserve na geladeira.

Finalização

1. Misture bem e com cuidado todos os ingredientes, exceto a flor de sal e o coentro, em uma tigela. 2. Transfira para uma travessa decorada com as folhas de coentro. 3. Finalize com a flor de sal. 4. Sirva imediatamente.

Adstringente, muito tânico e ácido para ser consumido *in natura*, pois trava na boca tal como a banana verde, o **cambuci** é empregado como sucos, cachaças, licores, geleias, compotas, mousses, sorvetes e molhos. Sua casca pode ser utilizada na elaboração de chás e incorporada em preparações como bolos, biscoitos e doce. Fruto do cambucizeiro, árvore da Mata Atlântica, originalmente era abundante na Serra do Mar. Ameaçado de extinção, a fruta é encontrada com mais frequência na cidade de Paranapiacaba, distrito paulista de Santo André, onde ganhou um festival que acontece desde 2004. Com formato de disco voador, já foi considerada símbolo de São Paulo e hoje batiza um dos bairros da cidade. Os indígenas a chamavam de *kamu'si* (pote d'água, em tupi-guarani).

XINXIM DE CAMARÃO

★ De Vanessa Rocha, RJ

8 porções

INGREDIENTES

250 g de camarão seco sem cabeça
150 g de amendoim
150 g de castanha-de-caju
2 tomates picados
120 g de pimentão vermelho picado
120 g de pimentão amarelo picado
150 ml de azeite de dendê
Vinagre, a gosto
Sal, a gosto
800 g de camarão fresco médio limpo
Azeite de oliva, a gosto
1 L de leite de coco
400 g de cebola cortada grosseiramente
30 g de alho
Talos da raiz do coentro, q.b.
15 g de gengibre fresco ralado
Pimenta-do-reino, a gosto
Páprica picante ou doce, q.b.
Caldo de legumes ou água, q.b.
Coentro e salsinha, a gosto
Folhas de coentro, q.b.
Raspas de limão, a gosto
Pimenta-biquinho, a gosto

COMO FAZER

1. Lave o camarão seco em água abundante para retirar o excesso de sal. 2. Em uma frigideira, torre levemente o amendoim e a castanha-de-caju. 3. Faça um vinagrete com os tomates e os pimen-

tões temperados com azeite de dendê, vinagre e sal. 4. Cuide para não ficar muito líquido. Reserve. 5. À parte, tempere os camarões com azeite e sal. Reserve. 6. Em um liquidificador ou triturador, bata em 1/2 litro de leite de coco, a cebola, o alho, o camarão seco, os talos de coentro, o gengibre, o amendoim e a castanha-de-caju, até obter um molho. 7. Leve ao fogo médio, uma panela com o azeite de dendê e o molho batido. 8. Acrescente o restante do leite de coco e a páprica. 9. Acerte o ponto do molho com um pouco do caldo de legumes (ou água). 10. Deixe cozinhar por uns 10 minutos. 11. Corrija o sal e a pimenta-do-reino. 12. Se estiver muito grosso, acrescente um pouco de caldo (ou água). 13. Salteie os camarões reservados, em uma frigideira, e junte ao molho. 14. Disponha o vinagrete e as folhas de coentro e a salsinha sobre o xinxim. 15. Finalize com as raspas de limão e a pimenta-biquinho.

 DICA DA CHEF: sirva acompanhado de arroz branco e farofa.

Nas religiões afro-brasileiras, entre as inúmeras oferendas destinadas aos orixás estão incluídas as **comidas de santo**, ou seja, específicas de cada orixá. Ao prepará-las, deve-se respeitar alguns preceitos, as chamadas "quizilas", ou seja, aquilo que os santos não podem comer e consequentemente os seus filhos: mel é proibido a Oxóssi; carne de carneiro e abóbora nunca devem ser oferecidos a Iansã; assim como azeite de dendê e bebida alcoólica a Oxalá; pombo, para Oxum; e assim por diante. Esses pratos são feitos pelas cozinheiras dos terreiros, as iá-bassês, ou iábas, responsáveis pelo preparo dos pratos consagrados aos orixás, e incluem a canjica de Oxalá, o amalá de Xangô, o acarajé de Iansã, o axoxô de Oxóssi, o xinxim de galinha de Oxum, a pipoca de Obaluaiê, o vatapá de Ogum, e assim por diante. Muitos desses foram incorporados à nossa culinária, particularmente a baiana. "Os pratos preparados pelos escravos para seus orixás não levaram muito tempo para percorrer o caminho dos terreiros até a mesa do colonizador, e o que era homenagem ao santo agradou aos humanos com a mesma intensidade", como conta a jornalista Eda Romio.

DOCES, SOBREMESAS E OUTRAS IGUARIAS

Almofadinha Pãozinho arredondado, feito com massa amanteigada, servido com fatias de queijo ou presunto. Especialidade de uma famosa confeitaria carioca.

Ameixa campista Carambola cristalizada e recheada com coco, é um doce típico de Macaé (RJ).

Amolação Em Paraty (RJ), mistura de ovo batido com açúcar, manteiga, farinha de trigo e água assada no forno. O bolinho ganhou esse nome devido à popularidade entre a criançada, que ficava "amolando" as mães para fazê-lo.

Amendoim açucarado Amendoim torrado, descascado e moído com canela em pó e açúcar.

Badanho frito Em Campos dos Goytacazes (RJ), no interior do estado do Rio de Janeiro, é feito com farinha de mandioca, açúcar, gordura e água.

Balas de mocotó Geleia preparada com calda de açúcar em ponto de bala acrescida de caldo de mocotó coagulado, paus de canela e vinho. Depois de pronta, é cortada em quadradinhos que são, então, cristalizados.

Bananinha Docinho à base de banana, ovos, farinha de trigo, banha de porco, açúcar e fermento, que, depois de frito, é polvilhado com canela. Em 2020, a produção das balas de banana na cidade de Antonina, no litoral do Paraná, conquistou o selo da certificação de Indicação Geográfica (IG).

Beiju de arroz Deixa-se o arroz de molho de um dia para o outro, depois este é socado no pilão, peneirado e acrescido de massa de mandioca crua, cravo-da-índia, canela e sal. Assa-se envolto em folha de bananeira. É uma receita caiçara.

Bicota de mulata Bolo mineiro elaborado de um doce feito com cascas de cidra e mamão raladas, rapadura, cravo-da-índia e canela, acrescido de ovos caipiras, farinha de trigo, margarina, fermento e queijo ralado.

Biroró Espécie de beiju feito de massa de mandioca, temperado com açúcar e erva-doce e torrado no forno.

Biscoito Globo Sinônimo de biscoito de polvilho para os cariocas (a versão doce vem nos pacotes de rótulo vermelho; e a salgada, nos de rótulo verde). O biscoito, porém, nasceu em São Paulo, em 1953, pelas mãos dos irmãos espanhóis Milton, Jaime e João Ponce, em uma padaria no Ipiranga.

Biscoito Pfefferkuchen Receita típica da culinária colonial alemã de Blumenau (SC), é um biscoito feito com açúcar mascavo, melado, mel e especiarias; também saboreado entre os capixabas.

Biscoito de polvilho Quitute mineiro feito com polvilho doce ou azedo, água, leite, banha de porco, ovos e sal, presente em todas as regiões do Brasil, com os mais diversos nomes. Quando assado no forno, é chamado popularmente de "biscoito de vento" ou "voador". Quando frito, é "pulador".

Bolinho de chuva Feito de massa mole de farinha de trigo, ovos, leite, manteiga e fermento, e frito e polvilhado com açúcar e canela. Típica da cozinha caipira, essa guloseima foi trazida pelos portugueses. Lá chamada de "desmamados", "quero-quero" e "quero-mais", levava a cara e rara farinha do reino, que logo foi substituída pela farinha de mandioca, de inhame ou de cará pelas mãos de nossas hábeis cozinheiras.

Bolo de banana Padaria paulista que se preze tem que ter esse bolo de banana, que é caramelizado e servido com canela polvilhada.

Bolo coruja Típico da culinária da região do Vale da Ribeira, em São Paulo, esse bolo, feito com mandioca ralada e espremida, banha de porco e ovos caipiras, é enrolado em folhas de bananeira e levado ao forno de barro para assar.

Bolo de Coca-Cola® Tornou-se iguaria obrigatória em festas, aniversários e comemorações das classes mais abonadas da população brasileira, como símbolo de poder e sofisticação, nos anos 1950, quando a empresa investiu pesado em propaganda para convencer que, mais que uma bebida, o refrigerante era um ótimo ingrediente para cozinhar. Açúcar, óleo, achocolatado, farinha de trigo e fermento são os ingredientes do bolo, além do refrigerante.

Bolo de São João Elaborado com mel — diz a lenda que São João se alimentava apenas de mel silvestre —, é típico das festas juninas do interior de São Paulo.

Bombom da roça Feito com amendoim, ovos, leite, açúcar e canela.

Brevidade Bolinho doce feito de polvilho, araruta ou amido de milho e ovos, assado em forminhas, típico de padarias.

Brigadeiro Docinho feito com leite condensado, manteiga e chocolate em pó, feito na forma de bolinhas, cobertas com chocolate granulado. Conhecido como "negrinho" no Sul, atualmente o brigadeiro ganhou inúmeras versões, mas os ingredientes básicos continuam os mesmos. O nome do doce é uma homenagem ao brigadeiro Eduardo Gomes, ex-candidato à presidência da República em 1945. Para levantar fundos para a campanha, suas correligionárias criaram essa deliciosa tentação e o famoso *slogan*: "Vote no brigadeiro, que é bonito e é solteiro." Gomes era um homem alto, de olhos azuis, muito charmoso, e nunca se casou. Tampouco conquistou as eleições.

Broa Mais uma receita portuguesa que caiu no gosto popular, é um pãozinho redondo e achatado, feito de farinha de milho, farinha de arroz ou goma de mandioca, cujos ingredientes podem variar. Entre paulistas e mineiros, é famosa a broa de fubá. No Amazonas, a broa é feita de polvilho com amido de milho, açúcar e clara de ovo, e é oca por dentro. Em Recife, leva amendoim torrado, misturado com farinha de milho, ovos, açúcar e cravo-da-índia moído, e é conhecida como "broa de mindubi".

Broa de massa de queijo Receita tradicional do município mineiro de

Patrocínio, no Alto Paranaíba, leva massa fresca do queijo recém-modelado (massa colocada nas formas para escorrer o soro do leite), fubá de canjica, ovos, açúcar, óleo, sal e fermento.

Brote Pão feito com fubá de milho, batata-doce, mandioca, cará, inhame ralado e sal, assado no forno a lenha, envolto em folha de bananeira. Também conhecido como "brote pomerano", é influência alemã na região central do Espírito Santo.

Calcanhar de negro Biscoito do interior mineiro, feito no forno, com polvilho doce, ovos, óleo e açúcar. Depois de pronto, fica ressecado e cheio de rachaduras, que lembram as de um calcanhar.

Canjica 1. Na região Sudeste, denominação dada aos grãos de milho branco ralados e cozidos com leite de vaca, leite de coco, cravo-da-índia, canela e açúcar. Preparação típica das festas juninas brasileiras, no Nordeste recebe o nome de "mungunzá". No Pará, a canjica é elaborada como milho pilado e cozido, acrescido de amendoim, leite e açúcar. 2. Sinônimo de pinga ruim no interior paulista e sul de Minas Gerais.

Carioca de salto alto É como a receita de banana flambada com sorvete é também conhecida no Rio de Janeiro.

Carmonia Guloseima caiçara feita com melado e gengibre.

Chuvisco Doce de compoteira feito à base de creme de arroz, gemas e calda de açúcar aromatizada com baunilha. Tradicional da cidade de Campos de Goytacazes, no Rio de Janeiro, tem a forma de gotas ou pingos, daí ser conhecido também como "pingos de ouro" ou "chuvas de ouro". Era o doce preferido de D. Pedro I.

Cobu Iguaria da região mineira da Estrada Real, semelhante a uma broa, preparada com fubá de moinho d'água, rapadura, coalhada, cravo-da-índia moído e ovo, assada em folha de bananeira.

Coruja Receita caiçara, é um tipo de pão feito com farinha de mandioca e amendoim, enrolado em folha de bananeira.

Coupe Camargo Sobremesa dos restaurantes tradicionais do centro carioca nas décadas de 1960 e 1970, é elaborada com abacate batido com sorvete de creme e regado com licor de cacau.

Creme de papaia Clássica sobremesa das churrascarias, simples e deliciosa, brasileiríssima, preparada com sorvete de creme e a polpa da papaia madura batidos no liquidificador. É servido em taças individuais com licor de cassis. A receita foi criada pelo falecido gerente da Churrascaria Rodeio, em São Paulo, Ramón Mosquera Lopes.

Cu de forno Farinha de mandioca crua, açúcar e água, mais simples impossível. Bom para acompanhar uma xícara de café feito na hora. Quitute da cidade de Paraty, no Rio de Janeiro.

Curau Creme de milho ralado, cozido com leite de coco e açúcar, com consistência semelhante à do pudim. Para os nortistas, nordestinos e sulistas, o curau é conhecido como "canjica". Em Minas Gerais, é também chamado de "corá".

Desmamada Espécie de pudim assado no forno, feito com farinha de trigo, coco ralado, leite, ovos, manteiga, açúcar e leite de coco.

Doce de leite Mistura de leite de vaca integral e açúcar, a paternidade da receita é disputada por quase todos os países da América do Sul, particularmente pelo Uruguai e pela Argentina. O doce de leite combina com queijos variados, massas de bolo, massas folhadas e também com sorvetes. Recheia chocolates, biscoitos, panquecas. Em decorrência da fartura da bacia leiteira do Vale do Jequitinhonha, o doce de leite se tornou uma das receitas mais tradicionais de Minas Gerais.

Doces bordados Tradição centenária da cidade mineira de Carmo do Rio Claro, eram consumidos pelas mulheres nas rodas de costura e bordados. São doces cristalizados de mamão verde, abóbora, limão, figo, abacaxi ou qualquer outra fruta da estação, que são bordados. Ou seja, são trabalhados de maneira artesanal como esculturas, na forma de desenhos, ou letras, feitos na casca das frutas, antes de serem cozidas e cristalizadas.

Engano Biscoitinho assado no forno, feito de coalhada, polvilho azedo e sal.

Espingarda Doce original do Douro, em Portugal, onde era também chamado de "pescoço de freira", é elaborado à base de creme de ovos, amêndoas e hóstia. Por aqui ficou conhecido como "espingarda" pela semelhança com o cano da arma de fogo. É guloseima tradicional na cidade de Itu, no interior paulista.

Forrobodó ou **forrozinho** Rosquinha recheada de leite condensado e coco, muito comum em Poços de Caldas (MG). No interior de São Paulo, é conhecida como "fatias húngaras".

Goiabada-cascão Tradição na cidade mineira de Ouro Preto, é um doce de corte feito com a goiaba com casca e sem sementes, postas para cozinhar com açúcar. Depois de pronta, é colocada em caixas de madeira forradas com folhas de bananeira. A goiabada fabricada na cidade de Campos de Goytacazes, no Rio de Janeiro, também merece destaque.

João-deitado Espécie de pamonha de mandioca com queijo canastra.

Lamparina Adaptação do pastel de Belém, de origem portuguesa, era um dos doces preferidos de D. Pedro II, que experimentou a iguaria em visita à cidade em 1881. Criada por um casal de franceses, foi registrada, em 2016, como Patrimônio Cultural Imaterial da cidade mineira de Nova Lima. A iguaria feita com massa folhada e coco, leva este nome porque, antigamente, sobre o doce, colocava-se um pavio concentrado com azeite e água – não havia energia elétrica na cidade –, que era acendido com fogo, tal qual uma lamparina.

Luminária "O doce é filho do pastel de Belém português", segundo a chef Marcia Nunes. A massa é parecida, mas o recheio leva doce de leite com gema de ovo. Os cariocas chamam de "viúva", e os gaúchos, de "nariz entupido".

Machacota Feita com rapadura, gengibre e farinha de mandioca, tem a mesma consistência do puxa-puxa.

Mãe-Benta Iguaria de massa amanteigada e fofa, feita com farinha de arroz, ovos, açúcar, manteiga e leite de coco ou coco ralado, assada no forno e servida em forminhas de papel frisado. Homenageia dona Benta Maria da Conceição Torres, famosa doceira no tempo do Segundo Reinado e autora da receita.

Manezinho Araújo Sobremesa criada pelo proprietário do restaurante Cabeça Chata, em Copacabana (RJ), na década de 1960, também cantor e jornalista, o pernambucano Manezinho Araújo. É um creme de baunilha com banana caramelizada, coberto com suspiros. No Rio Grande do Sul, é conhecido como "Chico balanceado".

Mangada Doce de manga acondicionado em lata ou palha, que é comum em Minas Gerais.

Maria-mole Docinho feito da mistura batida de claras em neve ou água, açúcar e gelatina sem sabor, coberto com coco ralado, levado a gelar e cortado em quadradinhos. De consistência mole e esponjosa, é conhecido como o "marshmallow brasileiro". Coberto de chocolate, é chamado de "teta de nega".

Mel de toucinho Docinho feito com mel de rapadura, toucinho e farinha de mandioca.

Mineiro de botas A sobremesa leva queijo de minas fresco derretido, com rodelas de banana-da-terra fritas na manteiga, polvilhadas com açúcar e canela. A origem do nome vem do hábito dos trabalhadores de mineração nos territórios de Goiás, Minas Gerais e Mato Grosso, de juntar esses ingredientes.

Ouriço Docinho caramelado, à base de leite condensado e manteiga, com diferentes coberturas (amendoim torrado e moído, coco ralado, amêndoas ou pistache triturados).

Pamonha O nome "pamonha" vêm do tupi, *pa'muña*, que significa "pegajoso". Pesquisadores apontam a pamonha como prato típico goiano. Lá, a pamonha salgada é marca registrada do estado. Também são famosas as das cidades de Minas Gerais e, especialmente, as de Piracicaba, no interior de São Paulo. Massa compacta de milho-verde ralado envolta na palha do próprio milho e cozida em água, é quitute que não pode faltar nas festas juninas.

Papa-ovo Biscoito tradicional à base de fécula de mandioca, gordura de palma, gemas, sal de cozinha e sal amoníaco. Uma variação da receita leva fubá de canjica, banha de porco, polvilho doce, ovos e sal.

Paspalhão Receita da cidade fluminense de Paraty que consiste em uma espécie de pão feito com farinha de mandioca, açúcar, canela e coco (em outra versão, tempera-se com sal e erva-doce), enrolado em folha de bananeira e assado no forno. Também é conhecido como "pão da roça".

Pau a pique Broa elaborada com fubá de milho, sementes de erva-doce ou cravo-da-índia, açúcar, leite, água e manteiga, assada em folha de bananeira. De textura seca e atijolada, seu formato cilíndrico lhe rende o nome de "mata-homem", por lembrar o órgão sexual masculino. A receita também pode ser feita com massa de mandioca ralada e cozida com melado. A broa também é conhecida como "cubu".

Pé de moça Apesar de ter nome e aparência semelhantes aos do pé de moleque e de ambos serem feitos à base de amendoim, existe uma diferença básica entre os dois: enquanto o pé de moleque é um doce mais firme e crocante, o pé de moça, por causa do leite condensado adicionado, é mais mole e macio. Além disso, o pé de moça, diferentemente do outro, é também polvilhado com açúcar.

Pernambucano Docinho popular na região de Macaé (RJ), que é feito com fubá, leite de coco, gema, açúcar e manteiga, e assado em forminhas.

Presuntinho Docinho elaborado com amêndoas descascadas e moídas, leite condensado, açúcar e ovos (parte amarela), mais nozes descascadas e moídas e os mesmos ingredientes da parte amarela, agora chamada de "parte preta". Depois de os preparos esfriarem, são enrolados na forma de bolinhas e unidos aos pares, no formato de um presunto cru, e, em seguida, neles são espetados palitinhos enfeitados com papel (como geralmente o osso do presunto é encapado).

Queca O *Christmas cake*, bolo de Natal inglês, em Nova Lima (MG), virou "queca", onde a tradição trazida pelos britânicos para a antiga Congonhas do Sabará, na época da mineração, mantém-se viva. Bolo elaborado com frutas cristalizadas, castanhas, nozes, passas, cereja e especiarias, é costume entre as famílias da cidade mineira presentear os amigos nas festas natalinas com a iguaria. É considerado Patrimônio Cultural Imaterial da cidade, desde 2012.

Queijão Receita do interior de Minas Gerais, feita com doce de leite e ovos caipiras, o queijão é assado em banho-maria. Antigamente era assado em forma de queijo, o que originou o nome. Sua textura assemelha-se à de um pudim.

Queijão de Morro Vermelho Doce típico do distrito de Morro Vermelho, em Caeté (MG). Curiosamente não tem nenhum queijo no preparo. Leva apenas dois ingredientes: ovos e doce de leite. Dizem os moradores que o nome da iguaria vem das formas de queijo que eram usadas como molde do doce.

Rivadávia Clássico da Confeitaria Colombo, é um bolo recheado de doce de leite, que homenageia o jornalista e político republicano gaúcho que foi prefeito do Rio de Janeiro de 1914 a 1916: Rivadávia Correa.

Romeu e julieta Sobremesa de goiabada com queijo branco. O nome foi consagrado, na capital paulista, com uma campanha publicitária feita pelo cartunista Maurício de Sousa, nos anos 1960, para um anúncio da goiabada da marca Cica®, em que o queijo era o Romeu, e a goiabada, a Julieta.

Rosquinha de cerveja Quitanda assada no forno, que é elaborada com farinha de trigo, cerveja e manteiga passada no açúcar cristal.

Saieta Doce de coco da palmeira de buriti, que é tradicional em Minas Gerais.

Sacolé O refrescante sacolé, que vem da junção das palavras "saco" com "picolé", é feito tradicionalmente com o suco de fruta congelado, acondicionado em saquinhos plásticos, com grande variedade de sabores. Entre paulistas e baianos, é conhecido como "geladinho" ou "gelinho"; entre cuiabanos, "suquinho" ou "foquinha"; para os goianos e mineiros, "laranjinha" e "brasinha"; e para cariocas e gaúchos, "sacolé". Em Recife, é "dudu"; em Fortaleza, "dindin"; em Maceió, "flau"; no Pará, "chope"; e em Santa Catarina, "chupe-chupe".

Sanema Feito com mandioca, ovo, coco e manteiga, assado em folha de bananeira.

Taiada Corruptela de "talhada", tem o mesmo formato da rapadura. É um doce feito com melado de cana, acrescido de gengibre e farinha de mandioca, típico do Vale do Paraíba.

Torta holandesa Apesar do nome, esta sobremesa foi criada no Brasil em um café no centro de Campinas, cidade do interior paulista, em 1991. A receita consiste em uma crosta amanteigada de biscoito, recheio de creme variado ou sorvete, e uma fina cobertura de chocolate meio amargo, com biscoito maria (simples ou coberto com chocolate) nas laterais.

Toucinho do céu Bolo feito com gemas, amêndoas e açúcar em calda, iguaria herdada da corte portuguesa por ocasião de sua estada no Rio de Janeiro.

Virado de banana Doce típico do município de Gonçalves, em Minas Gerais, preparado com banana-nanica ou prata picada, requeijão, banha de porco, farinha de milho, queijo mineiro curado e canela em pó.

Zezé Leone Sobremesa composta por um creme amarelo, à base de leite, gemas, amido de milho e fava de baunilha, que incorpora uma espuma rosada feita com claras em neve, gelatinas vermelha e branca, e vinho do Porto. O doce é uma homenagem a Zezé Leone, vencedora, aos 20 anos, do primeiro concurso de beleza do país – uma espécie de precursor do Miss Brasil –, realizado em 1922, no Rio de Janeiro, como parte das comemorações pelo Centenário da Independência do Brasil.

ARROZ-DOCE

★ **De Henrique Fogaça, SP**

4 a 6 porções

INGREDIENTES

1 xícara (chá) de arroz
2 xícaras (chá) de água
2 xícaras (chá) de leite
395 g de leite condensado
200 g de creme de leite
Canela em pó, a gosto

COMO FAZER

1. Em uma panela, cozinhe o arroz na água por, aproximadamente, 30 minutos, em fogo baixo. 2. Adicione o leite, o leite condensado e o creme de leite ao arroz cozido. 3. Misture bem. 4. Deixe cozinhar por mais 15 minutos. 5. Sirva o arroz doce em um recipiente e finalize com a canela em pó.

O **arroz-doce**, conhecido como "arroz de leite", ou "arroz com leite", na região Sul, chegou ao Brasil junto com os portugueses, que o receberam dos árabes, por ocasião da invasão da Península Ibérica, no ano de 711, os quais, por sua vez, o herdaram dos persas. No Brasil, o prato é um clássico nas festas juninas, junto com o pé de moleque, a canjica e outras guloseimas. Presença obrigatória em festas populares religiosas, como na época da Quaresma e do Natal, dizem que daí vem a famosa expressão "arroz de festa", alcunha dada às pessoas que nunca perdem uma festa. Em Pernambuco, é preparado com arroz cozido no leite de coco e temperado com açúcar, raspas de limão e erva-doce. No Rio Grande do Norte, é feito com arroz vermelho, água, leite, manteiga e sal, muitas vezes servido como acompanhamento para a carne de sol.

BOLO DE CHOCOLATE COM DOCE DE ABÓBORA

★ **De Lucas Corazza, SP**

12 porções

INGREDIENTES

Massa

Manteiga, para untar
Farinha de trigo, para untar
1/2 xícara (chá) de chocolate amargo derretido
4 colheres (sopa) de manteiga derretida
3 ovos
1 xícara (chá) de leite morno
1 colher (chá) de gengibre em pó
1 colher (chá) de canela em pó
1 colher (chá) de noz-moscada
2 xícaras (chá) de farinha de trigo
1 xícara (chá) de chocolate em pó
2 xícaras (chá) de açúcar
1 colher (sopa) de fermento químico em pó

Doce de abóbora

1 kg de **abóbora** picada em cubos pequenos
400 g de açúcar
100 g de água
5 cravos-da-índia

Ganache

150 g creme de leite fresco
50 g de açúcar
20 ml de água
1/2 fava de baunilha (apenas as raspas)

100 g de chocolate meio amargo

200 g de chocolate ao leite

Finalização

Lascas de chocolate, para decorar

COMO FAZER

Massa

1. Preaqueça o forno a 180 °C. 2. Unte uma forma de aproximadamente 20 centímetros de diâmetro com manteiga e farinha de trigo. 3. Guarde na geladeira. 4. Derreta o chocolate e misture com a manteiga também derretida. Reserve. 5. No liquidificador, coloque os ovos, o leite, as especiarias e a mistura de chocolate com a manteiga e bata bem, raspando as laterais do liquidificador para ficar homogêneo. 6. Despeje essa mistura em uma tigela e vá acrescentando, aos poucos e sempre mexendo, a farinha de trigo, o chocolate em pó, o açúcar e o fermento em pó. 7. Despeje a massa na forma untada e gelada e leve ao forno médio por cerca de 25 a 30 minutos ou até que o palito saia limpo ao ser espetado no bolo. 8. Quando estiver frio, corte o bolo em três discos com a ajuda de uma linha ou de um fio de náilon.

Doce de abóbora

1. Coloque todos os ingredientes em uma panela de fundo grosso. 2. Leve ao fogo, mexendo constantemente até que a abóbora esteja completamente cozida e parecendo um purê. 3. Retire os cravos.

Ganache

1. Leve ao fogo o creme de leite com o açúcar, a água e a baunilha. 2. Aqueça sem deixar ferver. 3. Derreta os dois chocolates até que esteja a 40 °C. 4. Adicione o creme de leite e misture.

Finalização

1. Em um prato para bolo, alterne uma camada de massa, uma de doce de abóbora e uma de ganache, terminando com o ganache. 2. Decore com lascas de chocolate.

Da família das curcubitáceas, muito versátil, a **abóbora** serve para fazer sopas, suflês, nhoques, purês, refogados, bolos, pudins e doces em calda, pasta ou cristalizados. Suas sementes torradas são consumidas como aperitivo. Seus brotos, que recebem o nome de "cambuquira", e suas flores, são também comestíveis. Apresenta inúmeras variedades que diferem em forma e tamanho: abóbora-de-pescoço ou menina brasileira (bem fibrosa, é a mais comum e a maior de todas – chega a pesar 15 quilos e pode ser consumida crua, ralada fino, em saladas, em pratos doces, salgados, bolos e massa de pão); gila ou espaguete (de casca extremamente dura e polpa branca fibrosa, é muito usada em pratos salgados, sendo cultivada especialmente no Rio Grande do Sul, onde é popularmente conhecida como "melancia de porco"); moranga (sua polpa alaranjada é utilizada em refogados, purês e sopas – em razão de seu formato, é usada como recipiente para alguns preparos, como o famoso camarão na moranga; e no Rio Grande do Sul, é conhecida como "mogango"); paulista (empregada de maneira semelhante à abóbora-de-pescoço, mas menor, não passa de 1,5 quilo – é usada em sopas, refogados e doces); a japonesa ou kabocha (surgiu no Japão, é um legume híbrido resultante da união das espécies – moschata [menina brasileira] e máxima [moranga] – tem a casca dura e verde-escura, sua polpa entra na preparação de pratos salgados como purês, cremes, recheios e nhoques, e suas sementes também podem ser aproveitadas como aperitivo); a minimoranga (de uso basicamente ornamental); e a maranhão ou abóbora-do-norte (menos popular, que, de tamanho variado, pode ser empregada em pratos doces ou salgados).

BOLO DE CHUCHU COM CASTANHA DE BARU

★ **De Isaias Neries, RJ**

12 porções

INGREDIENTES

80 g de folha de chuchu
140 ml de azeite de oliva
3 ovos
110 g de açúcar
150 g de chuchu ralado
1 colher (chá) de raspas de limão-siciliano
15 g de baunilha líquida
160 g de farinha de trigo
30 g de castanha-de-baru torrada
30 g de passas brancas
15 g de fermento
1 pitada de sal

COMO FAZER

1. Em um liquidificador, bata as folhas do chuchu com o azeite e reserve. 2. Preaqueça o forno a 160 °C. Em uma batedeira, bata as gemas com o açúcar até esbranquiçar. 3. Adicione o creme de folhas de chuchu. 4. Bata até incorporar e transfira para uma tigela grande. 5. Acrescente o chuchu, as raspas de limão e a baunilha e misture muito bem. 6. Junte a farinha de trigo, as castanhas-de--baru e as passas, misturando para que tudo esteja bem envolvido. 7. Bata as claras em neve e coloque delicadamente na massa. 8. Adicione o fermento e depois o sal. 9. Distribua a massa em uma forma untada e enfarinhada e leve ao forno preaquecido por 30 minutos ou até que o palito saia seco e limpo. 10. Deixe esfriar na forma. 11. Desenforme e sirva.

DICA DO CHEF: sirva o bolo com uma calda de frutas vermelhas.

O **baru** está presente em quase todo o Cerrado e, em cada lugar, apresenta variações no nome pelo qual é conhecido. Pode ser "cumaru", "cumbaru", "barujo", "coco-feijão", "castanha-de-bagre" e muitos outros nomes. O fruto tem casca dura e uma amêndoa de cor amarronzada e sabor delicado, semelhante ao do amendoim e da castanha-de-caju, conhecida como castanha-de-baru, que faz parte da *Arca do gosto*, catálogo mundial de produtos ameaçados de extinção, mas ainda vivos. É empregada sempre torrada – dado o alto nível de tanino da espécie –, no preparo de paçocas, pés de moleque, rapaduras, bombons, biscoitos, pães, licores, cachaças, bolos e barras de cereais. Por ser rica em zinco, mineral ligado ao aumento da fertilidade, é conhecida como "viagra do Cerrado".

BOLO DE MILHO CREMOSO

★ **De Raquel Novais, SP**

10 porções

INGREDIENTES

6 espigas de milho
8 ovos
2 xícaras (chá) de açúcar
1/2 xícara (chá) de óleo
2 xícaras (chá) de leite
1 colher (café) de sal
Óleo, para untar

COMO FAZER

1. Bata todos os ingredientes no liquidificador por 2 minutos, até a massa ficar líquida. **2.** Coloque em uma forma untada com óleo. **3.** Leve para assar em forno preaquecido a 180 °C por 1 hora e 15 minutos.

 DICA DA CHEF: esse bolo fica supercremoso e, como não leva fermento, não cresce.

Quitanda, "palavra de origem africana (quimbundo), introduzida no Brasil, aplicou-se às lojinhas típicas de vender verduras e frutas, expostas em tabuleiros. Em Minas, além da acepção acima, aplicou-se às comedorias ligeiras, em sua maioria de origem africana, mas muitas desenvolvidas aqui pelo gênio culinário das pretas velhas em colaboração com as sinhás-donas" (do livro *Sabores & cores das Minas Gerais*). Trata-se do biscoito de polvilho, do pão de queijo, das brevidades, das rosquinhas, dos sequilhos, das broas, dos bolos e de toda a série de quitutes servidos com um cafezinho tradicionalmente coado no pano, no meio da tarde.

BOLO DE PUBA COM CASTANHA-
-DO-PARÁ E FRUTAS SECAS

★ **De Fernando Goldenstein *e* Leonardo Andrade, SP**

10 porções

INGREDIENTES

400 g de mandioca descascada pubada
200 ml de leite de coco
230 g de açúcar
4 g de sal

70 g de óleo de girassol
100 g de castanha-do-pará picada
100 g de frutas secas de sua preferência
10 g de fermento químico para bolo (opcional)

COMO FAZER

1. Coloque a mandioca descascada em um recipiente com tampa e cubra com água. **2.** Utilize um peso para mantê-la totalmente submersa durante todo o período de fermentação. **3.** Deixe fermentar por vinte dias em temperatura ambiente e não troque a água em nenhum momento. A partir do quinto dia, percebe-se uma mudança na textura e no aroma. Não estranhe, este é o processo de fermentação. **4.** Depois do vigésimo dia, retire a mandioca, que já estará amolecida, e empregue-a para fazer o bolo. **5.** Se não for utilizar toda a mandioca, guarde sempre submersa na própria água de fermentação e em temperatura ambiente. **6.** Se utilizar fermento químico, ligue o forno para preaquecer a 200 ºC. Caso não, pule esta etapa. **7.** Processe no liquidificador, até a massa ficar lisa e homogênea, a mandioca pubada, o leite de coco, o açúcar, o sal e o óleo de girassol. **8.** Transfira para uma tigela e incorpore a castanha e as frutas secas. **9.** Adicione o fermento e misture bem. Passe para uma forma e leve ao forno para assar por 1 hora e 20 minutos, ou até dourar a superfície. **10.** Se não adicionar o fermento químico, deixe o bolo fermentar na forma por 8 horas e depois leve para assar.

A técnica de **pubar**, nas palavras de quem entende: descasque a mandioca, lave e coloque em um balde com água até cobrir ou em um pote de fermentação com *airlock*. Deve ficar totalmente submersa durante todo o período de fermentação. Para tanto, utilize um peso. Deixe fermentar por vinte dias em temperatura ambiente e não troque a água em nenhum momento. A partir do quinto dia, você já perceberá uma mudança na textura e no aroma. Não estranhe, este é o processo de fermentação. Depois do vigésimo dia, retire a mandioca, que já estará amolecida e pronta para ser usada. Se não for utilizar de imediato, guarde-a sempre submersa na própria água de fermentação e em temperatura ambiente, ensinam os chefs Fernando e Leonardo.

BOLO DE ROLO COM COMPOTA DE TOMATE

★ **De Bianca Mirabili, SP**

20 porções

INGREDIENTES

Compota de tomate

3 kg de tomate italiano
600 g de açúcar refinado
1 fava de baunilha
1 canela em pau
1 g de sal refinado
Suco de 1 limão-taiti

Massa

250 g de manteiga sem sal
250 g de açúcar refinado
6 ovos brancos
250 g de farinha de trigo
1 g de sal

Finalização

Açúcar de confeiteiro, para polvilhar

COMO FAZER

Compota de tomate

1. Descasque os tomates e retire as sementes. 2. Em uma panela, junte todos os ingredientes, menos o limão, e cozinhe em fogo médio até alcançar o ponto de geleia. 3. Passe a geleia por um processador ou mixer. 4. Adicione o suco de limão e refrigere.

Massa

1. Bata a manteiga e o açúcar na batedeira até formar um creme claro. 2. Adicione um ovo por vez e, em seguida, a farinha de trigo, divididas em três partes. 3. Acrescente o sal. 4. Despeje a massa sobre um tapete de silicone e distribua uniformemente de forma que a massa fique o mais fina possível, e leve ao forno preaquecido a 160 °C por 3 minutos.

Finalização

1. Polvilhe o açúcar de confeiteiro em um pano limpo. 2. Retire a massa do forno e disponha sobre esse pano. 3. Espalhe uma camada fina de compota de tomate e, com a ajuda do pano, vá enrolando o bolo sobre si, para fazer um rocambole, pressionando levemente, até chegar ao tamanho desejado. 4. Refrigere por, pelo menos, 3 horas. 5. Na hora de servir, corte em fatias bem finas.

Releitura de um doce tradicional da região de Tavira, ao sul de Portugal, chamado de "colchão de noiva", trocando na receita, seu recheio de amêndoas por um de goiaba, fruta abundante no Nordeste. Tradição de mais de trezentos anos, pernambucanos consagraram seu bolo mais famoso, o **bolo de rolo**, Patrimônio Cultural Imaterial do estado, e detestam que seja confundido com o rocambole. Consideram ofensa gravíssima. A massa, elaborada com farinha de trigo, manteiga, açúcar e ovos, exige técnica peculiar de preparo. Tradicionalmente são necessárias quatro lâminas de massa para formar o bolo de rolo, que são recheadas com creme de goiaba e enroladas com o auxílio de uma toalha úmida.

BROWNIE DE RAPADURA COM CHANTILI DE GENGIBRE

★ **De Dianna Macedo, RJ**

8 porções

INGREDIENTES

Brownie de rapadura

50 g de manteiga sem sal em temperatura ambiente
2 ovos
400 g de açúcar mascavo
125 g de farinha de castanha-de-caju
30 g de farinha de trigo sem fermento
100 g de coco ralado fino sem açúcar
Manteiga, para untar

Chantili de gengibre

6 g de **gengibre** ralado fino
200 g de creme de leite fresco bem gelado

COMO FAZER

Brownie de rapadura

1. Em uma tigela, misture a manteiga amolecida com os ovos e o açúcar mascavo, até obter um creme homogêneo. 2. Certifique-se de que não ficaram bolinhas de açúcar. 3. Separadamente, misture as farinhas e o coco. 4. Adicione esta mistura ao creme de manteiga e, sem bater muito, incorpore tudo. 5. Preaqueça o forno a 150 °C. 6. Unte um tabuleiro com manteiga e distribua a massa uniformemente. 7. Asse por, aproximadamente, 18 minutos ou até que a massa não afunde ao toque.

Chantili de gengibre

1. Em uma batedeira, coloque o gengibre ralado e o creme de leite fresco. 2. Bata até alcançar o ponto de chantili (aproximadamente, 2 minutos) e mantenha refrigerado.

MONTAGEM

Corte o brownie já frio conforme o tamanho desejado. Sirva com o chantili por cima.

O **gengibre** é uma raiz tuberosa de sabor potente, ardente e picante – características que lhe rendem a fama de ser afrodisíaco. É encontrado fresco, picado, em conserva, desidratado ou em pó, em picles, em óleo, em pasta e cristalizado. Nas receitas, cuide para não substituir o gengibre fresco pelo seco, pois seus sabores são diferentes. Originário da Ásia, pouco tempo depois de introduzido no Brasil, "deu na terra de tal maneira que daí a quatro anos se colheram mais de quatro mil arrobas", como conta o viajante e explorador Gabriel Soares de Sousa, o que levou alguns naturalistas a acreditarem que se tratava de uma planta nativa do Brasil. O gengibre é empregado para aromatizar receitas salgadas e doces e bebidas, como chás, o tradicional quentão das festas juninas e a gengibirra. Indispensável nas culinárias do Norte e do Nordeste nas receitas de pato no tucupi, vatapá, caruru, efó. Na Amazônia, é conhecido como "mangarataia" e "mangaratiá".

CARTOLA MODERNA

★ De Frédéric de Maeyer, RJ

4 porções

INGREDIENTES

Bolinho de coalho

200 ml de creme de leite
100 ml de leite
125 g de tapioca fina
250 g de queijo de coalho ralado

Sorvete de banana-d'água

16 bananas-d'água bem maduras
Suco de limão, q.b.

Calda de mascavo

250 g de açúcar mascavo
200 g de água filtrada
1 lasca de gengibre
1 raspa de limão-taiti
10 g de canela em pó

COMO FAZER

Bolinho de coalho

1. Ferva o creme de leite com o leite em uma panela, despeje a tapioca e o queijo de coalho de uma vez apenas e misture no fogo médio até desgrudar da borda da panela. 2. Reserve a massa pronta em um recipiente de bordas quadradas com 3 centímetros de altura. 3. Deixe resfriar completamente. 4. Quando a massa estiver bem fria e endurecida, corte oito quadrados iguais. 5. Na hora de servir, molde e grelhe os bolinhos dos dois lados, em uma frigideira antiaderente bem quente.

Sorvete de banana-d'água

1. Descasque as bananas e passe em um pouco de suco de limão. 2. Coloque em um recipiente hermético e congele por, pelo menos, 12 horas. 3. Bata no liquidificador até virar sorvete e coloque no freezer até a hora de servir.

Calda de mascavo

1. Junte todos os ingredientes em uma panela e leve para ferver. 2. Peneire e deixe resfriar.

MONTAGEM

Em um prato fundo, coloque a calda de mascavo. De um lado, coloque um bolinho de coalho, e do outro lado, uma quenelle de sorvete de banana. Sirva em seguida.

Ícone da doçaria pernambucana, como o bolo de rolo e o bolo Souza Leão, a **cartola** surgiu entre os séculos XVI e XVII, nas casas-grandes dos engenhos de açúcar. Sobremesa feita de bananas fritas recobertas com queijo de coalho ou do sertão, tudo assado e polvilhado com açúcar e canela. Não se sabe ao certo por que ganhou esse nome, nem quem o inventou. Foi considerada Patrimônio Cultural Imaterial de Pernambuco em abril de 2009. Gilberto Freyre serviu o doce a Jean-Sartre no restaurante Leite, durante sua estada em Recife, em 1960. O filósofo francês gostou.

CURD DE ACEROLA E MERENGUE DE ACEROLA

★ **De Tássia Magalhães, SP**

4 porções

INGREDIENTES

Curd de acerola

9 g de gelatina em pó
54 g de água, para hidratar a gelatina
30 g de acerola
30 g de água
25 g de suco de limão
25 g de suco de laranja
110 g de ovo
100 g de açúcar
125 g de manteiga gelada

Insert de acerola

150 g de **acerola**
7 g de pectina
15 g de açúcar refinado

Merengue de acerola

30 g de açúcar refinado
2 g de albumina
15 g de água
Gotas do insert de acerola

COMO FAZER

Curd de acerola

1. Hidrate a gelatina com água e reserve. 2. Esprema o suco de limão e o suco de laranja. 3. Bata a acerola com a água em um liquidificador. 4. Peneire e descarte a polpa. 5. Em uma panela, adicione os sucos de acerola, limão e laranja. 6. Acrescente os ovos e o açúcar. 7. Cozinhe em fogo médio, mexendo sempre com o auxílio de um fouet, até começar as borbulhar. 8. Passe na peneira, adicione a gelatina e a manteiga, e bata essa mistura com um mixer. 9. Cubra com filme plástico e leve à geladeira por, no mínimo, 4 horas.

Insert de acerola

1. Adicione todos os ingredientes em uma panela e deixar cozinhar até diluir toda a pectina e o açúcar. 2. Passe no mixer, peneire e reserve.

Merengue de acerola

1. Em uma panela, adicione todos os ingredientes (menos as gotas do insert de acerola) e mexa em fogo baixo até diluir o açúcar. 2. Em uma batedeira, despeje a mistura e bata até obter picos firmes. 3. Abra em um tapete de silicone com uma camada bem fina. 4. Coloque algumas gotas do insert de acerola e espalhe com uma espátula. 5. Seque no forno a 100°C até ficar crocante.

MONTAGEM

Coloque em um prato, o curd, umas gotas do insert de acerola e cubra com o merengue de acerola.

Riquíssima em vitamina C — em 100 gramas, há de 1 a 5 gramas da vitamina, 100 vezes mais que a encontrada na laranja. Macia e suculenta, de sabor agradavelmente ácido, a acerola pode ser consumida *in natura* ou em sucos, geleias, doces, sorvetes. Altamente perecível, deve ser mantida no congelador. A fruta desembarcou clandestinamente no Brasil na década de 1950, dentro da bolsa de uma pesquisadora que trouxe 245 sementes e as cultivou no campus da Universidade Federal Rural de Pernambuco. A planta da acerola é um arbusto com cerca de 2 metros de altura, que produz de 20 a 30 quilos da fruta por safra. Também chamada de "cereja-das-antilhas", "cereja-de-barbados" e "cereja-do-pará", costuma ser vendida congelada.

DOCE DE HERANÇA

★ **De Giuliana Cupini, SP**

20 unidades

INGREDIENTES

Toucinho do céu

200 g de açúcar refinado
100 ml de água
125 g de sapucaia moída
15 g de manteiga sem sal (ou banha)
5 gemas peneiradas
1 ovo
1 cumaru ralado (se a semente for pequena, coloque 2 unidades)
1 pitada de sal

Pasta de ameixas ao vinho do Porto

200 g de ameixas secas sem caroço (ou tâmara, ou uva-passa)
200 ml de vinho do Porto

Doce de ovos da Delba

360 g de açúcar refinado
200 ml de água
15 g de manteiga sem sal
24 gemas peneiradas

Fondant

350 g de açúcar de confeiteiro
75 g de leite integral
1 colher (chá) de suco de limão (opcional)

Calda de açúcar

200 g de água
100 g de açúcar

Finalização

Raspas de limão a gosto (ou uma flor de açúcar modelada com pasta americana ou massa elástica, ou, ainda, uma flor natural comestível)

COMO FAZER

Toucinho do céu

1. Em uma panela pequena, coloque o açúcar e a água. 2. Misture e leve ao fogo alto, sem mexer. 3. Deixe ferver até alcançar 107°C (ponto de pérola). 4. Retire do fogo e adicione a sapucaia moída e a manteiga. 5. Misture bem e volte a panela ao fogo para cozinhar a massa por 3 minutos, mexendo sem parar. 6. Retire a panela do fogo e espere a massa amornar. 7. Adicione as gemas peneiradas e o ovo e misture. 8. Acrescente o cumaru ralado e o sal e misture bem. 9. Escolha uma assadeira retangular pequena (20 cm × 16 cm, aproximadamente). É importante que a massa fique com uma altura de 2 centímetros. 10. Forre a assadeira com papel manteiga e

despeje a massa. 11. Leve para assar em forno preaquecido a 180 °C, por aproximadamente 20 minutos, ou até formar uma casquinha levemente dourada no topo. A massa fica bastante úmida, portanto, não deixe mais tempo para que não fique muito seca. 12. Retire do forno e deixe esfriar.

Pasta de ameixas ao vinho do Porto

1. Triture as ameixas em um multiprocessador (ou em liquidificador), até obter uma pasta. Reserve. 2. Aqueça o vinho do Porto até ferver e adicione à pasta 3. Transfira a massa para um recipiente, cubra com filme plástico e deixe esfriar.

Doce de ovos da Delba

1. Em uma panela, coloque o açúcar e a água. 2. Misture e leve a fogo para ferver até alcançar 107 °C (ponto de pérola). 3. Retire do fogo e adicione a manteiga. 4. Aguarde a mistura amornar e adicione as gemas peneiradas. 5. Volte a panela ao fogo e mexa até começar a desprender do fundo. 6. Despeje a massa em um recipiente, raspando apenas as laterais da panela e não o fundo, para não misturar a parte que ficou cozida que altera a textura do doce.

Fondant

1. Misture o açúcar, metade do leite e o suco de limão. Em uma tigela de vidro redonda. Reserve. 2. Escolha uma panela que tenha o diâmetro combatível com a tigela. 3. Adicione água e leve ao fogo. Quando começar a ferver, abaixo o fogo, encaixe a tigela. 4. Adicione o restante do leite aos poucos, mexendo até obter uma calda fluida.

Calda de açúcar

1. Misture a água com o açúcar e leve ao fogo alto até que o açúcar dissolva por completo. 2. Retire do fogo e reserve.

Finalização

1. Depois que o toucinho do céu estiver frio, aplique uma camada da pasta de ameixas em toda a superfície. 2. Cubra a assadeira com um filme plástico e leve à geladeira por 30 minutos. 3. Aplique o doce de ovos por cima da pasta de ameixa e leve à geladeira por

4 horas, ou ao congelador por 1 hora. **4.** Com o auxílio de um corta-dor redondo de alumínio, com 3 centímetros de diâmetro, corte os docinhos e disponha em uma assadeira ou tábua de polipropileno. Reserve. **5.** Em um refratário, derreta o fondant em banho-maria. **6.** Cubra uma tábua de polipropileno com papel manteiga e dei-xe ao lado do fogão. **7.** Faça o teste com um docinho para ver se o fondant está na espessura desejada. Caso esteja muito grosso, afine com um pouco de calda de açúcar. **8.** Com o auxílio de um garfinho, banhe os doces, um a um, no fondant, escorra o excesso e deixe secar por, pelo menos, 40 minutos. **9.** Remova as rebarbas com uma faca sem serra ou tesoura (as com pontas finas e longas são mais fáceis e deixam um acabamento mais delicado). **10.** De-core com raspas de limão.

 DICA DA CHEF: você pode assar o toucinho do céu em uma assadeira redonda e polvilhar com açúcar impalpável e canela, para servir em um chá da tarde; também pode enrolar a massa de doce de ovos e passar no açúcar para ter mais uma opção de docinho; ou, ainda, recheá-la com o purê de ameixas, originando mais um doce.

Árvore nativa da Amazônia, é do coco da **sapucaia**, ou ouriço, que vêm as castanhas aromáticas, macias e oleaginosas, adocicadas e crocantes. Os frutos arredondados e coloração castanha, seme-lhantes a um pote de barro, são chamados popularmente de "cum-buca". Quando maduros, soltam uma espécie de tampa (opérculo), enquanto ainda estão na copa da árvore, liberando as sementes protegidas por uma casca extremamente dura, que tem de ser quebrada. As castanhas podem ser consumidas cruas, cozidas ou assadas, e podem substituir, em igualdade de condições, a casta-nha-do-brasil – são da mesma família –, em todas as receitas, se-jam doces, sejam salgadas. Na forma de farinha, entra no preparo de bolos, pães e biscoitos. Seu leite, pode ser empregado tal como o leite de coco em pratos de peixe. A sapucaia é conhecida também como "cumbuca-de-macaco" ou "castanha-sapucaia".

ESPUMA DE PUDIM COM CALDA DE CARAMELO

★ **De Giovanna Grossi, AL**

20 porções

INGREDIENTES

Calda de caramelo

500 g de glucose
150 g de açúcar
40 ml de água
Suco de limão, q.b.

Espuma de pudim

15 gemas
2 latas de leite condensado
500 ml de leite integral
200 ml de leite integral (para bater depois de pronto)
Raspas de limão, para finalizar

COMO FAZER

Calda de caramelo

1. Em uma panela, coloque todos os ingredientes e misture bem.
2. Leve ao fogo baixo até virar uma calda com cor de caramelo (cerca de 5 minutos), mexendo ocasionalmente.

Espuma de pudim

1. Em uma tigela, misture as gemas, o leite condensado e 500 mililitros de leite. 2. Cozinhe essa mistura em banho-maria, em fogo baixo, mexendo ocasionalmente, por 2 horas. 3. Retire do fogo e coloque para esfriar na geladeira por 30 minutos ou até a mistura ficar bem fria. 4. Retire da geladeira e bata no liquidificador, acrescentando 200 mililitros de leite aos poucos. 5. Encha o sifão

com essa mistura e coloque duas cargas de gás. 6. Aperte o gatilho do sifão em tigelinhas ou taças para servir a espuma. 7. Derrame um pouco de calda sobre cada porção. 8. Se quiser, acrescente raspas de limão para finalizar. 9. Sirva em tigelinhas.

DICA DO CHEF: caso não tenha um sifão, depois de passar a mistura pelo liquidificador, transfira para um recipiente e deixe essa na geladeira por mais 30 minutos. Retire a mistura da geladeira e bata na batedeira até formar bastante espuma.

Herdamos dos portugueses a preferência pelo doce e com eles aprendemos também a fazer **pudim de leite**, iguaria órfã de paternidade – ninguém sabe, até hoje, quando e onde nasceu. Há quem defenda que a receita é um aprimoramento do pudim republicano, ou uma versão mais leve e mais cremosa do docinho português toucinho do céu. Unanimidade brasileira, sua história se divide entre o antes e o depois da chegada da "latinha da moça". O produto foi rapidamente incorporado à receita – não somente do pudim como também de outros doces e sobremesas –, facilitando seu preparo, que, por sinal, gera polêmica: com leite condensado ou sem? Com ou sem furinhos? Assado no forno em banho-maria ou cozido em banho-maria no fogão? Com calda rala ou grossa? Clara ou escura? Não importa! Cada um tem seu jeito, sua preferência, sua receita.

FLAN DE LÍRIO-DE-BREJO, MEL E PÓLEN DE URUÇU-AMARELA E ACEROLA

★ **De Brenda Freitas, SP**

5 porções

INGREDIENTES

Flan de lírio-do-brejo

200 g de leite
200 g de creme de leite fresco
60 g de açúcar
40 g de lírio-do-brejo
75 g de gema
14 g de amido de milho
2 g de gelatina incolor

Gelatina de mel

8 g de gelatina incolor
150 g de água mineral
50 g de mel
1 g de ágar-ágar

Acerola

800 g de acerola madura

Finalização

1 pitada de pólen seco

COMO FAZER

Flan de lírio-do-brejo

1. Aqueça o leite, o creme de leite, o açúcar e o lírio-do-brejo, e deixe em infusão por 20 minutos com a panela tampada. 2. Separe as gemas e misture com o amido. 3. Hidrate a gelatina com água bem

gelada. Reserve. 4. Peneire a infusão sobre a mistura da gema e do amido de milho. 5. Mexa bem com um fouet e volte para a panela. 6. Cozinhe em fogo bem baixo, até começar a engrossar um pouco. 7. Adicione a gelatina hidratada e resfrie em banho-maria invertido. 8. Bata com um mixer, porcione em pequenos potes e leve à geladeira.

Gelatina de mel

1. Hidrate a gelatina em água bem gelada. Reserve. 2. Em uma panela, aqueça a água e o mel. 3. Adicione o ágar-ágar e deixe ferver, mexendo bastante. 4. Quando levantar fervura, adicione a gelatina. 5. Transfira para um recipiente raso e bem reto, e deixe na geladeira de um dia para o outro. 6. Porcione com o auxílio de um aro ou de uma faca.

Acerola

1. Lave as acerolas e corte em gomos. Reserve.

Finalização

1. Retire os potinhos de flan da geladeira. 2. Coloque sobre a superfície do flan o equivalente a 1/2 colher (sopa) de açúcar demerara, cristal ou refinado, e queime a superfície com um maçarico. 3. Recorte pedaços da gelatina de mel e disponha sobre o flan. 4. Finalize com os gomos de acerola e uma pitada de pólen seco.

 DICA DA CHEF: guarde as aparas e sementes da acerola para fazer um delicioso suco.

O **lírio-do-brejo** (*Hedychium coronarium*), originário da Índia, é uma planta nativa da Mata Atlântica, muito presente na região Sudeste, que cresce próximo a córregos, riachos, cascatas e lagos. É da mesma família do gengibre e pode substitui-lo em diferentes receitas. Por ser extremamente aromático, de seus rizomas, é possível obter uma fécula comestível empregada na confecção de bolos, pães e biscoitos. Fresco e ralado, faz um chá revigorante, além de poder ser acrescentado a sucos e até mesmo em molhos. De seus rizomas, podem ser ainda extraídos o polvilho e o amido, que são empregados em sorvetes, mingaus e pudins. Suas flores grandes e brancas, que lembram jasmim, são comestíveis e podem ser consumidas cruas, cozidas, em geleias e compotas, e, também, serem usadas como condimento e ingredientes decorativos de pratos. É conhecido também como "gengibre-do-brejo", "jasmim-borboleta", "lágrima-de-vênus", "colônia", "jasmim-do-brejo", entre outros nomes, de acordo com a região.

LEVINHO (BANANA BRULÉE, CREME DE FRUTAS VERMELHAS E IOGURTE DE CASTANHA-DE--CAJU E CUMARU)

★ **De Tati Lund, RJ**

4 porções

INGREDIENTES

Iogurte de castanha-de-caju e cumaru

1 xícara (chá) de castanha-de-caju crua deixada de molho
1/4 xícara (chá) de água
2 colheres (chá) de suco de limão

1 colher (sopa) de agave ou melado
1 colher (sopa) de óleo de coco
1 pitada de semente de cumaru
1 pitada de sal

Creme de frutas vermelhas

1/2 xícara (chá) de castanha-de-caju crua de molho
1/2 xícara (chá) de mix de frutas vermelhas frescas (**pitanga**, morango, framboesa, amora)
1/4 xícara (chá) de tâmaras
Água, apenas o suficiente para bater
8 folhas de manjericão

Banana brûlée

4 fatias de banana cortadas longitudinalmente
1 colher (chá) de açúcar mascavo

Finalização

Frutas da estação, de sua preferência, cortadas em quadradinhos
Sementes de abóbora, girassol, chia, linhaça (ou granola)

COMO FAZER

Iogurte de castanha-de-caju e cumaru

1. Bata tudo no liquidificador e refrigere.

Creme de frutas vermelhas

1. Bata tudo no liquidificador e refrigere.

Banana brûlée

1. Polvilhe a banana com o açúcar mascavo e queime a superfície com um maçarico na hora de servir.

Finalização

1. Em um prato, coloque 2 colheres (sopa) do iogurte de castanhas, 2 colheres (sopa) do creme de frutas vermelhas, as frutas da estação e as sementes.

Fruta nativa do Brasil, pequena, aromática, de casca fina e delicada e polpa suculenta e macia, a **pitanga** é muito agradável ao paladar. Consumida *in natura* apenas nos locais próximos às regiões de plantio, por causa de sua alta fragilidade e perecibilidade, ou amassada com açúcar, também entra no preparo de sucos, geleias, compotas, sorvetes, batidas e licores. Suas folhas, por sua vez, são ingredientes de sucos verdes. Um dos maiores produtores comerciais da fruta é o estado de Pernambuco, onde se costuma preparar um licor caseiro famoso por suas propriedades afrodisíacas. Gilberto Freyre costumava dizer que a pitanga é a cereja brasileira e criou sua própria receita com frutas colhidas no pomar de sua casa de Apipucos, maceradas em cachaça de cabeça fornecida por engenhos da região, acrescida de licor de violetas fabricado por freiras virgens do Convento do Bom Pastor, em Garanhuns. O "conhaque de pitanga", como ficou conhecido, leva outros ingredientes. Um segredo guardado a sete chaves pela família do sociólogo pernambucano.

PANNACOTTA DE LIMÃO COM SAGU AO VINHO TINTO

★ **De Rafael Protti, SP**

6 porções

INGREDIENTES

Pannacotta de limão

3 folhas de gelatina
550 g de creme de leite fresco
Raspas de 2 limões-sicilianos
85 g de açúcar

Sagu de vinho tinto

80 g de **sagu**
300 g de água mineral
1/2 garrafa de vinho tinto de qualidade
80 g de açúcar
1/2 de batom de canela
1 cravo-da-índia

COMO FAZER

Pannacotta de limão

1. Em uma tigela com água e gelo, hidrate as folhas de gelatina. 2. Em uma panela, adicione o creme de leite fresco e ferva. 3. Acrescente as raspas de limão e deixe infusionar por 30 minutos. 4. Peneire a preparação e retorne a panela ao fogo. 5. Adicione o açúcar e ferva novamente. 6. Retire do fogo e acrescente as folhas de gelatina hidratadas. 7. Passe a preparação para pequenos copos americanos e reserve na geladeira.

Sagu de vinho tinto

1. Em uma tigela, junte o sagu com 125 gramas da água mineral e deixe descansar por 1 hora. 2. Ferva todos os ingredientes (inclusive os 175 gramas restantes da água) em uma panela e adicione toda a mistura da tigela. 3. Cozinhe em fogo baixo por 25 minutos. 4. Reserve na geladeira.

MONTAGEM

Despeje um pouco do sagu ao vinho tinto sobre a pannacotta. Reserve na geladeira até a hora de consumir.

O **sagu** é feito com a seiva extraída de algumas palmeiras conhecidas como saguzeiros, que, após secar, resulta em grãos miúdos, esbranquiçados, rígidos e semitransparentes, empregados para engrossar caldos, sopas e molhos. Era umas das formas mais populares de amido no fim do século XVII. Também nomeia a fécula de mandioca granulada em formato de pequenas bolinhas, chamadas de "pérolas", encontradas em todo o Brasil e empregadas em pratos salgados e doces. Féculas provenientes da batata, da araruta, do feijão e do milho, também são empregadas para produzir o sagu. É famosa a receita de sagu com vinho tinto, própria do Sul do país.

PANQUECA DE FUBÁ ORGÂNICO COM GOIABADA

★ **De Raphael Vieira, SP**

4 porções

INGREDIENTES

Goiabada

400 g de açúcar
Suco de 15 **goiabas** (cerca de 1 L)
10 g de sal

Panqueca de fubá orgânico

110 g de fubá orgânico
100 g de trigo branco
1 colher (sobremesa) de sal
3 colheres (sopa) de açúcar
1/2 colher (sobremesa) de fermento

1/2 colher (sobremesa) de bicarbonato de sódio
160 ml de leite
100 g de manteiga derretida
1 ovo

COMO FAZER

Goiabada

1. Derreta o açúcar em uma panela até virar caramelo. **2.** Adicione 1 litro do suco de goiaba. **3.** Cozinhe por cerca de 2 horas em fogo baixo, sempre desprendendo do fundo da panela. **4.** Ao fim, adicione o sal.

Panqueca de fubá orgânico

1. No liquidificador, bata todos os ingredientes secos e depois os molhados. **2.** Unte uma frigideira com óleo e aqueça. **3.** Derrame uma colher de massa na frigideira. **4.** Tampe e deixe cozinhar. **5.** Vire a panqueca para dourar. **6.** Sirva a seguir quente com a goiabada por cima.

Fruta nativa do Brasil, a **goiaba** apresenta formatos diferentes, polpa aromática, ligeiramente ácida, de coloração variável, podendo ser branca, creme, amarela, rosa e vermelho, com seu interior preenchido por sementes. Carnuda e saborosa, rica em vitamina C – tem quatro vezes mais essa vitamina que a laranja e o limão –, pode ser consumida *in natura*, no preparo de doce em calda (apelidado de "doce de orelha", por causa de sua forma), em pasta, geleia, compota, sorvete, suco e recheio para bolos, rocamboles, tortas e biscoitos. Os imigrantes japoneses que se fixaram no município paranaense de Carlópolis foram os primeiros a plantar a goiaba na região. O estado se tornou o maior produtor da fruta e conquistou, em 2016, a certificação de Indicação Geográfica (IG). Quanto ao bichinho da goiaba, vale o ditado popular: "Bicho de goiaba goiaba é." Ou seja, não faz mal algum.

PAVÊ DE AMENDOIM

★ **De Carole Crema, SP**

6 a 8 porções

INGREDIENTES

300 g de creme de leite fresco
200 g de manteiga
200 g de açúcar
200 g de leite condensado
1/2 kg de **amendoim** torrado e moído, para montagem
2 pacotes de biscoito maisena, para montagem

COMO FAZER

1. Bata ligeiramente o creme de leite fresco e reserve. **2.** Em seguida, bata exageradamente a manteiga com o açúcar. **3.** Misture com delicadeza o creme de manteiga e açúcar com o leite condensado.

MONTAGEM

Em uma travessa, alterne o creme, o amendoim e os biscoitos. Finalize com o creme e o amendoim.

Leguminosa nativa da América do Sul, o **amendoim** se desenvolve e amadurece debaixo da terra. Seu nome vem do tupi *mandu'wi* (enterrado). Pode ser usado cru ou cozido, assado e salgado, pode ser empregado em bolos, tortas, sorvetes, doces – o que seria da paçoca e do pé de moleque sem ele? – e como tira-gosto. Entra em pratos tradicionais da cozinha baiana como o caruru, o xinxim de galinha e o vatapá. De suas sementes, fazem-se óleo de cozinha e manteiga. No Brasil, segundo a Empresa Brasileira de Pesquisa Agropecuária (Embrapa), são muitas as variedades crioulas de amendoim, com diferentes formatos de vagem, tamanhos e cores de sementes (branca, bege, rosada, vermelha, púrpura, preta, além de mistura de cores). Essas variedades são destinadas ao consumo familiar e aos mercados regionais em diversos estados (Bahia-Recôncavo, Sergipe, Ceará, Paraíba, Rio Grande do Sul). Desde 2013, o amendoim verde cozido se tornou Patrimônio Cultural Imaterial de Sergipe, onde é preparado de modo único: depois de ser arrancado da terra é cozido na casca, na água com sal e limão. É comercializado nas bancas do Mercado Municipal de Aracaju, nas feiras livres e nas praias do estado.

PETELECO

★ **De Diego Lozano, SP**

1 bolo de 500 gramas e 120 gramas de crocante de licuri

INGREDIENTES

Crocante de licuri

45 g de chocolate ao leite (40% de cacau)
55 g de crumble
20 g de **licuri**

Bolo

100 ml de água

108 g de farinha de trigo

120 g de açúcar refinado

27 g de cacau em pó, mais um pouco para polvilhar na forma

3 g de fermento em pó

2 g de bicarbonato de sódio

72 g de óleo de girassol, mais um pouco para untar a forma

1 ovo grande (63 g)

COMO FAZER

Crocante de licuri

1. Derreta o chocolate ao leite a 45 °C. **2.** Em uma batedeira, com o auxílio de um batedor raquete, bata o crumble, o licuri e o chocolate ao leite, até homogeneizar. **3.** Espalhe o crocante dentro de um aro de 14 centímetros de diâmetro. **4.** Reserve em temperatura ambiente.

Bolo

1. Em uma panela, ferva a água. **2.** Coloque em uma batedeira a farinha, o açúcar, o cacau em pó, o fermento, o bicarbonato, o óleo e o ovo, e bata, com o auxílio de um batedor raquete, até homogeneizar. **3.** Em seguida, adicione a água aquecida e bata por mais 5 minutos. **4.** Transfira a massa para uma forma (de 10 cm × 20 cm) untada e polvilhada com cacau em pó e asse em forno preaquecido a 160 °C por 30 a 40 minutos. **5.** Depois de frio, desenforme e sirva com o crocante de licuri.

 DICA DO CHEF: se quiser, cubra o bolo com uma calda quente de chocolate (uma calda feita com 100 mililitros de creme de leite e 100 gramas de chocolate derretido é suficiente para o cobrir o bolo todo).

O **licuri** é fruto de uma palmeira nativa da Caatinga, o licuzeiro. De sua amêndoa, fazem-se biscoito, bolacha, cocada, pão, sorvete, salgados, leite de coco– uma especialidade da cozinha baiana –, um óleo utilizado na culinária, similar ao óleo de coco e farinha. Na amêndoa, crescem as larvas de um besouro, que, dependendo da região, recebe o nome de "fofó", "gongo", "tapuru", "morotó", "bicho-de-coco". Essas larvas são consideradas uma iguaria. As folhas da palmeira também podem ser empregadas para fazer artesanato. O licuri é conhecido por muitos nomes, como "aricuí", "ouricuri", "alicuri" e "uricuriba", e está ameaçado de extinção.

SONHOS DE PADARIA

★ **De Vovó Palmirinha (*in memoriam*), SP**

20 unidades

INGREDIENTES

Massa
3 tabletes de fermento biológico fresco
1/2 colher (chá) de sal
1 xícara de leite morno
3 colheres (sopa) de açúcar
3 ovos
2 colheres (sopa) de manteiga
6 xícaras (chá) de farinha de trigo

Recheio
1 lata de leite condensado
1 lata de leite (use a lata de leite condensado vazia para medir)
2 colheres (sopa) de amido de milho
3 gemas
1 colher (chá) de essência de baunilha

Finalização

Açúcar e canela em pó, para polvilhar

COMO FAZER

Massa

1. Em uma tigela, coloque o fermento e o sal e misture até virar um líquido. **2.** Acrescente o leite morno, o açúcar e os ovos. **3.** Em seguida, mexa para que os ingredientes se misturem. **4.** Adicione a manteiga e vá acrescentando a farinha, aos poucos. **5.** Depois, mexa até que a massa não grude nos dedos (coloque mais farinha, se necessário). **6.** A seguir, sove a massa em uma superfície enfarinhada até ficar compacta, porém macia. **7.** Deixe descansar por cerca de 20 minutos. **8.** Feito isso, abra a massa com um rolo. **9.** Modele os sonhos com um cortador redondo e acomode-os em assadeiras enfarinhadas, mantendo distância entre esses. **10.** Ponha os sonhos para descansar por cerca de 20 minutos, para que dobrem de volume. **11.** Depois, frite e coloque os sonhos para escorrer em papel-toalha. **12.** Deixe esfriar para, em seguida, rechear.

Recheio

1. Em uma panela, misture o leite condensado, o leite (reserve um pouco), o amido de milho dissolvido no leite reservado e as gemas. **2.** Cozinhe em fogo baixo por cerca de 5 minutos até engrossar. **3.** Desligue e adicione a essência de baunilha. Deixe esfriar.

Finalização

1. Abra os sonhos ao meio com uma tesoura e recheie-os. **2.** Por fim, polvilhe uma mistura de açúcar e canela sobre os sonhos.

Pãozinho doce típico de padaria, o **sonho**, preparado com farinha de trigo, manteiga, açúcar, leite e ovos, é vendido em vários formatos, tamanhos e grande variedade de recheios (doce de leite, chantili, goiabada ou o tradicional creme de baunilha). Originário de um bolo tradicional alemão que se chama *Berliner* e é recheado com frutas vermelhas, a receita chegou ao Brasil com os imigrantes germânicos, no século XIX. Ganhou fama na capital paulista, a partir da década de 1940, graças ao famoso padeiro Benjamin Abrahão, que, com sua mulher, Maria Luísa, vendia esse nas feiras livres.

SORBETTO DE CEREJA-
-DO-RIO-GRANDE

★ **De Andrea Panzacchi, RJ**

12 porções

INGREDIENTES

800 g de açúcar
14 g de ágar-ágar ou goma de alfarroba (espessante natural)
1 L de água
1 kg de **cerejas-do-rio-grande** bem maduras, sem caroço
150 g de mel

COMO FAZER

1. Coloque o açúcar e o ágar-ágar na água bem quente até derreter.
2. Adicione a cereja e o mel e bata com o auxílio de um mixer até obter uma mistura homogênea. Cuide para que o ágar-ágar fique bem derretido. 3. Transfira a mistura para um recipiente de aço e leve ao freezer por cerca de 4 ou 5 horas, tendo o cuidado de mexer de vez em quando com um garfo. 4. Finalize batendo a mistura

com um mixer para deixá-la cremosa. 5. Leve ao freezer por cerca de 2 ou 3 horas.

A **cereja-do-rio-grande** é uma fruta doce, de casca lisa e fina, e com cor que varia de vermelho a negro, quando madura. É nativa nos campos do Sul, onde é amplamente cultivada em pomares domésticos. Os frutos de polpa carnosa e suculenta são saborosos, doces, ligeiramente ácidos e excelentes para consumo *in natura*, em calda ou cristalizado, como sorvetes, compotas, geleias, sucos, vinhos e licores. Também enriquecem molhos para carnes e aves. É também conhecida como "cereja-do-mato", "cerejeira-da-terra", "araçazeiro" (SC e SP) e "pitanga-preta" (MG).

SORVETE DE CACHAÇA COM COMPOTA DE SERIGUELA

★ **De Rafael Aoki, SP**

Porção individual

INGREDIENTES

Sorvete de cachaça

1 lata de leite condensado
5 colheres (sopa) de cachaça
500 ml de creme de leite fresco
Raspas de 1 limão-taiti

Compota de seriguela

600 g de **seriguela**
400 g de água
200 g de açúcar demerara
50 g de suco de limão-taiti

COMO FAZER

Sorvete de cachaça

1. Misture o leite condensado com a cachaça e as raspas de limão até ficar homogêneo. 2. Bata o creme de leite na batedeira com o globo ou com um fouet até obter a consistência de chantili. 3. Incorpore o creme batido em três partes na mistura de cachaça e leite condensado. 4. Leve para o freezer e homogeneíze a base do sorvete com um fouet a cada 1 hora. Repita este quarto passo 4 vezes. 5. Deixe o sorvete descansar no freezer por 12 horas. 6. Coloque a base do sorvete homogeneizado na máquina até que fique pronta.

Compota de seriguela

1. Leve a seriguela e a água para ferver por 15 minutos. 2. Coe, despreze as cascas e as sementes, e leve a polpa com o açúcar demerara ao fogo baixo, mexendo sempre com o auxílio de um fouet. 3. Quando essa mistura levantar fervura, adicione o suco de limão e mexa bem. 4. Reduza essa comporta até a consistência desejada.

DICA DO CHEF: se for preparar o sorvete em uma máquina, dispense os passos 4, 5 e 6 do "Como fazer".

Fruto da sigueleira, do mesmo gênero do cajá, do umbu e do cajá-manga, a **seriguela** é muito apreciada no Nordeste, em especial no Ceará, seu maior produtor. Tem casca lisa, fininha e brilhante, polpa amarela agridoce, suculenta e refrescante, ao redor de um grande caroço, podendo ser consumida *in natura*, em forma de refrescos, sucos, molhos para carnes brancas, doces, compotas, mousses e sorvetes. Também conhecida como "ciriguela", é, ainda, empregada na elaboração de bebidas alcoólicas (aguardentes, licores e vinho) e em uma deliciosa caipirinha.

TARTARE DE ABACAXI COM TAPIOCA, COCO E BABA DE MOÇA

★ **De Bel Coelho, SP**

2 porções

INGREDIENTES

Baba de moça

150 g de açúcar
50 ml de água
6 gemas
100 ml de leite de coco

Tartare de abacaxi

25 ml de leite de vaca
25 ml de leite de coco
25 g de tapioca
25 g de coco ralado
Baba de moça, a gosto

Finalização

120 g de abacaxi cortado em cubos bem pequenos
Açúcar, para polvilhar
Baba de moça, a gosto
Flores e folhas de manjericão, para decorar

COMO FAZER

Baba de moça

1. Coloque o açúcar e a água em uma panela e leve ao fogo alto, mexendo por 1 minuto. 2. Deixe por mais 5 minutos no fogo médio até obter uma calda grossa. 3. Misture as gemas com o leite de coco e peneire. 4. Misture com a calda e cozinhe em fogo médio, mexendo sempre, sem deixar ferver até engrossar um pouco.

Tartare de abacaxi

1. Ferva os leites de vaca e de coco. **2.** Hidrate a tapioca com os leites já fervidos, e misture com o coco ralado. **3.** Adoce a tapioca com um pouco da baba de moça.

Finalização

1. Utilize um aro de cerca de 6 centímetros de diâmetro. **2.** Coloque uma camada de abacaxi de cerca de 3 centímetros e outra de tartare de 1 centímetro. **3.** Retire o aro, polvilhe o açúcar sobre o tartare e queime a superfície com um maçarico. **4.** Coloque a baba de moça em volta e decore com as flores e folhas de manjericão.

> Os doces portugueses sofreram algumas adaptações em nossas terras. Muitas preparações foram logo se abrasileirando nos ingredientes e no nome. Apenas o uso de grandes quantidades de ovos, principalmente de gemas, manteve-se e, em parceria com o açúcar abundante, logo resultou na criação de alguns clássicos, como o quindim e a **baba de moça**. Popular entre os cariocas, a baba de moça era o doce favorito da princesa Isabel, de seus filhos e do imperador Pedro II, que muito se lastimou ao ser privado da iguaria, quando se tornou diabético. A baba de moça é ótima para acompanhar pudim de claras e fios de ovos, e, ainda, como recheio de bolos e tortas. Em João Pessoa (PB), curiosamente, não leva ovos.

INGREDIENTES

Açúcar purgado Produzido de modo sustentável por comunidades tradicionais, a purga, processo que dá nome ao açúcar, consiste no branqueamento do açúcar integral (mascavo) e demora, pelo menos, 15 dias até ficar pronta. Mais saudável que o refinado, o açúcar purgado pode ser usado do mesmo modo que o convencional, na elaboração de bebidas, sobremesas, doces, compotas, geleias, caldas biscoitos, pães e até para adoçar o cafezinho.

Araruta "A araruta é a cabeça de bacalhau dos vegetais: todo mundo sabe que existe, mas ninguém viu", afirma, com propriedade, a nutricionista Neide Rigo. Dificílima de ser encontrada, a planta tem uma raiz tuberosa da qual se obtém uma fécula branca que é transformada em polvilho e empregada para engrossar molhos, sopas e cremes, e para fazer bolos, pães, biscoitos, doces e mingaus.

Arroz-anã De origem desconhecida, é cultivado por moradores de uma comunidade ribeirinha, às margens do rio Paraíba do Sul, sem utilização de adubos químicos e pesticidas. Porto Marinho, distrito do município de Cantagalo, na região serrana fluminense, destaca-se como o único lugar que se dedica há várias décadas ao cultivo desse cereal. De formato semelhante ao arroz japonês, o arroz-anã pode ser empregado em receitas doces ou salgadas.

Assa-peixe Planta silvestre facilmente encontrada no Cerrado de São Paulo, Mato Grosso, Minas Gerais e Goiás, e na região amazônica. Cresce espontaneamente em terrenos de pastagem, beiras de estradas e canteiros. Espécie de urtiga, é conhecida por vários nomes: "folha-de-santana", "estanca-sangue", "mata-pasto", "erva-preá", entre outros. Empanadas e fritas, suas folhas viram um delicioso aperitivo. Também pode ser empregada para condimentar sopas, refogados, recheios. O formato e o sabor lembram o do peixe, daí o nome "assa-peixe".

Bertalha Folha comestível, é empregada em cremes, sopas, saladas, recheios de tortas, refogada ou cozida com outros vegetais, do mesmo modo que o espinafre. Por causa do oxalato de cálcio, que causa sensação de pinicamento na língua, escalde-a antes de usar. No Rio de Janeiro, onde é muito apreciada, é também conhecida como "baiana".

Brejaúva ou **brejaúba** É uma palmeira típica da Mata Atlântica, muito encontrada em Minas Gerais. Seus frutos (coquinhos), de mesmo nome, vêm em cachos espinhosos, na forma de pequenos piões. Quando verdes, apresentam pequena polpa com água no interior, como o coco, que pode ser empregada na produção de bebidas. Sua castanha, por sua vez, pode ser consumida *in natura*, em doces e pratos salgados. Já seu palmito é muito empregado na cozinha mineira.

Broto de samambaia Muito consumido na região central de Minas Gerais e no Vale do Jequitinhonha, o broto de samambaia é um acompanhamento tradicional. Na preparação mineira, é afervantado três vezes com bicarbonato de sódio, para eliminar os taninos e as substâncias tóxicas presentes na planta. Popularmente, é conhecido como "munheca".

Cabeludinha Planta nativa das matas paulistanas, seus frutos têm coloração amarelo-ouro quando maduros e crescem presos aos galhos e troncos, como a jabuticaba. Sua polpa adocicada e levemente ácida é empregada em sucos e geleias.

Caetê Planta tropical espalhada pela Mata Atlântica, cuja folha, mais fina e flexível que a da bananeira, é muito usada para envolver pamonhas; que, embaladas com caetés, fazem parte das festividades do Carnaval e de Santo Antônio em Paraibuna (SP) – e assar peixes e caças no moquém.

Café Em 1727, o governador do Grão--Pará e Maranhão, João da Maia da Gama, convocou o sargento-mor Francisco de Melo Palheta para ir à Guiana Francesa fazer valer o Tratado de Utrecht no rio Oiapoque e tentar obter mudas de café; produto de grande valor comercial cuja produção somente era permitida em colônias europeias. Palheta conseguiu aproximar-se da esposa do governador de Caiena, capital da Guiana Francesa, madame Claude d'Orvilles. Há quem diga que chegaram a ter um breve romance. Seja como for, em seu regresso ao Brasil, ele recebeu um vaso de plantas ornamentais, presente de madame d'Orvilles, com mudas de café escondidas. Começava, assim, a história de uma das maiores plantações de café do mundo: a nossa! O Brasil é o maior produtor e exportador

de café do mundo e o segundo maior mercado consumidor da bebida. É o produto brasileiro com maior número de Indicações Geográficas (IGs), o que faz de nós, também, o maior produtor mundial de café com certificação – cerca de 28% do café certificado comercializado no mundo é brasileiro –, com cafezais localizados em estados como Rondônia, Bahia, Minas Gerais, São Paulo, Espírito Santo e Paraná, segundo informações do *Catálogo de cafés brasileiros com Indicação Geográfica* (2022), uma publicação do Ministério das Relações Exteriores.

Cambucá Fruta nativa da Mata Atlântica, da mesma família da jabuticaba, também nasce colado ao tronco. Tem casca fina, lisa e alaranjada. Seu nome tem origem no tupi e significa "fruto de mamar". Sua polpa suculenta e agridoce é consumida *in natura* ou na forma de doces, compotas, geleias, sucos e licores. Trata-se de mais uma fruta em risco de extinção, no entanto, hoje ainda pode ser encontrada em Ubatuba, no litoral de São Paulo, e no Rio de Janeiro. É conhecida por estes outros nomes: "cambucaba" ou "cambicá".

Cana-de-açúcar No Brasil, por ordem do rei D. Manuel, a cana-de--açúcar foi introduzida na capitania de São Vicente pelo governador-geral Martim Afonso de Souza, em 1532, tornando-se a primeira atividade agrícola do país. Inicialmente foi no Nordeste, onde encontrou solo fértil e clima favorável, que a lavoura da cana se expandiu com sucesso. Hoje, porém, é na região interiorana de São Paulo que se localiza a maior parte dos canaviais. O Brasil é o maior produtor mundial de açúcar. Na culinária, um dos usos mais famosos é a garapa extraída por meio de moagem e com base na qual outros produtos são obtidos: o melaço, a rapadura, o mel de furo, o açúcar mascavo, o açúcar refinado em seus diversos estágios de refino e a cachaça.

Cansanção Planta nativa da região de Minas Gerais, assemelha-se à urtiga, mas é comestível após cozida, com sabor bem agradável. No interior mineiro, é famosa a receita de cansanção com costelinha de porco. De folha graúda, serrilhada e urtigante, são necessários cuidados ao manuseá-la, como untar as mãos ou utilizar luvas na colheita e no manuseio.

Caraguatá Fruta nativa de formato ovalado que é encontrada principalmente no Espírito Santo, Rio de Janeiro e Rio Grande do Sul. De casca muito dura, sua polpa amarelada e ácida é apreciada na forma de sucos, doces, geleias e licores. Tem estes outros nomes: "gravatá", "bananinha-do-mato".

Catupiry® Sinônimo de requeijão, o Catupiry® tem sabor amanteigado e suave, com baixo teor de acidez. Os ingredientes – leite fresco, creme de leite, fermento lácteo, massa coalhada e sal – são de conhecimento de todos, mas sua receita é guardada a sete chaves. Usado como complemento em variadas receitas da culinária brasileira, também recheia pizzas, pastéis e coxinhas. É criação do casal de imigrantes italianos Isaíra e Mario Silvestrini, que se instalaram na cidade mineira de Lambari em 1911. Na época, o Catupiry® era produzido artesanalmente. Depois de pronto, era envolvido em papel celofane e colocado em uma pequena caixa redonda de madeira feita à mão.

Cidra Fruta de sabor muito amargo e ácido, valorizada não por sua polpa, mas por sua casca. Cristalizada, pode ser usada em doces e bolos. Na forma de doce em calda, é muito apreciada em Minas Gerais e São Paulo. Existe uma variedade de cidra, de casca mais grossa, chamada de "cidrão".

Coentrão Muito empregado como tempero, é uma planta de folhagem rústica de margens levemente espinhosas, com aroma mais forte que o do coentro comum. Pode ainda ser consumido empanado e frito, refogado ou gratinado.

Fava de aridan Africana, naturalizada brasileira, usada em rituais de candomblé, a especiaria com seu sabor de baunilha e aroma de caramelo queimado encantou os confeiteiros e mixologistas. Combina com vários doces, mas especialmente em caldas, e deu cara nova a muitos drinques. Pode ser usada ralada ou em infusão.

Farinha de milho (flocada) ou **beiju de milho** É feita com milho seco, reidratado, moído e assado em placas aquecidas. Na forma de flocos amarelos – muito comum em Minas Gerais e no interior paulista – ou flocos brancos, pode ser empregada em pães, bolos, mingaus, salgados, farofas e cuscuz.

Farinha manema Escura, grossa, preparada com mandioca fresca e fermentada, entre os caiçaras, é muito apreciada acompanhada de café.

Farinha de raspa de mandioca Após descascada, a raiz da mandioca é posta para secar ao sol por cerca de quatro dias, então é socada em pilão ou triturada mecanicamente, duas ou três vezes, o que resulta em uma farinha de coloração branca, polvilhada e suave. Excelente opção para celíacos, não contém glúten, pode substituir a farinha de trigo em bolos, biscoitos, pães e massas.

Feijão-carioca De grãos médios e rajados, tem sabor agradável. Originário da zona rural de Ibirarema, é o mais plantado e consumido no Brasil. Rende bom caldo e cozinha rapidamente. Acompanha bem carnes vermelhas, frango, peixes e saladas.

Feijão-preto Ingrediente principal da tradicional feijoada, tem casca grossa e cozimento mais lento que o do feijão-carioca. É a variedade preferida dos gaúchos e reina absoluto no Rio de Janeiro, onde foi reverenciado na música "Feijão maravilha", do grupo As Frenéticas: "Dez entre dez brasileiros preferem feijão, esse sabor bem Brasil, verdadeiro fator de união da família, esse sabor de aventura famoso Pretão Maravilha".

Jabuticaba-branca De polpa macia, aquosa e ácida, porém adocicada, pode ser consumida *in natura* ou em geleias, licores, tortas, vinhos, doces e sorvetes. Ocorre em uma pequena faixa da Mata Atlântica, no Rio de Janeiro, e nos vales da Serra da Mantiqueira. Também conhecida como "ibatinga", "jabuticaba-verde" e "jabuticabatinga", é uma espécie nativa que está ameaçada de extinção.

Jaracatiá Árvore nativa, ameaçada de extinção, que produz frutos como o mamão, daí ser conhecido como "mamão-bravo" ou "mamão-de-veado". Os frutos podem ser consumidos *in natura* – depois de se eliminar a papaína – ou cozidos. De formato alongado e cor alaranjada, de sua polpa se faz geleia e de seu caule ralado se faz

um doce reconhecido como Patrimônio Cultural Imaterial da culinária paulista pela Secretaria de Estado de Cultura, em 2013. É o doce de jaracatiá, ou doce do pau ralado, tradicionalmente feito em tacho de cobre e fogão a lenha.

Jaú Espécie de água doce de grande porte, que pode chegar a pesar mais de 100 quilos e medir cerca de 120 centímetros, sua carne é apreciada nas regiões Sudeste e Sul do país. De poucas espinhas, é indicado para todo tipo de preparo. Está presente nas bacias dos rios Amazonas, Araguaia e Tocantins.

Jerivá Também chamado de "jeribá", "baba-de-boi" (RJ e SP), "cocô-de-cachorro" (SC) e "cheribão" (RS), o fruto é de cor amarela ou alaranjada, de formato ovalado, com polpa fibrosa, doce e suculenta. Cada fruto contém uma única semente, como um minúsculo coco, de sabor amendoado. Tanto os frutos como as sementes dos jerivás são comestíveis. Também produz um palmito, consumido como hortaliça ou em conserva.

João branco Rapadura batida e esbranquiçada, usada para adoçar o café.

Juçara A palmeira juçara é parente próxima do açaizeiro amazônico – ambas geram frutos de cor, textura e sabor muito parecidos e se prestam aos mesmos propósitos. A juçara cresce em toda a região da Mata Atlântica, leva, pelo menos, sete anos para produzir frutos e não gera novos brotos depois de cortada, ao contrário do açaí e da pupunha. Apenas indústrias que compensam a retirada da árvore com o plantio prévio e outras ações ambientais estão aptas para a extração e a comercialização de seu palmito. O palmito juçara encontra-se hoje sob o risco de extinção. Também é chamado de "içara" ou "palmito-doce".

Língua-de-vaca Considerada uma planta daninha, suas folhas de sabor forte podem ser consumidas cruas, cozidas ou refogadas. Conhecida também como "labaça", é muito abundante no Sul e no Sudeste, onde costuma aparecer na culinária do interior de Minas Gerais e do Rio de Janeiro.

Manjogome Considerada planta daninha, tem folhas carnosas que podem ser empregadas como as do espinafre: em saladas e no recheio de bolinhos, massas, tortas, pastéis ou omeletes. Suas folhas também são muito usadas no feijão, em cremes, sopas e ensopados. É chamada por outros nomes curiosos, como "major-gomes", "bênção-de-deus" (MA), "cariru" (AM), "mariagombe", "manjogomes" e "manjongomes" (no Nordeste), "maria-gorda" e "maria-gomes" (MG, SP e RJ), "beldroega-grande", "bredo" e "joão-gomes". Parente da onze-horas e da beldroega, seu nome científico é *Talinum paniculatum*.

Manjuba Peixe pequeno, de água doce e muito saboroso, é vendido fresco ou seco, após passar por processo em que fica exposto ao sol e em cura de sal. Pode ser servido empanado inteiro, como aperitivo, ou aproveitado de outras maneiras também, grelhado e marinado. A pesca da manjuba é uma tradição das cidades de Cananeia e Iguape, no litoral sul paulista. Na Bahia, onde é chamado de "xangó", é temperado com azeite de dendê, cebola, alho e pimenta, e assado na folha de bananeira. Outros nomes pelos quais é também conhecido são: "ginga", "pitinga" e "manjubinha".

Melão-de-são-caetano Foi trazido da África pelos primeiros escravizados e foi plantado em uma capela dedicada a São Caetano, nas proximidades de Mariana, em Minas Gerais. Os brotos podem substituir o espinafre, após serem fervidos. O fruto de sabor amargo pode ser usado em refogados, cozidos e saladas. Outros nomes são: "melão amargo", "fruto-de-cobra", "fruto-de-negro", "melãozinho" e "pepino-amargo".

Milho crioulo Nativo do Brasil, é "um produto orgânico de agricultura familiar, cultivado com respeito ao solo e ao tempo de plantio, e que não é geneticamente modificado", assim o define a chef Ieda de Matos. De grãos brancos, vermelhos, laranjas e negros, de forma e tamanho diversos, os milhos crioulos se prestam para fazer fubá, canjiquinha, farinha, bolos, biscoitos, pamonha, curau, e cozidos são deliciosos. Comparados aos milhos convencionais são mais proteicos e têm grande concentração de ferro.

Miniarroz (*Oryza sativa* L. ssp. *japonica*) "É resultado de um melhoramento genético natural de um arroz desta variedade, plantado pelo rizicultor José Francisco Ruzene, proprietário da empresa homônima, em Pindamonhangaba", no Vale do Paraíba, em São Paulo, esclarece o escritor José Osvaldo Albano do Amarante. Ideal para ser preparado al dente, seu aroma é suave e levemente floral. O menor grão do mercado é vendido em duas versões: polido e integral.

Namorado Peixe encontrado no Atlântico, muito procurado por causa do rico sabor da sua carne branca, sem gordura e sem espinhas. Tem textura firme, por isso é ideal para ser preparado cozido, assado, grelhado, frito ou recheado. É um peixe muito versátil, podendo ser preparado inteiro, em postas ou filés. No Brasil, existem duas espécies diferentes: uma, de coloração violácea, conhecida como "namorado-pintado", ocorre principalmente do Espírito Santo a Santa Catarina; a segunda, mais clara, chamada de "namorado-do-sul", é encontrada com frequência no Rio de Janeiro.

Olho-de-boi Peixe marinho de escamas, de corpo alongado e robusto, é uma espécie que pode chegar a pesar 80 quilos e alcançar cerca de 1,70 metro. Muito encontrado no litoral do Rio de Janeiro, pertence à família do olhete, com o qual é frequentemente confundido. Sua carne branca tenra e saborosa, rica em ômega-3 e ômega-6, é muito empregada em *ceviches*, *sushis* e *sashimis*, ensopados e cozidos. Também pode ser assado, grelhado, empanado ou chapeado.

Pacová Originária da Mata Atlântica, com cachos de flores rosa e frutos que variam do vermelho à púrpura, a pacová cresce em terrenos úmidos e sombreados. Seu nome, em tupi-guarani, significa "folha enrolada". Considerada o cardamomo brasileiro, de quem é parente, suas sementes depois de moídas conferem sabor e aroma a bolos, biscoitos e doces. Misturadas a outras especiarias, tempera carnes, frangos e vegetais. A espécie é também conhecida como "banana-de-macaco" ou "pacova-de-macaco".

Pão Brigite Pão francês, mais comprido no formato, que é assim chamado no Rio de Janeiro.

Pão de Petrópolis Pão de forma de textura bem macia e sabor ligeiramente adocicado, fabricado originariamente em Petrópolis (RJ). Ganhou fama com a torrada Petrópolis: feita na chapa e com bastante manteiga passada em apenas um lado desse pão.

Pão francês Nasceu carioca, entre os séculos XIX e XX, e no Rio de Janeiro permaneceu. Nem perca seu tempo procurando esse pãozinho na França. "Muitos acreditam que o nome veio do tipo de farinha. A explicação é clara. Foram os franceses, no século XVIII, que começaram a produzir farinha branca e fina. Em Portugal, na Espanha e na América de colonização ibérica, bem como na Inglaterra, havia um pão chamado francês", esclarece o jornalista J. Dias Lopes. "Designava um produto elaborado com farinha branca de trigo, dotado de casca crocante e miolo flexível, alvo ou creme", afirma o historiador do Arquivo Nacional do Rio de Janeiro, Carlos Ditadi. No Ceará, é chamado de "carioquinha"; em Minas Gerais, "pão de sal"; no Rio Grande do Sul, "cacetinho"; em Sergipe, "pão jacó"; e no Pará, "pão careca".

Papa-terra O termo "papa-terra" é conferido ao curimbatá, peixe de médio porte, em função de este habitar fundos arenosos e lamosos do oceano, onde revira tudo atrás de alimento, levantando bastante a terra. Com uma carne branca, tenra de ótima qualidade, pode ser empregado inteiro, em postas e na forma de filé, frito e assado.

Pariparoba Planta nativa do Brasil, ocorre desde a Amazônia até o Rio de Janeiro. As folhas de pariparoba, grandes e arredondadas, têm aroma picante e são levemente ardidas, uma vez que são da família das piperácias, a mesma da pimenta-do-reino. São consumidas branqueadas, refogadas, em preparados cozidos, em saladas ou empregadas para fazer charutinho, assar peixe e, ainda, como condimento. Depois de fervidas, têm uso similar ao da couve. Entre outros nomes, é também conhecida como *caapeba* – seu nome indígena –, "catajé" ou "capeba".

Peixe-porco Peixe marinho de porte pequeno que recebe esse nome por causa dos sons (roncos) que emite ao ser removido da água, que fazem lembrar os de um porco. Comum na costa brasileira, o popular "porquinho", também conhecido como "peroá" no Espírito Santo e no Rio de Janeiro, e "cangulo" no Nordeste, tem uma carne branca e macia, que costuma ser frita ou empanada.

Peixinho-da-horta Erva peludinha e ligeiramente amarga, suas folhas podem ser empregadas em omeletes, sopas, refogados e recheios diversos. Empanadas e fritas, ficam muito crocantes e saborosas. Presente no Sul, Sudeste e Centro-Oeste do Brasil, é também chamada de "orelha-de-cordeiro", "orelha-de-coelho", "orelha-de-lebre" e "pulmonária". No Vale do Paraíba, é conhecida como "lambari-da-horta".

Perdiz Encontrada no Cerrado e na Caatinga, especialmente no Sudeste, nossa perdiz, *Rhinchotus rufescens*, da família Tinamidae, assemelha-se a um frango grande – com 30 a 40 centímetros de altura. Ave extremamente desconfiada, esconde-se muito bem no mato. Melhor de ser caçada quando entra no cio e pia forte com intervalos de 16 a 20 segundos. Sua carne branca, mais saborosa

quando proveniente de uma ave jovem, costuma ser encontrada em açougues especializados em cortes nobres. Para amaciar e dar mais suculência à carne, é obrigatório mariná-la. No Rio Grande do Sul, é chamada de "perdigão".

Peroá Peixe marinho típico do Espírito Santo, é preparado empanado e frito, servido com banana-da-terra frita, farofa, batatas fritas, cebola e alface. Também conhecido como "peixe-porco", está ameaçado de extinção por causa da pesca intensiva.

Pimenta-biquinho Muito conhecida em Minas Gerais, onde se acredita que tenha surgido, na região do Triângulo Mineiro, é pequenina e doce – tem grau de ardência zero –, é geralmente é vendida na forma de conserva em vinagre. A biquinho tempera tortas, peixes, carnes de porco e de frango, saladas, patês, rende geleias deliciosas e também pode enfeitar alguns pratos. Existe outro tipo chamado de "pimenta de bico", ou simplesmente "bico", com acentuado nível de ardência. Fique atento!

Pimenta-cabacinha ou **fidalga** É conhecida em várias regiões do país, principalmente no interior de São Paulo e no sul de Minas Gerais. Picante e de cor alaranjada quando madura, faz bons molhos, conservas e acompanha saladas.

Pimenta-cambuci Sem pungência alguma, pode ser consumida fresca, em conservas, saladas, molhos e cozidos de aves e carnes. Cozida com açúcar, dá uma deliciosa geleia. Seu nome vem do tupi-guarani e significa "pote de água", por causa da semelhança entre seu formato e o das talhas usadas pelos indígenas para armazenar água. Também conhecida como "pimenta godê", "chapéu-de-bispo" e "chapéu-de-frade", a cambuci pende de pequenos arbustos que se concentram nas regiões Sul e Sudeste do país.

Pimenta-cumari Ligeiramente ardida, é colhida ainda verde e perece facilmente. A cumari é empregada em conservas, molhos, marinados e cozidos. Conhecida também pelos nomes de "combari" e "comari", aparece na culinária do interior de São Paulo e Minas Gerais e no estado de Goiás. Em tupi-guarani, seu nome significa "alegria do paladar".

Pimenta-dedo-de-moça Pimenta vermelha de formato alongado, aromática e de ardência agradável, é empregada em saladas, carnes, aves, caças, frutos do mar, cozidos, e tempera bem molhos. Também conhecida no Sudeste e no Sul como "chifre-de-veado" ou "pimenta vermelha", quando desidratada recebe o nome de "pimenta-calabresa".

Pimenta-mulata Pimentinha roxa, suave, cultivada no interior de São Paulo, usada em saladas, crua ou grelhada.

Pitangatuba Embora se assemelhe muito com a carambola, a fruta é da mesma família da pitanga. Alongada, de casca amarela bem fininha, sua polpa suculenta e ácida, muito aromática, abriga de uma a duas sementes. Pode ser consumida *in natura* ou em sucos, doces e geleias. Popularmente chamada de "pitangão", é nativa da Mata Atlântica, presente nas restingas litorâneas do Rio de Janeiro, Espírito Santo e São Paulo.

Queima do alho É símbolo da cultura culinária do peão de boiadeiro. Segundo a versão mais aceita da origem do nome, os tropeiros escolhiam um peão para ser o cozinheiro e comunicavam aos demais que aquele seria o homem responsável por "queimar o alho" para a comitiva. O papel do cozinheiro era extremamente importante. Ele seguia na frente das comitivas com a missão de encontrar um pouso adequado para preparar a comida e para as tropas descansarem. Entre as receitas servidas, podemos destacar o feijão gordo, o arroz de carreteiro, o feijão-tropeiro e a paçoca de carne.

Quitoco Planta aromática, semelhante ao manjericão, o quitoco está presente na região mineira do Serro. Suas folhas maceradas com sal e alho podem ser empregadas como tempero para frangos, carnes, embutidos, massas e outros preparos. Também é conhecida como "erva-lucera", "lucera" e "arnica".

Requeijão Tipicamente brasileiro, foi criado por Moacyr de Carvalho Dias em Poços de Caldas, no sul de Minas. De sabor suave, cremoso, vendido em copos de plástico, é elaborado com leite de vaca coalhado, dessorado e cozido, acrescido de creme de leite fresco. Excelente para lanches e na preparação de recheios e molhos.

Requeijão culinário Variedade de requeijão, de sabor mais acentuado e mais oxidado, e de textura granulosa, que entra no preparo de pizzas e massas recheadas.

Requeijão de prato Feito exclusivamente com leite e sal. Após coalhado, o leite vai ao fogo para adquirir consistência. É colocado em um prato, do qual toma a forma. Faz parte do café da manhã de São Luiz do Paraitinga, no interior paulista.

Requeijão moreno Requeijão de corte produzido artesanalmente com leite de vaca talhado, também conhecido como "requeijão caipira". De sabor amendoado, é iguaria do interior mineiro e de Goiás.

Socol É um embutido de lombo de porco desidratado por 48 horas no sal fino, temperado tradicionalmente com pimenta-do-reino – alguns produtores adicionam alho ou canela – envolvido no peritônio do porco. Tradição do Vêneto, na Itália, herança dos imigrantes que chegaram à região serrana capixaba. O socol matura por cerca de seis meses em local fresco. Uma vez curado, é lavado e seco, pronto para ser degustado. A palavra "socol" é derivada do italiano *ossocolo*, osso do colo (carne do pescoço do porco). A região noroeste do município de Venda Nova do Imigrante (ES) passou a ser referência na produção da iguaria, ao receber a certificação de Indicação Geográfica (IG) em 2018.

Tempero mineiro Mistura de alho, cebola, pimentões verdes, salsinha, cebolinha e sal, batidos no liquidificador até formar uma pasta.

Torresmo prensado Símbolo gastronômico de Castelo, cidade ao sul do Espírito Santo, é tradicionalmente elaborado com a barriga de porco picada em pedaços e frita até ficar crocante. Depois disso, é colocada em prensas artesanais para separar o torresmo da banha. Para se obter um quilo de torresmo prensado são utilizados dez quilos de toucinho. Pode ser empregado na elaboração de farofas, risotos, massas e arroz. A iguaria produzida desde os anos 1900, pelas levas de italianos que chegaram à cidade, está em busca de adquirir o selo de Indicação Geográfica (IG).

Umbigo de bananeira Extremo que se destaca das pencas das bananas, de coloração arroxeada, o umbigo de bananeira é alimento tradicional no interior de Minas Gerais, onde é servido combinado com costelinha de porco ou como recheio de pastel de angu. Para ser empregado, o umbigo é descascado até chegar ao miolo de cor branca, que é cortado em fatias bem finas e aferventado duas vezes em água. Esse processo é necessário para evitar que "amarre" na boca quando for servido. Suas flores também podem ser usadas: basta retirar o estigma (responsável por grande parte do amargor) e aferventá-las duas, ou mais, vezes que o umbigo; o gosto lembra o do palmito guariroba. Também é chamado de "mangará", "flor de bananeira" ou "coração de bananeira". Na Bahia, é conhecido como "bogó".

Vieira Molusco bivalve – tem uma concha que se abre em duas partes –, sua carne branca tenra e macia, tem consistência mais firme que a de outros moluscos. As vieiras são comercialmente classificadas em dois grandes grupos: as de mar, de carne adocicada e úmida; e as de baía, pequenas, caras e raras. Estas últimas são menores e sua carne é mais adocicada e suculenta que a das vieiras de mar. São apreciadas grelhadas ou gratinadas. A baía da Ilha Grande, no oeste do estado do Rio de Janeiro, é a maior produtora de vieiras do país, seguida da região catarinense de Porto Belo.

RECEITAS CLÁSSICAS

BRIGADEIRO DE ESPECIARIAS BRASILEIRAS COM GELEIA DE CUPUAÇU E CASTANHA-DO-PARÁ

★ De Rodrigo Ribeiro, SP

20 a 25 unidades

INGREDIENTES

Brigadeiro de especiarias

400 g de leite condensado
200 g de creme de leite
60 g de manteiga
1/2 fava de cumaru ralada
1/3 de fava de **puxuri** ralada
Manteiga, para untar
Castanha-do-pará ralada, q.b.

Geleia de cupuaçu

500 g de cupuaçu
250 g de açúcar
30 g de suco de limão

COMO FAZER

Brigadeiro de especiarias

1. Em uma panela, leve ao fogo o leite condensado, o creme de leite, a manteiga e as favas, e cozinhe, sem parar de mexer, ou até aparecer o fundo da panela. 2. Retire a panela do fogo e transfira o

brigadeiro para um prato untado com manteiga. **3.** Deixe esfriar. **4.** Em uma tigela, coloque a castanha-do-pará. **5.** Unte as mãos com manteiga, modele os brigadeiros e passe nas castanhas.

Geleia de cupuaçu

1. Leve ao fogo todos os ingredientes e cozinhe, sem parar de mexer até alcançar o ponto de geleia. **2.** Retire da panela e deixe esfriar. **3.** Sirva junto com o brigadeiro.

Puxuri é uma semente aromática e doce de uma árvore típica do Amazonas, da família do louro, que, ralada, substitui a noz-moscada em muitas receitas; daí ser conhecida como "noz-do-pará". Suas folhas são usadas para fazer chá, costume herdado dos ingleses. "Uso em receitas refrescantes com limão, hortelã ou menta. Combina também com cravo e canela, podendo, inclusive, substituí-las em algumas preparações", ensina o chef Rodrigo Ribeiro, que participou da 1ª edição desta obra. Alguns de seus outros nomes são: "fava de puxuri", "puchurim", "pixuri" e "puxurirana".

DOBRADINHA

★ **De Janaina Torres Rueda, SP**

6 porções

INGREDIENTES

60 ml de azeite de oliva
150 g de bacon cortado em cubinhos
150 g de paio cortado em cubinhos
1 cebola grande picada
5 dentes de alho picados
1 cenoura cortada em cubinhos
2 talos de salsão cortados em cubinhos

200 g de extrato de tomate
1 kg de bucho limpo, cortado em tiras
500 g de feijão-branco pré-cozido
2 folhas de louro
Sal, a gosto
Pimenta-do-reino, a gosto
3 tomates, sem pele e sem sementes, cortados em cubinhos
Salsinha e cebolinha, a gosto

COMO FAZER

1. Esquente uma panela com azeite e refogue o bacon e o paio. **2.** Acrescente a cebola e o alho, e deixe dourar. **3.** Junte a cenoura, o salsão e o extrato de tomate e refogue por 4 minutos. **4.** Adicione o bucho, o feijão e as folhas de louro. **5.** Ajuste o sal e a pimenta--do-reino. **6.** Finalize com os tomates, a salsinha e a cebolinha.

Originária de Portugal, onde é chamada de "dobrada" ou "tripa", a **dobradinha** foi tema do célebre poema "Dobrada à moda do Porto", de Fernando Pessoa, assinado por seu heterônimo Álvaro de Campos. O prato que não prima pela unanimidade, é um guisado de estômago de carneiro, vaca ou boi cortado em pequenos pedaços, acrescido de feijão-branco ou grão-de-bico, batatas, paio, toucinho, cebola e alho, sem gosto específico, a dobradinha (estômago) absorve os sabores dos outros ingredientes. De consistência dura, exige longo cozimento. Destaque da culinária mineira e popular em São Paulo, no Sul do país, é chamada de "mondongo".

Região

SUL

A ORIGEM DA RECEITA SÍMBOLO do Paraná, o "barreado", permanece obscura. Prato forte, capaz de repor as energias, estaria associado ao Entrudo, precursor do Carnaval. Ou teria sido criado pelos tropeiros, que também introduziram o tipo de culinária encontrada em Minas Gerais, em São Paulo e no Rio Grande do Sul, revelada nas receitas de quirera, virado de feijão e paçoca de charque. Isso é, porém, contestável, uma vez que a carne preferida por eles era o charque – pela facilidade de transporte e conservação – e não a carne verde, usada na receita. Seja lá como for, o barreado se tornou a centésima certificação de Indicação Geográfica (IG) do Brasil em 2022. As receitas do *pierogi* (um tipo de pastel cozido), do *bigos* (um tipo de ensopado) e do *borscht* (um tipo de sopa) se tornaram características da culinária local, levadas pelos imigrantes poloneses – Curitiba é a segunda cidade fora da Polônia com o maior número de descendentes polacos – e ucranianos no fim do século XVIII. Na capital, as inúmeras cantinas do bairro de Santa Felicidade servem iguarias italianas. Por sua vez, os imigrantes japoneses e os de origem árabe chegaram à cidade no início do século XX com suas contribuições.

O consumo do pinhão é hábito herdado dos indígenas que habitavam a região. A semente da araucária protagoniza receitas de entrevero, paçoca e brilha na sapecada; técnica que consiste em assar o pinhão na brasa do fogo de chão.

Ainda dos indígenas, os catarinenses receberam a farinha de mandioca, mas foi com os açorianos que aprenderam a produzir uma farinha finíssima, típica da região, que, na forma de um pirão branco, ou de náilon, acompanha diversas preparações. Já no século XIX, essa farinha ganhou a alcunha de "farinha de guerra", por ser alimento de sustança das tropas que lutavam no Paraguai. A predileção pelos peixes, em especial pela tainha, e pelos frutos do mar também vem do contato com eles. Atraídos pelo clima da região, alemães desembarcaram no Vale do Itajaí, dando origem às cidades de Blumenau, Brusque, Pomerade e Joinville, e, com eles, especialidades alemãs – como o *Schlachtplatte*, o marreco com repolho roxo, e a salsicha *Bockwurst*, muito apreciados –, além da preferência pela carne suína e pela cerveja; bebida símbolo da região. Dos eslavos, foram assimiladas as receitas de maçã recheada, de torta recheada de requeijão e da sopa de batata com leite. Dos ucranianos, receitas de *uzuar*, *borjche* e *klopse*. O *apfelstrudel* e o *goulash* denunciam as influências austríaca e húngara. A *fortaia*, a codorna e a galinha com polenta no fio e tantas outras iguarias levam a assinatura dos *oriundi*. Seus descendentes representam, atualmente, quase metade da população do estado. Em Treze Tílias, no oeste do estado de Santa Catarina, prevalecem receitas austríacas. Assim, os hábitos alimentares traduzidos na sapecada, na carne de gado, na farinha de mandioca e no feijão na região serrana são oriundos do tropeirismo.

O chimarrão foi um presente do povo guarani, que infundia a erva-mate, para se aquecer; e o legado do churrasco na vala – na grelha, é chamado de "assado" – foi deixado pelas culturas indígenas também – duas tradições gaúchas enraizadas em sua própria cultura: gaúchos são mestiços de indígenas, portugueses e espanhóis. Dos padres missioneiros, que trouxeram as primeiras ovelhas e as primeiras cabeças de gado para os Pampas, ficou o gosto pelo espinhaço de ovelha e pela carne de boi. O charque, introduzido por um retirante da seca, o português José Pinto Martins, gerou riqueza, fez surgir uma elite, os chamados "barões do charque", foi um dos pilares da economia sul-rio-grandense e continua a ser apreciado em diversos preparos. Pelas mãos dos condutores de carretas, surgiu o fiel parceiro do churrasco gaúcho: o "arroz de carreteiro". Os doces de origem portuguesa, principalmente de ovos, estão presentes na cidade gaúcha de Pelotas. O costume do

café colonial e o apreço pelos preparos à base de batatas, por carnes defumadas, embutidos e cucas nasceram da convivência com
os alemães, que também ensinaram suas técnicas de conservas.
Por outro lado, o puchero e o fiambre são herança dos espanhóis.
O gosto pela polenta frita, pelas massas recheadas, pelo galeto,
pelo salame, e a gratidão por terem desenvolvido a vitivinicultura
na região devem-se, por conseguinte, aos italianos.

BEBIDAS

Café Camargo Bebida preparada com leite quente da vaca, ordenado na hora, que também é chamada apenas de "Camargo".

Café de cambona Espécie de café elaborado com inhame torrado em uma caneca grande, chamada de "cambona", que tem um dos lados reto. Muito apreciado na região de São Nicolau, no Rio Grande do Sul, onde ganhou uma festa realizada sempre no mês de maio: a Festa do Café de Cambona.

Cafilho Café preparado com grãos de milho torrados.

Capilé 1. Refresco de verão, feito com um pouco de vinho tinto, água e muito açúcar. 2. No Centro-Oeste, é elaborada com o xarope de uma planta chamada de "capilário", da família das avencas, e água.

Chimarrão Bebida quente feita com as folhas e os talos tostados da erva-mate, tomada em cuias de cabaça por meio de canudos com filtros metálicos, as bombas. É a bebida símbolo do Rio Grande do Sul. A chaleira, a cuia e a bomba são chamadas de "avios" pelos gaúchos.

Consertada Mistura de café bem forte, uma boa dose de cachaça e açúcar caramelizado com especiarias, levada ao fogo. Depois de fria, a bebida é coada e está pronta para ser consumida. O nome remete ao reaproveitamento da sobra do café passado – "consertado" para obter uma nova bebida –, que costuma ser depositada no boião, um jarro de barro utilizado em cozinhas tradicionais da cidade catarinense de Bombinhas, onde se tornou Patrimônio Cultural Imaterial da cidade em 2013.

Gengibirra O nome vem da junção de duas palavras: gengibre e birra (cerveja em italiano). A receita à base de gengibre foi criada por uma família de imigrantes italianos, na atual cidade de Palmeira, nos Campos Gerais do Paraná, no século XIX. No Amapá, é destaque nas rodas de batuque e Marabaixo – manifestação cultural de origem africana que consiste em homenagear o Espírito Santo e a Santíssima Trindade. Em 2019, foi reconhecida com Patrimônio Cultural Imaterial do Amapá. No sertão nordestino, é comum prepará-la com jenipapo.

Jurupiga Herança dos colonizadores do norte de Portugal, onde é conhecida como "jeropiga" ou "geropiga". A bebida continua a ser produzida artesanalmente na ilha dos Marinheiros, no largo da cidade de Rio Grande. É elaborada do mosto da uva, sem adição de açúcar e com pouquíssimo álcool, para evitar a fermentação. Após essa fase, a mistura é colocada em tonéis, ou pipas, por cerca de dois a três meses até que ocorra a completa decantação.

Limãozinho Mistura de cachaça, açúcar e suco de limão.

Vinho de laranja Típico da cidade de Caçapava do Sul, obtém-se pela fermentação de laranjas comuns com açúcar.

BRASILEIRINHO

★ De Saulo Rocha, SP

INGREDIENTES

Xarope simples

500 ml de água
1 kg de açúcar

Calda de maracujá

500 ml de polpa de maracujá
500 ml de xarope simples

Xarope de gengibre

500 g de gengibre
1 L de xarope simples

Xarope de quentão Guarita

500 ml de água
1 kg de açúcar
200 ml de cachaça envelhecida em amburana
100 g de mate torrado
100 g de camomila
50 g de gengibre em pedacinhos
10 cravos-da-índia
5 paus de canela
1 maçã cortada em pedacinhos

Espuma de quentão

150 ml de xarope de quentão
150 ml de suco de limão
150 ml de clara de ovo pasteurizada

Coquetel

50 ml de cachaça prata
30 ml de suco de limão
20 ml de calda de maracujá
10 ml de xarope de gengibre
Espuma de quentão, para finalizar
Pólen de abelhas, para finalizar

COMO FAZER

Xarope simples

1. Em uma panela, coloque a água e o açúcar, e leve ao fogo baixo.
2. Mexa sempre até a mistura ficar transparente.

Calda de maracujá

1. Bata todos os ingredientes no liquidificador, cuidando para não quebrar muito as sementes. 2. Coe a mistura em uma peneira fina.

Xarope de gengibre

1. Bata todos os ingredientes em liquidificador. 2. Coe em uma peneira fina.

Xarope de quentão Guarita

1. Em uma panela, coloque todos os ingredientes e leve ao fogo baixo, mexendo sempre. 2. Assim que começar a ferver, desligue o fogo. 3. Coe e deixe esfriar.

Espuma de quentão

1. Coloque todos os ingredientes em um sifão de espuma, com uma cápsula de gás N_2O (óxido nitroso).

Coquetel

1. Coloque todos os ingredientes em um copo baixo. 2. Adicione gelo, mexa para homogeneizar e diluir. 3. Finalize com espuma de quentão e o pólen de abelhas no canto do copo.

Em linhas gerais: "**Quentão** é bebida elaborada com aguardente de cana-de-açúcar temperada com gengibre e canela servida quente." Já era preparado desde os tempos do Brasil Colônia, pelos colonizadores portugueses, como alternativa ao Mulled Wine, bebida quente feita com vinho tinto, especiarias e mel, cuja receita remonta ao Império Romano, no século II, onde era chamada de *Conditum Paradoxum*. No Sul, por influência europeia, leva vinho acrescido de cravo-da-índia, canela em pau, raspas de laranja, açúcar e maçã-verde picada. Típicos das festas juninas, ambos aquecem a alma, o corpo e o espírito nas noites frias do inverno.

CAPETA ARAÇÁ-VERMELHO

★ **De Marcelo Pereira, RS**

INGREDIENTES

Leite de coco condensado

200 ml de leite de coco
50 g de açúcar

Coquetel

60 ml de cachaça envelhecida em grápia
15 ml de leite de coco condensado
15 ml de suco de limão
8 a 10 **araçás**-vermelhos inteiros

Finalização

Coco ralado seco, a gosto
Canela em pó, a gosto

COMO FAZER

Leite de coco condensado

1. Em uma panela, adicione todos os ingredientes e leve ao fogo alto, mexendo sempre para não queimar o açúcar. 2. Deixe ferver para evaporar a água do leite por, no máximo, 30 minutos. 3. Retire do fogo, espere esfriar e guarde em um pote higienizado.

Coquetel

1. Coloque todos os ingredientes no liquidificador e bata bem até obter uma mistura homogênea. 2. Despeje em uma taça de coquetel previamente gelada e siga para a finalização.

Finalização

1. Espalhe o coco ralado sobre toda a superfície da bebida e queime com um maçarico culinário. 2. Finalize com a canela em pó.

Frutinha arredondada, de polpa branca, aromática, repleta de sementes, o **araçá** é da mesma família da goiaba e da jabuticaba. De sabor ligeiramente ácido, pode ser consumido *in natura* e empregado no preparo de refrescos, sorvetes e doces em calda, em pasta ou de corte. Existem araçás de vários tipos no Brasil, de cores, aspectos, formas e tamanhos variados, como o araçá-boi. Muito conhecido e utilizado pelas comunidades do Norte do Brasil, chega a pesar 450 gramas quando maduro. Com este, faz-se um delicioso doce de corte, a araçazada boi cascão. Para Gabriel Soares da Silva, "os araçazeiros são outras árvores [...], as quais são como macieiras na grandeza, na cor da casca, no cheiro da folha e na cor e feição dela [...] Esta fruta se come toda, e tem ponta de azedo muito saboroso, da qual se faz marmelada, que é muito boa".

TCHÊ

★ **De Marcelo Serrano, SP**

INGREDIENTES

Xarope de mel branco

20 ml de mel branco
20 ml de água

Coquetel

50 ml de bourbon
30 ml de suco de limão
20 ml de xarope de mel branco
5 ml de suco de gengibre
15 ml de clara de ovo pasteurizada
Erva-mate, para finalizar

COMO FAZER

Xarope de mel branco

1. Em uma panela em fogo médio, misture o mel e a água até que o mel se dissolva por inteiro. Deixe esfriar. 2. Transfira para um pote hermético e guarde sob refrigeração por até 2 semanas.

Coquetel

1. Bata todos os ingredientes na coqueteleira com gelo. 2. Sirva na cuia com gelo. 3. Finalize com erva-mate no suporte de chá.

Erva-mate, planta nativa do Brasil cujas folhas secas são empregadas como infusão para refresco, chá, chimarrão ou tererê, e entram na elaboração de energéticos, farinhas, refrigerantes e cervejas. Conhecida como "mate" e "congonha", suas folhas podem ser encontradas despedaçadas, moídas (barbacuá) e inteiras. No século XVII, os padres jesuítas chegaram a proibir o uso do mate entre os indígenas da etnia guarani, nas terras de Guayrá (atual estado do Paraná), por acreditarem tratar-se de uma erva diabólica. Intuito fracassado: depois de provarem, acabaram sendo seduzidos pela planta – era tão revigorante! O mate colaborou de tal forma para o crescimento socioeconômico do Paraná que está presente na bandeira do estado, ao lado de um ramo de araucária. Em 2017, a erva-mate produzida em São Mateus do Sul (PR) passou a integrar a lista do Instituto Nacional de Propriedade Industrial (INPI), ao conquistar o selo da certificação de Indicação Geográfica (IG). Já em 2022, foi a vez do Planalto catarinense conquistar a Denominação de Origem (DO) da erva-mate. O grande diferencial diz respeito ao modo de produção. A erva é cultivada sob a sombra de araucárias, o que lhe confere um sabor mais doce, folhas mais verdes e maior teor de cafeína.

PETISCOS, ENTRADAS E SANDUÍCHES

Bauru gaúcho O curioso desta receita é que o sanduíche não leva pão. É preparado com carne grelhada (contrafilé ou filé-mignon), fatias de queijo meia cura e de presunto cozido, tomate e cebola roxa.

Capelleti in brodo Caldo aromático de frango ou de outra carne em que se cozinha a massa fresca recheada. É uma receita italiana que faz sucesso nas noites frias do Rio Grande.

Coxinha de farofa Símbolo da culinária da Lapa, no Paraná, presente nas festas alusivas a São Benedito, a massa de pastel é recheada com farofa de frango.

Fiambre Carnes ou presunto preparados salgados, cozidos, defumados, servidos frios. É a influência espanhola presente no dia a dia gaúcho.

Kochkäse Feito do queijinho branco, que é esfarelado, salgado e fermentado, para depois ser cozido em frigideira ou panela. O queijo é produzido de forma artesanal e vendido em feiras. Patrimônio Cultural Imaterial do Vale do Itajaí, em Santa Catarina, foi trazido com os imigrantes alemães no século XIX.

Linguiça campeira Tradição na região da Campanha, é elaborada com carne de gado e de porco picadas na ponta da faca, cebola, alho, salsinha, cebolinha e sal. Com essa linguiça, também se faz uma deliciosa fritada.

Pão colonial italiano Feito de farinha de trigo, fermento caseiro, banha e gordura, está presente em todo o Sul.

Pão com bolinho Presente nos cardápios dos bares tradicionais de Curitiba, aparece também em Blumenau. Pão d'água ou francês recheado com um bolinho de carne moída muito bem temperada e cebolinha picada.

Pão serrano de milho Receita dos imigrantes italianos, feita com farinha de milho, farinha de trigo, fermento, açúcar, ovos, gordura de porco e sal.

Queijinho branco Elaborado à base de leite cru e coalhado naturalmente, é colocado em um saco de pano para que o soro escorra e se forme o queijinho. De consistência e aparência similares à ricota, é produzido nas colônias alemãs de Santa Catarina. É ingrediente imprescindível para a elaboração do *Kochkäse*, outro queijo tradicional da região.

Queijo colonial Encontrado no oeste catarinense e na Serra Gaúcha, é feito com o leite de vaca cru, coalho e sal, tem sabor suavemente picante e salgado e fica cremoso ao ser derretido. De casca grossa, é maturado por trinta dias. Herança dos colonos do Sul, caso não seja comercializado em duas semanas, é levado para maturar em uma imersão de vinho por três dias, ou recebe uma cobertura feita de banha de porco, urucum e pimenta-do-reino preta.

Queijo de chimia Conhecido como "queijinho branco", é elaborado com leite de vaca cru e coalhado por meio da acidificação. Muito consumido pelos colonos alemães do estado catarinense, assemelha-se muito à ricota.

Queijo de porco Na verdade, trata-se de um embutido elaborado exclusivamente de carne, pele e miúdos de suínos, adicionado de ingredientes e condimentos específicos. O nome "queijo de porco" se deve ao hábito de ser produzido em formas que eram as mesmas utilizadas para fabricação do queijo de leite de vaca pelos colonizadores europeus, desde sua chegada, no início do século XX, a Santa Catarina. Sua produção foi regulamentada recentemente.

Queijo porongo Primo-irmão do queijo cabacinha do Sudeste, é consumido fresco e tem sabor ácido e marcante. É produzido com leite cru, coalho, pingo (soro do queijo feito no dia anterior) e sal por pequenos produtores de Palmeira e Campos Gerais, no Paraná, onde também é chamado de "porunga" ou "poronguinho".

Queijo serrano Elaborado com o leite proveniente da pecuária de corte, é amanteigado, de sabor suave e textura semidura. Produto típico de Campos de Cima da Serra, é maturado por cerca de dois meses. Foi o primeiro queijo artesanal brasileiro a obter, em 2020, a Indicação Geográfica (IG), na categoria Denominação de Origem (DO), concedida para 18 municípios de Santa Catarina e 16 do Rio Grande do Sul. Também é conhecido como "canastra do sul", pela semelhança com o produto mineiro.

Queijo Witmarsum colonial natural e colonial pimenta-verde Originários do leite das raças holandesa e pardo-suíça, apresentam coloração amarela, massa semimole, de sabor suave, textura macia e passam por um período de maturação de 25 dias. Os queijos receberam o selo da certificação de Indicação Geográfica (IG) em 2018. São elaborados na Colônia Witmarsum, comunidade rural de colonização alemã localizada no município de Palmeira, no interior do Paraná.

Salada de feijão-cavalo Elaborada com feijão-cavalo — também chamado de "feijão-espada", pois suas vagens podem alcançar até 50 centímetros —, cebola e azeite. No Paraná, é servida para acompanhar a carne de churrasco.

Salada de radite O radite é um tipo selvagem de almeirão. Na salada, é temperado com vinagre de vinho, azeite, sal, pimenta calabresa e toucinho frito. Receita italiana, presente no cardápio gaúcho.

Salame colonial Embutido de carne de porco, toucinho, alho, pimenta-do-reino, noz-moscada, vinagre e sal. Receita tradicional e caseira do norte da Itália, presente na Serra Gaúcha, pode ser servido ao natural ou frito na chapa.

Sopa de capeletti Caldo aromático de frango ou de outra carne em que se cozinha a massa fresca recheada. É uma receita italiana que faz sucesso nas noites frias do Rio Grande.

Sopa gaudéria É preparada com pescoço de cordeiro, arroz, batata, tomate, cebola, pimentão verde e temperos.

Sorda Caldo de carne engrossado com farinha de mandioca, ao qual se adicionam ovos.

BOLINHO DE BATATA RECHEADO COM CARNE MOÍDA

★ **De Dona Célia Pinheiro, RS**

10 a 15 unidades

INGREDIENTES

1 kg de batata
300 g de coxão mole moído
Fio de azeite de oliva
1 cebola pequena picada
1 dente de alho picado
Sal e pimenta-do-reino, a gosto
Farinha de trigo, a gosto
Noz-moscada, a gosto
Óleo, para fritar

COMO FAZER

1. Cozinhe as batatas até ficarem bem macias, escorra e reserve.
2. Em uma frigideira, frite a carne até dourar com um fio de azeite.
3. Acrescente a cebola e o alho e refogue. 4. Coloque o sal e a pimenta-do-reino. 5. Deixe esfriar. 6. Descasque e amasse as batatas com o auxílio de um garfo. 7. Adicione um pouco de farinha de trigo e noz-moscada, misture bem e deixe reservado até esfriar. 8. Modele os bolinhos. 9. Abra a massa em formato de disco, recheie com a carne moída, que deve estar fria e bem sequinha. 10. Junte as pontas de massa e aperte para não vazar o recheio. 11. Empane em farinha de trigo e leve à geladeira por 30 minutos para ficarem mais firmes. 12. Aqueça bem o óleo e frite os bolinhos até dourarem. 13. Coloque-os sobre papel-toalha para perder o excesso de gordura.

Mais de duzentos tipos de batata são comercializados na Alemanha, o que comprova o amor que os germânicos nutrem pelo tubérculo traduzido em um sem número de receitas. Sabemos que a culinária do Rio Grande do Sul sofreu forte influência dos primeiros imigrantes alemães que por lá chegaram em 1874. "Grande parte das famílias gaúchas descendentes de alemães incorporaram em sua alimentação a batata em diferentes preparos. Uma das receitas mais conhecida é a de **bolinho de batata recheado com carne moída**. Na família da dona Célia, sua mãe Cecília fazia para toda a família desde que ela era pequena. Este bolinho acabou se tornando uma tradição. Minha avó Ivanowska, me esperava com muitos bolinhos de batata recheados com carne moída e ovo picado, sempre que eu ia visitá-la. Dona Célia serve até hoje a iguaria em seu restaurante Roma, em Porto Alegre, emocionando todos que têm esse bolinho na memória afetiva familiar", conta-nos a jornalista Denise Rohnelt Araujo.

CANAPÉS DE BEIJU COM PEIXE DE SALGA

★ **De Fabiano Gregório, SC**

30 porções

INGREDIENTES

Peixe

600 g de sal grosso
200 g de sal
1 kg de filé de **abrótea** (ou qualquer peixe branco vindo da pesca artesanal)
10 g de pimenta-do-reino branca em grãos moída na hora
10 g de pimenta-do-reino em grãos moída na hora

Noz-moscada ralada, a gosto

30 ml de azeite de oliva

15 g de cebola roxa picada

15 de pimentão vermelho cortado em tiras

15 g de cenoura cortada em tiras finas

15 g de coentro ou salsinha picado na ponta da faca

Canapé de beiju

500 g de aipim descascado e ralado

Sal e pimenta-do-reino, a gosto

COMO FAZER

Peixe

1. Misture os sais. 2. Em um recipiente com furo (para escorrer a água que sairá do peixe), disponha em camadas os sais e os filés de peixe, um por vez. 3. Leve à geladeira e deixe entre sete e dez dias. 4. Após o terceiro dia, escorra água e, se necessário, coloque sal entre as camadas de peixe. 5. Após o período de salga, deixe os filés de molho em água abundante por 24 horas, para dessalgar. 6. Escorra bem e leve para cozinhar em uma panela de vapor por cerca de 20 minutos. 7. Desfie o peixe em lascas grandes e retire o excesso de pele e espinhas. 8. Tempere com as pimentas, a noz--moscada e o azeite. 9. Acrescente a cebola roxa, o pimentão, a cenoura e o coentro (ou a salsinha). Reserve.

Canapé de beiju

1. Rale finamente o aipim e esprema-o em um pano limpo, até a massa ficar seca e compacta. 2. Descarte o líquido. 3. Transfira para uma tigela e tempere com o sal e a pimenta-do-reino.

MONTAGEM

Peneire sobre uma frigideira 20 gramas da massa de canapé de beiju fazendo uma camada de 1 centímetro. Leve ao fogo baixo e asse levemente de um lado e vire para assar do outro. A consistência pode ser crocante (mais tempo ao fogo) ou macia (mais rapidamente). Recheie os disquinhos de canapé com o antepasto de peixe salgado e sirva.

 DICA DO CHEF: para cada canapé de beiju, utilize 20 gramas de recheio.

> Peixe marinho encontrado no litoral do Sul do Brasil, por pertencer à ordem Gadiformes, como o da espécie *Gadus morhua*, o verdadeiro bacalhau, a **abrótea** ficou conhecida como "bacalhau brasileiro". Sua carne branca e de textura delicada é usada fresca, prestando-se a todo tipo de preparo: cozida, frita, ensopada, assada etc. Suas ovas também são bastante apreciadas. Também é chamada de "brote" ou "brota".

CARABINEIRO + TUCUPI + CAJU + FOLHA DE ARROZ

★ **De Fabio Espinoza, SC**

2 porções

INGREDIENTES

4 camarões **carabineiros**
100 ml de tucupi
1 caju
1 pimenta-de-cheiro
10 folhas de coentro com os talos
2 colheres (chá) de *nampla*
1 colher (sopa) de azeite de oliva
Óleo, para tostar
2 folhas de arroz (*rice paper roll*)
10 g de brotos de coentro, para montagem

COMO FAZER

1. Retire as cabeças dos camarões e esprema como se fossem um limão para extrair o suco. Reserve o suco extraído dos camarões. 2. Descasque os carabineiros e pique "miudinho" na ponta da faca. 3. Em um liquidificador, coloque o tucupi, o caju, a pimenta-de--cheiro, o coentro, o *nampla* e, por fim, o suco extraído da cabeça dos camarões reservado. 4. Bata tudo e peneire. 5. Regue os camarões com esse molho e com o azeite e incorpore delicadamente. 6. Em uma frigideira quente, toste, com um pouco de óleo, as folhas de arroz até ficarem crocantes.

MONTAGEM

Coloque no centro do prato os carabineiros e salpique os brotos de coentro. Quebre as folhas de arroz como snacks e coloque-as sobre os camarões.

O **camarão carabineiro** é pescado com rede de arrasto a mais de 700 metros de profundidade em fundos de areia e lodo, ao longo da costa entre Florianópolis e Cabo Frio. "Para manter a qualidade o carabineiro é rapidamente processado e congelado a -18 graus", explica o pescador Manoel Cordeiro, da cidade catarinense de Navegantes, proprietário do primeiro barco-indústria brasileiro, uma embarcação de 27 metros de comprimento e 300 toneladas, construído especialmente para a pesca do crustáceo. A iguaria tem coloração vermelho-viva, cerca de 35 centímetros de comprimento, sabor adocicado e custa muito caro, cerca de R$ 300,00, o quilo.

CARPACCIO DE MANGA, LIMÃO E CASTANHA

★ **De Manu Buffara, PR**

Porção individual

INGREDIENTES

1 3/4 xícara (chá) de água
1 xícara (chá) de açúcar
40 g de castanha-de-caju
Raspas de 1 limão-siciliano
Coentro picado, a gosto
Azeite de oliva, a gosto
2 unidades de **manga** palmer cortadas em fatias finas
Raspas de 1 limão-taiti
50 g de iogurte natural
Ramos de coentro, a gosto, para finalizar

COMO FAZER

1. Leve ao fogo a água e o açúcar ao fogo para ferver ou até que o caramelo fique dourado. 2. Desligue o fogo e espere esfriar por, pelo menos, 2 horas. Reserve. 3. Em uma frigideira, toste a castanha-de-caju e depois pique. 4. Misture com uma parte das raspas do limão-siciliano, o coentro e o azeite. Reserve este crocante de castanhas. 5. Disponha a manga, o caramelo e, por cima, o restante das raspas do limão-siciliano e as raspas do taiti. 6. Espalhe o crocante de castanhas e coloque o iogurte natural. 7. Finalize com ramos de coentro.

A **manga** tem tamanho e formato variados, e sua coloração pode variar da amarelo à vermelha, passando pela cor laranja. Sua polpa, doce e suculenta, reveste uma grande semente, podendo ser fibrosa em algumas espécies. Pode ser consumida *in natura*, seca ou liofilizada, e processada para produção de polpas, sucos, néctares e geleias, além de ter uso culinário em receitas de bolos, mousses, vitaminas, molhos, chutneys, saladas, vinagres, coquetéis, licores etc. Entre as variedades mais cultivadas no Brasil, estão: kent (quase sem fibra e muito doce, é produzida principalmente no Vale do São Francisco, no sertão pernambucano); palmer (ótimo sabor, pouca ou nenhuma fibra); bourbon (popular em São Paulo, bem doce e fibrosa); coração de boi (grande, de cor amarelo-esverdeada e polpa não fibrosa); rosa (famosa em Pernambuco e na Bahia, rende bem em sucos); espada (tem forma alongada e achatada nos lados, é muito fibrosa e tem sabor acentuado); haden (poucas fibras, indicada para consumo natural e na produção de sucos e sorvetes); coquinho (muito doce e quase sem fibras, apreciada como manga de mesa); e tommy atkins (a variedade mais cultivada no Brasil, sua polpa representa quase 80% do fruto). As primeiras mudas de mangas indianas chegaram ao Brasil por volta de 1700, na ilha de Itamaracá, em Pernambuco, onde encontraram solo fértil para se desenvolver. A fruta é historicamente o maior símbolo de Belém, conhecida mundialmente como a Cidade das Mangueiras, onde a manga costuma ser saboreada também com farinha. Por sua vez, as mangas cultivadas em terras do sertão da Bahia e de Pernambuco ganharam o selo da certificação de Indicação Geográfica (IG) em 2020.

CROQUETA DE CHARQUE COM MOSTARDA DE BUTIÁ

★ De Márcio Ávila, RS

40 unidades

INGREDIENTES

Croqueta de charque

100 g de manteiga sem sal
2 cebolas brancas médias cortadas em cubinhos
5 dentes de alho grandes cortados em cubinhos
2 pimentas dedo-de-moça cortadas em cubinhos
300 g de farinha de trigo
1 L de caldo de carne
2 kg de charque de vazio dessalgado de véspera, triturado
Molho de pimenta picante, a gosto
Sal, a gosto
Pimenta-do-reino, a gosto
Salsinha picada, a gosto

Mostarda de butiá

50 g de manteiga sem sal
2 cebolas cortadas em 4 partes
4 dentes de alho picados
2 L de suco de **butiá**
1 pimenta-dedo-de-moça picada
2 folhas de louro

COMO FAZER

Croqueta de charque

1. Em uma panela média, derreta a manteiga e doure a cebola, o alho e a pimenta-dedo-de-moça. 2. A seguir, adicione a farinha

de trigo aos poucos, cuidando para não criar grumos e adicione o caldo de carne. 3. Coloque o charque aos poucos, sempre mexendo para não pegar no fundo da panela. 4. Mexa até ficar cremoso e descolando do fundo. 5. Coloque o molho de pimenta, o sal e a pimenta-do-reino. 6. Sem parar de mexer, junte a salsinha. Reserve.

Mostarda de butiá

1. Em uma panela, derreta a manteiga e doure bem a cebola e o alho. 2. Adicione o suco de butiá, a pimenta-dedo-de-moça e as folhas de louro. 3. Baixe o fogo e deixe reduzir pela metade. 4. Retire a pimenta e as folhas de louro. 5. Processe no mixer e, caso necessário, reduza novamente.

Palmeira muito conhecida no Sul do Brasil, onde ganha festa na cidade de Giruá (RS), o butiazal tem frutos, coquinhos de coloração variada (amarela, alaranjada, vermelha), que dão em pencas. De polpa carnosa e aromática, de sabor doce ou amargo, suave ou ácido, o **butiá** é muito consumido *in natura* e como sucos, picolés, geleias, licores, bolos, sorvetes e molhos que servem como acompanhamentos de carnes de frango, porco e boi. É costume também usar o fruto para aromatizar cachaças e preparar licores. Suas amêndoas, protegidas por um caroço semelhante ao do pêssego, são empregadas na fabricação de pães e biscoitos. Recentemente, foi desenvolvida uma mostarda da polpa de butiá. "Picante, ácida e levemente adocicada, pode ser consumida em carnes, pães e batatas, entre outros alimentos", explica o chef Carlos Kristensen, criador da iguaria.

CHIPS DE MILHO CRIOULO NIXTAMALIZADO COM TARTAR DE PORCO MOURA E MOSTARDA DE BATATA-CREM

★ **De Rodrigo Bellora, RS**

6 porções

INGREDIENTES

Mostarda de batata-crem

50 g de batata-crem ralada
100 ml de água
100 ml de vinagre de vinho tinto
100 g de melado
Sal, a gosto

Chips de milho nixtamalizado

500 g de milho crioulo
25 g de cal (ou cinza)
Água, q.b.
Sal, a gosto
500 g de banha de porco, para fritar

Tartar de porco

200 g de filé de porco moura sem gordura e nervos, cortado em cubinhos
Sal e pimenta-do-reino moída na hora, a gosto
50 ml de suco de limão-bergamota

Finalização

30 g de batata-crem ralada
50 g de queijo serrano ralado na hora

COMO FAZER

Mostarda de batata-crem

1. Em uma panela, coloque a batata-crem para reduzir com a água e o vinagre. 2. Depois de cozida a batata-crem, acrescente o melado e ajuste o sal. 3. Deixe reduzir até formar uma pasta lisa e uniforme.

Chips de milho nixtamalizado

1. Em uma tigela, misture o milho e a cal, e cubra os grãos com água. 2. Descanse por 10 minutos. 3. Transfira para uma panela, acrescente água e cozinhe até o grão ficar macio. 4. Quando cozido, deixe esfriar em temperatura ambiente por 24 horas. 5. Lave bem em água corrente abundante, para retirar toda a cal. 6. Passe o milho pelo moedor duas vezes. 7. Adicione sal e um pouco de água; somente o suficiente para a massa ficar unida e não grudar nas mãos. 8. Abra a massa com um rolo em espessura de 2 mm e frite por imersão na banha de porco até ficar crocante.

Tartar de porco

1. Tempere os cubinhos de porco com o sal, a pimenta-do-reino moída na hora e o suco de limão.

Finalização

1. Sobre os chips de milho, espalhe a mostarda de crem e disponha o tartar de porco temperado. 2. Salpique um pouco da batata-crem fresca e cubra todo o snack com o queijo serrano.

A **batata-crem** é produzida em pequena escala no Sul do Brasil. Muito utilizado nas receitas dos colonos europeus, o tubérculo, depois de ralado, é consumido em conservas à base de vinagre tinto, que são empregadas como condimento em carnes gordas e sopas. Também conhecido como "crem", pode ser cozido ou frito. Suas folhas podem enriquecer saladas, cozidos e ensopados; e suas flores podem ornamentar pratos. Cuidado para não o confundir com a raiz-forte (*Armoracia rusticana*), que tem o mesmo sabor e a mesma pungência da batata-crem (*Tropaeolum pentaphyllum* Lam.), mas pertence a outra família.

XIS DA DONA LAURA

★ **De Marcos Livi, RS**

Porção individual

INGREDIENTES

Tomate picado, a gosto
Repolho branco ralado, a gosto
Ervilha, a gosto
Milho, a gosto
Vinagre de colono, a gosto
Sal e pimenta-do-reino, a gosto
1 bife (hambúrguer de carne moída) de 100 g
2 fatias de queijo serrano
1 ovo frito
Óleo de girassol, para fritar
2 fatias de presunto
1 pão de xis (de hambúrguer) de 100 g
20 g de mostarda
20 g de ketchup
30 g de maionese caseira

COMO FAZER

1. Faça uma saladinha com o tomate, o repolho, a ervilha e o milho. 2. Tempere com o vinagre, o sal e a pimenta-do-reino. Reserve. 3. Aqueça a chapa e a prensa. 4. Coloque o bife na chapa. 5. Ao virar o bife, acrescente o queijo. 6. Frite o ovo no óleo. 7. Ao virar o ovo, acrescente o presunto. 8. Corte o pão ao meio. Na parte superior, espalhe a mostarda, o ketchup e a maionese. Na parte inferior do pão, passe a maionese e coloque a saladinha reservada. 9. Adicione o bife e o ovo. 10. Feche o xis e leve para prensar. 11. Corte ao meio ao servir o xis.

O **xis** ou "xis gaúcho" é a releitura escandalosamente deliciosa do cheesebúrguer americano, invenção gaudéria que se espalhou como rastilho de pólvora por todas as lancherias do Rio Grande, criada sabe-se lá por quem. Tudo nele é exagerado. A começar pelo pão e seus 18 centímetros de diâmetro. O recheio pode ser de coração de galinha, o favorito do porto-alegrense, cordeiro, calabresa, toscana, frango, filé acebolado, filé ao molho de vinho e muito mais. Junte-se a isso, o queijo, a mostarda, o ketchup e a maionese, de preferência caseira. Coincidência ou não, a salada — sim, leva uma saladinha, também — leva as cores da bandeira do estado em sua preparação: vermelho (tomate), amarelo (milho) e verde (ervilha). Uma vez montado, é prensado e seu peso pode variar entre 700 gramas e 1 quilo.

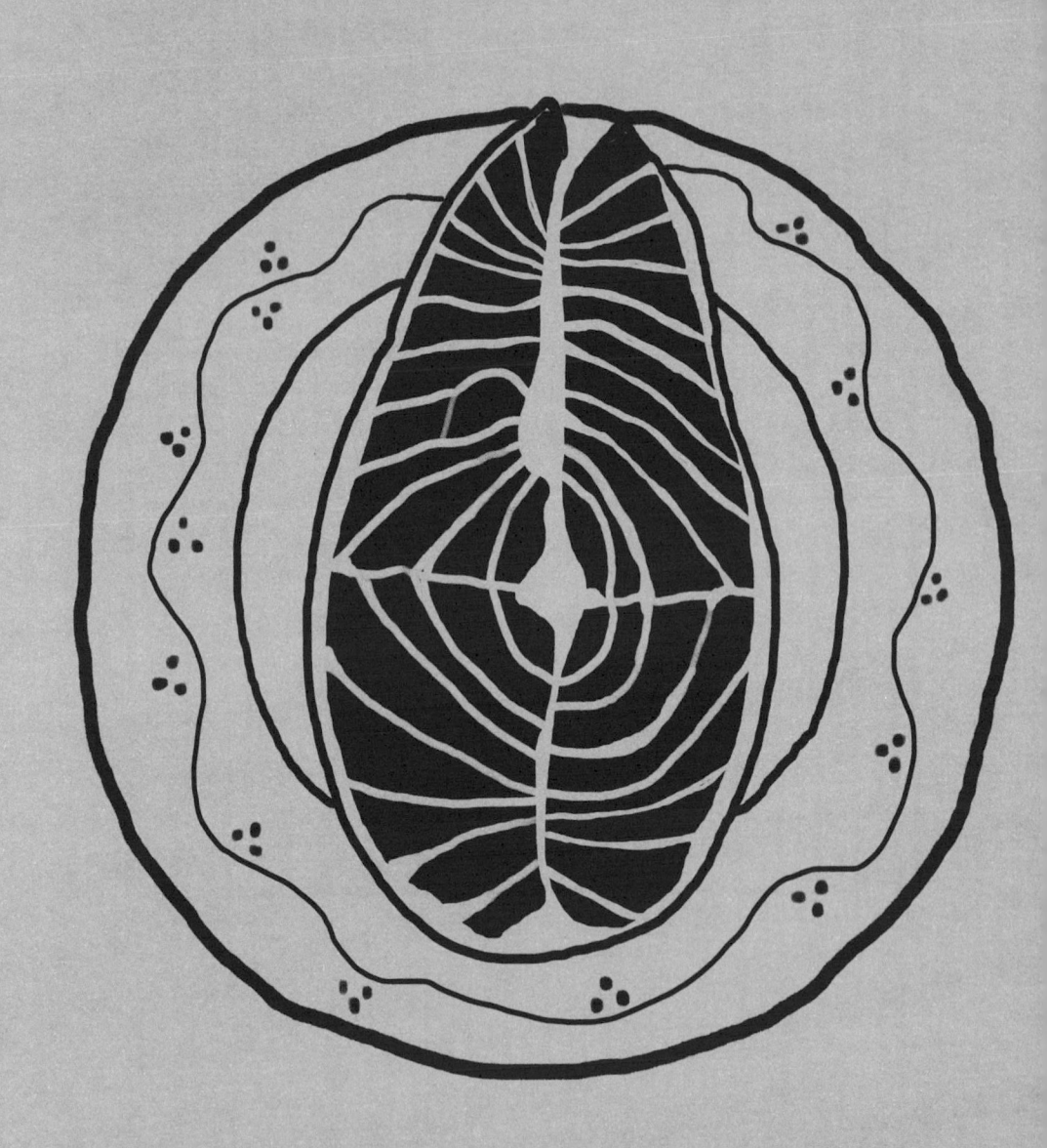

PRATOS PRINCIPAIS E ACOMPANHAMENTOS

Arroz de china pobre Receita de arroz com linguiça, que teria surgido na época da Revolução Farroupilha. "China" é como o gaúcho costumava denominar as prostitutas, também conhecidas como "raparigas" ou "mulheres da vida".

Arroz de galpão Preparado com charque, toucinho, linguiça e temperos, em terras gaúchas, é uma variação do arroz de carreteiro. A receita é típica dos Pampas.

Assado no barro Técnica gaúcha que consiste em envolver a carne bovina no barro fresco e enterrá-la no chão. Sobre a terra, acende-se um fogo forte, que é mantido de quatro a cinco horas. Após esse tempo, o assado é desenterrado. O barro, endurecido pelo calor, é quebrado e dentro está a carne, muito apetitosa, pronta para ser degustada.

Assado no couro Carne bovina assada, cujo próprio couro é o meio de cozimento. A gordura derretida, o sangue e a água são retidos pelo couro e fervem, deixando a carne bem macia e com um sabor característico.

Barreado Receita símbolo do Paraná, cuja notoriedade se relaciona diretamente com os municípios de Antonina, Morretes e Paranaguá nesse estado. É feita com pedaços de carne de boi (acém, patinho ou músculo), toucinho defumado e temperos como cominho, louro, alho e cebola, cozidos no vapor, em panela de barro hermeticamente fechada, "barreada", com massa de farinha de mandioca e água. A panela é posta sobre uma chapa de ferro ou enterrada em um buraco, sobre o qual é acesa uma fogueira, como reza a tradição. O barreado é servido acompanhado de banana-da-terra e farinha de mandioca branca. A origem do prato permanece uma incógnita. Certo mesmo é que já era preparado no tempo do fandango e do entrudo, como o carnaval era chamado tempos atrás.

Bife a pé No Rio Grande, é bife grelhado, acompanhado de ovos e batatas fritas.

Bigos Receita polonesa, presente nos cardápios do Sul, que é composta de carne de porco em pedaços, cozida com chucrute, cebola, cogumelo, ameixa seca e louro.

Boi atascado Costela bovina e aipim cozidos com temperos verdes.

Bolo de carne alemão Bolo feito com carne bovina e suína moídas misturadas e acrescidas de temperos. O bolo é recheado com ovo cozido e assado no forno.

Boi na moita Paleta de boi recheada com legumes e bacon, envolvida em papel celofane e assada na churrasqueira. O prato é acompanhado de arroz branco, feijão-tropeiro, salada de repolho e abacaxi assado com canela e açúcar. A receita vem da cidade de Colorado, no Rio Grande do Sul.

Boi no rolete Tradicional nos municípios paranaenses de Marechal Cândido Rondon e Altônia, o boi é preparado praticamente inteiro, apenas sem a cabeça e as entranhas. Temperado, é espetado e colocado em grandes churrasqueiras para assar durante 12 horas.

Boi ralado Receita elaborada com carne moída, tomate, pimentão verde, cebola e temperos verdes. Os gaúchos moldam a carne em espeto e a assam na churrasqueira.

Borscht Prato típico do Leste Europeu (em especial da Polônia e da Ucrânia), é uma espécie de sopa preparada com beterraba – que lhe dá forte coloração vermelha –, repolho e tomate, servida fria ou quente, com nata azeda e batatas cozidas. A receita esquenta os dias frios dos paranaenses.

Branco e preto É como os gaúchos chamam o prato elaborado com feijão-preto cozido com arroz.

Café colonial Costume alemão, é uma refeição repleta de pães, cucas, *apfelstrudell, schmier,* salame, queijo, conservas, acompanhada de café, chá e chocolate quente, servida tradicionalmente nas tardes de domingo. Na região serrana do Rio Grande, é oferecida ao longo de todos os dias para turistas e visitantes.

Caldo lourenciano Receita de São Lourenço do Sul (RS), é feita com espinhaço de ovelha, carne de gado (agulha, peito etc.), toucinho, linguiça, batata, tomate, cenoura, cebola, nabo, abóbora, repolho, couve, chuchu, alho, milho, ervilha, extrato de tomate, colorau, pimenta-do-reino e sal.

Cambira Receita centenária de pescadores do litoral paranaense, que é elaborada, em panela de barro, com peixe seco ou defumado, tomate, temperos verdes e banana-da-terra verdolenga. Acompanha arroz branco e salada. "Cambira" é a denominação de um cipó da região e foi por sua causa que assim também ficou o nome do prato. A história que se conta é que os pescadores precisavam salgar e secar os peixes para conservá-los por mais tempo, uma vez que não tinham geladeira. A solução encontrada foi fazer uma espécie de varal com esse cipó, onde o pescado era pendurado para secar ao sol. O nome "cambira" também se refere a todo tipo de peixe de água salgada que passa pelo tradicional processo de defumação e secagem.

Carne de onça Tradição cinquentenária, popularizada nos bares e botecos da cidade, a carne de onça é iguaria tipicamente paranaense, elaborada com carne bovina crua (patinho), sobre uma broa escura, cebola e cebolinha bem picadas, sal, pimenta-do-reino e azeite. Por levar cebola crua, a carne acaba por dar um certo hálito, o famoso "bafo de onça", o que teria gerado o nome. A receita chegou a Curitiba pelas mãos dos imigrantes do Leste Europeu e foi declarada Patrimônio Cultural Imaterial em 2016.

Carneiro no buraco Após marinada, a carne é colocada em um tacho de ferro entre camadas de chuchu, abobrinha, cenoura, pimentão verde, batata-doce, vagem, tomate, cebola e maçã. O tacho é colocado em um buraco de quase 2 metros de profundidade, sobre tocos de lenha em brasa, onde assa por um período de seis horas. O buraco é coberto com uma tampa metálica e vedado com terra. O prato é servido acompanhado de salada de almeirão e arroz branco. É receita tradicional de Campo Mourão, no Paraná.

Charque a vapor Charque cozido e desfiado, frito com banha de porco e cebola.

Chatasca Prato típico da fronteira do Rio Grande do Sul com o Uruguai, nos municípios de Bagé, Dom Pedrito e Livramento, preparado com charque desfiado e refogado com temperos, misturado com farinha de mandioca, acompanhado de tiras de banana frita. Também conhecido como "roupa--velha" ou "desfiado de charque".

Chuleta no disco Contrafilé do boi somado à parte do espinhaço, temperado com sal e pimenta-do-reino, preparado tradicionalmente em um disco de arado antigo, com o furo tampado e acrescido de alças, em forno de lenha. Faz parte do receituário gaúcho.

Churrasco na vala Espetos de madeira com pedaços de costela, temperados apenas com sal grosso, que são fincados em uma vala aberta na terra forrada de carvão, depois de aceso o fogo. Costuma ser servido com arroz de carreteiro e polenta. Outros cortes de carne (alcatra, picanha, maminha) podem também ser empregados. É o assado mais tradicional dos gaúchos.

***Eisbein* com chucrute** Joelho de porco cozido com temperos, acompanhado de repolho fermentado. A receita, trazida pelos imigrantes alemães, conquistou as mesas de Santa Catarina.

Entrevero Receita da região serrana do Sul, é uma mistura de carnes bovinas e suínas, salame, tomate, pimentão verde, cebola e temperos, tudo bem picadinho. É tradicionalmente preparado no disco de arado, no fogão a lenha. No Paraná, a receita é elaborada com carnes, linguiça, pinhão, quiabo e vinho e leva o nome de "entrevero de pinhão".

Farofa de pinhão Elaborada com o pinhão cozido e moído.

Feijão-mexido Mistura de feijão--preto misturado com farinha de mandioca, acrescido ou não de pedacinhos de charque, ou outros carnes.

Fervido Receita de cozido preparado com peito bovino, batata, abóbora, aipim, vagem, cenoura, batata-doce, couve e temperos. É servido com pirão de farinha de mandioca preparado com o caldo do cozido.

Fortaia Receita italiana, é um tipo de omelete feita com ovos batidos, queijo colonial e linguiça.

Galeto al primo canto Prato típico de Caxias do Sul, disseminou-se por toda a região da Serra Gaúcha através do comércio de algumas galeterias. Elaborado com o frango entre o 25º e o 30º dia de vida, pesando, no máximo, 500 a 700 g – quando entoam o primeiro canto –, aberto pelas costas, temperado de véspera e assado na brasa, é também chamado de "galeto italiano". A passarinhada, tradição de alguns lugares do norte da Itália, chegou à Serra Gaúcha com os colonos italianos. Por causa da pouca quantidade de pássaros encontrada na região, os imigrantes resolveram substituí-los por franguinhos.

Galinha com polenta no fio Prato da região de Criciúma, em Santa Catarina, elaborado com galinha caipira ensopada, servida com polenta. O nome do prato se refere ao modo como a polenta é resfriada, sobre uma tábua de madeira ("panaro"), e depois cortada com um fio.

Gemüse Prato de origem alemã, consumido desde os tempos da imigração nas encostas da Serra Geral (que corta o Paraná), é elaborado com purê de batata, couve e defumados de porco.

Guisado no pau Espécie de churrasco de carne moída de boi e de porco. Após temperada e sovada, a carne é prensada em volta do espeto, formando um grande croquete, que é assado na brasa.

Kassler Contribuição dos imigrantes alemães, é um prato feito com chuleta de porco defumada, acompanhada de chucrute, batatas cozidas e purê de maçã.

Knodel Herança austríaca no estado catarinense, é um bolinho de pão amanhecido, embebido em leite, com linguiça e ovos.

Leitão maturado Após maturado, o leitão é assado em grelhas sobre a brasa. É servido acompanhado de arroz branco, creme de milho, farofa e saladas variadas. Desde 2003, o prato protagoniza uma das maiores festas gastronômicas do Paraná, a Festa do Leitão Maturado de Itapejara d'Oeste.

Leitoa na manilha Leitoa assada no fundo de um braseiro dentro de uma manilha de barro.

Maria Rita Refogado gaúcho de carne moída e arroz, com temperos, acrescido de folhas de repolho no fim do cozimento.

Mexido Farofa misturada com carne picadinha, feijão e verduras.

Miolo encapotado Miolos temperados, empanados e fritos. Receita tam-bém presente na culinária de São Paulo e do Rio de Janeiro.

Mocotó à moda gaúcha Mocotó (pata de boi sem o casco) e bucho cortados em tirinhas, refogados com temperos e acrescidos de feijão-branco e linguiça de porco. O mocotó é herança deixada pelos primeiros negros africanos que chegaram a terras sul--rio-grandenses.

Ovelha enfarinhada No Paraná, é receita elaborada com carne de ovelha marinada em vinho branco e tempero verde, assada por três horas em espeto e enfarinhada com farinha de mandioca a cada virada.

Paella campeira Saem os frutos do mar, entram a carne de sol, as linguiças calabresa e toscana, paio, tomates, cebola, alho, temperos e arroz.

Pão no bafo Patrimônio Cultural Imaterial da cidade de Palmeira, no Paraná, a receita russo-alemã chegou em 1878, junto com os primeiros imigrantes que se instalaram nas colônias Quero-Quero, Papagaios Novos, Santa Quitéria, Lago e Pugas. O diferencial da iguaria está no preparo do pão, que cozinha no vapor de um refogado à base de costela suína, linguiça, toucinho e repolho. O pão no bafo também é conhecido localmente como "pão de bafo" e "pão de russo".

Parrillada Receita de origem uruguaia e argentina, muito encontrada nas cidades fronteiriças do Sul, é um tipo de churrasco com miúdos de boi – *chinchulín* (intestino), *molleja* (glândulas) e *riñones* (rins) –, *chorizos* (linguiças) e *morcilla* (embutido de sangue de porco, no Brasil é conhecido como "morcela"), assados em uma grelha com inclinação ajustável (*parrilla*).

Pien Recheio italiano feito de miúdos, retalhos e pele de galinha fritos com cebola, salsinha e sálvia, misturados a pão velho ralado e queijo, cozido no estômago da ave. É empregado para rechear massas.

Pierogi De origem eslava, são pequenos pastéis cozidos em água ou fritos, feitos de massa de farinha de trigo levedada, recheados com purê de batata com cebola caramelizada. Também podem ser recheados com carne moída, repolho azedo e ricota.

Pirão d'água Acompanhamento de muitos pratos do litoral catarinense, é feito com farinha de mandioca ou de mesa fina, água fervente e sal.

Pirão de açorda Elaborado com caldo de garoupa, peixe encontrado na costa de Santa Catarina, ovos e alfavaca.

Porco à paraguaia Muito apreciado entre gaúchos e paranaenses, a receita veio com as tropas de Solano Lopez por ocasião da Guerra do Paraguai, em 1864. Leitão aberto do maxilar ao traseiro assado em fogo baixo até pururucar, temperado apenas com sal e limão, segundo os assadores mais conservadores. É servido com purê de mandioca.

Porco no rolete Prato típico do município de Toledo (PR), o porco é preparado inteiro, sem as entranhas, temperado com sal, pimenta-do-reino, alho, manjerona, um copo de água e um copo de vinho seco. É espetado e assado na brasa.

Puchero Leva aipim, batata-doce, abóbora, couve-flor e outros legumes, e verduras, além de peito bovino, rabada, linguiça e mais alguns tipos de carne.

Quartinho Assado de pernil de ovelha na região de Campanha.

Quarto natalino Uma das mais antigas e tradicionais receitas dos Pampas, é preparada com pernil de cordeiro e frutas assadas.

Quibebe gaúcho Espécie de purê engrossado com farinha de milho, elaborado com abóbora-moranga.

Quimano Feijão-preto partido, cozido com temperos. É prato gaúcho de origem africana, também chamado de "quipoqué".

Quirera lapeana É um dos pratos mais famosos da cidade histórica da Lapa, no interior do estado do Paraná, rota dos tropeiros que conduziam o gado do Rio Grande do Sul até São Paulo. A receita tradicional é elaborada com quirera de milho cozida, suã e costelinha de porco frita, enriquecida com manjerona, cebolinha, salsinha, alho e cebola. Costuma ser servida durante a Festa da Congada, manifestação das práticas culturais religiosas das populações afrodescendentes.

Recheio alemão Espécie de bolo cozido feito da mistura de carne moída, moela de frango, ovos, farinhas de trigo e de rosca, tempero verde e noz-moscada ralada, que faz parte da cozinha colonial.

Recortado gaúcho Contrafilé ou alcatra, lombinho, linguiça calabresa, toucinho defumado e presunto cozido cortados, marinados por algumas horas e assados no forno.

Reviro paraguaio Herança dos exploradores da erva-mate que vinham do Paraguai para a região sudoeste do Paraná. Consiste em massa preparada com gordura e farinha, encorpada com ovos, leite, sal, açúcar e fermento, acompanhada de carne-seca e chá de erva-mate.

Sequência de camarão Espécie de rodízio de camarão, é tradição dos restaurantes ao redor da lagoa da Conceição, em Florianópolis, onde é servido frito, ao molho de tomate, ao bafo, à milanesa e ao alho e óleo, terminando com peixe à milanesa ao molho de camarão acompanhado de salada, arroz, batata frita e pirão.

Soquete Cozido de carne de vaca e legumes, acompanhado de pirão de mandioca feito com o próprio caldo do cozimento.

Tainha escalada Receita açoriana, muito popular em Florianópolis, é servida acompanhada de pirão d'água. Tradicionalmente, o peixe, sem as vísceras e a cabeça, recebe uma camada de sal grosso e é posto para secar ao sol, em gaiolas especiais, durante cinco dias, sendo recolhido e colocado em lugar seco ao anoitecer. Ao fim desse processo, o sal é retirado e a tainha está pronta para ser frita em chapa de ferro bem quente, com um pouco de azeite.

Tainha na taquara Receita de origem indígena, popular no litoral sul e na região do lago Guaíba (RS), é elaborada com tainha – ou anchova – assada sobre a lenha em brasa, presa a um espeto feito de bambu-taquara.

Tapichi Terneiro de barriga – cria da rés abatida prenha – cozido com temperos, depois refogado com banha e acrescido de farinha de mandioca.

Tatu de panela Ensopado de lagarto (corte da parte traseira do boi) feito com batata, tomate, cebola, alho, alecrim, manjerona e vinho tinto.

Testículos de boi Testículos de touro aferventados, sem pele, refogados, acrescidos de ovos batidos e farinha de mandioca.

Torta serrana Elaborada tal qual uma lasanha, alternando-se camadas de nata, batata, queijo colonial, brócolis, alecrim e manjerona.

Tortei Massa típica dos imigrantes italianos que vieram ao Rio Grande do Sul – na Itália, chama-se de *tortelli* –, o tortei é uma espécie de ravióli recheado. A receita de tortei de abóbora, originária da Emilia Romagna, é a mais conhecida no estado e também aparece nos cardápios da região serrana do Espírito Santo.

Tripa grossa Após desvirada e limpa com o suco e o bagaço do limão, a tripa bovina passa por uma demorada fervura com temperos para amaciar. Uma vez pronta, a tripa pode ser frita, assada no espeto, ou recheada e assada no forno. É uma receita campeira.

Truta na parrilla Peixe apenas defumado, temperado com manteiga, alcaparra, cogumelo, castanha-do-pará e alho-poró.

Virado lapeano Do receituário tropeiro, a receita é elaborada com feijão-preto cozido, acrescido de farinha de milho, acompanhado de linguiça, toucinho e ovo fritos.

Xixo Espetinhos de madeira que intercalam carnes temperadas (de boi, porco ou frango) com tomate, cebola e pimentão verde, assados nas churrasqueiras dos gaúchos.

ARROMBASSI ISTEPÔ

★ **De Jaime Barcellos, SC**

2 porções

INGREDIENTES

140 ml de cachaça envelhecida

2 flores de anis-estrelado

3 dentes de alho picados

40 g de gengibre picado

70 ml de azeite de oliva

1 cebola roxa cortada em tiras finas

1 pimentão vermelho cortado em tiras finas

1/2 pimentão amarelo cortado em tiras finas

150 g de camarões eviscerados

150 g de lula em anéis

100 g de botões de lula

150 g de polvo amaciado e cortado em pequenos cubos

150 g de mariscos

1/2 maçã verde cortada em tiras

3 gemas de figo seco cortadas em tiras

100 g de arroz pré-cozido

Creme de aceto balsâmico, a gosto (opcional)

70 g de **pinhão** cozido e laminado

100 g de amêndoas laminadas e tostadas

COMO FAZER

1. Duas horas antes de começar a preparar a receita, adicione à cachaça duas flores de anis-estrelado. 2. Em uma panela, refogue o alho e o gengibre no azeite. 3. Adicione a cebola roxa, na sequência, os pimentões e a cachaça. 4. Acrescente os frutos do mar. 5. Junte a maçã e o figo. 6. Adicione o arroz pré-cozido, mexa e acrescente o creme de aceto balsâmico. 7. Finalize cobrindo com o pinhão e as amêndoas.

Considerada uma iguaria pelos indígenas, o **pinhão** é a semente comestível da araucária, árvore símbolo do Paraná que dá uma pinha em forma de coração, com cerca de 150 sementes cada uma. De tão importante, este fruto típico do inverno deu origem ao nome da capital, Curitiba: do tupi-guarani, *cury* (pinha) e *tyba* (lugar). Do pinhão, faz-se farinha para produzir pães, paçocas, bolos, doces, molhos, sopas, massas e risotos. Também é saboroso cozido na água e sal ou assado na própria folha da araucária. Encontrado sobretudo no período de março e junho, o "pinhão-do-paraná", ou "pinhão-de-araucária", como também é chamado, está presente nas festas juninas e protagoniza a tradicional Festa do Pinhão, evento que ocorre nas cidades de Lages (SC) e de São Francisco de Paulo (RS), e atrai milhares de turistas.

BOCHECHA DE PORCO MOURA, POLVO E ABÓBORAS

★ **De Pedro Soares, SC**

4 porções

INGREDIENTES

Polvo

1 polvo médio
Sal grosso, a gosto
1 limão-taiti cortado ao meio
2 folhas de louro

Picles de abóbora

100 g de abóbora de pescoço descascada e sem sementes
80 g de açúcar demerara
40 ml de vinagre de maçã

40 ml de água
1/4 de anis-estrelado
1 pitada de sal

Purê de abóbora

1 abóbora cabotiá
Sal e pimenta-do-reino, q.b.
100 ml de azeite de oliva

Bochecha de porco moura

4 bochechas de porco
30 g de alho picado
30 g de gengibre picados
Sal e pimenta-do-reino, a gosto
80 ml de azeite de oliva

"Azeite" verde

250 ml de óleo de girassol
50 g de semente de abóbora tostada
1 maço de salsinha picado
1/4 de maço de basílico picado
1/4 de maço de tomilho-limão picado
1 pitada de sal

Finalização

Mel de abelha jataí, a gosto
Beldroega, a gosto

COMO FAZER

Polvo

1. Encha uma panela grande com água até a metade. 2. Leve ao fogo para ferver. 3. Enquanto isso, massageie o polvo com sal grosso para limpar suas ventosas e enxágue em água corrente. 4. Retire a cabeça e, com auxílio do dedo polegar, pressione o centro do polvo para retirar a sua boca, uma estrutura que lembra um

bico. **5.** Mergulhe o polvo na água quente com o limão e as folhas de louro. **6.** Quando a água voltar a ferver, ajuste o fogo para potência média e conte 45 minutos. O ideal é que o polvo esteja totalmente submerso. **7.** Desligue o fogo e deixe em repouso por mais 15 minutos. **8.** Escorra e reserve quatro tentáculos.

Picles de abóbora

1. Em uma tigela, fatie a abóbora finamente com o auxílio de um mandolim. **2.** Em uma panela, aqueça os demais ingredientes. **3.** Verta o líquido quente sobre a abóbora fatiada e reserve na geladeira.

Purê de abóbora

1. Envolva a abóbora em papel-alumínio e leve para assar em forno preaquecido a 160 °C, até ficar macia. **2.** Abra a abóbora, raspe as sementes e retire a casca. **3.** Faça um purê rústico com a abóbora temperando com sal, pimenta-do-reino e azeite. Reserve.

Bochecha de porco moura

1. Com uma faca afiada, faça cortes frisados na membrana da bochecha. **2.** Tempere com o alho, o gengibre, o sal, a pimenta-do--reino e o azeite. Reserve para grelhar.

"Azeite" verde

1. Aqueça o óleo em uma panela até chegar a 60 °C. **2.** Coloque em um liquidificador os demais ingredientes, verta o óleo quente e processe por 30 segundos. **3.** Coe e armazene na geladeira.

Finalização

1. Tempere os tentáculos de polvo reservados com sal e pimenta--do-reino e pincele com mel de abelha jataí. **2.** Na churrasqueira, grelhe as bochechas e os tentáculos até ficarem dourados. **3.** Aqueça o purê antes de servir.

MONTAGEM

Para empratar, comece com uma porção de purê, em seguida a bochecha cortada em fatias e, por fim, um tentáculo do polvo. Distribua os picles de abóbora e a beldroega a gosto. Finalize colocando o "azeite" verde em movimentos circulares.

A **beldroega** é nativa do Brasil e foi considerada por muito tempo uma espécie de erva daninha, uma vez que se propaga facilmente em terrenos baldios, jardins, calçadas e cantos de muros. Cientificamente chamada de *Portulaca oleracea*, tem alto valor nutritivo e é considerada uma planta alimentícia não convencional (Panc). Suas folhas ovaladas e suculentas, de sabor refrescante e levemente ácido, e com textura crocante, podem ser consumidas cruas em saladas, cozidas no vapor ou refogadas, e enriquecem sopas, caldos, ensopados e recheios. Suas sementes podem ser utilizadas em pães, em substituição ao gergelim. Entre outros nomes, é conhecida como "porcelana", "beldroega-da-horta", "caaponga", "bredo--de-porco", "verdolaga" e "purslane".

COSTELA DE PACU DEFUMADO COM PURÊ DE BANANA-DA--TERRA E MOLHO DE MARACUJÁ

★ De Claudia Krauspenhar, PR

Porção individual

INGREDIENTES

Costela de pacu

1 costela de pacu (aproximadamente, 200 g)
Sal e pimenta-do-reino, a gosto
Fio de azeite de oliva

Molho de maracujá

2 **maracujás** azedos
20 ml de vinho branco
1 colher (sobremesa) de açúcar
100 ml de tucupi amarelo
50 ml de creme de leite fresco
Sal, a gosto

Purê de banana-da-terra

2 bananas-da-terra cortadas em pedaços
Suco de 1 limão-taiti
1 colher (sopa) de manteiga
1 pitada de açúcar

COMO FAZER

Costela de pacu

1. Tempere a costela com sal e pimenta-do-reino. 2. Regue com um fio de azeite e asse no defumador por 15 minutos; de preferência, com madeira de goiabeira.

Molho de maracujá

Em uma panela, reduza a polpa de maracujá com vinho branco e açúcar até a metade. Bata no mixer e coe em peneira grossa. Volte para a panela, acrescente o tucupi e o creme de leite fresco. Acerte o sal e reserve.

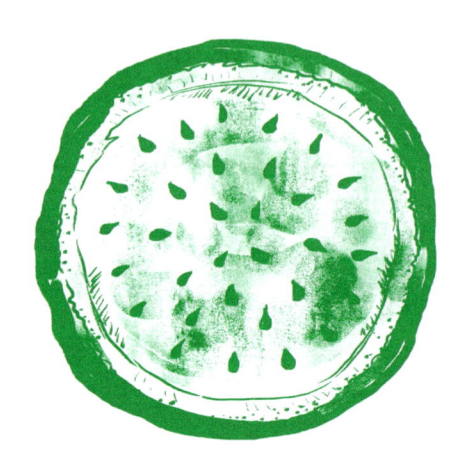

Purê de banana-da-terra

1. Regue as bananas com um pouco de suco de limão. 2. Leve para refogar na manteiga acrescida do açúcar. 3. Passe o purê no mixer até alisar.

MONTAGEM

Disponha o peixe e ao lado o purê de banana-da-terra. Finalize com o molho de maracujá.

 DICA DA CHEF: uma farofinha de cítricos acompanha muito bem esse prato.

O **maracujá** nasce em uma trepadeira tropical, nativa do Brasil. Com centenas de variedades, as espécies mais cultivadas aqui são: maracujá-amarelo ou azedo (empregado na produção de bebidas, laticínios, geleias, doces cristalizados e na confeitaria); maracujá-roxo (diferencia-se do maracujá-amarelo por ser menos ácido; presente no Sul do país); maracujá-doce ou maracujá de colher (exclusivamente consumido como fruta fresca); maracujá-açu (natural da região amazônica, alguns frutos chegam a pesar 3 quilos, daí ser chamado de maracujá gigante) e maracujá-pérola do Cerrado (resultante do cruzamento de diversas espécies de maracujá cultivados na região. Muito doce, pode ser consumido puro ou empregado em pratos doces e salgados). O nome "maracujá" é de origem tupi-guarani e significa "alimento que se toma de sorvo" ou "alimento em forma de cuia". A fruta é conhecida também pelo nome de "fruto da paixão" ou "flor da paixão". Esse nome foi dado à trepadeira por missionários espanhóis que ficaram encantados com sua exuberância, com suas flores que variam do lilás ao roxo e pareciam simbolizar os elementos presentes na Paixão de Cristo. Todas as regiões brasileiras produzem maracujá, com destaques para Santa Catarina, Bahia e Ceará.

CREME DE BATATAS COM QUIABO E BOTARGA

★ **De André Vasconcelos, SC**

4 porções

INGREDIENTES

100 ml de manteiga de garrafa

1 cebola picada finamente picada

3 alhos-porós cortados em tiras finas (apenas a parte branca)

1 talo pequeno de salsão finamente picado

500 g de batatas cortadas em cubos

1 L de caldo caseiro de frango

Sal e pimenta-do-reino branca moída na hora, a gosto

400 ml de leite fresco

150 g de quiabo cortado em rodelas

Água e limão, para o molho do quiabo

Óleo de canola, para fritar

1 colher (sopa) de cebolinha fresca, cortada em rodelas fininhas, para montagem

1 **botarga**, para montagem

COMO FAZER

1. Em uma panela grande, derreta a manteiga. 2. Adicione a cebola, o alho-poró e o salsão. 3. Tampe e cozinhe em fogo lento por 15 minutos, mexendo ocasionalmente. Atenção: não deixe tomar cor, pois isso afetará a aparência final do creme. 4. Adicione a batata e o caldo de frango. 5. Tempere com o sal e a pimenta-do-reino branca. 6. Deixe levantar fervura, reduza o fogo e cozinhe até o caldo evaporar quase que totalmente. 7. Passe as batatas por uma peneira bem fina e volte ao fogo baixo com o creme de leite fresco, misturando com um fouet sem deixar ferver. 8. Coloque de molho as rodelas de quiabo em água e limão, por 30 minutos. 9. Escorra e seque bem. 10. Frite no óleo de canola e reserve.

MONTAGEM

Cubra o fundo de um prato com o creme e coloque no centro o quiabo. Salpique a cebolinha. Rale a botarga, de preferência a mesa, sobre o creme na quantidade que desejar.

No Brasil, é a ova da tainha fêmea, que, depois de limpa é salgada, prensada, desidratada e envolta por cera de abelhas, uma das mais antigas formas de conservação registradas na história. A botarga, também chamada de "caviar brasileiro", pode ser saboreada em fatias ou ralada em receitas que vão desde o sushi até composições variadas, como massas e risotos, ou sozinha, como aperitivo, apenas com um leve toque de azeite para acompanhar. O chef Dante Bassi, com base na receita tradicional da iguaria, criou uma botarga sem ova. Em seu preparo, faz uso do coral que as lagostas trazem escondido na cabeça. "Depois de removidos com uma pinça, os corais passam por uma salga molhada, depois curam em sal e açúcar, desidratam na câmara fria e finalizam o processo numa rápida defumação", explica o chef.

ESPINHAÇO DE OVELHA COM PIRÃO

★ **De Enio Valli, RS**

10 porções

INGREDIENTES

250 g de farinha de mandioca torrada
1 L de água em temperatura ambiente
Fio de óleo, de azeite de oliva ou de banha de porco (a gordura de sua preferência)
1 kg de espinhaço de cordeiro (coluna vertebral do ovino, com carré, lombo, rabo e pescoço cortado na vertical em pequenas postas)

3 cebolas médias picadas

5 dentes de alho picados

1 pimentão pequeno, de preferência vermelho, picado

4 tomates grandes maduros picados

Pimenta-do-reino, q.b.

1 pimenta-dedo-de-moça sem sementes e picada

Alecrim fresco, q.b.

Cominho, q.b.

Folhas de louro, q.b.

Sal, q.b.

Salsinha picada, q.b.

Cebolinha picada, q.b.

COMO FAZER

1. Misture bem a farinha de mandioca e a água em temperatura ambiente e deixe hidratar por, no mínimo, 2 horas. 2. Aqueça bem uma panela de ferro – aqui utilizamos o fogo a lenha –, mas é possível usar o fogão a gás com chama bem forte. 3. Acrescente a gordura (óleo, de azeite de oliva ou de banha de porco), o suficiente para untar o fundo da panela, e o cordeiro. 4. Doure bem todos os lados da carne. Para evitar que a gordura do fundo da panela comece a queimar, vá pingando água aos poucos (o famoso "pinga e frita"). 5. Retire a carne da panela, baixe o fogo e acrescente a cebola, o alho e o pimentão. 6. Siga pingando água caso o fundo da panela esteja muito seco. 7. Assim que estiver bem refogado, acrescente o tomate e a pimenta-do-reino. 8. Não se preocupe em desmanchar por completo os tomates. 9. Junte a carne e os temperos aos poucos e cubra com água. 10. Siga em fogo baixo por cerca de 2 horas, ou até a carne começar a soltar parcialmente dos ossos e ficar macia. 11. Depois que o molho estiver pronto, acrescente a farinha de mandioca hidratada, mexendo sempre para não grudar no fundo da panela, até que esteja cozida e com textura de pirão. Se necessário, acrescente água. 12. Corrija o sal e os temperos. 13. Finalize com a salsinha e a cebolinha.

DICA DO CHEF: na falta do espinhaço inteiro, use carré de cordeiro. Pode ser do curto ou do francês. Se não houver uma panela de ferro disponível, utilize a mais grossa que tiver.

Condições favoráveis de clima e pastagens foram determinantes para o desenvolvimento da ovinocultura no Rio Grande do Sul. Os primeiros exemplares de ovelhas chegaram à região no início dos anos 1800, provenientes da Argentina e do Uruguai. Inicialmente, eram voltados para a produção de lã, sendo a carne menosprezada, sem importância econômica alguma. Nos dias atuais, os municípios da Campanha são os que concentram os maiores rebanhos do país, e, é de lá, que vem o famoso **espinhaço de ovelha**. Tradicionalmente acompanhada de aipim, a receita é elaborada com o espinhaço, que é uma parte da ovelha que vai do pescoço ao lombo, cortada nas juntas e acrescida de temperos.

LOMBO DE CORDEIRO GRELHADO, PURÊ DE CEBOLA E ALHO NEGRO, PASTA DE BERINJELA QUEIMADA, BATATINHAS E CEBOLA VERDE TOSTADA

★ **De Marcelo Schambeck, RS**

Porção individual

INGREDIENTES

Lombo de cordeiro

Fio de azeite de oliva
1 lombo de cordeiro limpo
Sal e pimenta-do-reino, a gosto

Purê de cebola e alho negro

Fio de azeite de oliva
6 cebolas cortadas em pedaços médios
2 dentes de alho negro
Sal, a gosto

Pasta de berinjela

1 berinjela
2 cebolas cortadas em pedaços médios
Azeite de oliva, para refogar
Folhas de manjerona
Sal e pimenta-do-reino, a gosto

Batatinhas e cebola verde

Sal, a gosto
3 batatas baby
1 colher (sopa) de manteiga
1 cebola verde inteira

COMO FAZER

Lombo de cordeiro

1. Em uma frigideira, com um fio de azeite, grelhe o lombo temperado com o sal e a pimenta-do-reino. 2. Fatie o lombo em medalhões. Reserve.

Purê de cebola e alho negro

1. Em uma panela, coloque um fio de azeite e adicione as cebolas. 2. Deixe cozinhar em fogo baixo até desmancharem. 3. Coloque o alho negro. 4. Bata no liquidificador até obter um purê liso. 5. Ajuste o sal.

Pasta de berinjela

1. Queime a berinjela na boca do fogão até a casca carbonizar. 2. Coloque a berinjela em uma tigela e cubra com filme plástico, para abafá-la em seu próprio calor. 3. Refogue a cebola com bastante azeite até caramelizar. 4. Adicione a berinjela sem o talo. 5. Refogue um pouco mais. 6. Transfira a mistura para um liquidificador com as folhas de manjerona. 7. Bata até obter um creme liso. 8. Ajuste o sal e a pimenta-do-reino.

Batatinhas e cebola verde

1. Cozinhe as batatas em água fervente com uma boa quantidade de sal. 2. Quando estiverem cozidas, escorra e corte estas ao meio. 3. Em uma frigideira com manteiga, grelhe as batatas até dourarem. Reserve. 4. Na mesma frigideira, grelhe levemente a cebola verde. Reserve.

MONTAGEM

Coloque os medalhões de lombo de cordeiro em um prato. Disponha o purê de cebola e alho negro, a pasta de berinjela, as batatinhas e a cebola verde.

O **cordeiro** é o ovino novo, com, no máximo, 1 ano, filho do carneiro e da ovelha. Sua carne é rosada, macia, de consistência firme e pouca gordura. A carne de leite ou mamão é assim chamada quando o animal é abatido ainda na fase de aleitamento, com 10 a 12 quilos. Quase tudo se aproveita do cordeiro! A costela, corte popular no Sul do Brasil, com pouca carne, mas muito saborosa por causa da gordura, é assada no espeto no tradicional churrasco. O *stinco* (canela ou ossobuco) exige cocção prolongada. O pescoço com ou sem osso se presta a fazer ragu, sopas, molhos para massas ou recheios. O lombo ideal para fazer na grelha. Fatiado finamente, faz-se um *carpaccio* delicioso. Picado na ponta da faca, faz-se um *steak tartar* tão bom quanto. Carne magra, o filé-mignon manda bem na frigideira, ao ponto ou malpassado. A paleta assada inteira demanda algumas horas para ficar pronta, mas rende um ótimo churrasco. O pernil, geralmente servido inteiro, pode ser assado no forno ou na churrasqueira. A picanha, embora pequena, é ideal para um churrasco. O *t-bone*, a parte central do filé mignon e a parte mais nobre do contrafilé, fica bem grelhado. O *carré*, corte mais nobre e apreciado, bastam apenas 20 minutinhos para ficar divino assado no forno ou na churrasqueira.

RAVIÓLI DE LINGUIÇA BLUMENAU E BACALHAU

★ **De Rubens Catarina, SC**

4 porções

INGREDIENTES

30 g de uva-passa branca
1 colher (sopa) de cachaça
8 folhas de couve-manteiga
1 kg de feijão-preto pronto
100 g de bacalhau dessalgado
25 g de azeite de oliva
2 colheres (sopa) de cebola picada
2 dentes de alho picados
5 azeitonas pretas picadas
Sal, a gosto
200 g de **linguiça Blumenau**
2 colheres (chá) de requeijão cremoso Catupiry®
4 unidades de cebolete
Pimenta-do-reino preta, a gosto

COMO FAZER

1. No dia anterior ao do preparo da receita, em um recipiente, coloque as uvas-passas e a cachaça e deixe descansar por 24 horas. **2.** Para fazer os raviólis, em uma panela, coloque água para ferver. **3.** Deixe um recipiente com água gelada ao lado. **4.** Assim que a água ferver, coloque as folhas de couve por 5 segundos. **5.** Na sequência, mergulhe imediatamente na água gelada. **6.** Quando esfriar, retire da água e seque folha por folha. **7.** Com o auxílio de uma régua, corte 16 tiras de 10 centímetros de comprimento por 3 centímetros de largura, e mais quatro tiras de 20 centímetros de comprimento por 3 centímetros de largura. Reserve. **8.** Bata o feijão-preto no liquidificador até obter um caldo. Reserve **9.** Preaqueça o forno a 180 °C. 10. Em uma travessa, regue o bacalhau com azeite, adicione a cebola, o alho e as azeitonas pretas. 11. Cubra com papel-alumínio e leve para cozinhar no forno por 20 minutos. 12. Retire a pele do bacalhau e desfie este por inteiro. 13. Misture todos os ingredientes que cozinharam juntos e acerte o sal. Reserve. 14. Refogue 170 gramas de linguiça Blumenau na panela, até ficarem douradas. 15. Em um processador, adicione as uvas-passas hidratadas e peneiradas, o restante da linguiça e o Catupiry®. 16. Bata até obter uma consistência lisa. 17. Acerte o sal e a pimenta-do-reino. Reserve.

MONTAGEM

Dos raviólis de linguiça: com as tiras de couve, coloque uma por cima da outra formando um sinal de mais ("+"). Adicione, com a ponta de uma colher, o recheio de linguiça bem no centro, onde as duas tiras se encontram. Dobre as extremidades da tira de baixo, passando por cima do recheio, e, depois, feche as laterais. Faça isso até obter oito unidades de ravióli. Reserve.

Dos raviólis recheados com bacalhau: deixe a tira esticada, coloque um pouco do recheio no começo da tira e comece a fazer a dobradura, deixando o ravióli no formato triangular. Faça quatro unidades de ravióli. Reserve.

Na hora de servir: esquente bem o caldo de feijão-preto, aqueça os raviólis de linguiça e os de bacalhau no forno a 180 °C por 4 minutos. Coloque os raviólis no prato e derrame delicadamente o caldo de feijão-preto ao lado. Finalize com uma ponta de cebolete no prato.

Elaborada com pernil e paleta de suíno, uma pequena quantidade de toucinho, sal, pimenta-do-reino branca e alho, a **linguiça Blumenau** é tradição de mais de cem anos, em Santa Catarina. A receita do embutido chegou com os imigrantes alemães, provenientes da Pomerânia, que se instalaram no Vale do Itajaí, no início do século XX. É elaborada artesanalmente: depois de embutida, passa por um descanso aproximado de 30 minutos em um varal. O segredo da iguaria está no processo de defumação com serragem e brasa, a uma temperatura máxima de 50 °C, onde fica 36 horas. A linguiça pode ser empregada em churrascos, risotos, pastéis, pizzas, hambúrgueres, ensopados, molhos e na chapa com cebola é um delicioso aperitivo.

RISOTO DE MORANGA E CHARQUE

★ **De Carlos Kristensen, RS**

4 porções

INGREDIENTES

200 g de manteiga
200 g de cebola picada
400 g de arroz arbóreo (cateto ou carnarolli)
200 ml de vinho branco
1 L de caldo caseiro de legumes
500 g de purê de moranga
500 g de **charque** dessalgado e desfiado
150 g de queijo serrano ralado
Sal, a gosto
100 ml de azeite de oliva defumado, para montagem
Suco de 1 limão bergamota, para montagem
150 g de picles de abóbora, para montagem

COMO FAZER

1. Coloque 100 g da manteiga em uma panela e adicione a cebola. 2. Refogue até que esta esteja macia, mas ainda branquinha. 3. Adicione o arroz. 4. Refogue por 2 minutos, mexendo sem parar. 5. Acrescente o vinho branco, mexa e deixe evaporar. 6. Adicione duas conchas de caldo de legumes quente e mexa. 7. Adicione o caldo aos poucos até que o grão do arroz esteja al dente. 8. Nesse ponto, coloque o purê de moranga e o charque desfiado e mexa bem. 9. Para finalizar, desligue o fogo e adicione o queijo e o restante da manteiga. 10. Mexa bem até incorporar tudo. 11. Ajuste o sal.

MONTAGEM

Sirva o arroz em um prato fundo e regue com o azeite defumado. Esprema um pouco do suco do limão sobre o risoto. Finalize com os picles de abóbora.

Também conhecida como "charque de vento", **charque** é o nome dado à carne-seca no Sul do Brasil, que passa pelo mesmo processo, mas recebe maior quantidade de sal e exposição ao sol. Os cortes bovinos mais empregados são a ponta de agulha e os dianteiros. Pequenos produtores gaúchos também produzem o charque de ovelha. O uso do sal para desidratar e preservar alimentos desembarcou com os portugueses, na época do descobrimento. A técnica foi absorvida pelos nordestinos, e aplicada à carne-seca. Já no século XVII, o Rio Grande do Norte e o Ceará se tornaram grandes produtores. A história do charque no Rio Grande do Sul começou em 1780, quando o cearense José Pinto Martins instalou uma charqueada, às margens do rio Pelotas. A partir daí, a produção gaúcha desenvolveu-se com enorme rapidez. "As repetidas secas, dizimando o gado, foram diminuindo a produção cearense, enquanto a do Rio Grande do Sul prosperava. Vinha a carne do Sul trazendo a denominação quéchua de charque, dominando o mercado nortista", escreveu o historiador Câmara Cascudo.

ROBALO COM ALGAS E PORCINI CATARINENSES

★ **De Willian Vieira, SC**

Porção individual

INGREDIENTES

Robalo

50 g de **cogumelos porcini** fresco
150 g de peixe branco da estação
20 g de banha de porco
30 g de manteiga
75 g de maçã fuji sem casca, fatiada
Sal, a gosto
Pimenta-do-reino, a gosto
Tomilho picado, a gosto
Alecrim picado, a gosto

Consomê de algas e flor de sal

200 ml de água filtrada
2 g de cogumelos porcini seco
2 g de alga alface do mar seca
2 g de alga gracilaria seca
2 g de alga codium
5 g de goma de tapioca
Flor de sal, a gosto
Pimenta-do-reino, a gosto

COMO FAZER

Robalo

1. Fatie 1/3 do porcini fresco com o auxílio de um mandolim e reserve para decorar. 2. Corte o restante do porcini fresco em cubos.

3. Doure o peixe na banha de porco. 4. Em outra frigideira, aqueça a manteiga até ficar marrom-clara, adicione a maçã e os cubos do porcini fresco, e refogue ligeiramente. 5. Tempere com o sal e a pimenta-do-reino, e acrescente o tomilho e o alecrim.

Consomê de algas e flor de sal

1. Em uma panela, coloque a água, o porcini seco e as algas e leve ao fogo baixo até levantar fervura. 2. Retire do fogo, tampe e deixe por 3 horas. 3. Coe em uma panela, adicione a goma de tapioca e misture com um mixer. 4. Cozinhe até encorpar. 5. Tempere com flor de sal e pimenta-do-reino e reserve.

MONTAGEM

Disponha o peixe por cima da maçã e o porcini refogados. Decore com as lâminas de porcini e finalize com o consomê de algas e flor de sal.

Os **cogumelos porcini** têm talos espessos e gorduchos e chapéus grandes, que variam de 3 a 20 centímetros, de cor de canela a marrom-escura, sendo brancos e bem firmes quando jovens. Surgem espontaneamente nos pés de castanheiras e pinheiros, e, uma vez colhidos, perecem rapidamente – menos de sete dias –, motivo pelo qual são desidratados para prolongar a utilização. Ricos em proteína vegetal – podem substituir a carne tranquilamente – pouco calóricos, estão entre as três espécies consideradas mais saborosas do mundo. Seu emprego culinário inclui saladas, massas, risotos, sopas, recheios, molhos e cremes, como acompanhamento de pratos de carnes e peixes, crus, assados, fritos, empanados, grelhados ou cozidos. São comercializados frescos, secos – quando precisam ser hidratados com água, caldo vegetal, leite ou no vapor, antes de usar – ou em conserva. Para alegria de nosso paladar, já colhemos nossos porcini por aqui: no Rio Grande do Sul – onde o primeiro registro científico ocorreu há mais de trinta anos –, no Paraná e na Serra Catarinense.

"SIRICUTICO" (RAVIÓLI ABERTO DE SIRI COM BANANA--DA-TERRA, MOLHO DE IEMANJÁ E FAROFA CÍTRICA)

★ De Ivan Lopes, PR

10 a 12 porções

INGREDIENTES

Recheio

50 g de cebola bem picada
20 g de alho bem picado
100 g de cenoura picada em cubos
25 g de salsão picado em cubos
25 g de alho-poró picado em cubos
100 g de azeite de oliva, para refogar
500 g de carne de **siri**
200 g de banana-da-terra cortada em cubos
Coentro fresco picado, a gosto
1 tomate picado
Sal, a gosto

Molho Iemanjá

50 g de cebola picada grosseiramente
20 g de gengibre bem picado
100 g de cenoura cortada em cubos
150 g de pimentão vermelho, sem sementes, picado grosseiramente
20 g de talos de coentro bem picados
100 g de tomate picado grosseiramente
200 g de manteiga
2 colheres (café) de curry de madra
500 ml de água de coco

100 g de creme de leite fresco
250 g de leite de coco fresco
1 pimenta-dedo-de-moça sem sementes e picada
Sal, a gosto

Massa fresca

5 ovos caipiras
250 g de farinha de trigo
250 g de sêmola
Sal, a gosto

Farofa cítrica

100 g de manteiga
26 g de cebola picada
10 g de alho bem picado
25 g de alho-poró picado
150 g de farinha panko
150 g de farinha de mandioca torrada
Raspas de 2 limões
1 colher (café) de ácido cítrico
1 pimenta-dedo-de-moça sem sementes
Sal, a gosto

Finalização

10 tomates-cereja cortados em rodelas
Brotos de sua preferência

COMO FAZER

Recheio

1. Refogue os legumes no azeite, em fogo baixo, por 10 minutos.
2. Adicione a carne de siri, a banana-da-terra, o coentro e o tomate, e deixe secar bem, sempre mexendo. 3. Acerte o sal e reserve.

Molho Iemanjá

1. Em uma panela, refogue a cebola, o gengibre, a cenoura, o pimentão, os talos de coentro e o tomate com 100 gramas da manteiga por, aproximadamente, 10 minutos. 2. Adicione o curry, a água de coco, o creme de leite, o leite de coco e a pimenta-dedo-de-moça. 3. Transfira para um liquidificador e bata até ficar homogêneo. 4. Coe e adicione o restante da manteiga. 5. Emulsione para dar brilho ao creme. 6. Antes de servir, bata novamente e ajuste o sal.

Massa fresca

1. Quebre os ovos, bata, adicione as farinhas e deixe descansar. 2. Abra a massa, corte no diâmetro redondo de 10 centímetros e cozinhe na água com sal.

Farofa cítrica

1. Com 50 gramas da manteiga, refogue a cebola, o alho e o alho-poró até branquear. 2. Acrescente as farinhas, as raspas de limão, o ácido cítrico e o restante da manteiga, e mexa bem. 3. Acrescente a pimenta-dedo-de-moça e o sal.

Finalização

1. Forme camadas de massa e siri, molho e farofa. 2. Decore com os tomates-cereja e alguns brotos.

Todo **siri** é um caranguejo, mas nem todo caranguejo é siri. São parecidos, mas têm algumas diferenças. A mais importante está nas patas traseiras: as do siri são achatadas, o que lhe permite nadar, as do caranguejo são pontudas. Siri vive apenas no mar e costuma ficar enterrado na areia. Durante a época de mutação, quando muda de casca, transforma-se em iguaria apreciadíssima chamada de "siri mole", que produz uma moqueca famosa no Recôncavo Baiano e uma fritada deliciosa em Pernambuco. Sua carne branca e saborosa rende pouco: são necessários 12 quilos de siri, em média, para se obter 1 quilo da carne. Quando cozida e desfiada, é empregada em saladas, fritadas, recheios e na também famosa casquinha de siri. Um dos principais ingredientes da culinária capixaba, o siri está presente em inúmeras preparações, como a torta capixaba e a muma de siri, e é fonte de renda da Ilha das Caieiras, um dos bairros mais antigos de Vitória, conhecido por sua comunidade de desfiadeiras de siri. O crustáceo deve ser comprado vivo assim como o caranguejo. Também é encontrado em lata ou com a carne já congelada. No Brasil, são muitas as espécies conhecidas de siri. O mais comum é o sirimirim, ou siri-branco, que aparece de Pernambuco a Santa Catarina.

TAINHA ASSADA COM FAROFA DE OVAS E MOLHO DE BERGAMOTA

★ **De Eva dos Santos, PR**

4 porções

INGREDIENTES

Tainha

1 tainha limpa de 1,5 a 2 kg
Sal e pimenta-do-reino, a gosto
Suco de 1 limão
1 ramo de manjericão
1 dente de alho amassado
Azeite de oliva, q.b.
4 batatas cortadas em rodelas

Farofa de ovas

Ovas de tainha, sem pele
Sal e pimenta-do-reino, a gosto
50 g de manteiga clarificada
50 g de manteiga gelada
Cheiro-verde, a gosto
Cebolete, a gosto
300 g de farinha de mandioca

Molho de bergamota

100 g de açúcar
50 ml de vinagre de maçã
2 L de suco de bergamota

Finalização

Cascas aferventadas da bergamota, a gosto

COMO FAZER

Tainha

1. Faça um corte na lateral da tainha. 2. Tempere com o sal, a pimenta-do-reino e o suco de limão. 3. Coloque dentro do peixe o manjericão e o alho. 4. Regue com azeite, cubra com papel-alumínio e deixe marinando por 1 hora na geladeira. 5. Forre uma assadeira com as batatas e coloque a tainha. 6. Leve para assar em forno preaquecido a 200 °C por 40 minutos.

Farofa de ovas

1. Amasse bem as ovas com o auxílio de um garfo e tempere com o sal e a pimenta-do-reino. 2. Aqueça uma panela de fundo grosso e coloque a manteiga clarificada. 3. Acrescente as ovas e bata sem parar até que fiquem bem sequinhas. 4. Adicione a manteiga gelada, os temperos e, depois, a farinha, fazendo uma farofa úmida.

Molho de bergamota

1. Em uma panela, derreta o açúcar com cuidado para não queimar. 2. Adicione o vinagre e deixe engrossar. 3. Acrescente o suco e reduza em fogo baixo por, aproximadamente, 1 hora.

Finalização

1. Sirva a tainha assada com o molho de bergamota e a farofa de ovas. 2. Finalize com as cascas da fruta.

A **bergamota** (montenegrina) é uma mutação espontânea da tangerina comum, descoberta em um canto esquecido do pomar pelo agricultor João Edvino Derlan, na Fazenda Lageado, na localidade de Campo do Meio, em Montenegro (RS), na década de 1940. De sabor muito doce, a fruta é típica da região gaúcha do Vale do Caí, onde começa a amadurecer em setembro, época em que todas as outras tangerinas já foram colhidas. Base de sucos e geleias, também é consumida *in natura*. Variedade ameaçada de extinção, faz parte da *Arca do gosto*, um catálogo do movimento Slow Food. A bergamota tem vários nomes no Brasil, principalmente "mexerica".

TORTA DE GALINHA-D'ANGOLA

★ **De Giordano Tarso, RS**

10 porções

INGREDIENTES

Massa

350 g de farinha de trigo
200 g de manteiga sem sal, gelada
10 ml de água gelada
8 g de sal

Recheio

1 cebola grande picada
4 dentes de alho picados
50 ml de azeite de oliva
850 g de **galinha-d'angola** picada em pedaços pequenos (1 cm)
150 g de guanciale picado em pedaços bem pequenos (ou bacon)
200 g de miúdos de galinha-d'angola picados
20 g de sal
2 g de pimenta-do-reino moída
30 g de sálvia bem picada
20 g de salsicha bem picada
20 g de amido de milho
50 ml de vinho branco
30 ml de vinagre branco

COMO FAZER

Massa

1. Em uma tigela grande, coloque todos os ingredientes e sove até a massa ficar lisa e homogênea. 2. Deixe descansar na geladeira por 30 minutos, coberta com filme plástico.

Recheio

1. Refogue a cebola e o alho no azeite até ficarem bem dourados e reserve. **2.** Em uma tigela grande, adicione o restante dos ingredientes à cebola e ao alho refogados. **3.** Misture bem até o recheio ficar uniforme e bem pegajoso. **4.** Reserve na geladeira por 30 minutos.

MONTAGEM

Com o auxílio de um rolo, abra a massa entre dois pedaços de filme-plástico, deixando-a bem fina (0,5 centímetro de espessura). Forre o fundo e as laterais de uma forma redonda de fundo removível (25 centímetros de diâmetro) com parte da massa, reservando o restante para cobrir. Disponha o recheio e cubra com a massa restante, fechando bem as laterais. Pincele a superfície com uma gema e leve ao forno preaquecido a 180 °C, para assar por 40 minutos ou até dourar.

 DICA DO CHEF: sirva quente acompanhada de polenta mole com salada de radicchio.

Ave doméstica, a **galinha-d'angola** é conhecida como "faisão de pobre", dada a semelhança do sabor de sua carne de consistência firme, escura e com baixo teor de gordura, como o da carne de faisão. De origem africana, chegou ao Brasil no período da colonização, trazido pelos portugueses. Muito empregado na culinária sertaneja, é preparada de cabidela, guisada, recheada, sendo recomendável umedecer sua carne em vinha-d'alho ou gorduras. Recebe outras designações regionais, como "galinhola", "galinha-da-guiné" e "guiné" no Maranhão, "pintada" e "capote" no Piauí, onde é ingrediente principal do frito de capote e do arroz de capote, pratos famosos da culinária local.

DOCES, SOBREMESAS E OUTRAS IGUARIAS

Bala de banana de Antonina Um dos símbolos do Paraná, é produzida há quase 40 anos com banana de pequenos produtores da região.

Beijinho de coco Docinho de gemas, leite e coco coberto com fondant e decorado com confeitos prateados. Tradição da doçaria de Pelotas (RS).

Bem-casados De origem portuguesa, são biscoitinhos de massa leve, unidos aos pares por recheios variados (doce de leite, baba de moça, brigadeiro, goiabada) e banhados com uma fina camada de açúcar. Depois são embrulhados artisticamente e distribuídos como lembrancinha nas festas de casamento Brasil afora. Em Pelotas (RS), são feitos com dois discos de pão de ló, unidos por um recheio de ovos moles, coberto por fondant e decorados com confeitos prateados.

Bijajica Típico das cidades catarinenses de Garopaba e Paulo Lopes, é um bolinho doce e compacto feito com farinha de mandioca, amendoim moído e açúcar mascavo, cozido no vapor e envolto em folhas de bananeira. Em Lages, é feito com polvilho azedo, ovos e açúcar, e frito em banha.

Biscoito tia Mariquinha Biscoito artesanal preparado com fubá branco, araruta, açúcar, ovos e banha.

Broinha de coco Doce de coco com gemas e açúcar, com aspecto brilhoso em função do xarope de glicose em sua cobertura. É mais uma iguaria de Pelotas (RS).

Cacuanga Bolinho de mandioca, amendoim, açúcar e canela, que pode ser feito cozido ou assado, enrolado em folha de bananeira. Faz parte das guloseimas de Florianópolis.

Coruja da cinza Bolinho feito com farinha de milho, açúcar, ovos, farinha de trigo e água, embrulhado em uma palha de milho larga. Os pacotinhos são colocados na brasa para assar, recoberto com cinzas. O nome está relacionado com a aparência do doce. Também conhecido como "bolo de cinza", é uma guloseima paranaense. Em Santa Catarina, é chamado de "orelha de gato".

Creme Honório Lemes Creme de amêndoas, ovos, açúcar e baunilha assado no forno, e depois coberto com merengue. É servido gelado. A receita homenageia o comandante farroupilha, conhecido como o Leão de Caverá, que atuou durante a revolução rio-grandense de 1923.

Cuca Corruptela de *Kuchen* (bolo ou torta, em alemão), a cuca é preparada com massa parecida com a de pão, mas um pouco mais doce. A cobertura pode ser de nata, frutas, farofas, doces ou chocolate. No Sul, a cuca é levada tão a sério que Santa Cruz do Sul, uma pequena cidade do interior do Rio Grande do Sul, quer criar um selo de origem semelhante ao dos doces de Pelotas. A cidade faz também uma festa anual em homenagem ao doce de origem alemã. A Festa das Cucas, nos primeiros dias do mês de julho, faz parte do calendário oficial da cidade desde 2001.

Cueca virada Bolinho feito de massa caseira, frito e coberto de açúcar e canela. Muito apreciado no café da manhã dos estados do Sul, é também chamado de "calça virada" ou "orelha de gato".

Cuês São pequenas pastilhas de massa fermentada que são misturadas com passas, fritas na manteiga e polvilhadas com açúcar e canela.

Doces de Pelotas Gilberto Freyre, em seu livro *Açúcar*, conta que havia provado, em Pelotas (RS), doces finos que rivalizavam, em qualidade, com os doces do Nordeste. E a explicação para isso é simples: Pelotas exportava charque, principal alimento dos escravizados no Brasil, e importava o açúcar que eles produziam. Por sua vez, as esposas dos barões do charque, auxiliadas por suas mucamas, transformavam-no em doces artesanais inspirados na doçaria portuguesa. Quinze iguarias conquistaram o selo de Indicação Geográfica (IG) dos Doces de Pelotas: amanteigado, panelinhas de coco, quindim, olho de sogra, papo-de-anjo, bem-casados, ninho, trouxa de amêndoa, queijadinha, beijinho de coco, pastel de Santa Clara, fatias de Braga, doces cristalizados de frutas, camafeu e broinha de coco. Desde então, os produtos feitos em Pelotas têm certificado de registro e selo de origem, evitando possíveis imitações ou uso indevido da marca.

Esquecidos Biscoitinhos feitos à base de farinha de trigo, açúcar, sal e casca de limão. Em formato de bolinhas, são assados no forno.

Fandenqueca Tipo de panqueca gaúcha preparada com leite, farinha de trigo e ovos, frita na manteiga e polvilhada com açúcar e canela.

Fatias Gumercindo Saraiva Docinho de amêndoas moídas, gemas, açúcar e manteiga assado no forno e cortado em quadradinhos. É uma homenagem ao comandante militar, que participou da Revolução Federalista no Rio Grande do Sul no ano de 1893 e foi degolado por seus inimigos políticos.

Francisquinho Biscoito feito de farinha de milho, açúcar, ovos, canela em pó e banha, faz a alegria da criançada do Rio Grande do Sul.

Gelatina Dr. Getúlio Elaborada com gelatina vermelha, caldo de laranja e ovos, é servida com creme de baunilha. Dizem as más línguas que o então presidente Getúlio Vargas provou e não gostou.

Gelatina rei Alberto Foi criada em 1920 por ocasião da visita do rei Alberto I da Bélgica ao Brasil. A sobremesa leva as cores da bandeira belga em sua preparação: vermelho (gelatina de cereja, morango ou framboesa), amarelo (ovos moles) e preto (purê de ameixa). Era uma das sobremesas preferidas do ex-presidente Getúlio Vargas.

Kutiá Influência ucraniana na culinária local, originalmente preparada com trigo cozido, passas, sementes de papoula, nozes e mel, a receita sofreu algumas alterações. No lugar das nozes, amendoim. Em vez de mel, açúcar.

Lua de mel Em Curitiba, é um pãozinho doce bem macio, preparado com creme de coco e passado no leite condensado.

Mandolate Delícia gaúcha, é uma espécie de torrone feito com amendoim, claras de ovos batidas em neve e mel.

Mbojape Bolo feito de milho tipo pururuca socado no pilão ou também ralado. O *mbojape* é um alimento tradicional que os povos indígenas guaranis costumam preparar no batismo das crianças. É servido acompanhado de mel silvestre, no Paraná.

Montserrat Trança de doce de gemas com massa de nozes, criada em homenagem à soprano espanhola Montserrat Caballé, por ocasião de um espetáculo por ela protagonizado na cidade de Pelotas.

Olho de sogra Docinho feito de ameixa ou tâmara descaroçadas, recheado com doce de ovos ou doce de coco, passado em açúcar cristal, no formato amendoado de um olho. É uma iguaria pelotense presente em todo o Brasil.

Origone com arroz Uma das sobremesas mais tradicionais da culinária dos Pampas, é feita com pêssegos secos e prensados (origone), arroz, cravo-da-índia e açúcar.

Panelinha de coco Doce assado no forno, feito uma massa fina à base de farinha, recheado com coco ralado, açúcar e gemas de ovos. Faz parte dos doces de Pelotas (RS).

Perichkê Bolinho ucraniano recheado com requeijão, leite condensado, coco ralado, açúcar, baunilha, canela em pó e cereja em calda picadinha.

Piernick Tradição da doçaria polonesa presente nos Campos Gerais do Paraná, é um delicioso bolo de mel.

Pipoteca Quem passou a infância no Paraná se lembra dessa guloseima doce, vendida em um pacote cor-de--rosa desde 1978.

Pudim Assis Brasil Pudim de amêndoas moídas e baunilha. Homenagem ao advogado e político gaúcho, nascido na estância São Gonçalo, município de São Gabriel, defensor da democracia liberal e um dos fundadores do Partido Republicano do Rio Grande do Sul.

Pudim de gabinete Pudim assado em banho-maria, em sua preparação entram frutas cristalizadas, passas e biscoitos ingleses picados, cobertos com uma espécie de gemada feita com leite condensado, ovos, leite e vinho moscatel. Existe outra versão da receita, elaborada com especiarias, pão de ló e vinho branco. Provavelmente o doce é de origem mineira, embora seja muito frequente nas mesas gaúchas.

Pudim Getúlio Vargas Iguaria preparada com creme de ovos, coco ralado e abacaxi em calda.

Sagu de vinho tinto com creme de baunilha Sobremesa típica dos Pampas, elaborada com sagu cozido em uma mistura de vinho tinto e açúcar, que, após fria, é servida com creme de baunilha.

Schmier Bolinho frito, elaborado com farinha de trigo, ovos, manteiga e água, coberto com geleias de sabores variados. Tão tradicional no Sul que a palavra alemã *schmier* virou "chimia" e sinônimo de geleia.

Siricaia Em Pelotas (RS), o doce de origem indiana que chegou ao Brasil na época da colonização é conhecido popularmente como "doce de velhas"; no Rio Grande do Norte, "doce ligeiro". A receita apresenta variações: leva rapadura e leite de coco na Bahia, fatias de queijo e de pão e canela em São Paulo. Para Câmara Cascudo, a receita gaúcha é a mais fiel ao modelo asiático.

Stolen Legado alemão, é um bolo semelhante ao panetone, que leva castanhas, passas pretas e brancas, frutas cristalizadas e rum.

Torta general Camadas alternadas de biscoito tipo mentirinha umedecido em guaraná, doce de banana, doce de ameixa e creme de baunilha, recoberta com gelatina vermelha. Preparação tradicional do Rio Grande do Sul, batizada em homenagem a um militar do passado, cujo nome se perdeu no tempo.

Torta Martha Rocha Tradicionalmente, são quatro discos de pão de ló intercalados com creme de ovos com coco, ameixa-preta e doce de leite, que recebem uma cobertura de glacê com calda de açúcar. Criação do confeiteiro espanhol Jesus Alvarez Terzado, radicado no Paraná, para homenagear a então Miss Brasil, a baiana Martha Rocha, que, por conta de 2 polegadas (5 centímetros) a mais nos quadris em relação ao busto, perdeu o concurso de Miss Universo nos Estados Unidos no ano de 1954.

Uvada Preparado com uvas pretas de mesa Isabel, variedade mais plantada no Rio Grande de Sul, e açúcar. Embora este tipo de uva não produza vinhos de qualidade, é excelente para geleias e sucos. Vale observar que a uva deve seu nome à fazendeira norte-americana Isabella Gibbs, que difundiu seu cultivo nos Estados Unidos no início do século XIX, e não à princesa Isabel, filha de D. Pedro II, como alguns alegam.

Varenyke Massa feita com trigo, água e ovos, que é recheada, geralmente com queijo, batata e chucrute na versão salgada, ou com frutas, na versão doce. Tem formato de pastel, que costuma ser cozida em água fervente e servida com diferentes molhos. Do receituário ucraniano, faz-se presente no Paraná.

Uzuar Sobremesa ucraniana servida gelada, elaborada com frutas desidratadas, vinho e mel, presente em Santa Catarina.

TRÊS DOCES BRASILEIROS COM INSPIRAÇÃO DE IMIGRANTES

★ **De Renato Farias** *e* **Mayara Kuhl, SC**

1. DOCE DE GILA

Rende 700 mililitros

INGREDIENTES

1 kg de gila ralada grossa
800 g de açúcar cristal orgânico (proporção de 80% de açúcar)
Canela em pau, a gosto
Cravo-da-índia, a gosto
Raspas de 1 laranja

COMO FAZER

1. Em uma panela de fundo grosso, coloque todos os ingredientes. 2. Leve ao fogo médio, mexendo sempre até alcançar o ponto desejado.

2. DOCE DE LEITE DE OVELHA

Rende 400 mililitros

INGREDIENTES

200 g de açúcar cristal orgânico (proporção de 20% de açúcar)
1 L de leite de ovelha
2 g de bicarbonato de sódio

COMO FAZER

1. Em uma panela de fundo grosso, caramelize o açúcar cristal orgânico. 2. Quando o caramelo estiver dourado, junte o leite e o bicarbonato. 3. Cozinhe até reduzir ao ponto desejado.

3. GELEIA DE GOIABA SERRANA

Rende 500 mililitros

INGREDIENTES

2 kg de polpa de **goiaba serrana**
600 g de açúcar cristal orgânico (proporção de 30% de açúcar)
Suco de 1 limão

COMO FAZER

1. Em uma panela de fundo grosso, coloque todos os ingredientes.
2. Leve ao fogo médio, mexendo sempre até alcançar o ponto desejado.

Fruto de um arbusto pequeno muito resistente ao frio, a **goiaba serrana** habita a região serrana catarinense, o sul do Paraná e a serra nordeste do Rio Grande do Sul. Em aparência, tamanho e textura é semelhante à goiaba. A casca pode ser lisa ou rugosa e a polpa transparente, doce e aromática, ligeiramente acidulada, cheia de sementes, pode ser consumida *in natura* ou como sucos, licores, sorvetes, geleias, doces em pasta ou de corte. As pétalas de suas flores carnudas e saborosas, podem ser utilizadas em saladas ou doces e na decoração de pratos. Entre outros nomes, é chamada de "feijoa" – em homenagem ao botânico brasileiro João da Silva Feijó –, "goiaba-verde", "goiaba-da-serra" e "araçá do rio grande".

INGREDIENTES

Almeirão Da mesma família da chicória, da escarola, da endívia e do *radicchio*, tem folhas verdes e longas de sabor amargo, daí ser também conhecida como "chicória amarga". Pode ser empregado em saladas e pratos quentes, e também como recheio de tortas e bolinhos. No Rio Grande do Sul, onde é conhecido como *radice* – uma corruptela de *radicchio* –, é muito consumido pelos imigrantes italianos. Existem duas variedades de sabor menos amargo, que são chamadas de "almeirão-do-mato" e "almeirão-roxo", que é popularmente conhecido como "orelha de coelho". Estas podem ser consumidas cruas, em saladas, ou refogadas.

Amora-do-mato Fruta nativa encontrada no Sudeste e no Sul, é mais comum na região de Porto Alegre e nasce em formações arbustivas. De sabor adocicado, é empregada em sucos, geleias, doces e compotas. Também consumida *in natura*, é chamada de "amora-brasileira", "amora-preta", "amora-brava", entre outros nomes.

Arroz-cateto Com grãos curtos, curvados e um pouco transparentes, tem grande quantidade de amido. Após o preparo, tende a ficar mais macio e cremoso. É encontrado nos mercados sob a denominação "arroz para culinária gaúcha".

Arroz do litoral norte gaúcho O primeiro cereal brasileiro a obter o reconhecimento oficial de uma situação geográfica privilegiada (Denominação de Origem – DO). Introduzido por imigrantes italianos e alemães, na década de 1930, o território onde se produz o arroz é formado por uma península arenosa com aproximadamente 300 quilômetros de extensão, entre a Lagoa dos Patos e o Oceano Atlântico. O regime de ventos, associado à estabilidade térmica da região, resulta em condições geográficas ideais e únicas para a produção do cereal. De cor branca, é de qualidade e tem alto rendimento de panela e sabor diferenciado.

Arumbeva Cacto da Mata Atlântica muito apreciado em algumas regiões do Sul do Brasil, produz frutos comestíveis. De polpa verde-escura e sabor agridoce, semelhante ao do kiwi, esse fruto pode ser consumido *in natura* ou processado na forma de doces, sorvetes e molhos para acompanhar pratos salgados. É conhecido por outros nomes como: "arumbé", "palma", "palmatório".

Camboim Pequena baga de cor roxa avermelhada, doce, muito aromática e saborosa comum no Rio Grande do Sul. Utilizada na elaboração de sucos, sorvetes, vinhos e licores.

Carne oreada Fica na salga por menos tempo e é seca no vento e na sombra protegida por mosquiteiro por, no máximo, um dia. Também chamada de "frescal", é geralmente preparada com cortes de carne de primeira. É comum no Sul.

Cavacos São pequenos pedaços de charque; sobras de carne charqueada.

Caxi Planta famosa no Sul, da mesma família do chuchu, da abóbora e da abobrinha, é empregada sem casca e sem sementes em saladas e sopas. O "porongo", seu outro nome, quando colhido jovem, é utilizado para fazer a cuia do também famoso chimarrão.

Cebolinha-de-tropeiro Nativa do Sul do Brasil, é uma planta alimentícia não convencional (Panc), que cresce espontaneamente em hortas, pomares e jardins. Seus bulbos podem substituir o alho como tempero – daí também ser conhecida como "alho-silvestre" ou "alho bravo" –, suas flores e folhas podem ser apreciadas como o nirá (alho japonês).

Costela de janela Corte bovino retirado da parte superior da caixa torácica, ou seja, das oito últimas vértebras. Tem ossos largos e carne gordurosa. Também conhecida como "costela minga", é muito utilizada no churrasco gaúcho, podendo, ainda, ser preparada no bafo ou assada. Por que "de janela"? Porque é o formato da costela do boi.

Costilhar No Rio Grande do Sul, carne que se retira da parte imediatamente acima das costelas do boi. É também conhecida como "costelar".

Cracóvia Embutido defumado típico do Paraná, feito com cortes nobres da carne de porco, como o lombo e o pernil, temperado com alho, pimenta e sal, é herança dos descendentes ucranianos da cidade. Pode ser consumido como aperitivo, em sanduíches e em outros preparos culinários.

Cruá Da mesma família da abóbora, nativa principalmente da região Sul, seus frutos são consumidos como legumes quando ainda estão verdes, na forma de sopas e purês. Sua casca dura e resistente é preta, vermelha ou amarelada, de acordo com seu amadurecimento. A polpa é amarelada, de sabor doce e aroma forte e agradável, que lembra o do melão – daí ser conhecido como "melão-croá" ou "melão-caboclo" –, e é empregada em sucos, doces, compotas e sorvetes. O cruá pode ser encontrado nos mercados de Porto Alegre e São Paulo.

Farinha de cachorro No Rio Grande do Sul, é a farinha de mandioca pilada com açúcar e amendoim torrado.

Farinha de mandioca do litoral paranaense Produzida artesanalmente, o diferencial dessa farinha é a presença do amido da mandioca, que não é retirado da massa durante o processo de prensagem. É um ingrediente indispensável do barreado.

Farinha polvilhada de Santa Catarina Produzida nos engenhos do litoral sul, feita com mandioca descascada, lavada, triturada em estruturas de madeiras movimentadas pela água ou por tração animal e prensada. A massa obtida é acomodada em cestas de palha ou embrulhada em sacos de ráfia sintética. Na prensa, os embrulhos, intercalados por placa de palha trançada, passam horas sendo espremidos para que a água saia devagar, conservando parte do amido, que vai dar a característica de farinha polvilhada. Depois disso, é peneirada, forneada (aquecida no forno a lenha) e, por fim, peneirada de uma a duas vezes, resultando em uma farinha branca, finíssima, sem grumos.

Feijão-sopinha No litoral sul do Rio Grande do Sul, esta leguminosa está sendo cultivada no programa de resgate da cultura e da biodiversidade na região, através do incentivo à agricultura familiar. Trazido pelos escravizados africanos, o feijão-sopinha pertence ao mesmo grupo do feijão-caupi, tem alto conteúdo proteico e cozinha rápido.

Guabiju Fruto silvestre de casca lisa e quase negra, sua polpa tem cor e textura semelhantes às da uva. Nativa do Sul, é ideal para consumo *in natura* e também pode ser empregada no preparo de sorvetes, licores e geleias.

Guaivira Peixe marinho que tem a carne tenra, semelhante à da pescada, é empregado em frituras e ensopados. Também conhecido como "tiburo", é muito encontrado no litoral de Santa Catarina.

Guaporiti Fruto vermelho, muito consumido *in natura* nas comunidades indígenas, pequeno, de polpa doce e saborosa, pode ser empregado em doces e geleias.

Javali Considerada a melhor dentre as carnes exóticas, além de ser extremamente saudável. É uma carne magra, pouco calórica (85% menos calorias que a carne de boi), rica em proteínas e com um índice de colesterol próximo a zero. O javali chegou ao Brasil em 1950, após passar pela Argentina e pelo Uruguai. Muito da carne de javali consumida no País é "javaporco" – um cruzamento entre o javali com porco doméstico –, comercialmente mais interessante, uma vez que o javaporco tem mais filhotes a cada gestação, que engordam mais rapidamente que os de javali. No Pantanal sul-mato-grossense, encontra-se o javonteiro – cruzamento de javali com porco monteiro, criado em cativeiros –, sua carne é macia, com pouquíssima gordura e de sabor suave.

Linguiça crioula Feita de carne bovina, carne suína, toucinho, alho, pimenta e cominho. Muito apreciada na região da Campanha e da fronteira do Rio Grande do Sul.

Marreco "Irmão gêmeo" do pato. De menor porte, o marreco se reproduz rápido, come menos, desenvolve-se em menor tempo e está pronto para o abate ao alcançar três meses de vida. Por influência dos imigrantes alemães e seus descendentes, que desenvolveram sua criação, é muito apreciado em Santa Catarina, onde costuma ser consumido recheado com seus próprios miúdos, pão e cheiro-verde, acompanhado de repolho roxo, purê de maçã e chucrute.

Matambre Carne magra que envolve a costela, o matambre – da contração da expressão espanhola *mata el hambre* (matar a fome) –, é a primeira peça a ser retirada do boi depois do couro. Corte de carne típico do Rio Grande do Sul, também conhecido como "vaqueira", quando marinada no leite por algumas horas, ganha uma textura mais macia e pode ser preparada na brasa, na grelha ou assada, com recheio de linguiça calabresa, bacon, ovos e legumes, no forno ou na churrasqueira, coberta com papel-alumínio para preservar sua suculência.

Matchamate Feito apenas com folhas de erva-mate selecionadas em uma plantação biodinâmica existente no meio de uma mata de araucárias, em Ilópolis (RS). "Essas folhas são trituradas em um moinho de pedra e peneiradas em pano fino até que sobre apenas um pó semelhante a talco", conta a especialista em chás, Carla Saueressig. As folhas podem ser empregadas na confeitaria.

Parati Espécie de pequeno porte, alcança até 45 centímetros e pesa de 500 gramas a 1 quilo. Da mesma família da tainha, vive perto da superfície, nas áreas de recifes, praias, estuários e lagoas salobras. É a base de subsistência dos pescadores da Grande Florianópolis, especialmente nas baías. A carne branca, tenra e gordurosa se presta para fritar, grelhar ou assar.

Patureba Nome dado ao bagre após salgado, em Santa Catarina. No Sudeste, é chamado de "mulato-velho", que também denomina um cozido feito com o peixe e pedaços de batata e abóbora.

Pepininho-do-mato Os frutos verdes são consumidos em saladas, conservas e picles. Os maduros podem ser consumidos *in natura* como fruta. O sabor delicado lembra um pouco a melancia, daí ser também conhecido como "pepino-melancia".

Pimenta-silvestre Frequente em capoeiras e locais úmidos, altamente pungente, pode ser empregada no preparo de conservas e molhos e *in natura*. Também conhecido por estes outros nomes: "pimenta-do-mato", "pimenta-do-morro", "pimenta-braba".

Quirera Do tupi *ki'rera,* é o milho pilado grosso, de tal forma que os grãos não conseguem passar na peneira. Também chamado de "canjiquinha", em Minas Gerais e São Paulo.

Sarcocornia É uma planta suculenta, encontrada particularmente no litoral catarinense e gaúcho, que vem sendo estudada pela Universidade Federal de Santa Catarina, com o intuito de viabilizar a produção do extrato seco da planta. A "erva do sal", como é chamada, pode vir a ser uma alternativa ao uso do sal comum, com a vantagem de apresentar menos concentração de sódio e mais propriedades que combatem o colesterol e o envelhecimento das células. A sarcocornia, também conhecida como "aspargo marinho", pode ser consumida crua ou cozida.

Sete-capotes Árvore frutífera silvestre, cultivada principalmente no Sul e Sudeste do país, tem frutos doces e comestíveis, consumidos naturalmente ou aproveitados em doces e geleias e na elaboração de sucos e sorvetes. É também conhecido como "capoteira" ou "sete-casacas".

Tanchagem ou **tansagem** É planta que cresce espontaneamente no Sul do país, principalmente em jardins e gramados. Suas folhas comestíveis e ligeiramente aromáticas são consumidas sob a forma de bolinhos e em refogados, feitos como os de couve. Entram também no recheio de omeletes, fritadas e pastéis.

Tanguari Consiste na aorta do boi cozida com temperos. É uma iguaria saborosa no Rio Grande do Sul.

Ticum Fruto de uma palmeira da Mata Atlântica que ocorre do sul da Bahia até o Rio Grande do Sul, que produz uma espécie de coquinho em cachos. Quando verdes, contêm água no interior. Quando amadurecem, ganham coloração roxa, polpa branca adocicada e são consumidos *in natura*, como a jabuticaba. Sua polpa abriga uma semente (amêndoa), que também é comestível. É conhecido por estes outros nomes: "tucum" ou "tucunzeiro".

Truta Peixe de água fria, da família dos salmonídeos, que nascem em água doce, onde passam o primeiro ano de vida, e depois migram para o mar e lá permanecem crescendo até alcançar a maturidade sexual, quando então retornam ao mesmo riacho em que nasceram para se reproduzir. A truta foi introduzida no Brasil em 1949, no planalto da Bocaina e no Parque Nacional de Itatiaia. Atualmente, as truticulturas estão distribuídas nos estados do Rio Grande do Sul, de Santa Catarina (que vem despontando como grande produtora), do Paraná, de São Paulo, de Minas Gerais, do Rio de Janeiro e do Espírito Santo. Sua carne branca, muito apreciada, tem sabor suave e pode ser preparada frita, assada e grelhada ou cozida no vapor. É também encontrada defumada ou enlatada.

Uvaia O nome deriva do tupi *ouybá-ia* ("fruto azedo"). Fruta típica da Mata Atlântica, aromática, em formato de pera, de casca amarelo-alaranjada bem fina e polpa delicada, que tem alto teor de vitamina C (até quatro vezes mais do que a laranja). Muito perecível, é empregada mais comumente em sucos, geleias, bolos, pudins e sorvetes, e serve de base para bebidas alcoólicas. Com a uvaia, faz-se um ótimo vinagre. Esta fruta é comercializada inteira ou na forma de polpa.

Vinas São como ainda são chamadas, em Curitiba, as salsichas do tipo Frankfurt, próprias para cachorro-quente.

Vinho Entra na elaboração de molhos, marinadas ou vinha-d'alhos, caldos básicos, cozidos, guisados, ensopados. Os vinhos de sobremesa, fortificados e licorosos são muito empregados na confeitaria e na pâtisserie. Espumantes são ótimos com frutos do mar. Regra de ouro: se não serve para beber, não serve para comer. O álcool evapo-

ra, mas o sabor da bebida fica. Lembre-se disso.

Zabelê Ave silvestre da família dos tinamídeos que é comum na Amazônia e no Brasil Central, cuja carne é muito apreciada no Sul. Também é chamada de "jaó" e está ameaçada de extinção.

RECEITAS CLÁSSICAS

AMBROSIA

★ **De Odete Bettú Lazzari, RS**

12 porções

INGREDIENTES

Massa

12 ovos
1 L de leite
Suco de 1 laranja

Calda

1 kg de açúcar
1 L de água
2 canelas em pau
3 cravos-da-índia
Raspas de 2 laranjas

COMO FAZER

Massa

1. Bata no liquidificador os ovos e o leite. 2. Quando estiver bem homogêneo, despeje em um recipiente e acrescente o suco de laranja, "espalhando" sobre a mistura, sem mexer.

Calda

1. Em uma panela, coloque todos os ingredientes, mexa até dissolver o açúcar por completo. 2. Leve ao fogo e deixe ferver até a calda alcançar o ponto de fio fino. 3. Mergulhe uma colher e levante um pouco da calda, se formar um fio fino entre as gotas, está pronta.

4. Abaixe o fogo e adicione a mistura de ovos com leite vagarosamente por meio de uma escumadeira. A fervura vai fazer a mistura "subir" e se separar da calda, como se fosse uma "nata" espessa. Não mexa! **5.** Quando terminar de despejar toda a massa, vire a "nata" vagarosamente com a espumadeira. O conteúdo estará, então, talhado, no formato de ambrosia. **6.** Desligue o fogo e, com uma escumadeira, transfira a ambrosia para uma compoteira.

Na mitologia grega, a **ambrosia** era o manjar dos deuses do Olimpo e tinha o poder de assegurar a imortalidade àqueles que dela pudessem provar. Doce de origem portuguesa à base de ovos, leite e calda de açúcar, aromatizado com canela e cravo, cheio de gruminhos, é considerado o doce mais antigo de Minas Gerais, com uma receita datada de 1876. Igualmente popular no Rio Grande do Sul, onde foi trazida pelos imigrantes açorianos, no século XVIII, em seu preparo, os gaúchos trocaram o leite pela calda de laranja.

TAINHA GRELHADA COM PIRÃO D'ÁGUA, CALDINHO DE FEIJÃO-VERMELHO E SALADINHA DE AGRIÃO COM LIMÃO-CRAVO

★ De Janete Borges, SC

Porção individual

INGREDIENTES

Pirão d'água

1/2 L de água filtrada
150 g de farinha de mandioca fresca de engenho
Sal, a gosto

Caldinho de feijão-vermelho

250 g de feijão-vermelho
2 L de água
100 g de bacon cortado em cubos pequenos
5 ml de óleo de milho
100 g de cebola branca cortada em cubos
1 g de sal (caso precise ajustar)

Tainha

150 g de tainha em filé
2 g de sal
1 g de pimenta-rosa

Saladinha de agrião

10 g de agrião
Suco de 1 limão-cravo pequeno
Sal, a gosto

COMO FAZER

Tainha

1. Tempere a tainha com o sal e a pimenta-rosa, e grelhe com a pele voltada para baixo até ficar bem crocante. 2. Vire e deixe o peixe grelhar mais um pouco, cuidando para não ressecar.

Pirão d'água

1. Leve a água para ferver. 2. Adicione a farinha aos poucos, mexendo sem parar até alcançar o ponto de náilon. 3. Tempere com o sal. Reserve.

Caldinho de feijão-vermelho

1. Coloque o feijão-vermelho de molho por, no mínimo, 10 minutos. 2. Lave bem e cozinhe na panela de pressão. Quando começar a chiar, conte 20 minutos, retire do fogo e deixe esfriar. 3. Bata o feijão no liquidificador, peneire e adicione a água. 4. Em outra panela, doure o bacon no óleo em fogo baixo. 5. Assim que estiver

bem caramelizado, acrescente a cebola e deixe ficar quase derretendo. **6.** Adicione o feijão-vermelho, misture bem e deixe cozinhar devagar, mexendo ocasionalmente para soltar os amidos. **7.** Ajuste o sal, se preciso.

Saladinha de agrião

1. Tempere o agrião com o suco de limão e o sal.

MONTAGEM

Disponha o pirão d'água no centro do prato, coloque a tainha em cima e o caldinho de feijão-vermelho ao redor. Finalize com a saladinha de agrião temperada a gosto.

Peixe marinho de carne gorda e firme, a **tainha** pode medir até 1 metro e pesar até 6 quilos. Presente em todo o litoral brasileiro, presta-se a inúmeras preparações (cozida no vapor, assada, na brasa). De suas ovas, faz-se a botarga, iguaria muito apreciada. Nas regiões Norte e Nordeste, as tainhas menores são conhecidas como "curimã". O Instituto Brasileiro do Meio Ambiente e dos Recursos Naturais Renováveis (Ibama) determina um período de defeso e, fora desse prazo, também impõe regras para a extração e a limitação de territórios de pesca, para garantir a sobrevivência da espécie. São famosas as receitas de tainha na telha, tainha na taquara e de tainha em postas cozida no feijão, servidas no litoral da região Sul. A pesca da tainha é Patrimônio Cultural Imaterial do estado de Santa Catarina.

Algumas técnicas da cozinha brasileira e receitas de caldos básicos

Assustar Passar rapidamente vegetais em frigideira bem aquecida com pouco óleo ou azeite, para cozinhar no calor residual e manter a cor, o sabor e a textura.

Atolar Técnica de cozinhar uma carne (geralmente com osso) junto com uma raiz que tenha bastante amido, por exemplo, a mandioca, o cará e o inhame. A raiz se desmancha, e seu amido faz com que a carne fique atolada no creme espesso resultante.

Batidinho Técnica para cortar legumes e fazer um abafado. São golpes dados sobre o legume na horizontal, batendo-se rapidamente com a faca, de modo a gerar pedaços desiguais.

Catar Separar, escolher os melhores espécimes, pedaços, partes para o preparo.

Lampinar Corte específico da cozinha pantaneira, que resulta em pedaços de carne irregulares: para fatiar, incline e faca em uma angulação de quase 180 graus e fatie, retirando pequenas lascas irregulares.

Moquear Método de conservação utilizado pelos indígenas, que consiste em colocar carnes de peixes e de caças para assar e defumar sobre uma grelha de madeira ou de taquaras, a qual chamam de moquém.

Pilar Técnica de macerar a farinha de mandioca com outros ingredientes, tradicionalmente em pilões de madeira, para fazer as paçocas.

Pururucar Técnica mineira aplicada no preparo do leitão e do torresmo. O leitão depois de assado é banhado com óleo fervente ou besuntado com álcool de cereais e levado ao forno quente para pururucar, ou seja, até que sua pele fique crocante. O torresmo, por sua vez, é mergulhado em gordura bem quente. O termo "pururuca" vem do tupi e significa literalmente "o que produz barulho", "quebradiço".

Sapecar Antiga técnica caseira que consiste em eliminar os resquícios das penas de uma ave depois de ter sido depenada. É o que se faz também com alguns alimentos, como o milho na brasa e a orelha ou o pé de porco salgados antes de serem acrescidos à feijoada.

Sessar (a farinha) Peneirar até que fique bem fininha.

Ticar Quebrar as espinhas do peixe, fazendo cortes profundos e paralelos com uma faca afiada, desde o rabo até a base da cabeça, dos dois lados do peixe.

Tirar o bêbado Fazer com que o álcool usado na preparação evapore.

CALDO DE CARNE *(rende 3 litros)*

Ingredientes: 1,5 kg de osso de vaca ou vitela; 1 cebola cortada em quatro; 2 cenouras cortadas grosseiramente; 1 talo de salsão cortado grosseiramente; 2 ramos de salsinha; 2 ramos de tomilho; 1 folha de louro; 6 grãos de pimenta-do-reino; e 3 L de água.

Como fazer: asse os ossos a 220 °C por 40 minutos e junte os legumes na metade do tempo. Leve para uma panela grande, com os demais ingredientes, e cozinhe lentamente, por 3 a 4 horas, retirando sempre a gordura da superfície. Peneire o caldo e descarte os ingredientes.

CALDO DE CRUSTÁCEOS *(rende 1,5 litro)*

Ingredientes: 200 g de casca e cabeça de camarão limpas; 1/2 cebola cortada grosseiramente; 1 cenoura cortada grosseiramente; 2 dentes de alho; 3 ramos de tomilho; 3 colheres (sopa) de vinho branco seco; folhas de 1 alho-poró; e 2 L de água.

Como fazer: em uma panela grande, leve todos os ingredientes ao fogo alto. Quando ferver, abaixe o fogo e deixe cozinhar por 40 minutos, retirando sempre a gordura da superfície. Peneire o caldo e descarte os ingredientes.

CALDO DE FRANGO *(rende 1 litro)*

Ingredientes: 1 carcaça de frango limpa; 1 cebola cortada em quatro; 2 talos de salsão cortados grosseiramente; 2 ramos de salsinha; 2 ramos de tomilho; 1 folha de louro; 5 g de grãos de pimenta-do-reino; 1/2 colher (chá) de sal; e 2 L de água.

Como fazer: em uma panela grande, leve todos os ingredientes ao fogo alto. Quando ferver, abaixe o fogo e deixe cozinhar por 1 hora, retirando sempre a gordura da superfície. Peneire o caldo e descarte os ingredientes.

CALDO DE LEGUMES *(rende 1,5 litro)*

Ingredientes: 3 cebolas cortadas em quatro; 3 cenouras cortadas grosseiramente; 3 talos de salsão cortados grosseiramente; 2 alhos-porós cortados grosseiramente; 1 maço de salsa; 2 folhas de louro; 10 grãos de pimenta-do-reino; 1/2 colher (chá) de sal; e 2 L de água.

Como fazer: em uma panela grande, leve todos os ingredientes ao fogo alto. Quando ferver, abaixe o fogo e deixe cozinhar por 45 minutos, retirando sempre a gordura da superfície. Peneire o caldo e descarte os ingredientes.

CALDO DE PEIXE *(rende 3 litros)*

Ingredientes: 2 kg de espinha e sobras de peixe limpas; 1 cebola cortada em quatro; 1 cenoura cortada grosseiramente; 1 talo de salsão cortado grosseiramente; 250 ml de vinho branco seco; 12 grãos de pimenta-do-reino; 2 folhas de louro; suco de 1/2 limão; e 2,5 L de água.

Como fazer: em uma panela grande, leve todos os ingredientes ao fogo alto. Quando ferver, abaixe o fogo e deixe cozinhar por 20 minutos, retirando sempre a gordura da superfície. Peneire o caldo e descarte os ingredientes.

Referências bibliográficas

ABRIL COLEÇÕES. *Cozinha regional brasileira*. São Paulo: Editora Abril, 2009. 20 v. (Coleção).

AGUIAR, Pinto de. *Mandioca*: pão do Brasil. Rio de Janeiro: Civilização Brasileira, 1982.

ALGRANTI, Leila Mezan; MACÊDO, Sidiana da Consolação Ferreira (orgs.). *História & Alimentação*. Brasil séculos XVI – XXI. Belém: Paka-taku, 2020.

ALGRANTI, Marcia. *Pequeno dicionário da gula*. Rio de Janeiro: Record, 2000.

ALVES FILHO, Ivan; GIOVANNI, Roberto Di. *Cozinha brasileira*: com recheio de história. Rio de Janeiro: Revan, 2000.

AMADO, Paloma. *A comida baiana de Jorge Amado*: ou o livro de cozinha de Pedro Arcanjo com as merendas de Dona Flor. São Paulo: Maltese, 1994.

AMADO, Paloma. *As frutas de Jorge Amado*: ou o livro de receitas de Fadul Abdala. São Paulo: Companhia das Letras, 1997.

AMARAL, Ricardo; OGURI, Raquel. *A cara do Rio*. Rio de Janeiro: Rara Cultural, 2016.

ANCHIETA, pe. José de. Cartas: correspondência ativa e passiva. In: *Obras completas*, vol. 6. Pesquisa, introdução e notas de pe. Hélio Abranches Viotti, S.J. São Paulo: Loyola, 1984.

ANCHIETA, pe. José de. *Textos históricos*. Introdução e notas de pe. Hélio Abranches Viotti, S.J. São Paulo: Loyola, 1989.

ARROYO, Leonardo; BELLUZZO, Rosa. *Arte da cozinha brasileira*. São Paulo: Unesp, 2013.

BARRETO, Ronaldo Lopes Pontes. *Passaporte para o sabor*. 4. ed. São Paulo: Editora Senac São Paulo, 2003.

BASSA, Rafaela. *A cultura alimentar paulista*: uma civilização do milho? (1650-1750). São Paulo: Alameda Casa Editorial, 2014.

BELLUZZO, Rosa. *São Paulo*: memórias e sabor. São Paulo: UNESP, 2008.

BELLUZZO, Rosa; HICK, Marina. *Cozinha dos imigrantes*: memórias e receitas. São Paulo: DBA, 1999.

BENEDITO, Mouzar. *Paca, tatu, cutia!* Glossário ilustrado de tupi. São Paulo: Melhoramentos, 2014.

BORNHAUSEN, Rosy L. *As ervas do sítio*. 12. ed. São Paulo: Bei Editora, 2009.

BORNHAUSEN, Rosy L. *As ervas na cozinha*. 3. ed. São Paulo: Bei Editora, 2009.

BOSISIO, Arthur; LODY, Raul; MEDEIROS, Humberto. *Culinária amazônica*: o sabor da natureza. Rio de Janeiro: Senac Nacional, 2000.

BOSISIO, Arthur; LODY, Raul; MEDEIROS, Humberto. *Culinária nordestina*: encontro de mar e sertão. Rio de Janeiro: Senac Nacional, 2001.

BOSISIO, Arthur; BARBOSA, Lessa; MEDEIROS, Humberto. *Do pampa à serra*: os sabores da terra gaúcha. Rio de Janeiro: Senac Nacional, 1999.

BOSISIO, Arthur; CHRISTO, Maria Stella Libanio; ROCHA, Tião. *Sabores e cores das Minas Gerais*: a culinária mineira do Hotel Senac Grogotó. Rio de Janeiro: Senac Nacional, 2003.

BOSISIO, Arthur; SIGRIST, Marlei; MEDEIROS, Humberto. *Pantanal, sinfonia de sabores e cores*. Rio de Janeiro: Senac Nacional, 2003.

BRASIL. Ministério da Agricultura e Pecuária. Empresa Brasileira de Pesquisa Agropecuária (Embrapa). *Brasil em 50 alimentos*. Brasília, DF: Embrapa, 2023.

BRASIL. Ministério do Meio Ambiente. Secretaria de Biodiversidade. *Espécies nativas da flora brasileira de valor econômico atual ou potencial*: plantas para o futuro, região Centro-Oeste. VIEIRA, Roberto Fontes; CAMILO, Julcéia; CORADIN, Lidio (eds.). Brasília, DF: MMA, 2018.

BRASIL. Ministério do Meio Ambiente. Secretaria de Biodiversidade. *Espécies nativas da flora brasileira de valor econômico atual ou potencial*: plantas para o futuro, região Nordeste. VIEIRA, Roberto Fontes; CAMILO, Julcéia; PAREYN, Frans Germain Corneel (eds.). Brasília, DF: MMA, 2018.

BRASIL. Ministério do Meio Ambiente. Secretaria de Biodiversidade. *Espécies nativas da flora brasileira de valor econômico atual ou potencial*: plantas para o futuro, região Norte. CORADIN, Lidio; CAMILO, Julcéia; VIEIRA, Ima Célia Guimarães (eds.). Brasília, DF: MMA, 2022.

BRASIL. Ministério do Meio Ambiente. Secretaria de Biodiversidade. *Espécies nativas da flora brasileira de valor econômico atual ou potencial*: plantas para o futuro, região Sudeste. CORADIN, Lidio; CAMILO, Julcéia; PAREYN, Frans Germain Corneel (eds.). Brasília, DF: MMA, [2019?]. No prelo.

BRASIL. Ministério do Meio Ambiente. Secretaria de Biodiversidade. *Espécies nativas da flora brasileira de valor econômico atual ou potencial*: plantas para o futuro, região Sul. CORADIN, Lidio; SIMINSKI, Alexandre; REIS, Ademir (eds.). Brasília, DF: MMA, 2011.

BRASIL. Ministério da Agricultura, Pecuária e Abastecimento. Secretaria de Desenvolvimento Agropecuário e Cooperativismo. *Manual de hortaliças não convencionais*. Brasília: Mapa/ACS, 2010.

BRASIL. Ministério da Saúde. Secretaria de Atenção à Saúde. Departamento de Atenção Básica. *Alimentos regionais brasileiros*. 2. ed. Brasília: Ministério da Saúde, 2015.

BRUNO, Ernani Silva (fichário). *Equipamentos, usos e costumes da casa brasileira*: Alimentação, vol. 1. São Paulo: Edusp, 2000. (Coleção).

BUARQUE, Sergio. *Raízes do Brasil*. Rio de Janeiro: José Olympio, 1994.

BUENO, Ana; DIEGUES, Antonio Carlos; D'ALESSIO, Uto. *Culinária caiçara*: o sabor entre a serra e o mar. São Paulo: Dialeto, 2017.

BUENO, Márcio. *A origem curiosa das palavras*. Rio de Janeiro: José Olympio, 2013.

CAMARGOS, Márcia; SACCHETTA, Vladimir. *À mesa com Monteiro Lobato*. São Paulo: Editora Senac São Paulo, 2009.

CAMINHA, Pero Vaz de. *A carta de Pero Vaz de Caminha*. Coordenação literária, comentários e notas de Leandro Garcia Rodrigues. Petrópolis, RJ: Vozes, 2019. (Vozes de Bolso – Literatura).

CAMINHA, Pero Vaz de. *Carta do achamento do Brasil ao rei d. Manuel*. Organização de M. Viegas e Eduardo Nunes. Lisboa: INCM, 1974.

CARDIM, Fernão. *Tratados da terra e gente do Brasil*. Transcrição do texto, introdução e notas de Ana Maria Azevedo. São Paulo: Hedra, 2009.

CARDOSO, M. O. (org.) *Hortaliças não convencionais da Amazônia*. 1. ed. Brasília: Embrapa-SPI, 1997.

CARVALHO, Ana Judith de. *Cozinha típica brasileira, sertaneja e regional*. Rio de Janeiro: Ediouro, 1998.

CASCUDO, Anna Maria. *O colecionador de crepúsculos*. Natal: edição do autor, 2003.

CASCUDO, Luís da Câmara. *Antologia da alimentação*. Rio de Janeiro: Editora Livros Técnicos e Científicos, 1977.

CASCUDO, Luís da Câmara. *Dicionário do folclore brasileiro*. 6. ed. Belo Horizonte: Itatiaia; São Paulo: Editora da Universidade de São Paulo, 1988.

CASCUDO, Luís da Câmara. *História da alimentação no Brasil*. 1. ed. São Paulo: Global, 2004.

CASTRO, Francisco Milton. *Comida se tempera com cultura*. Tempo é Arte, Projetos Culturais, Sociais & Esportivos, 2002.

CAVALCANTE, Paulo Bezerra. *Frutas comestíveis na Amazônia*. Belém: Museu Paraense Emílio Goeldi, 2000.

CAVALCANTI, Maria Lectícia Monteiro. *Gilberto Freyre e as aventuras do paladar*. Fortaleza: FGF, 2013.

CAVALCANTI, Pedro. *A pátria das panelas*: histórias e receitas da cozinha brasileira. São Paulo: Editora Senac São Paulo, 2007.

CAVIGNAC, Julie A.; MACÊDO, Muirakytan K. de; SILVA, Danycelle; DANTAS, Maria Isabel. *Comida da terra*: notas sobre o sistema alimentar do Seridó. Natal: Sebo Vermelho, 2012.

CELIDÔNIO, José Hugo. *Sabores do Brasil*: uma viagem pelo melhor da gastronomia. Rio de Janeiro: O Globo.

CHAER, Bianca Paulino. *Comida de rua*: o melhor da baixa gastronomia paulista. São Paulo: Alaúde, 2015.

CHAVES, Guta; FREIXA, Dolores. *Expedição Brasil gastronômico*: terroirs, ingredientes, chefs, mercados. São Paulo: Melhoramentos, 2013.

CHAVES, Guta; FREIXA, Dolores. *Gastronomia no Brasil e no mundo*. Rio de Janeiro: Senac Nacional, 2009.

CHAVES, Guta; FREIXA, Dolores. *Larousse da cozinha brasileira*: raízes culturais da nossa terra. São Paulo: Larousse do Brasil, 2007.

CHRISTO, Maria Stella Libanio. *Fogão de lenha*: quitandas e quitutes de Minas Gerais. 12. ed. Rio de Janeiro: Garamond, 2006.

COMIDAS e bebidas de santos. Rio de Janeiro: Revista Mironga, Ed. Especial, Anuário de 1970.

DA MATTA, Roberto. *O que faz o Brasil, Brasil?* Rio de Janeiro: Rocco, 1986.

DAVIDSON, Alan. *The Oxford Companion to Food*. 2. ed. New York: Oxford University Press, 1999.

DEBRET, Jean-Baptiste. *Viagem pitoresca e histórica ao Brasil*. São Paulo: Itatiaia, 2008.

DONATO, Hernani. *Histórias dos usos e costumes do Brasil*: 500 anos de vida cotidiana. São Paulo: Melhoramentos, 2005.

DONATO, Hernani. *Os povos indígenas no Brasil*. São Paulo: Melhoramentos, 2015.

DORIA, Carlos Alberto. *A formação da culinária brasileira*. São Paulo: Publifolha, 2008.

FERNANDES, Caloca. *Viagem gastronômica através do Brasil*. São Paulo: Senac São Paulo: Estúdio Sonia Robatto, 2000.

FERNANDES, Caloca. *A culinária paulista tradicional nos hotéis Senac São Paulo*. São Paulo: Senac São Paulo, 1998.

FERRAZ, Flávio. *A culinária do Rio de Janeiro*. São Paulo: Metalivros, 2017.

FIGUEIREDO, Guilherme. *Comida, meu santo!* Rio de Janeiro: Civilização Brasileira, 1964.

FISBERG, Mauro; WEHBA, Jamal; COZZOLINO, Silvia M. Franciscato (orgs.). *Um, dois, feijão com arroz*: a alimentação no Brasil de norte a sul. São Paulo: Atheneu, 2002.

FISCHER, Luís Augusto. *Dicionário de porto-alegrês*. Porto Alegre: Artes e Ofícios, 2000.

FORNARI, Cláudio. *Dicionário*: almanaque de comes e bebes. Rio de Janeiro: Nova Fronteira, 2001.

FREYRE, Gilberto. *Açúcar*: uma sociologia do doce com receitas de bolos do Nordeste. 5. ed. São Paulo: Global, 2007. 1ª reimpressão, 2012.

FREYRE, Gilberto. *Casa-grande e senzala*: formação da família brasileira sob o regime patriarcal. 29. ed. Rio de Janeiro: Cosac & Naify, 2004.

FREYRE, Gilberto. *Nordeste*: aspectos da influência da cana sobre a vida e a paisagem Nordeste do Brasil. Rio de Janeiro: José Olympio, 1951.

FRIEIRO, Eduardo. *Feijão, angu e couve*. São Paulo: Edusp, 1982.

GANDAVO, Pero de Magalhães de. *A primeira história do Brasil*: história da província da Cruz a que vulgarmente chamamos Brasil. Rio de Janeiro: Jorge Zahar, 2004.

GARNELO, Luiza; BARÉ, Gilda Barreto (orgs.). *Comidas tradicionais indígenas do Alto Rio Negro – AM*. Manaus: Fiocruz/Centro de Pesquisas Leônidas e Maria Deane, 2009.

GOMENSORO, Maria Lucia. *Pequeno dicionário de gastronomia*. Rio de Janeiro: Objetiva, 1999.

GOMES, Pimentel. *Fruticultura brasileira*. São Paulo: Nobel, 1972.

GONSALVES, Paulo Eiró. *Livro dos alimentos*. São Paulo: Summus, 2001.

GOTTI, Marco Guarnaschelli. *Grande enciclopedia illustrata della gastronomia*. Milano: Selezione dal Reader's Digest S.p.A, 1990.

GRANADO, Alice. *Sabor do Brasil*. Rio de Janeiro: Sextante, 2011.

GRIGSON, Jane. *O livro das frutas*. São Paulo: Companhia das Letras, 1999.

HERBST, Sharon Tyler. *The new food lover's companion*: comprehensive definitions of nearly 6000 food, drink and culinary terms. 3. ed. Hauppauge: Barron's Educational Series, Inc., 2001.

HOLANDA, Sergio Buarque de. *Caminhos e fronteiras*. São Paulo: Companhia das Letras, 1994.

HUE, Sheila Moura. *Delícias do descobrimento*. Rio de Janeiro: Jorge Zahar, 2009.

JÚNIOR, Chico. *Roteiros do sabor brasileiro, turismo gastronômico*. Rio de Janeiro: CJD Edições e Propaganda: Sebrae Nacional, 2005.

KINUPP, Valdely Ferreira; LORENZI, Harri. *Plantas alimentícias não convencionais (PANC) no Brasil*: guia de identificação, aspectos nutricionais e receitas ilustradas. São Paulo: Instituto Plantarum de Estudos da Flora, 2014.

KÖVESI, Betty; SIFFERT, Carlos; CREMA, Carole; MARTINOLI, Gabriela. *400 g*: técnicas de cozinha. São Paulo: Companhia Editora Nacional, 2007.

LANG, Jennifer H. *Larousse gastronomique*: the new American edition of the world's greatest culinary encyclopedia. Reprint edition. New York: Crown Publishers, 1998.

LEITE, Luiz Alberto. *Comida campeira e povoeira*: segredos e costumes. Porto Alegre: Martins Livreiro, 2002.

LÉRY, Jean de. *Viagem à terra do Brasil*. 1. ed. Rio de Janeiro: Batel, 2009.

LIMA, Cláudia. *Tachos e panelas*: historiografia da alimentação brasileira. Recife: Comunicarte, 1999.

LIMA, Zelinda Machado de Castro. *Pecados da gula*: comeres e beberes das gentes do Maranhão. São Luís: SBPC, 1998.

LINGUANOTTO NETO, Nelusko. *Dicionário gastronômico*: ervas e especiarias com suas receitas. São Paulo: Boccato Editores, 2003.

LINGUANOTTO NETO, Nelusko. *Dicionário gastronômico*: pimentas com suas receitas. São Paulo: Boccato Editores, 2007.

LODY, Raul. *A virtude da gula*: pensando a cozinha brasileira. São Paulo: Editora Senac São Paulo, 2014.

LODY, Raul. *Bahia bem temperada*: cultura gastronômica e receitas tradicionais. São Paulo: Editora Senac São Paulo, 2013.

LODY, Raul. *Brasil bom de boca*: temas da antropologia da alimentação. São Paulo: Editora Senac São Paulo, 2008.

LODY, Raul. *Costumes africanos no Brasil*. Recife: Fundação Joaquim Nabuco, Editora Massangana, 1988.

LODY, Raul. *Farinha de mandioca*: o sabor brasileiro e as receitas da Bahia. São Paulo: Editora Senac São Paulo, 2013.

LODY, Raul. *Santo também come*. 2. ed. Rio de Janeiro: Pallas, 1997.

LODY, Raul. CORREIA, Mario Rodrigues; MAGALHÃES, Mario Osorio. *A doçaria tradicional de Pelotas*. 2. ed. São Paulo: Senac Nacional, 2004.

MACHADO, Paulo. *Cozinha pantaneira*: comitiva de sabores. São Paulo: BEI Editora, 2020.

MARCELLINI, Rusty. *Caminhos do sabor*: a rota dos tropeiros. Belo Horizonte: Gutenberg, 2005.

MOZZAMBANI NETO, Luiz. *Queima do alho*: alimento do corpo e da alma do peão boiadeiro. Monte Alto: Edição do autor, 2010.

NAVARRO, Fred. *Dicionário do Nordeste*. São Paulo: Estação Liberdade, 2004.

NAVEGAÇÃO do capitão Pedro Álvarez Cabral escrita por um piloto português. Texto modernizado por Maria da Graça Pericão, comentário final de Luís de Albuquerque. In: *O reconhecimento do Brasil*. Lisboa: Alfa, 1989.

NEGRAES, Paula. *Guia A-Z de plantas*: condimentos. São Paulo: Bei Editora, 2003.

NEPOMUCENO, Rosa. *Viagem ao fabuloso mundo das especiarias*. Rio de Janeiro: José Olympio, 2003.

NUNES, Maria Lúcia Clementino. *História da arte da cozinha mineira por Dona Lucinha*. 4. ed. São Paulo: Larousse do Brasil, 2010. Recife: Fundação Joaquim Nabuco, 1988.

OLIVEIRA, Alberto Juvenal. *Dicionário gaúcho*: termos, expressões, adágios, ditados e outras barbaridades. Porto Alegre: AGE, 2002.

OLIVEIRA, Rodrigo. *Mocotó*: o pai, o filho e o restaurante. São Paulo: Melhoramentos, 2017.

PACHECO, Renato José Costa. *Dos comes e bebes do Espírito Santo*. 3. ed. Rio de Janeiro: Senac Nacional, 2002.

PANIZZA, Sylvio; FILHO, Sylvio Panizza. *Plantas na cozinha*. Rio de Janeiro: Prestígio Editorial, 2006.

PARÁ. Secretaria de Estado de Meio Ambiente. *Pimenta em pó Waiwai*: um produto da sociobiodiversidade indígena, vol. 1. Belém: SEMA, 2014. (Série Produtos da sociobiodiversidade indígena).

PELT, Jean-Marie. *Especiarias e ervas aromáticas*: história, botânica e culinária. Rio de Janeiro: Jorge Zahar Editor, 2004.

PEREIRA, Marcos da Veiga. *Culinária baiana no restaurante Senac do Pelourinho*. Rio de Janeiro: Senac Nacional, 2004.

PESCE, Celestino. *Oleaginosas da Amazônia*. Belém: Museu Paraense Emílio Goeldi, Núcleo de Estudos Agrários e Desenvolvimento Rural, 2008.

PESSOA DE CASTRO, Yeda. *Falares africanos na Bahia*: um vocabulário afro-brasileiro. Rio de Janeiro: Academia Brasileira de Letras/TOPBOOKS, 2001.

PUTZ, Cristina. *História da gastronomia paulistana*. São Paulo: Guia D, 2004.

PYRARD, François. *Viagem de Francisco Pyrard de Laval*: contendo a notícia de sua navegação às Índias Orientais... Versão portuguesa correcta e anotada por Joaquim Heliodoro da Cunha Rivara. Porto: Livraria Civilização, 1944. 2 v. (Biblioteca histórica de Portugal e Brasil. Série ultramarina; 2,3). Disponível em: https://purl.pt/28656. Acesso em: 29 set. 2023.

QUERINO, Manuel. *A arte culinária na Bahia*. Salvador: Livraria Progresso, 1957.

RADEL, Guilherme. *A cozinha africana no Brasil*. Salvador: Press Color, 2006.

REGO, Antonio José de Souza. *Dicionário do doceiro brasileiro*. Organização de Raul Lody. São Paulo: Senac, 2010.

REIFSCHNEIDER, Francisco José Becker; NASS, Luciano L.; HENZ, Gilmar Paulo. *Uma pitada de biodiversidade na mesa dos brasileiros*. 1. ed. Brasília: Prefixo Editorial, 2014.

REVISTA brasileira de folclore. Ano III, n. 5, Janeiro/Abril 1963, pp. 55 a 79.

RIBEIRO, Joaquim. *Folclore do açúcar*. Rio de Janeiro: Fundação Nacional de Artes, 1977.

RIBEIRO, Maria de Lourdes Borges. *Na trilha da independência*. Campanha de Defesa do Folclore Brasileiro, Rio de Janeiro, 1972.

ROCHA, Delfina. *Sabores e saberes do Ceará*: arte culinária e fotografia. Fortaleza: DM Rocha, 2003.

RODRIGUES, Roberto M. *A flora da Amazônia*. Belém: Cultural CEJUP, 1989.

ROMIO, Eda. *500 anos de sabor*. Rio de Janeiro: E. R. Comunicações, 2000.

SANTOS, Sérgio de Paula. *Memórias de adega e cozinha*. São Paulo: Senac São Paulo 2007.

SAMPAIO, Iracema. *Cores e sabores do Mato Grosso do Sul*. Brasília: Alvorada, 2010.

SALDANHA, Roberta Malta. *Culinária brasileira, muito prazer*: tradições, ingredientes e 170 receitas de grandes profissionais do país. São Paulo: Alaúde Editorial, 2018.

SALDANHA, Roberta Malta. *Histórias, lendas e curiosidades da confeitaria e suas receitas*. Rio de Janeiro: Editora Senac Rio de Janeiro, 2015.

SALDANHA, Roberta Malta. *Histórias, lendas e curiosidades da gastronomia*. Rio de Janeiro: Editora Senac Rio de Janeiro, 2012.

SALDANHA, Roberta Malta. *Histórias, lendas e curiosidades das bebidas alcoólicas e suas receitas*. Rio de Janeiro: Editora Senac Rio, 2017.

SALDANHA, Roberta Malta. *Sabores da Copa*. Rio de Janeiro: Arte Ensaio, 2013.

SALLES, Mara. *Ambiências*: histórias e receitas do Brasil. São Paulo: DBA, 2011.

SAMPAIO, Alberto José de. *Alimentação sertaneja e do interior da Amazônia*: onomástica da alimentação rural. São Paulo: Companhia Editora Nacional, 1944.

SANÖMA samakönö sama tökö nii pewö oa wi tökö waheta: ana amopö. *Enciclopédia dos alimentos yanomami (sanöma)*: cogumelos. São Paulo: Instituto Socioambiental, 2016. (Série uli tä uli naha tökö kupai ï tökö pewö taö wi: saberes da floresta).

SERAINE, Florival. *Dicionário de termos populares registrados no Ceará*. Rio de Janeiro: Simões Editora, 1959.

SHANLEY, Patrícia; MEDINA, Gabriel. *Frutíferas e plantas úteis na vida amazônica*. Belém: CIFOR, Imazon, 2005.

SILVA, Deonísio da. *De onde vêm as palavras*: origens e curiosidades da língua portuguesa. 17. ed. Rio de Janeiro: Lexicon, 2014.

SILVA, Silvestre. *Frutas Brasil frutas*. Barueri: Gráfica Círculo, 1991.

SLOW FOOD. *A Arca do Gosto no Brasil*: alimentos, conhecimentos e histórias do patrimônio gastronômico. Bra: Slow Food Editore, 2017. Disponível em: https://slowfoodbrasil.org.br/wp-content/uploads/2013/11/slowfoodbrasil.com_documentos_slowfood-livreto-arcadogosto.pdf. Acesso em: 28 set. 2023.

SOMMA, Iolanda. *Pratos típicos regionais do Brasil*. Rio de Janeiro: Ediouro, 1994.

SOUTO MAIOR, Mário. *Alimentação e folclore*. Rio de Janeiro: Funarte/Instituto Nacional de Folclore, 1988.

SOUSA, Gabriel Soares de. *Tratado descritivo do Brasil em 1587*. Edição de Francisco Adolfo de Varnhagem. São Paulo: Companhia Editora Nacional, 1987.

SOUTO MAIOR, Mário. *Comes e bebes do Nordeste*. Recife: Fundação Joaquim Nabuco, Ed. Massangana, 2012.

SOUZA, Julio S. Inglez de. *Enciclopédia agrícola brasileira*. São Paulo: Edusp,1995.

SPIX, Johann Baptist von; VON MARTIUS, Carl Friedrich Philipp von. *Spix e Martius*: relatórios ao rei. COSTA, Maria de Fatima; DIENER; Pablo (orgs.). Rio de Janeiro: Capivara, 2018.

SPIX, Johann Baptist von; VON MARTIUS, Carl Friedrich Philipp von. *Viagem pelo Brasil*: 1817-1820. Belo Horizonte: Editora Itatiaia; São Paulo: Universidade de São Paulo, 1981.

STADEN, Hans. *Duas viagens ao Brasil*. Belo Horizonte/São Paulo, Itatiaia: Edusp, 1974.

SUASSUNA, Ana Rita Dantas. *Gastronomia sertaneja*: receitas que contam histórias. São Paulo: Editora Melhoramentos, 2010.

TAHAN, Vicência Brêtas. *Cora Coralina, doceira e poeta*. São Paulo: Editora Global, 2009.

TRAJANO, Ana Luiza. *Cardápios do Brasil*: receitas, ingredientes e processos. São Paulo: Editora Senac São Paulo, 2013.

TRAJANO, Ana Luiza. *Misture a gosto*: glossário dos ingredientes do Brasil. São Paulo: Melhoramentos, 2015

TREFAUT, Maria da Paz. *Dona Brazi*: cozinha tradicional amazônica/Amazon Tradition Cuisine. São Paulo: Bei Comunicação, 2013.

TREVISANI, Bruna; MATTOS, Neuza; RAMOS, Regina Helena de Paiva. *Sabores da cozinha brasileira*. São Paulo: Melhoramentos, 2004.

VIANNA, Hildegardes. *A cozinha baiana*: seu folclore e suas receitas. Bahia: s/d., 1995.

VIEIRA, Roberto Fontes; COSTA, Tania da Silveira Agostini; SILVA, Dijalma Barbosa da; FERREIRA, Francisco Ricardo; SANO, Sueli Matiko. *Frutas nativas da região Centro-Oeste do Brasil*. Brasília: Embrapa Informação Tecnológica, 2010.

WEHBA, Jamal; FISBERG, Mauro. *Um, dois, feijão com arroz*: alimentação do Brasil de norte a sul. Rio de Janeiro, Atheneu, 2002.

ZOLADZ, Marcia. *Sobremesas e doces brasileiros*. São Paulo: Vergara & Riba, 2013.

Na internet:

Come-se (www.come-se.blogspot.com).

Embrapa (www.embrapa.br).

Prazeres da Mesa (www.prazeresdamesa.com.br).

Revista Globo Rural (www.revistagloborural.globo.com).

Índice de profissionais

Chef de cozinha e sócio proprietário do Caê Restaurante Bar, desde 2017, e do recém-inaugurado Timbuca Bar, ambos em Belo Horizonte (MG). Tem especialização em cozinha italiana pelo Italian Culinary Institute for Foreigners (ICIF), na Itália.

Cearense, criada no Piauí, desde 2017, a chef sertaneja é sócia do Fitó Cozinha, em São Paulo.

Vive em Ubatuba (SP), é sócio do Barbu, que presta consultoria em bares e um dos idealizadores do coletivo Do Mato para o Copo.

"Um cozinheiro do quintal das gerais", em outubro de 2021, inaugurou seu primeiro restaurante, o Pacato, no bairro mineiro de Lourdes, em Belo Horizonte.

Também conhecido como Udu Gavioli, é proprietário do Udu Slow Drinks & Cocktails, no Espaço Aldeia Velha, na Chapada dos Guimarães, em Mato Grosso, onde atua como bartender e mixologista privilegiando ingredientes locais.

Gaúcho, chef do Hashi e do UM Bar & Cozinha, desenvolveu o projeto Internacionalmente Local, que pesquisa e fomenta os produtos e a cultura da região Sul.

Natural de São Paulo, é chef confeiteira, apresentadora do reality "Quanto vale esse doce?" e jurada do "Que seja doce". Também é professora na Escola Wilma Kövesi de Cozinha, em São Paulo, e autora de três livros.

É a primeira barista indígena, do povo paiter suruí, do município de Cacoal, em Rondônia. Sua família é uma das produtoras do café Robusta Amazônico, do tipo Conilon, produzido na terra indígena Sete de Setembro da aldeia Lapetanha.

Embaixador da cozinha pernambucana, desde 1992, é chef proprietário do restaurante Oficina do Sabor, em Olinda (PE).

Chefe de bar do restaurante Preto Cozinha e cachaceiro de coração.

★ **Diego Lozano, SP** 467

Natural de Santo André (SP), faz doces desde os 13 anos por pura paixão. Chef pâtissier e chocolatier, dirige a Escola de Confeitaria Diego Lozano e o Levena, em São Paulo.

★ **Diogo Sabião, RO** 77

Rondoniense de Vilhena, pesquisador dos ingredientes amazônicos, criou o Niá Amazônia, um projeto que funde a culinária do Norte às suas experiências internacionais.

★ **Dona Brazi (Josefa Antônia Gonçalves), AM** 60

Cozinheira da etnia baré, divulgadora dos saberes culinários indígenas do Alto do Rio Negro, nasceu no município amazonense de São Gabriel da Cachoeira.

★ **Dona Célia Pinheiro, RS** 505

Comanda a cozinha do restaurante do Roma Hotel há mais de 27 anos, onde serve a verdadeira cozinha caseira gaúcha, com afeto e amor.

★ **Duca Lapenda, PE** 173

Cozinheiro pernambucano, fundador do Pomodoro Café e consultor em food service.

★ **Edinho Engel, BA** 171

Mineiro de Uberlândia, paulista e baiano de coração, é chef proprietário dos restaurantes Manacá, em Camburi (SP), e Amado, em Salvador (BA).

★ **Edvaldo Caribé, PA** 62

Assador, escritor, pesquisador da cozinha ancestral amazônica, é autor do livro *O barbecue brasileiro*.

★ **Elisangela Valle** *e* **Gabriela Guedes, AM** 28

Amazonense, Elisangela é chef de cozinha da rede Roteros, composta pelos restaurantes Tambaqui de Banda e Muy Gringo, em Manaus. Gabriela é bartender e atua como gerente operacional da rede Roteros.

★ **Ellen Gonzales, RJ** 406

De Umuarama, no Paraná, estudou no Le Cordon Bleu em Sidney e em Paris, e é chef de produção na padaria artesanal The Slow Bakery, em Botafogo (RJ).

★ **Emerson Donadon, SP** 344

Nascido em Campinas, no interior paulista, de família italiana, autodidata, comanda o Amaô Gastronomia.

★ **Emmanuel Bassoleil, SP** 306

Nasceu na cidade de Dijon, na região da Borgonha, na França. Radicado no Brasil, é responsável por toda a gastronomia do hotel Unique e do restaurante Skye, desde a implantação em 2000. Também apresenta o programa "Um Dia de Chef" e é jurado do "Top Chef Brasil"; ambos realities de culinária.

Paulistano, desde cedo, já mostrava grande interesse pela cozinha. Formado pelo Instituto Paul Bocuse, na França, Dimitrow hoje comanda com sucesso o Petí Gastronomia.

Proprietária do ChefVivi, no bairro paulistano da Vila Madalena, desde junho de 2023, assumiu a cozinha do hotel e restaurante Emiliano.

Foi cozinheira, apresentadora de TV, autora de diversos livros de receitas, e a vovó mais querida do Brasil.

Nascido em Brasília (DF), alagoano de coração, é chef proprietário do buffet W Gourmet e do restaurante Picuí, em Maceió, e do Canto Picuí, em São Paulo.

Comanda em Joinville (SC) uma cozinha autoral no restaurante O Guará, que usa e abusa de ingredientes regionais.

Pernambucano, é chef proprietário do restaurante Cá-Já, no bairro dos Aflitos, uma casa de cozinha brasileira com toque contemporâneo.

Paraense, bartender e mixologista, é sócio proprietário do Muamba Bar.

Índice de receitas

A

B

C

D

E

F

O

P

Q

R

S

T

V

X

Y

A Editora Senac Rio publica livros nas áreas de Beleza e Estética, Ciências Humanas, Comunicação e Artes, Desenvolvimento Social, Design e Arquitetura, Educação, Gastronomia e Enologia, Gestão e Negócios, Informática, Meio Ambiente, Moda, Saúde, Turismo e Hotelaria.

Visite o site **www.rj.senac.br/editora**, escolha os títulos de sua preferência e boa leitura.

Fique atento aos nossos próximos lançamentos! À venda nas melhores livrarias do país.

Editora Senac Rio
Tel.: (21) 2018-9020 Ramal: 8516 (Comercial)
comercial.editora@rj.senac.br
Fale conosco: faleconosco@rj.senac.br

Este livro foi composto nas tipografias Monarcha e Sketchnote Square, e impresso pela Imos Gráfica e Editora Ltda., em papel *offset* 90 g/m², para a Editora Senac Rio, em outubro de 2023.